Game Theory

格致社会科学

博弈论与社会契约（第1卷）：公平博弈

［英］肯·宾默尔 Ken Binmore　著

王小卫　钱勇　译　韦森　审订

and
the Social
Contract:
Playing Fair

格致出版社　上海人民出版社

推荐序

韦 森

  2001 年上半年我刚从英国剑桥大学访问归来不久,适值王小卫博士来舍下小叙。在学术闲聊中,小卫君谈及他正在翻译宾默尔(Ken Binmore)教授的《博弈论与社会契约》。听到这个消息,我当时着实吃惊不小,即回答说,这可是一部伟大的著作,并告诉小卫,我虽平素不预计未来,但唯对这部著作,则可以说这样一句话:"也许在 500 年后,那些目前已发行 17、18 版的经济学教科书可能早已被人们遗忘了,但这部著作也许会像亚当·斯密(Adam Smith)的《国富论》一样留在人类思想史上。"

  我之所以敢言这是一部伟大的著作,并不是因为宾默尔教授目前已是名满世界的博弈论经济学家、一位被国际学术界常言的"目前在英国最后一位有望能获诺贝尔经济学奖的人",也不是因为这是一部上下两卷①皇皇千余页的鸿篇巨制,而是因为无论从学术探索的深度和广度来看,还是从其理论建构的精密和分析工具的运用来说,这均是一部处在当代学术思想探索前沿的理论著作。从

---

① 宾默尔教授的两卷集《博弈论与社会契约》的第 1 卷出版于 1994 年,书名为"Playing Fair";第 2 卷出版于 1998 年,书名为"Just Playing"。

某种程度上来说,这部著作的理论思考不仅代表了当代以博弈论为主要发展动力机制的当代经济学的前沿思考,而且也代表了人类思想在目前最前沿探索边界上的一维推进"向量"。在这一巨著中,宾默尔能把霍布斯(Hobbes)、休谟(Hume)、卢梭(Rousseau)、康德(Kant)、斯密、罗尔斯(Rawls)和约翰·哈萨尼(John Harsanyi)这些人类思想史上的巨擘们的基本观点纯熟地用博弈模型建构出来,进而让其互相对话并进行相互比较,这可不是一般经济学家所能做得到的事。可能正是因为这一点,美国加州大学 Irvine 分校的具有"杰出哲学教授"和"经济学教授"双学术头衔的布赖恩·斯科姆斯(Brian Skyrms)曾对此书评价道:"肯·宾默尔的《博弈论与社会契约》是自罗尔斯的《正义论》以来在社会哲学领域中最重要的著作。它具有高度的原创性并且极富洞见,并将成为社会理论中人们关注的中心。"

正因为这部著作处于人类思想探索的前沿边界,它自然不是一部易读的书。尽管作者宾默尔是一位以数理分析和博弈论模型建构见长的当代"主流"经济学家,但在目前国际上新古典主流学派经济学家的研究视野中,这部著作可能已不再属于当代意义上的"经济学"。另外,从这部著作学理探索所涉及的学科和领域之多、跨度之广来看,恐怕无论把它放在哪一门学科中,单个学科均难以将其容下。就这部著作本身的理论建构来看,它既含有经济学的思考和数学的推理,也有伦理学和政治哲学的论辩,并且涉及生物学、人类学、心理学、认知科学和哲学等多门学科的广泛知识。对这样一部横跨多学科的鸿篇巨制,也许只能用含混的"社会哲学"一词方能冠之。然而,根据这部著作从经济学、伦理学、政治哲学、心理学和生物学等多门学科的视角研究和探析人类行为的深层原因和决定机制,以及这些深层原因和决定机制在社会秩序层面上的投射这一点,我们无疑又可以说它是一部"元经济学"(meta-economics)的元典。

作者宾默尔教授已是一位名满世界的经济学大师,但看来他是个不怎么善于自我推销的(self-advertising)谦恭学者。在当今网络信息时代,这位在国际经济学界享有崇高声誉的经济学家还没有个人网页,人们还无法从互联网上查找到他的个人简历,这就从一个侧面说明了这一点。前些年笔者在国外留学执教期间,就开始注意收集和研读宾默尔教授的一些文著,也从英国和澳洲大学里的同事那里,不断听到有关宾默尔教授的一些生平传闻。尽管如此,这里还请恕笔者不能向中文读者精细地介绍宾默尔教授的生平和思想探索轨迹。近来,笔者虽与宾默尔教授有电子邮件来往,但却感颇难张口向这样一位国际重量级的经济学家探询他的个人简历。尤其考虑到宾默尔教授是一位英国绅士,更感到是如此。故此,这里仅根据笔者自己耳闻和已读到的一些文献,对宾默尔教授的主要生平经历和思想探索轨迹向中文读者做以下简短的介绍。

宾默尔教授于第二次世界大战期间出生于伦敦,长大后曾在伦敦皇家学院学习数学。研究生毕业后,他曾在英国萨里郡(Surrey)一家不出名的学院和美国纽约州立大学教过数学。1969 年,宾默尔有幸在伦敦经济学院统计系谋到一份教职,并开始进行纯数学和统计学的研究。1975 年,宾默尔作为数学教授升职为伦敦经济学院数学系系主任,并在 1980 年担任过一段时间的该学院统计系主任。在任伦敦经济学院的数学教授期间,宾默尔开始转向经济学尤其是博弈论的理论研究,并自 20 世纪 70 年代以来在"讨价还价""演化博弈""合作博弈""子博弈精炼纳什均衡""公平博弈"以及"博弈试验"等博弈论经济学领域中发表和出版了许多原创性的文著,这使他很快在国际经济学界赢得了巨大的学术声誉。宾默尔教授的理论贡献,获得了业界同行的广泛认可,这导致他在 20 世纪 80 年代初曾被剑桥大学丘吉尔学院荣聘为短期的经济学教授。1988 年,宾默尔又被北美经济学的学术重镇密歇根大学经济系聘任为经济学教授。由于宾默尔教授本人是个典型的英国学者,加上他本人和妻子更喜欢伦敦的文化和生活氛围,在 20 世纪 90 年代初,宾默尔教授携眷迁回了伦敦,随即执教于伦敦大学院(University College of London),并在该大学发起成立了"经济学习和社会演化研究中心"(ELSE)。可能正是因为有数位像宾默尔这样国际重量级实力派经济学家的加盟,伦敦大学院目前已成为英国经济学教育的顶尖学府之一。在 2002 年英国经济学教育的大学排名中,伦敦大学院竟领先于伦敦经济学院、牛津和剑桥而排名英国第一,这里面自然有宾默尔教授的一份贡献。

从这部《博弈论与社会契约(第 1 卷):公平博弈》来看,宾默尔教授显然是在致力于恢复亚当·斯密传统,即从经济学与伦理学两个维度来思考人的行为模式及其在社会建制上的映射。从其基本分析理路上来看,在道德的本质和起源问题上,宾默尔是个休谟主义者;在市场结构及社会建制问题上,宾默尔则是沿着霍布斯和卢梭的契约主义理路来进行其理论建构的。然而,与霍布斯、休谟、卢梭和斯密这些古典学者不同的是,宾默尔教授是在当代社会科学的话语语境中来进行其学理建构的,并且,他还娴熟地运用了博弈论和微观经济学中一些强大和有效的理论工具来程式化霍布斯、休谟、卢梭、斯密、康德、罗尔斯以及哈萨尼等人类思想史上诸多大家的思想。在此基础上,宾默尔教授又把人类思想史上的这些巨擘的基本观点转换为博弈模型来进行分析和对比,从而也进一步分疏(unmuddle)、阐释、细化并发展了他们的思想。尤其是在对休谟思想的当代话语诠释上,更是如此。正如宾默尔教授在本书第4章所言,"在博弈论问世之前,没有工具可以使休谟的思想具有可操作性"(见本书英文原版p.285,下同)。宾默尔对休谟思想的这一评论,显然也适合于霍布斯和卢梭。

在人类思想史上,大卫·休谟无疑是一个里程碑性质的思想巨擘。随着当代哲学、伦理学、经济学、心理学、政治学和认知科学等多门学科的理论推进,越来越多的当代学者发现自己的理论论辩理路可追溯回到休谟那里去。由此来看,宾默尔教授在个人道德和社会伦理问题上公开把自己标榜为一个休谟主义者,不是没有缘由的。从其理论进路的知识论基础来看,宾默尔教授作为一个处于当代社会科学话语语境中进行理论理性(已不仅仅是理性经济人个人效用最大化)推理的经济学家,回到休谟和霍布斯那里去,是自然的;他由此得出与当代元伦理学(meta-ethics)相一致的"道德虚无论",并以此立场对康德的超越伦理观进行商榷①,也是可以理解的。在这部著作中,宾默尔教授不止一次地表露了他的反康德主义伦理学的学术立场。譬如,在本书(pp.11—12)中,宾默尔就公开声言,如果"把道德探索严格限定在研究诸如'定言命令'之类的东西,将迫使我赞同尼采的根本无道德现象的观点"。正是基于休谟的道德情感论,宾默尔教授还

---

① 宾默尔的虚无主义的道德观可从以下他的一段话清楚地反映出来:"我并不同意尼采(Nietzsche)的看法,即'不存在任何道德现象……而只有对现象的道德解释'。但是,我却同意尼采提出的关于道德现象的传统解释典型地把这种不存在的东西真实化(reify)了这一观点。像其他许多人一样,我相信支配我们道德行为的实际规则远没有道德哲学家们从我们的文化神话中所抽象出来的东西那样美妙,但同时却更为复杂。就人们对这些实际规则的理解而言,他们将之称为惯例、习俗或传统。这些规则绝非是绝对的,亦非是永恒的。它们主要经由社会的、经济的以及生物的进化力量而成型。如果一个人想研究这些规则,讨论它们对'善'意味着什么,这是无济于事的。"(pp.10—11)从宾默尔教授的这段话中,我们可以清楚地解读出,他认为在现实中并不真正存在道德这回事,而只存在被人们误认为是道德的习俗、惯例和传统。

接着强调指出,"无论这本书被认作什么,它都不是关于道德的学说"。很显然,宾默尔的这一见解和理论结论是基于当代经济学中的纯粹理论理性推理的必然结果,且这一观点无疑会为大多数当代新古典主流经济学家们所赞同,并与当代元伦理学家们的基本理论观点相契合。

然而,这里需要特别指出的是,尽管宾默尔教授本人也意识到"切不要混淆道德与理性"(p.27),但从整体上来看,他的这部著作主要还是致力于从"实然"(be)中推导"应然"(ought to),并从"(纯粹)理性"来审视"道德"。在宾默尔自己的话语体系中,"实然判断"变成了他所说的"生存博弈"(game of life),而"应然推理"即成了他所言的"道德博弈"(game of morals)。游走于道德与理性、实然与应然之间,纯粹理论理性的推理自然会有超越自己有限性的冲动,并不时僭越地坐在道德推理的法官席上。再者,如果试图从"生存博弈"中推导出"道德"来,自然会回到休谟和斯密那里去,从而把道德的实质和起源均最终归结为人的"同情"(sympathy)和"移情"(empathy),并自然倾向于尼采主义的道德虚无论。这样,宾默尔教授拒绝康德实践理性哲学的"定言命令",从而在整部著作中把康德的道德哲学作为反思批判的靶子,并在此立场上与罗尔斯和哈萨尼这些隐秘的当代康德主义者进行商榷,就是完全可以理解的了。以宾默尔自己的术语来说,这部著作的主旨就在于对罗尔斯的当代契约主义和哈萨尼的现代规则功利主义进行"祛康德化"(de-Kanting)。从一个更深的层面来看,宾默尔致力于恢复经济学的亚当·斯密传统的努力,却差不多达致了与"已祛斯密化"(即对人的行为的经济分析缺乏道德思考维度)的当代主流经济学相同的理论结论。

毫无疑问,休谟是人类思想史上的一位伟大哲学家,休谟主义的道德观也是极其深刻的。然而,休谟的伟大和深刻却否定不了康德的道德哲学毕竟发展和推进了休谟的伦理思想这一点。从人类思想史的演进过程来看,尽管从对构成知识的理性判断能力的检视出发把"事实"与"价值"、"实然"与"应然"截然分开的做法始于休谟,但这一思想只在康德的批判哲学框架中才被进一步彰显出来,并进而被康德区分为两个互相不可逾越的域界。当康德在纯粹(思辨)理性的批判中探究验前综合判断如何可能,从而把经验可能的条件与经验对象可能的条件等同起来的时候,他实际上已经将知识的普遍必然性严格限定在经验科学的范围之内,从而让一切形而上学的对象存留于实践理性的道德王国之中。然而,康德并不因此就认为不是由理论理性(即纯粹理性)的逻辑范畴推导出来的道德判断就不具有普遍的约束力。相反,在康德看来,(实践)理性能为人的行动立法正是普遍性道德法则的"存在理由"。因此,依照康德建构主义的伦理观,知识的普遍性与道德的普遍性是有区别的。前者体现了由知性因果律所构造的经验对象的必然秩序;后者则在超越的自由意志中强调道德主体立法的至高无上的绝对性。这就是所谓的康德的"定言命令"的由来。在康德超越伦理学的理论建构中,由于区分开了纯粹理性和实践理性并进而把道德的实质理解为人们实践理性中的"定言命令",道德本身就不再像休谟和斯密伦理学中那样源于人们的"同情心"的某种"同胞感"了,更不可能成为新古典主义经济学基于"理性经济人追求个人利益或效用最大化"的逻辑推理而可能推导出来的某种东西,而是既超验又现实地被视作为人之成为人的基本维度和人类社会赖以存在的实践基础。这里尤为值得注意的是,康德超越和建构主义的伦理观绝没有否定人的理性及其在人们社会选择中的作用,更没有把理性与道德对立起来,而是通过纯粹理性和实践理性的两分法把道德严格限定在实践理性的域界之中。这样一来,既避免了理论理性推理的可能的僭越,又超越了理性与道德在新古典经济学框架中泛现出来的表面上的矛盾。由此看来,康德伦理学的精髓和高明之处恰恰在于作为其核心的"定言命令"的道德法则突出体现了人在社会选择中的理性自由。因为,照康德看来,人之所以有"定言命令"的实践理性,是因为伦理学中的"应当"本身就蕴涵着行为主体所遵从的理性选择,即伦理道德的"应当"形式已经突破了"个性的"界限而具有超越个体的普遍性,而这乍一看来的超越普遍性又恰恰映照着人类社会生活中的现实性。

如果我们接受康德批判哲学中纯粹理性和实践理性的两分法,从而把道德的本质理解为超越人们纯粹理性的实践理性中的定言命令,自然就不会像休谟、宾默尔以及当代元伦理学家斯蒂文森(C. L. Stevenson)那样仅仅把道德理解为"实际上并不存在"的人的某种"感情的记号"了,而将会把个人道德和社会伦理视作为人类生活世界的一种具有普遍性的实存。如果从康德、罗尔斯和哈萨尼的超越伦理观来审视人们的"生存博弈",宾默尔(p.303)所认为的"假如真实生活的博弈是囚徒困境的话,那么唯一可行的契约将是'背叛,背叛'"这一断言就有些(理论)理性独断论的气味了,且这也显然与人们经验中的社会现实不符。因为,如果人类生活世界的所有契约都是对"生存博弈"中的纳什均衡的肯定的话,那也不会产生且没有必要产生任何社会契约了。由此来看,尽管当代经济学和博弈论理论理性推理的逻辑力量是强大的,但任何想超越在"道德"与"理性"、"实然"与"应然"、"生存博弈"与"道德博弈"之间不可逾越的界线的努力自然都是僭越的。基于这一考虑,笔者认为,即使在当代所谓的科学时代的理性社会中,尤其是在新古典主流经济学的理论话语"霸权"中,坚持康德主义的超越伦理观,在当今社会科学的话语语境中也许并不是什么羞怯的事。因为,如果以超越新古典主义经济学(包括博弈论经济学)的论辩理路来审视理性与道德问题,就可能会发现,宾默尔教授对罗尔斯的政治建构主义和哈萨尼的规则功利主义的"祛康德化"的努力,能否达致其预期设想,看来还值得怀疑。即使是罗尔斯和哈萨尼这两大思想巨人,在生前恐怕也不一定接受宾默尔在这部著作中对他们的论辩理路所分别进行的"祛康德化"的"理论手术"(operation)。尽管目前我们还不能从罗尔斯和哈萨尼二人晚年所发表的文著中对此加以证实,但这一点至少可以由哈萨尼于 1987 年评述大卫·高蒂尔(David Gauthier)《约同的道德》(*Moral by Agreement*)一书时所说的以下一段话清楚地得以佐证:"除非人们已经接受一种要求他们恪守契约的道德准则,他们将不会有理性地履行契约的内在驱动。因之,道德并不依赖于社会契约,这是因为⋯⋯契约正是从人们对道德的一种验前的恪遵中获得其所有的约束力。"(见本书英文版 p.29)宾默尔教授在这《博弈论与社会契约》上下两卷皇皇千余页巨著中强有力的逻辑推理,好像并没有撼动哈萨尼的这一理论断言。

最后需要指出的是,尽管笔者基于康德主义的超越伦理观还未敢苟同宾默尔休谟主义的理论论辩的核心观点(2002 年由上海人民出版社出版的拙著《经济学与伦理学》的小册子实际上就是沿着宾默尔教授的这一论辩理路而展开的),但这里丝毫没有怀疑和否认这部伟大著作的重要性和理论意义的意思。理论在论辩中前进,思想在商榷中深入,学说在对话中建构。宾默尔教授对康德的商榷,与罗尔斯的论辩,以及与哈萨尼的对话,无疑推进了人类对自身以及对社会存在认识上的理解。这正是这部伟大著作的理论意义和学术价值之所在。由此来判断,这部著作能有中译本出版,对提升中国学界的整体理论水平,尤其是对拓宽中国经济学界理论思考的视界,以跟踪国际上理论探索的学术前沿,无疑都将具有深远和切实的意义。

　　谨为序。

2003 年 3 月 26 日

谨识于复旦大学

公平博弈

献给
我的女儿

艾米莉

在游戏中
她不会耍赖

The Dog.

Pub.d June 18, 1805 by R. Phillips N.6. Bridge Street Black-Friers

威廉·布莱克(William Blake，1757—1827)的版画非常著名。这幅图意表了一个其精心之作正等待被评论家评判的年轻作者。

致　歉

托马斯·霍布斯先生致信于我说,沃利斯博士及其他某些人,他们学习数学可能只是为了获得擢升——在他的无知被发觉之时,将会把他的研究转化为杂耍,以获得在魔术、解密及其他方面的声誉。

——奥伯雷(Aubrey)《简短人生》

这是一部由一位既非政治学家又非哲学家的摩西老奶奶(Grandma Moses)式的作者所撰写的政治哲学著作。我是由数学家转行的经济学家,希望政治科学家和哲学家对我缺乏这些学科领域内的训练这件事——这是我的知识背景使然——能给予一定包容。本书写作的理由是,我相信从博弈论的角度对伦理问题进行研究可以得到很多领悟。因此,如果没有其他理由,我希望能告诉人们博弈论是研究政治哲学必不可少的工具。而且,就此目的而言,我的知识背景具有其优势。

那些根本没有受过数学训练的人会发现,这是一本深奥的,甚至是令人费解的书。如果我必须说的话没有被人误解的话,那么,这似乎是不可避免的。但是,并不需要太高的数学技巧,我也没有试图到处都标上数学符号,只有在看似绝对必要的地方,我才使用规范的论述。那么,什么是数学前提呢?在这里,还

是让我来引用卢斯(Luce)和雷法(Raiffa)所著的《博弈与决策》的前言中的一段话吧:

> ……可能最重要的前提就是不确定的性质:数学的精密性。我们希望的并不是数量的多少,当然,在一定程度上这无疑是需要的。读者必须准备接受限定性的表述,即使他感觉假设是错误的;他必须愿意允许数学的简单化;他必须有足够的耐心沿着数学所具有的特殊构造前进;总之,他必须与这一方法有共鸣——这种共鸣是建立在他对过去各种经验科学的成功有所认识的基础之上的。

对那些本身是数学家,特别是数理经济学家的读者,我需要对本书将出现的数学内容中某些不精确之处抱以歉意。作为一个数学家,我习惯于用非常规范的格式来写作,而且,就像许多皈依者一样,情况可能就是我已经让钟摆向另一方向摆得太远了。当然,真正规范的讨论并不多见,而且,与之相连的是诉诸直觉——有些数理经济学家将会愤怒地认为这是不精确的。如果这些对直觉的诉求能够用明显规范的讨论来辩护①,那么,这些愤怒就是不公正的,但是,很少有这样的情况出现。严格讨论的规范设定甚至并不总是"明显的"。我认为,如果我想在规范的方向做得更好,那么本书就一定写不出来了。我也不赞成以下的观点,即一个人的讲述要么应该规范,要么什么都不说。

对于资料的范围,我也要表示歉意。模型仅仅包括了两个代表性的参与者。当然,这对于那些只有一个代表性参与者的宏观经济模型是一个改进,但是,我非常清楚,在本书中联盟问题关系重大,而且,将之限定为仅有两个参与者的处理方法甚至使联盟的难度不能表述。另外,政治科学家对于"理想状态"(ideal state)组织的大多数关心内容都被简单地抽象掉了。我的信念就是:在进行了总的简化之后,所剩下来的就是值得研究的。然而,我发现这一观点并不被普遍接受。但是,具有"数学精密化"的能力的读者可能是接受的,而不接受的人根本就不会来读这本书。

我还想为写这么长篇幅而致以歉意,特别是因为我完全意识到了重复的地方太多。如果我将自己的注意力限定在理论的积极方面,那么,两卷本的空话实

---

① 数学家哈代(Hardy)所定义的"显而易见的结果"是指容易给出证明的结果。

致　歉

在是太夸张了。然而,在这一领域内对这些观点所做的尝试性经验告诉我,说清楚"为什么自己所思考的是正确的"是不够的,还必须说清楚"为什么他人所思考的是错误的"。因此,本书的很多部分是一个去粗存精的工作,在这里,我试图在陷入迷思的丛林里清理出一些地方,让我自己脆弱的小树得以成长。在此之上,还有一个问题就是,在这样一个道德语境中,如果不能随意地使用大量已有先入之见的那些随手可得的名词和短语,那么,差不多就是无话可说了。接着,我还可能会冒着被归类为某种主义的危险。我试图通过以几种不同的方式、在几个不同的地方对真正有意义的事情进行论述,以便来处理这一问题。有时,如果读者对前面相同话题下的内容感到满意的话,就请他略过后面的小节,但这是一个让任何人都无法满意的折中方法。

那些早就对博弈论非常了解的人,比大部分人有更多的理由略过那些没有实质性内容的章节。然而,不管我在本"致歉"之后的"导言"中给出的忠告讲了些什么,这些读者都会发现,要把纯粹的指导性段落与包含有新内容的段落分割开来总是不太容易的。博弈论专家可能也会认为我在博弈论的基础问题上花了太多的时间。当然,我要对指导性资料的安排致以歉意。在计划如何写作本书时,我有意将博弈论教学内容穿插到本书的结构中,而不是用大量的、难以消化的理论介绍——不可避免地,对于那些不习惯以数学家的抽象形式来进行思考的人来说,这是非常困难的。即使是博弈论新手,可能对这种策略也不会感到满意,但是,至少我可以说,我的动机是善意的。

就在基础问题上所花费的时间而言,我已经对内容表示了太多歉意了。然而,那些受过博弈论教育的人应该理解:有非常多的社会科学家和哲学家对正统博弈论持有很大的怀疑。求解博弈论问题的努力,常常不如博弈论专家的作品的简写本——这是大众在通俗文章中所读到的——更有说服力,此中原因,他们并未能认识到。我自己当初也未能理解,直到我将一篇文章交给一家著名的政治经济学杂志的时候才明白,两位审稿人都拒绝了这篇文章,其理由是"作者并未理解'研究囚徒悖论的目的是解释为什么博弈中的合作是理性的'"。这些社会科学家和哲学家甚至不愿意承认博弈论所得到的结论在逻辑上来源于他们的假设,更不必说让他们承认博弈论假设与我们日常生活的世界有所相关了。我知道,像这样的不妥协者是不太可能来读这本书的,如果他们来读的话,也不会相信。但是,我已做了对我来说算是很勇敢的尝试来让他们了解这本书了,对于他们,我认为致歉是完全不适当的。然而,在解释各种不同的谬误为什么是谬误时,就很难不变得倨傲,即使在设法接近有敌意的读者时这样只会起到相反作用。我知道,对于陷入由于这样做而造成的这个陷阱致以歉意对我一点好处也没有,但是,至少也说明了我认识到自己犯了一个严重的错误。

有一些读者也会感觉我有必要因为没有对严肃的事情给予应有的严肃处理而致以歉意。而且,对于历史上的大思想家我并没有表示出过分的尊敬。即使在引用每一章开头的威廉·布莱克作品里的伟大论述时,我有时也是基于非常没有意义的理由。让我为自己辩护一下吧,一个争论不必因为要求正确而变得枯燥乏味。大思想家们也不必为了变得伟大而在每一件事上都正确。威廉·布莱克艺术的丰富性就已经防止了那些试图使之变成俗物的努力。

我并不知道该对思想的起源说些什么。那些我曾以为是我自己特有的思想,到后来我常常会发现,在我不熟悉的作品里这些思想早已是平常之见。差不多总是这样,如果我对相关的文献有更好的认识,那么,我还可以作出自己的贡献。让我事先对那些由于我自己的无知而未能引用的那些人的思想表示歉意吧。同时,并不是我试图奉献观点的每一个人,都会完全对我的这些奉献感到愉快。特别地,无论是哈萨尼还是罗尔斯——从他们那里我借用了很多东西,他们并不希望他们观点与被重新包装后的方法之间有什么联系。因此,让我也事先对那些认为我不恰当地引用他们的或其他人的学术成果的人表示歉意。

对于女性读者,我必须为我放弃了在代词的使用上保持中性的努力而抱歉。我已成功地在其他地方这样做了,但是,在这样篇幅的作品中,必要的婉转曲折的陈述显得越来越繁重了。

同时,我还必须对那些阅读过它们的人——为我放弃的原计划关于社会契约部分的论述——而致以歉意(我已写了前面四部分了,见宾默尔[23,30,34,35,36])。看来是我未能成功地对论题进行删削,以使之变成可以消化的篇幅。这个尝试产生了太多的误解,以至于失去了价值。就像是魔术师把所有的球同时抛在空中,在我检查自己所写的内容的时候,我发现靠这种把戏常常不能完成这个任务。我能平静地说的话就是,戏法并不一定像它看上去的那样简单。

对那些评论我打印稿的人,我必须为没有总是接受他们的忠告而致以歉意。

致　歉

然而,我确实非常想向那些评论表示感激,这些评论都同样具有思想性,而且,有的还是逐行进行评论的。我希望我已最起码成功地澄清了批评家们发现的几个模糊的地方,而且去除了他们所遇到的几处错误,同时在此过程中没有产生太多的新错误。

最后,我甚至还必须为本书的版面设计致以歉意,同时对使用了特有表示,如强调语气的"如此",而不是"像这样"表示歉意。我是自己使用莱斯利·兰姆波特(Leslie Lamport)的 LaTeX 对本书进行排版的,该软件是唐纳德·纳斯(Donald Knuth)的数学排版程序 TeX 的改写版。

尽管有如此多的道歉,但是,说句实话,我并不真正觉得有多少歉意。我做的所有事可能不过是"新瓶装旧酒"而已。但是,这个新标签很耀眼并且很吸引人,而且可能比那些老标签对这酒描述得更好。而且,即使我自己的这种创新尝试被认为是失败的,别人也有可能在我所清理出的这块空地上种出更加茁壮的小苗来。

Death's Door

Tis but a Night a long and moonless Night,
We make the Grave our Bed, and then are gone?

那些一步步走过来的远行人，在旅途的尽头常会精疲力尽。

导　言

　　……著书多,没有穷尽;读书多,身体疲倦。

——《传道书》(《圣经·旧约》第1卷)

　　在约翰·班扬(John Bunyan)的《天路历程》一书中,传道者严格教诲基督只有沿着崎岖小道到达天国城才可以获得解脱。然而,我更像是班扬笔下的世俗智者而不是那位传道者。我不仅同意世俗智者的观点,即在并不遥远的文明先生的家园里的道德城中就可以获得解脱,而且我还认为,必须由每个人自己判断从这条受到颂扬的小路上迈出的每一步中所增进的美德与为之所付出的时间和努力是否相称。

　　正如在致歉部分解释过的一样,对于要仔细阅读本书的读者来说,他们就如同是要通过一条蜿蜒崎岖而又漫长的小路,这有时甚至是一种折磨,偶尔还会远离主题,不少读者会感到部分内容纯属多余。我甚至考虑过以"生命、宇宙和万物"作为副标题来提醒读者有时我会远离主题。再之,由于无法忍受被误解但又没有找到比直接重复更好的方式来表达我的真实意思,所以在写作的过程中,我对真正重要的思想刻意进行了多次重复。再也没有比提出一个同义反复的命题,可批评者认为这是一个自相矛盾的命题而加以拒绝更让人难以忍受的事情

1

了。一般而言,对某一思想的重复由于背景的改变而并不显得引人注目,但我不能保证永远都是这样。无论如何,尽管希望读者对我所写的全部内容都感兴趣,但除了最虔诚和最具有耐心的读者外,许多人可能都只是一瞥而过。

尽管可能只有很少的几位经济学家、政治学家或哲学家在现实中还符合那些强加给他们专业的刻板印象,但是经济学家、政治学家和哲学家仍是我打算予以仔细考虑的典型读者,这三类学者都明确考虑过博弈论可能带给道德和政治哲学的贡献,但是他们的立足点和兴趣却各不相同。

经济学家对博弈论非常了解。他们习惯于在经济模型中使用纳什均衡,并且一直认为重复博弈中的无名氏定理与个人何以结成社会有某种相关性。然而,他们对于学究式的道德哲学并没有多少兴趣,也不愿过多卷入到吸引了研究博弈论基础问题的学者的形而上学式的争论中去。一句话,他们是那些在经济学研讨会上甚至在演讲人登上讲坛之前就要求给出"结果"的同行中的幸运一族。

政治学家并不像经济学家这样急切,他们对博弈论的了解也相对较少。他们阅读本书的部分原因是想澄清他们对常常被政治学文献草率处置的博弈论思想的看法。我推测政治学家将对我所谈论的社会契约的大部分内容持有怀疑态度,但我希望至少能够说服他们接受,博弈论是如此有力的工具而值得学习和正确使用。如果在这一点上都无法使读者信服,那么我的所有努力都将徒劳无益。

哲学家对博弈论的了解与经济学家一样多,但比政治学家更为从容。他们早已思考过我所要讲的大部分内容,因而对于本书的一般性结论并没有我用来得出这些结论的框架的兴趣大。他们会小心翼翼地分析为何做这样一种假设而不是那样一种假设。他们可能已习惯于可供替代的理论并且希望知道当我的理论受到与之相竞争的另一种理论的追随者批评时我是如何辩解的,他们也可能进行严厉自我批评。我担心尽管我竭力想让他们感到满意但却可能会适得其反。尽管如此,对于某些特定主题,我已尽了全力来取悦他们。

为了便于读者阅读本书,每一节都用下面三种符号之一标在与之相应的章节旁边。这三种符号分别表示概念难度的不同层次,符号的小方框越多就表明概念的层次越是深入。经济学家、政治学家和哲学家都愿意阅读第一层次的材料。在这一层次我讲述了我的社会契约理论。经济学家可能会浏览一下其他层次,但未必会认为值得为此花费时间。政治学家可能会选择阅读在第二层次发展起来的博弈论的部分介绍性内容。我猜他们也会受到第三层次提供的基础性内容的吸引而陷入混乱,但我强烈反对初读时这样做。与政治家不同的是,哲学家可能为了能集中关注第三层次讨论的基础性问题而会对第二层次的介绍性内容一带而过。

(a) 第一层次   (b) 第二层次   (c) 第三层次

最后,我要再次强调的是,这并非一本需要逐字逐句去读的书。如果碰到你不感兴趣的内容,可以马上跳过去。即便是经济学家、政治学家和哲学家,如果始终遵循导言中的建议也是不明智的。至于博弈论专家则甚至可以考虑跳过本卷《公平博弈》而直接从第2卷《公正博弈》开始读起。

第2卷概要

继《博弈论与社会契约》第1卷《公平博弈》的四章内容之后的第2卷《公正博弈》将由更长的四章内容组成。第2卷的主要内容包括：

第1章:磋商探微　本章是对理性讨价还价理论的介绍。它强调运用纳什讨价还价理论的时间、原因和方式。本章很少涉及政治哲学,可以看作是对讨价还价理论的不同应用的介绍。

第2章:伊甸园里的演化　本章根据哈萨尼的方式重构罗尔斯的理论,或者说是根据罗尔斯的方式重构哈萨尼的理论,这有赖于你的判断。如果认为原初状态(original position)的人会投身于他们在无知之幕(veil of ignorance)后达成的交易,那么只有一个功利主义的社会契约是可实施的。然而,上帝并未给出与每个人效用相关的功利规则的权重。在中期看来,在使用功利主义社会福利函数得出与纳什讨价还价解相同的结果之前,社会演化的运作改变了人际比较的方式。因此,在设定的功利社会中,所有的与道德有关的内容都被过滤掉了。在长期,在从纳什讨价还价解得出与瓦尔拉均衡同样的结果之前,个人偏好仍会变化。

第3章:理性互惠　这一章与重复博弈的机制有关,这些内容为博弈论专家讨论休谟的这样一个观点提供了舞台,即道德法则仅仅是在生存博弈中协调均衡的规则。这样的规则不需要来自系统外部的强制,而是通过允许施惠而得不到回报的人撤销他们的施惠行为而自我约束的,因而也毋须由法官来创立。只有社会和生物演化的结果对我们至关重要。

第4章:向往乌托邦 最后一章介绍我自己的社会契约理论。与哈萨尼和罗尔斯不同的是,我并不需要社会成员奉行某些设想在过去某个时刻人们置身于原初状态时的假设。相反,我是把原初状态作为随时可以用来实现重复"生存博弈"的均衡协调的方法。除了受自己的利己心的驱动外,并不必强制人们来遵守这样一个社会契约。它表明,使用这样一个社会契约得出的结果和在合作博弈文献中与比例讨价还价解相对应的非功利社会福利函数的结果相同。至于社会福利函数在演化压力下的稳定性问题,将使用与第2章同样的方法进行研究。

目　录

在威廉·布莱克的这张版画中，利维坦是海中怪兽，"他是所有骄傲之子的君王"。

第 1 章　自由的利维坦

什么是"辉格"?

某种平等主义、怀有恶意的理性心灵,

从来不用圣人之眼看世界,

亦不用醉汉之眼。

——W. B. 叶芝(W. B. Yeats)

1.1　辉格党

为什么要写这样一本书呢? 动机就在于:我相信在 20 世纪后期被轻蔑地弃之一旁的自由主义的部分思想,仍然是有生命力和值得尊敬的。

保守主义的胜利是如此的彻底,以至于当时的新闻在使用"自由"(liberal)这个词时很难不引起令人不快的联想。像我这样的中产阶级自由主义者,发现我们自己被认为与那些以某种方式同时沾染上极右极端自由主义者色彩和极左伪善福利主义者色彩的人是一路货色。因此,对于我来说,存在一种情况让"辉格"这个名词复活,并用来描述我的这种中产阶级自由主义(bourgeois liberalism)。

像我自己这样的辉格党人,确实不赞成让每一件事物都保持其原有状态。我们不喜欢我们现在所生活的这个不道德的社会。因此,我们赞成对之进行改革。但是,我们并非墨守成规的保守主义者,这一事实并没有使我们成为社会主义者。辉格也并非左翼和右翼观点的某种毫无特点的混合物。实际上,辉格党人发现这种折中难以想象。一种人将注意力集中于错误的问题上,另一种人认为该问题并不存在,那么,你如何能在这两种人之间找到一个中间位置呢?

在说明这最后一点时,读一下下面的文章吧,它出现在 1988 年 5 月 25 日的《卫报》上,其时正值英国大选。它的作者布赖恩·古尔德(Bryan Gould)是工党的主要发言人。撒切尔夫人代表的保守党赢得了这次选举。在文中,他逐字逐句地引用了撒切尔夫人的原话(可能稍微有些脱离上下文):

> 对于撒切尔夫人而言,"并不存在社会这件事"。只有如原子般的个人的集合,每一个人都不屈不挠地追逐他或(她)的私利,有些人成功了,有些人失败了,但是,没有人承认存在共同的目标或责任。

这一段引语概括了左、右两派的错误。两派在基本主张上都是错误的,因为他们对于人和社会的隐含模型在"人性的本质"(the nature of human nature)方面都是不现实的。考虑撒切尔夫人对于社会存在的否认,我们厚道地将之解释为"否认"——不是指社会本身不存在,而是指对她的左派反对者所解释的"对社会存在"的否认。正如布赖恩·古尔德试图说明的,左派认同霍布斯[117]的"社会不仅仅是个人或家庭的集合"这一观点。它是一个社会有机体,或者是如霍布斯所说的"利维坦"(Leviathan),是由人构成的,但是超越了构成其组成部分的人本身——就如人是由器官构成但是也超越了构成其身体的器官本身一样。然而,与霍布斯不同,左派人士认为,利维坦是由"共同意志"所推动的,或者是由向往"共同善"的动机引发的——其组成部分的努力和抱负恰恰是服从于这一动机的。

左派还是右派 我相信撒切尔夫人拒绝把左派人士所主张的利维坦作为社会基础模型的选择是正确的。那种将规模巨大的个人组成的社会简单地设想为一个具有"大写"的个人目标、偏好的利维坦的人类社会的观点,其实是把人类置于了错误的境地。如果我们拥有与膜翅目昆虫(蚂蚁、蜜蜂、黄蜂等)一样的遗传安排,或者,如果联结人类家庭成员的松散遗传纽带伸展到整个社会的各个部分,那么,"四海之内皆兄弟"这样的花言巧语确实就是真实的,而不仅仅是一个比喻。但是,情况并不是这样,而且,从基于这一对人类环境的错误概念而进行的"变革"中所能得到的就是在长期中这些改革将分崩离析,一般只会剩下幻觉和对变革者及变革本身的厌恶。实际上,这不正是这些年来我们所看到的情形吗? 就在我写这本书的时候,看似坚如磐石的前苏联最后在其自身矛盾的重压下解体了,而旧式的保守主义者从偏僻之处冒出来粉墨登场了①。

社会的真实情况远比左派或右派所承认的要复杂得多。作为一个最保守的辉格党人,埃德蒙·伯克(Edmund Burke)[142, p.99]恰当地解释道:

> 国家不仅仅是一个关于地方幅员和个人瞬时集合的概念,而是一个穿越了时间、数字和空间的持续性概念……它由特殊的环境、机遇、性情、素质,以及人民的道德、礼貌和社会习俗而造就,这些只有在较长的时间范围内才会揭示出来。

然而,像撒切尔夫人这样的保守主义的化身认为,没有理由去考虑这样一个复杂的利维坦。对于那些像她这样的人而言,对左派幼稚的利维坦的拒绝,就是对所有利维坦的拒绝。

这是右派的根本错误所在。谈论"共同意志"或者"共同善"就是具体化了这种不存在的东西,这可能是真的;但是,还有一些其他名词的前面可以合情合理地加上"共同(或公共)"这样的形容词。特别地,看来没有人会抱怨因为我们在谈论社会"共同认识"和"惯例"而使这种不存在的东西具体化了。一个保守主义者可能认为承认这一点并没有多少重要性。毫无疑问,共同认识是存在的,但是它们是否真的过于脆弱而短暂,因而只能成为社会运行方法的外围部分? 与其他很多人一样,我认为这种看法是非常错误的。②这样的共识远不是处于社会的

---

① 如果这些人从历史中学到过一些东西,那么他们总是学习错误的教训。我们目击的不是自由市场经济对计划经济的胜利。在西方民主国家,商品和服务的分配很少达到了完全竞争市场的理想状态。我们现在全都是福利国家——而且,"自由"市场确实运行着,他们的制度经常会严重地崩溃。苏联也没有接近社会主义的理想状态。我们从其垮台中所学到的仅是乔治·奥威尔(George Orwell)[198]几年前在《动物庄园》里所告诉我们的。没有认识到其官员的激励与其目标不相一致的机构,在长期中必然会崩溃。与其为这一社会变革而欢呼,不如明察我们自己的不足更为有益。

② 在现代作家中,谢林(Schelling)[229]、D.刘易斯(D. Lewis)[152]、乌尔曼-马格尼特(Ulmann-Margalit)[262]和萨格登(Sugden)[254]都有所提及,但是,一般性的论点是由休谟[128]提出的。

外围部分,它构成了编织社会的经纬。正是因为存在于其居民头脑中的公认的习俗,而不是其他原因,使得利维坦不仅仅是其各组成部分之和。

想要说服那些在这一命题上属于极端右派的人是没有希望的。他们宁愿戴上眼罩,也不愿承认社会是建立在这样一个看似不稳定的基础之上的。对于某些惯例性安排,特别是与财产权利保护和转让相关的惯例安排,他们是认可的,但是他们认为这并不是由社会进化或人类智慧塑造而成的人为建构的结果。他们模糊地认为这是由某种绝对"正确"或"错误"的标准所决定的,因而认为这些惯例也是恒久不变的。对于其他一些他们无法忽略的惯例安排,其作为具有内在"正确性"的分配机制,他们便毫无保留地予以接受并快速进行市场推广。

但是,本书针对的并不是尚未开化的保守主义,而是以富有气势的雄辩直指思想开放的保守主义。那些生活在中产阶级舒适生活中的人,需要不断地提醒自己:自然并没有提供任何持续性舒适生活方式的保证。在我们和独裁者之间存在一种固有的观点:我们的财产、我们的自由、我们的个人安全都不是我们自己的,而是自然(Nature)这样注定的。在我们力所能及的范围内,我们能抓住它们,仅仅因为他人的宽容。或者可以对此给出更仔细的说明:给定在社会中占统治地位但是不稳定的现行习俗体制,那么,我们能够得到物质享受,仅仅是因为能从我们身上剥夺这些享受的有权有势的人没有足够的激励来这样做——或者,至少不是现在。

在这样一个暗淡的观点之下,事情无可否认地变得过分简单了。但是,它是否远离了事实呢?如果你对此表示怀疑,那么,把闹市区搬到你们当地的犹太人区,然后看看当一个社区的共同历史和经验把不同于你自己的传统和习惯注入人们的脑海中时,会发生什么样的事情。或者,读一下报纸上关于原来的共识已经崩溃而新的共识尚未出现的那些国家的报道。无论如何,对我来说,作为本书讨论对象的保守主义思想者似乎不能以文明的自利来对人类行为进行分类,而且,同时也不能为社会如何团结在一起描绘出更加美好的蓝图。

没有人会声称西方公认的对社会生活调节起主要作用的习俗体制是理想的。例如,如果当我们在公园里遛狗时,不必担心受到抢劫;或者当少年晚归时,我们不必担心他在艾滋病和毒品现场出现过等,那么,情形会更好一些。这些就是辉格党人认为社会结构中存在不公正性和不平等性问题的例子。如果我们呼吸的空气和我们所吃的食物没有受到污染,那么情况也会舒适一点;或者如果我们没有战争、原子弹或其他东西的危险;或者是我们的税收不是被那样夸张地浪费掉。但公平和不平等问题是本书的主题。

变革　我们的提议是温和的。实际上,它是如此的温和,以至于保守主义者不需要担心在尝试该想法时受到的影响是否合适。另一方面,马克思主义者会对这样的中产阶级建议嗤之以鼻。为了要取得进步,富人有必要理解:他们所享有的这种据说受到"财产权"保护的自由,实际上取决于非富人承认这种"权利"的意愿。上天并没有注定事情必须是这样。是结构控制现行行为的共同认识,而已经构造出的东西还可以重构。如果富人为换取更安全的环境(他们依然享有剩余的部分),或为创造出更大的用于分割的社会蛋糕而愿意放弃一些相对优势,那么,每一个人都将受益。再次引用埃德蒙·伯克的话:

> 及时进行的改革是与掌权的朋友达成的友好协议,迟延的改革……则是激奋状态下的产物。在这样的事态下,人民看不到政府有任何值得尊敬之处。他们只能看到腐败,他们看不见任何其他东西……免去麻烦,揭竿而起。

像埃德蒙·伯克这样的人,他所建议的变革有一个基本目标,即可以保有他们过去所有的东西,我们称他们为变革的保守主义者。他们与我这样的保守主义的变革者是不同的,我积极地希望变革他们所居住的那个社会,但是,我对他们所建议的变革的态度是保守的,因为他们没有看到那是在创造一个不稳定的社会。然而,变革的保守主义者和保守主义的变革者都是辉格党人,因为他们希望创造出制度来组织社会不同部门间的交换,所以,构成我们社会结构的共识体系就持续在每一个同意的人都越变越好的方向上进行变革。怀疑变革的保守主义者可能会争辩说:社会进化已经替我们做了这样的事了。但是,埃德蒙·伯克是第一个对此给出解释的,他认为保守主义者不需要等到看见城市街区被夷为平地之后才决定要有更多的解放黑人的方法。正如谚语所说的,一分预防胜于十分补救。

社会契约 我对"社会契约"在实践上的理解,可能现在开始清楚了。然而,本书并不讨论实践问题。本书尝试为被我称为辉格党的中产阶级保守主义者的理论提供一些逻辑基础。这些逻辑基础可以在博弈论中找到。当我将之翻译成博弈论语言时,我到现在所讲的关于辉格党的内容就如下面所说:我们都是生存博弈的参与人,具有不同的目标和愿望,从而使冲突不可避免。在一个健康社会中,这些不同目标和愿望之间的平衡可以达到,因此,合作的好处在内部的冲突中并不会完全损失。博弈论称这种平衡为均衡。维持均衡要求存在关于如何协调行为的共识性惯例。我用社会契约来将之识别出来的正是这样一个协调性惯例体系。

辉格党人认为:对一个社会可行的全部社会契约进行观察,以及考虑这些契约中的某一个在我们当前的社会契约中是否能改进,这是合理的做法。左翼社会主义者同意:我们现在所有的一切都可以进行变革。但是,他们不理解这里存在可行性约束。因为他们要求的行为不在均衡状态,所以他们主张的社会契约是行不通的。因此,他们所想象的乌托邦也是不稳定的。右翼保守主义对于稳定的需求的理解过于理想化了,尽管他们经常忘记昨天稳定的东西在今天未必就稳定。然而,在专注于维持现有社会契约的需要方面,他们忽视了可以从许多可得的均衡中选择出一种更好的均衡的机会。

在讨论这些问题的时候,我意识到可能存在着极大的被误解的风险,但是,没有办法在现阶段对我的观点进行详细说明。我要做的另一件事就是,使用本章开头所引用的叶芝的诗句来将其重述一遍。

叶芝正确地指出了辉格党人对理性的尊崇。他们相信,通往更美好的社会的道路在于诉诸使所有人更文明的自利。叶芝也正确地指出了辉格党人是平等主义者,然而他们之所以会怨恨叶芝这样的顽固保守党,是因为他们不知道自己的长期最大利益所在。叶芝同时告诉我们,辉格党人不是圣人,在这一点上他也是正确的。不仅辉格党人不是圣人,而且,他还认为我们中的大部分人不具有成为圣人的可能——而这正是我们对那些更加幼稚的左派思想家的看法。人们可能会暂时地被说服将"社会利益"放在自己的自利考虑之前。但是,一个建立在"其居民可以在很多时间里都无私地行动"假设上的社会一定是不可行的。最后,叶芝正确地指出了辉格党人没有理由像一个醉汉一样在从一个危机晃荡到另一个危机。计划和变革并不是什么令人忌讳的字眼,他们不需要神秘的"共同利益"的存在,我们可以使新的"共同认识"制度化。没有人需要在这一过程中作出巨大的牺牲,一旦他们理解了这并不是基于"强者"的自利——强者总是会让"弱者"失败。通过共同同意(mutual consent),我们可以从一个旧的状态走向新的状态。在这一过程中我们不需要再设置愚蠢的和无效的官僚机构。在需要市场的时候,没有什么可以阻止我们计划使用市场,但是,一个仅仅依赖于市场制度的社会,是一个使很多潜力无法实现的社会。

我们所描述的是一个自由社会的中产阶级观念。因此,你不必以为它会导向某种乌托邦。乌托邦通常建立在一个关于人性的错误概念之上,因此注定要失败。用一个理想化的但是不可实现的社会与我们现在所有的社会进行对比,据此评价而得到的观点是没有多大意义的。①如果这样做的话,只会使我们的注意力从实际上可行的改进上转移开。

1.2　祛康德化的罗尔斯

前面的一节会使读者产生下面将讨论政治实践问题的错觉。在图 1.1 中列举的是哲学家的名字而不是实践家的名字,这一事实有助于驱散这种错误的印象。我们将要给出的并不是政治行为理论,最多是将来有一天可能会成为政治行为理论基础的原理论。

我所关心的是关于政治家所采取的态度及他们所代表的不同派别的哲学和道德状态。我们可能还不能讨论政策问题,除非在这样的基础问题上达成了某种一致。对于那些可以理解的反应——认为在此问题水平上无望进行学术性的探讨的人来说,我用凯恩斯(Keynes)[140]的传统论述来表达会更好一些:

> 经济学家以及政治哲学家之思想,其力量之大,往往出乎常人意料。事

---

① 或者,更糟糕的是用这种态度来指导我们的对外政策。一个社会中成功的变革不需要在另一个社会中成功,即这里被证明可行的东西,不必要在其他地方也可行。特别地,如果我们不假思索地用我们自己的想象来重构邻国,那么,我们就是出于自己的最大利益,这一点很不明显。变革需要适应社会现在运行的共识体系,而不是适应那些曾在我们社会运行过的共识体系。

实上统治世界的,就只是这些思想而已。许多实行者自以为不受任何学理之影响,却往往当了某个已故经济学家之奴隶。狂人执政,自以为得天启示,实则其狂想之源,乃得自若干年以前的某个学人。

可能像我这样的学人从这些思想中获得了不恰当的舒适。另一方面,如果这样的学人足够多,时间也充分地长,那么,掌权的狂人将会吸取一些不是过分简单的营养,而不像现在这样高高在上。

图1.1中的关键人物是罗尔斯[209,208,214],他的《正义论》经常被称为20世纪政治理论的杰作。对于那些非罗尔斯研究者,我应该解释一下:罗尔斯[210]在《正义论》出版后的几年中开始修正其表述的观点。举例来说,罗尔斯预见到了麦金泰尔(Macintyre)、桑德尔(Sandel)、泰勒(Taylor)和沃尔泽(Walzer)等人在著述中隐含的对他的批评意见,穆尔霍尔(Mulhall)和斯威夫特(Swift)则把麦金泰尔、桑德尔等人为代表的学者联系在一起组成了一个定义松散的社群主义学派。所谓的新罗尔斯[211]现在提出了一个理论,该理论的范围不像以前那么宏大,因此,在受到关于矛盾或未认识到的文化偏见上的指责时也不再那样的脆弱。

无疑,罗尔斯能认识到《正义论》中所存在的不足是正确的,但是,我感到非常遗憾的是他从青年时期富有想象力的哲学状态中退却出来了。因此,可以理

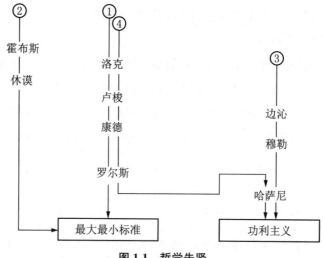

图 1.1　哲学先贤

解的是，当我引用他的著作时，我心中所想的正是这个青年罗尔斯。有时，我发现有必要批评老年罗尔斯所不再坚持的立场。我的观点是，老年罗尔斯过于保守了。他将不会喜欢我试图重新集聚他的力量以反击批评者的方式。实际上，差不多同时人们会发现，我与罗尔斯在非常基础的层次上有着很大的不同。然而，我希望他知道我受到他的早期作品的影响相当深，所以，我想作出贡献的这种尝试使我依然可以算作是精神上的罗尔斯主义者。

我的分析使用了罗尔斯的概念：原初状态。在经过巨大的努力之后，我得到了一个与他的差别原理[1]非常相似的结论。另外，在讨论方法论问题时，我非常同意青年罗尔斯的观点，他注意到"我们应该努力获得如其名字一样严格的道德几何学"。那么，为什么不直接把罗尔斯[214]的《正义论》推荐给读者呢？简言之，我同意青年罗尔斯对于社会未来的想象，但是，我不能同意他的"道德几何学"。

我与罗尔斯在一些基础问题上存在很深的分歧，这种分歧就像康德与休谟之间的那道鸿沟。我之所以要探究罗尔斯在其著作中所应用的数学表达式背后的潜在含义（metaphor），与其说是对他的"定理"的"证明"存有疑问，不如说我希望用我发现的更为合适的"公理"来替代罗尔斯的这些"公理"[2]。对于在罗尔斯以"公理"形式呈现的理论中所隐含的假设，我感到有必要提出质疑。因此我的方法不是要对青年罗尔斯进行详细解释，恰恰相反，我提出的是一种内在特质与罗尔斯所公开宣称的方法不相容的另一种方法。简言之，我喜欢罗尔斯描绘的关于公正社会性质的宏大画面，但我无法接受他为自己立场进行辩护时的论证。

我强调我与罗尔斯之间的差别存在于深层次的认识水平上，因为这是我所关心的道德哲学的基础。在此基础之上我所建立的理论大厦的结构细节对我来说却不是很重要。基于这一理由，我并没有试图去获得非常一般性的结论。譬如，我所解释的社会中几乎总是只有两个居民。对于认为我所得到的结论是错

---

[1]　图 1.1 删改了罗尔斯的结论。差别原理要求使最不富裕的人的福利最大化，因此，在图 1.1 中使用了最大最小标准。然而，这只是罗尔斯的两个正义原理之一，他也没有将之视为最重要的部分。这一原理只是在某种基本权利和自由得到保护之后才出现的。尽管本章我侧重于分配正义，但是，罗尔斯的适当权利在我的理论中并没有被抛弃。正如第 2.3.6 节和第 2.3.7 节中所解释的那样，我的理论要求权利和自由先于分配问题，理由是一样的：在考虑何者为最大化之前，必须考虑何者是可行的。

[2]　尽管我对他的"证明"比较怀疑，但是，我的"公理"与他的"公理"经常有非常大的区别。

误的那些读者,我也并不觉得不愉快,只要他们愿意承认我的一般方法是成立的就可以。在这方面,我就像一个几何学家,使用了关于点和线的性质的工作假设,但是,我愿意认为使用不同工作假设的另一个几何学者可能会给出与物质世界实际运行方式更贴近的近似。使我们都成为几何学者的原因并不是我们的结论,而是我们对几何特质的共同认识。当另一个几何学者跟我谈及"点"和"线"时,如果我是在谈论同一件事情,那么,我知道他所说的正是我所指的东西。但是,当一个道德几何学者跟另一个道德几何学者谈论时,就不是这么回事了。当然,当罗尔斯与我谈论此事时,也不例外。

本章的其余部分都是在用我的理论与青年罗尔斯进行比较。然而,其主要的目的是提供一个预备性的理论,以避免在我开始撰写一系列具体的论文时所引起的误读(宾默尔[30,34,23,35,36])。读者会发现因为注意力被引向了每一项具体的材料而对所构成理论的总体难以把握。

我希望的是那些对博弈论及其在道德哲学方面的一般应用有所了解的人能够略去这一章的其余部分,可能也就挑拣一些地方停顿一下,以对我所说的那些非传统的东西进行更多的阅读。那些对此一无所知的人最好是略过这一章后面的部分。本章中所说的每一件事在后面最少会重复一次,通常形式还并不简练。然而,我知道许多读者更愿意逐页从头读到尾。在对理论进行初步概览时,我意识到会因为我说得不够清楚而冒着丧失一部分读者的风险,这种不清楚来源于他们认为某些细节之处非常重要,而我却认为只能在后面的章节中对此进行充分的论述。

因为对构建理论大厦的几块砖块有些争议,所以,这个最后的困难就特别紧迫。有些读者甚至试图将我归类为幼稚的愤世嫉俗者。我对人性本质和道德准则状况的看法,在这些误读面前是特别脆弱的。譬如,伯纳德·威廉姆斯(Bernard Williams)[273]无疑会将我看成是道德学家。

因此,让我强调一下,我并不同意尼采[191]的看法,即"不存在任何道德现象……只有对现象的道德解释"。但是,我同意尼采所说的,关于道德现象的传统解释典型地使得这种不存在的东西真实化了。像其他很多人一样,我相信支配我们道德行为的实际规则远没有道德哲学家们从我们的文化神话中所抽象出来的东西那样美妙,但同时却更为复杂。就人们对这些实际规则的理解而言,他们将其称为习惯、风俗或传统。这些准则既非绝对,亦非永恒。它们极大地被来自社会和经济以及生物的进化力量塑造。如果你想研究这些规则,那么,思考它们对"善"意味着什么是无济于事的。你必须问的是另一个问题,即:*它们是如何幸存下来的,以及为什么会幸存下来。*

这种观点将道德现象视为自然决定的,但是,我提倡的自然主义与下面梅奥(Mayo)[174,p.39]给出的定义没有共同之处:

> 自然主义理论将道德规范从永恒的不确定性,甚至是无意义中拯救了出来,通过给出一些替代性的表述——我们知道如何去验证,而且,声称它们就等同于原始道德判断。

根据这一定义,自然主义理论的作用就是对我们常说的道德现象找到了一个自然主义的解释。但是,我主要不是想对这个解释进行释义。相反,在我看来,通过追问如"人人生而平等"这样的道德宣言到底意味着什么来进行哲学研究是完全没有希望的。你也可以通过询问"当我们在说'自然厌恶真空'这句话时的真实意思是什么"来探究物理学的进步。我们的祖先在他们所构造的语言中没有隐藏任何秘密,他们仅仅对他们所看到的周遭事物以及他们所能使用的概念进行了合理的解释。他们在对道德现象进行刻画时所使用的比喻及隐喻,经常包含着强烈的情感冲击,但是,我们没有很好的理由来认为:驱使他们对道德现象进行解释的理性化,比古代那些针对物理现象的理性化要更好一些。

因此,我所提倡的自然主义绕过了吸引传统道德哲学家的许多问题。例如,我使自然主义谬误①永恒化是不是有罪呢?如果你选择性地定义道德理论以排除这些能够从"实然"推导出的"应然",那么,这种谴责确实是正确的。这种定义将道德探索严格限定在"定言命令"以及诸如此类的东西上,迫使我同意尼采的根本无道德现象的观点。那么,无论这本书被认为是什么,它都不是关于道德的。

然而,我希望至少有一些读者愿意和我一道来看一下,这种贫瘠的解释,将

---

① 与 G. E. 摩尔(G. E. Moore)[181]的幼稚见解不同,休谟的表述仅仅是任何事都不能从"实然"推导出"应然",休谟的观点是不可反驳的。如果一个形式系统的所有公理和演绎规则都只与陈述句有关,那么祈使句显然不可能成为该系统的定理。然而,这并不使我这样的自然主义者担心。我的"应然"是这类形式的假言命令:如果你想健康,就应该吃菠菜。将之翻译成陈述性表达,则为:对于一个倾向于健康的人来说,拒绝吃菠菜是不理性的。

道德哲学的领域仅仅解释为如"奥林匹克运动会跳高比赛中限制独腿运动员"这种意义的东西。那些不愿意跟随我向前的人,或者那些认为"如果'道德至上'不再为大多数人所认可,那么这个社会就会崩溃"的人,也就毋需再读下去了。

1.2.1　霍布斯与自然状态

罗尔斯继承了哲学先辈洛克(Locke)、卢梭和康德的思想,如图1.1中的箭头所说明的那样。他试图建立起一个正义的理想准则,可以作为评价社会的比较标准。这些标准可以视作由抽象的苦思冥想决定的,而与当前社会实际的组成方式以及达到现在这种状态而通过的历史过程无关。这自然使他的作品让像诺齐克(Nozick)[194]这样的持保守主义观念的思想家觉得不合口味。然而,辉格党人也应该对这样的方法保持警惕。

通过将极端保守主义者与过分乐观者的观点——我们此时此地已经拥有了"所有可能世界中的最好者"——等同起来,以对这种保守主义者进行讽刺,是有意思的。但是,如果认为我们在试图创造一个不可能的世界,或者是鼓吹现在的制度应该抛弃,因为如果这样一个不可能的世界成为现实,那么,现存的制度将达不到那个标准,这些观点都是愚蠢的。因为道德几何学已经被提及了,所以,引用斯宾诺莎(Spinoza)[251]可能是合适的。在谈及道德哲学里的前辈时,他评论道:

> ……他们并没有将人想象为人本身,而是将之想象成他们所喜欢的那样,[因此]他们写的不是道德规范,而是讽刺文章……从来没有考虑政治……理论,但是,这些可以认为是怪想,或者是出现于乌托邦世界,或者只存在于诗歌中的黄金时代……

我当然不想谴责罗尔斯写作讽刺文章(尽管我在将这种谴责指向卢梭或康德时无所顾忌)。斯宾诺莎的这段话给我的论点添加了一些权威性,即:我们选择提倡的正义的理想标准应该在至少一个可能的世界里是行得通的。另外,这个可能的世界应该是一个通过一个本身可能实现的过程从我们现在身处其中的这个世界到达的世界,而不是某种抽象想象中所有可能世界中最好的世界。当然,任何超越一般性的讨论,都不能符合这个标准。无论我们选择采用的现实模型如何,都必须能够完全地典型化和简化。否则,对其进行分析将超越我们的能力。因此,这个标准并不能简单从字面上进行解释,而是要用作对模型进行评价的判断基础。保守主义者将更乐于看到我的现实模型,而不是自由主义者,因为我的假设大部分都是新古典经济学的假设。但由于希望首先得到某些辉格式的结论,因此自由主义者的判断应该要先搁置一下。

自然状态　社会契约传统可以追溯到霍布斯之前。高夫(Gough)[91]提供了一个很好的历史发展的参考。然而,正是在霍布斯[117]的《利维坦》中,对社会契约思想用公认的现代方法论进行了处理。简言之,霍布斯将社会契约的发生视作是对"自然状态"(state of nature)的替代。考虑到他所生活的无政府时代,他对人类在没有警察和监督的情况下友好相处的能力不乐观也就不足为奇了。因此,他确实将自然状态视为非常不快乐的状态,"所有人对所有人的战争",在其中生命是"孤独的、贫穷的、肮脏的、野蛮的和短暂的"。作为一个可行的替代,他认为只有将所有的权利和自由都交到一个绝对统治者的手中,以此作为自愿的臣服,才可以消除这种自然状态。他对人类未来的悲观看法以及他所支持的政治体系都没有很多的现代接班人,但是,他的理论框架——在其中社会契约被想象成一个对真实的或假设的自然状态的理性替代——还值得推广。

罗尔斯式的理论无需自然状态,或者我们可以说罗尔斯[214, p.12]将原初状态的工具作为对霍布斯所理解的自然状态的替代。原初状态是罗尔斯理论的假设基点,用来判断如何组织一个公正社会。如果社会成员在社会中的真实位置在无知之幕背后被隐藏,他们被要求设想自己在这种情况下所同意的社会契约。从处于如此信息状态的那些人的观点来看,计划社会的优势分布好像是用彩票偶然决定的。这种观点是,在这样的原初状态下达成的社会契约是"公平的",直觉是如果你最后有可能抽中一个将自己的位置排在最后的彩票,那么,"落后者遭殃"就不是一个很吸引人的原则。当然,罗尔斯不满足于引用这样的直觉来作为对原初状态的辩护。他认识到,原初状态这一工具可以使人们在现实世界里实际上拥有的公平直觉具体化,①但是,在争论时更为合适的表述似乎

---

① 　……嵌入原初状态描述中的条件是我们实际上接受的条件。或者,如果我们不接受,那么,我们可以被哲学的反思说服而去这样做。——罗尔斯[214, p.21]

是:原初状态可以视作"康德的自治概念以及定言命令的程式化解释"。

沃尔夫(Wolff)[275,276]在批评罗尔斯抛弃了"自然状态"这一概念上非常积极,沃尔夫认为:如果社会契约论有意义,那么,自然状态就是必不可少的。我自己的方法采用了同样的逻辑思路。然而,我的自然状态不是哲学的虚构,也不存在于遥远的过去,而与事物现时的状态——当前现状——是一致的,因为当前现状包括社会对历史的记忆。因此,原初状态下达成的社会契约,就不像罗尔斯理论中的那样与历史毫不相干了。①因此,我的理论对于那些攻击罗尔斯的、像盖尔纳(Gellner)[86,p.249]这样的作者提出的有效批评来说,并不是脆弱的,而且,对于大部分其他社会契约理论家——他们的推理认为社会似乎可以自由地抛弃其历史,并如同新生一样地计划未来——我的理论也不是脆弱的。

在将自然状态与当前现状等同起来这一问题上,我与像高蒂尔[84]和诺齐克[194]这样的学者有明显的区别,他们在对待现状的态度上遵循着洛克[157]的思路。这种洛克式的替代方案涉及某种要求,即在自然状态中,无政府状态由某种先天存在的"自然权利"或"自然的财产分配"的系统制约。我抛弃以这样一个想象作为讨论基础的理由随着本章的推进将变得明显。简言之,我同意休谟[128,p.493]的说法,即"哲学家如果愿意,可以将他们的推理扩展到假设的自然状态,只要他们只是将其作为一个纯哲学的想象——从未有过,也不可能有任何现实性",但是,并不存在"要求别人应该注意到这些哲学家说的话"的理由。即使我接受了他们所提议的从自然状态推导出社会契约的方法,我为什么也应该认为他们的自然状态与我的行为、道德或者其他东西有相关性呢?"自然状态是什么"这样的问题,就简单地转化为:"是什么确定在自然状态中,什么是或者不是'自然的'?"

我自己非常同意布坎南(Buchanan)[50,49,51]的社会契约理论,但不同意他对洛克主义的批判,因为布坎南的理论摒弃了对自然状态下行为的特殊伦理假设。取而代之的是,我们得到了一个更像霍布斯式的现状。②然而,对我来说,

---

① 公认的社会契约也以其他的方式依赖于历史。特别地,效用的人际比较方式也是我理论中的历史函数(第 1.2.7 节)。

② 布坎南有时谨慎地同意我的观点,即自然状态应该与当前现状完全一致。然而,在使用他所说的"自然均衡"作为他的知名著作中的自然状态时,布坎南[50]并非是有意这么做的。

休谟的批评也很适用于布坎南、高蒂尔或诺齐克。霍布斯的所有人反对所有人的野蛮争夺,与人类行为有什么关系呢? 远在我们成为可辨识的人之前,我们就是社会动物了。然而,让我强调一下,尽管我与布坎南在如何对现状建模上有区别,但是,我在其他方面的观点与他关于社会契约的一般观点相呼应,这些大部分是我从萨格登那里[254]学来的。

　　一种将自然状态视为当前社会状态的方法,需要放弃霍布斯对什么是可行的或不可行的社会契约的极其保守的估计。相较于说只有一种可行的社会契约可以作为霍布斯的自然状态的替代品,人们通常会认为有广泛的社会契约可供选择。目前的社会组织方式可以被视为体现了这些可能的社会契约之一。改革派的问题就可以被视为在寻求一种新的社会契约,经过共同同意之后,推动社会向这种契约转变。

　　这样的同意何时才能来临呢? 这里的内在假设就是新古典经济学的假设。假设个人只在变革符合其自身利益的情况下,才会赞成变革。[①]那么,问题依然存在:有些变革并不要求对变革表示同意的人在没有足够补偿时放弃其某些权利和特权,在这些变革中,我们将选择哪一种变革呢? 需要制定一些原则来协调各方的愿望。正是在这个作用方面,我的分析需要原初状态这一设计。当人们在无知之幕背后的原初始状态想象自己的时候,他们将不会被要求假设自己忘记了当前社会的组织形式,即当前的自然状态。他们只是被要求去想象他们自己及其他人并不知道自己在社会所处的当前位置,以及要求他们在这样一种平等的假设下,设想可实施的社会契约中哪一种新社会契约将被共同同意。正是这个社会契约,将被推荐为改革主义行动候选的社会契约。

　　一个自然的反对就是提出用这种方法来变革是“不道德的”。确实,有人会争辩说,蓄奴社会显然是“错误的”。但是,奴隶主如果只受到自利考虑的推动,将永不会赞成放弃他们的奴隶。因此,奴隶制必然会存在下去。

　　有些观点需要进行一些回应。作为开始,从某种绝对的意义上讲,奴隶制并不显然是“错误的”。否则,亚里士多德将不会忽视这一事实。西塞罗也不会在奴隶——即使他们已经失去了使用价值——的处置问题上提出缺乏同情心的建

---

① 我并不是说,利他主义从不会被观察到。在新古典的框架中对于利他主义有很多论述。

议而受到来自道德理由的责难。我是把奴隶制作为文化现象来反对的。作为这种文化的产儿,我对奴隶制表示厌恶。对允许有些社会成员只能睡在垃圾堆的纸板箱里的现行社会制度,我同样表示强烈嫌恶。如果这种厌恶感能够为足够多的人所认可,那么,这就是说社会容忍这样的不幸发生是"明显错误的"。然而,现在争辩说"忽视穷人困境才是'明显错误'"的那些人还没有成功。确实是这样,由于期望他们对当前社会契约的变革能够成功,他们使用了一个极度强有力的修辞工具。没有人愿意被归为"邪恶者"。但是,重要的是,我们不应被自己的宣传所欺骗,无论它多么打动人心。我们的社会契约并不因某些行为是"错误"的而表示出不满;这些行为之所以被说成"错误的",是因为我们的社会契约对此表示反对。

"需要奴隶主的同意来消除奴隶制度"这种说法也不成立。如果奴隶主没有形成充分有力的集团,那么,他们可能将被迫违背其意愿地交出其奴隶——尽管提倡自由的集团成员并不能通过诉诸我这个版本的原初状态来证明他们行为的"正确性"。如果奴隶主是理性的,那么,他们将知道奴隶制度终有结束的一天,并在粉碎这一制度上进行合作。如果他们反抗,那么,他们的结局就是完全的失败。如果他们合作,他们将能用他们的同意换取这种行为所值得的任何东西。在均衡状态下,他们会因此而同意。这就是说,这样一种强迫的同意并不是真正的同意,对我而言,表示同意就意味着说"是"。毕竟,我们说同意某件事时不总是因为我们认为其他结果可能更坏吗?

当奴隶主太强大了以至于不能强迫他们就范时,蓄奴这件事就必然会存在下来吗?也未必如此。例如,一旦社会前进到一种状态——在这种状态中,奴隶制度在经济上变得无效的时候——我所提倡的变革过程将消除奴隶制。①

但是,如果所处的时代中奴隶制是一种欣欣向荣的经济体制,那么,又会怎

---

① 我同意那些愤世嫉俗的观点,即历史上的奴隶制的消除,正是由于这种现象。当道德暴行不碰到你的钱袋时,它就更容易维持下去。这并不是说我认为威尔伯福斯(Willberforce)和其他反对奴隶制的改革者不值得为他们的决定和勇气而受人尊敬,只是因为如果时间没有使奴隶制度成为一个不合格的经济体制的话,那么,他们的努力将不能取得胜利。[值得注意的是,专家们称真正的奴隶制在人类社会是相对较少的现象。例如,霍普金斯(Hopkins)[120]论述说,奴隶制总共只出现在五种形态的人类社会中,他将其中三个定位在后哥伦布时代的新世界。]

样呢？那样，我们是不是应该准备容忍奴隶制呢？我的答案就是：这是一个错误的问题，因为它假设我们必然有一个选择。就寻求变革而言，有必要认识到不能变革的东西必定被忍受，而且，我们最好是尽可能地改善我们的症状，而不是非建设性地强行将某种变革立即付诸行动，去实现那个在遥远的将来才是可行的目标（如果将来可行的话）。发展中世界一场又一场的灾难，便可以追溯到漠视这一如此明显的原则的那些人的愚蠢之举。

实用主义　第二个对这里所宣扬的这种方法的反对意见，是由下面的论述推演出来的，即我们的道德制度不能根据先验的绝对伦理标准来有效地进行评价。原初状态的设计又如何受到那些持有如此观点的人的评价呢？正如以后会广泛讨论的，如果道德准则不过是用以协调那些出于自身开明的自利而行动的人的行为的共同认识，那么，为什么人们要关心当原初状态的设计加入可用的道德准则清单中后会发生什么样的事呢？如果这样，即使将康德的定言命令作为行为的普遍规则也于事无补。

　　然而，可能可以从哲学家以及其他人的历史事实中学到一些东西，他们非常认真地试图提供一些确定性的论证以支持如"要人怎样待你，你也要怎样待人"①这样的原则，还有他们的读者也十分乐于支持其结论。我认为这些论述所给出的理由并没有说明所有的问题，而只是抓住了他们在互动之中的一些方面，他们认识到了，但没有完全理解。这就是说，这个原则的各种变种已经根深蒂固了，作为共识体系中的合作决策标准，虽然没有明言，②但已成为使社会结合在一起的习俗。另外，原初状态设计所诉求的"公平"和"直觉"可以追溯到同样的源头。这个设计可以视为使"要人怎样待你，你也要怎样待人"原则实用化的风格化尝试，它说明了如何解决在考虑像下面的异议时产生的问题，即"己所不欲，勿施于人"——他们可能与你有不同的爱好。

---

① 霍布斯的版本是典型的消极版本：Quod tibi fieri non vis, alteri ne feceris。即不要对他人做他人不对你做的事。

② 因为……人已忘记了所谓的正义和公正行动的原始目的……渐渐地，它就变成了：正义行动就是一个非本我的行动。——尼采[192]

因此,在提倡使用像原初状态这样的设计时,我并不认为自己是要号召人们去做一些与人类本性不相一致的或超出其社会生物经验的事情。我所建议的事只是:熟悉的社会工具应该像这样被认知,而且应该应用于更广泛的范围。这个建议完全是实用主义的。如果历史给原初状态设计放置了某个作为协调机制的对手,那么,我肯定会非常高兴地探究使用这种对立机制的结果,而且所得出的结论也肯定是不同的。

1.2.2 森与理性傻子

本节的要点可以引用帕累托(Pareto)[199]的话来总结:"如果有人谴责研究······经济人(homo oeconomicus)······而忽视了······道德人(homo ethicus),甚至是嘲笑他们······那么,他就完全错了。"为了那些对上一节中的陈述——我们的基础假设就是新古典经济学假设——表示愤愤不平的人,这个问题需要马上进行说明。

并不认为经济人的假设使人愤怒的那些人,可以略过本节,快速地从第1.2.3节重新开始论述的理论继续下去。后面几节的写作就是考虑了读者的这种心理,这有点重复,但是,重复的论题是那样重要,以至于这段"录音带"在很多情况下都需要重新倒卷回来,并一次一次地重放。

有一种看法是,如果对人们喜欢做什么没有什么看法,那么,就不能对人类社会的组织进行讨论了。因为不能在短短的几句中包括人类本质的丰富性和多样性,所以,这样的看法注定是错误的。然而,如果想尝试严肃的分析,那么,你就不能按照艾尔斯特(Elster)[70]——他试图将影响集体决策的所有的因素都列举出来——那样的做法去做。你需要专心致志于某一明确的看法上,即在这些多种多样的影响之中,哪一个才是理解人们动机的真正关键因素。因此,问题不在于谁的看法正确,而在于在所有的可能错误看法之中,哪一个造成的偏差最小。

正如前文所述,本书对人性本质的假设是新古典经济学的假设,假设人们在他们自己开明的自利下行动,这是一个需要辩护的观点。矛盾的是,不仅需要从那些攻击它的人的角度进行辩护,而且需要从那些最支持该辩护的人的角度进行辩护。

有必要反驳那些最大声地支持经济人假设的支持者,因为他们让自己成为敌人攻击的稻草人。例如,考虑由施蒂格勒(Stigler)[253]所给出的下述声明①:

> 让我来预测一下,如果对人们在个人私利和普遍声称信奉的伦理价值观发生冲突时的行为方式进行全面系统的测试,会得到怎样的结果? 许多时候,实际上是大多数时候,追求私利的理论会获得胜利。

毫无疑问,在施蒂格勒对这样一种极端状态的拥护中存在着不止一处毛病,但是,让我们就他的字词来说吧。他所指的经验验证大概是指在商品和服务层面上狭义理解的自利,否则,他将因在靠不住的没有操作内容的东西上进行说明而大错特错。森(Sen)[242]谴责了追求如此自私的目标而不考虑周围人福利的那些人的假设理性,他称他们为"理性傻子",在这里,他响应霍布斯[117, p.203]道:

> 那些傻子说:在他的心目中,不存在什么正义的东西;而且,有时还是亲口说出来;严肃地宣称,每一个人的保护和满足都忠实于自己关心的东西,所以,为什么每一个人可能不做他认为可以做的事,就得不到解释了……

我同意森的说法,仅仅因为狭隘的自利而行动的人将经常会作出愚蠢的举动。我也同意他对施蒂格勒预言的怀疑。但是,我不同意我们因此而要用"道德人"来替代"经济人"。对此,霍布斯也不会同意,在下面的表述中,"……每一个人的自愿行动,其目标就是对他自己有某种好处",霍布斯[117]反复地进行了一个差不多是同义重复的论述:人们追求他们认为符合其最大利益的东西。在其他方面,霍布斯[117]走得更远,他说这是"自然的需要"。我不愿走得像霍布斯那么远。然而,我相信他的争辩是正确的,即那些确实理解什么才是真正地符合其最大利益的人,没有理由去像个傻子一样行动。与施蒂格勒的经济人不同,这里考虑利益种类的多样性,将不再人为地将其注意力限制在个人生活很容易衡量或度量的方面。他所关心的是广义上的自利。

社会演化　对我来说,施蒂格勒就像是一个毫无必要攻击的风车。即使在

---

① 在柏拉图(Plato)的《泰缪斯篇》中有这样的光辉遗篇:"我们斗胆建议:我们所说的一切都是可能的,而且将因调查研究而变得更加可能。让我们断言这一点。"

芝加哥也不再有人相信这种观点了。我怀疑很大的原因在于已经找到了作为基础机制的能够保持最优化的范式,不必再将经济人作为全知全能的数学天才。这种新的范式将生物的、社会的和经济的演化力量作为事物最大化的动因。

在这种情况下,社会经济力量具有最大的重要性。道金斯(Dawkins)[62]创造了一个相似于"基因"(gene)的名词"模仿因子"(meme)在这种语境中使用。模仿因子是一个规范、一个经验法则、一个行为标准,是可以通过模仿或教育从一个头脑向另一个头脑进行复制的东西,它决定了心中存在"模仿因子"的人的行动的某些方面。如果环境足够稳定,你可以合理地期望演化能产生"低级"模仿因子消失的均衡。保留下来的模仿因子不必是共生的,但是,没有模仿因子会以其他模仿因子为代价获得发展。

在这种情形下,人被降格为符号。他们的作用仅仅是在其大脑中携带模仿因子,非常像我们在冬天里携带感冒病毒。然而,对于一个研究人员而言,这就好像是一个受感染的人因为自己的自利在行动,假设自利概念被解释为"使模仿因子的携带者作为向另一头脑复制模仿因子的中心的任何东西"。

这样的理论会因为它们贬低了人类精神而被立即抛弃。对我来说,这就好像是否认了椰菜对人的健康有利,原因是糖果更甜一样。确实是这样,理论与我们所讲的行为方式的美好故事不相符。但是,这些故事本身就是模仿因子。即使是关于个人身份的观点——这个"我"("I")——也可以看作"不过"是一个模仿因子而已。①

但是,采取这样的一种极端看法,就是对该理论的夸张了。就本书的目的而言,承认存在机制可以导致智人(homo sapiens)模仿经济人的行为,而不需要智人采取和经济人的同样的思维方式来思考问题。在这个炉边谈话中,人类将讲

---

* "meme"最初是英国生物学家道金斯在《自私的基因》一书中依据"gene"一词进行类比而创造的一个概念,其含义是指在语言、观念、信仰、行为方式等的传播过程中发挥作用的思想或文化的基本单位,其作用与基因(gene)在生物进化过程中的作用类似,具体而言可以是一个信念、一个单词、一个口号、一个名字、一首歌曲、一个偶像、一个过程或一个笑话等。迄今为止"meme"这个词已经有了如模因、罂因、媒母、米姆、弥因、谜米、弥母、拟子、网络迷因、梗等多种译法,考虑到语言习惯的因素,比较这些译法的优劣,总感到有不同程度的斧凿之处,尚未看到有如"基因"这一概念的翻译的神来之笔,基于综合考量,本书采用在陆谷孙先生等人主编的《英汉大辞典补编》(上海译文出版社1999年版)中给出的"模仿因子"的译法。——译者注

① 而不是一种心理存在。

述一个与经济人不同的故事,而且,这两种类型的故事不需要与导致该类型的人出现这种行为的实际原因有太多关联。例如,事情可以是这样:我们将把某一行为的选择归结为道德准则中的"良知",它告诉我们该行动是正确的。但是,实际问题是:将这一准则转变为我们的儿童头脑中的道德制约的实践,如何存在下来,以及为什么会存在下来? 可能最简单的答案就是:成功地接受这一准则的那些儿童,成功地使自己成为了相关模仿因子进一步复制的居所。

当然,自利远不是狭义给定的,它在这个处理之中是非常广义地设定的。这与现代效用理论没有根本分歧,现代效用理论回避了将个人追求的不同目标按照理性程度进行排序。要与理性状态相符,个人仅仅需要在试图达到其目标时——无论是什么样的目标——保持前后一致。有时这个状态因为同义反复而受到嘲笑,因而也就不能令人满意了。如果是的话,就肯定会这样了。那么,我在为人的行为建模的时候也就没有什么必要对使用经济人假设的问题进行辩护了。然而,即使你对"演化将在长期内消除行为的不一致性"这一命题有信心,你也要正视"演化还没有完成这项工作"这个事实。即使其目标已经很广泛地考虑过了,经济人最多也只是人的行为的一个扭曲的、过分简化的假设。就像民主制度一样,它唯一的优点就在于所有其他的替代物都比它更差。引用森[242, p. 11]反驳自己的话:

> 在对"实际行为与理性行为相一致"的这个假设的辩护上,我们可以为之辩论说:在它可能会导致错误的时候,如果用非理性的特殊类型来替代的话,那么,甚至将可能导致更多的错误。

爱与义务　道德人假设的支持者并不同意所有的对经济人假设的替代都是不好的。他们觉得要用经济人作为"人"的模型,就会忽略其自然的方面,而这是理解他所处的社会如何运作的关键所在。例如,埃尔斯特[72]认为:"爱与义务是社会的黏合剂。"社群主义政治哲学家很少如此清楚使社会团结在一起的原因,但是,他们所给出的反对"自我的自由概念"的论述好像是将埃尔斯特的观点用作了给定的前提。

作为对这种批评的回应,我将与其他很多人一样讨论同情与承诺,而不是爱与义务。

　　休谟[128]和亚当·斯密[248]将同情作为人类道德生活的根本。休谟[128, p.576]用下面的论述说明了同情是如何产生的:

　　　　当我在任何人的声音和姿态中看出情感的效果时,我的心灵就立刻由这些效果转到它们的原因上,并且对这个情感形成那样一个生动的观念,以致很快就把它转变为那个情感自身。

这段话表达了这样一个观点,即所谓"同情"就是一个人对另一个人、群体或事业的认同,这种认同度如此之高,以至于他不再能在自己的个人目标与他所认同的群体目标之间进行完全的区分。

　　如果同情提供了一个胡萝卜,那么承诺就给了一根大棒。要承诺某个行动过程,就是要完成它,即使其他可得的替代方案可能会导致更好的结果。

　　然而,如果用感受同情和给予承诺的能力来刻画道德人,那么,就没有必要将他视为独立于经济人之外的个人了。要理解这一观点,出于分类的目的引用霍布斯[116]的说法将是有用的:

　　　　人的全部本质……可以由以下的四种要素组成:体力、经验、理智和情感。

对于经济人,体力可以解释为他能做的事,决定了他可以选择的可行集。经验解释为他对于自己环境的信念。情感对应的是他的偏好。①理智用来从可行集中选择行动,以在其信念给定的情况下产生其最大偏好结果。

　　我们没有说经济人对于他人的福利无动于衷。实际上,对于经济学家来说,他们经常在某些语境中正确地对此进行了假设。我们也没有取消经济人给予某种承诺的资格。他能作出何种承诺,取决于他可以得到何种承诺机制。这种机制是在"体力"这个大标题下出现的。如果他不想在耳朵发痒的时候挠破它,那么,他可以用皮带把自己的双手捆起来。因此,他在这个时候选择了缩小他下一时刻的可行集。不严格地说,他可以选择改变他未来的情感,而不是他未来的体力。从休谟[128, p.422]那里,我们知道:"没有什么东西比习惯和重复在增加和

① 准确地说,现代效用理论并不认为理性的决策者是一个情感动物;而是认为他在决策上的一致性使他在行动上好像是一个情感动物。

减少情感、将快乐转化为痛苦以及将痛苦转化为快乐上具有更大的影响。"酒鬼有时采取的对酒产生厌恶的戒酒方法就给出了一个极端例子。

经济人范式不仅与人类同情和承诺的能力相一致，而且，不难理解为什么演化力量可能会使它们成为人的指令系统的一部分。弗兰克(Frank)[75]和包义德(Boyd)及里彻森(Richerson)[45]就认为这种情况非常具有说服力。很多经验证据表明人类的软件或硬件中内置了伦理倾向。他会去投票，他向慈善事业和公共电视台捐款，他躲进饭店以避开别人的拜访。在很多国家，他献血而不求货币回报。有时，他会冒着生命危险而试图去救一个完全陌生的人。有时，他将牺牲自己的生命，完全是为了某个抽象事业或原则的名义。来自事实和理论两方面的证据以压倒性的优势表明，智人具有道德人的某些美德。然而，让我重复一遍：我们不必为了能最大限度地包容这些证据而从经济人范式中走出来。

当然，这将是非常令人开心的，如果经济人不仅是有时具有道德人的某些品质，而且在所有的时候都具有其所有的品质，那时道德问题就消失了。或者，以博弈论的术语来说，在将参与人建模成有道德的经济人的样本之后，要分析的这个博弈就是微不足道的了，①因为这其中没有多少冲突的机会。保守主义者注意到：尽管人类可以是森笔下的象征善良的杰基尔医生(Dr. Jekyll)和施蒂格勒笔下象征邪恶的海德先生(Mr. Hyde)的混合物，但是，海德正是在社会契约讨论的有关环境内具有主宰力的人。恐怕保守主义在这一点上是正确的。

在对杰基尔的支持者所认为的以杰基尔为主导的情形进行评价时，两个问题总是需要问一下的：

● 行为的代价有多大？

● 这种情形发生的频率有多大？

如果没有行为成本，或者频率很低，那么，海德范式作为人类本性的近似的支持者就不会过分烦恼。他对这种行为为什么会存在下来有合理的解释。你只能期望在很长的时间内演化会消除这种因素。②

---

① 假设没有产生什么信息困难。即使在参与人具有完全一致的目标(团队博弈)的博弈中，如果参与人不能在彼此之间传递其私人信息，那么，事情就会变得很成问题。

② 同时，如弗兰克[75]解释的，对于那些在灵活地调整自身的行为以适应新环境方面能力有限的人来说，这种行为很可能是非常有用的。

差不多所有用来反对海德的证据都归为这一类。曼斯布里奇(Mansbridge)[169]将人为什么投票的问题视作对政治学家最大化范式的批判。但是,在雨夜里出门投票的机会成本是什么呢? 你不需要对你的党派给予多少同情,就能使得在约翰尼·卡森(Johnny Carson)的演出作为另一个选择时投票好像是值得的。即使是那样,对于那些关心民主制度的人来说,在美国进行投票的人的比例还是低得令人焦虑。

有时,即使当行为实际上的潜在代价非常高时,人们也会无私地行动,这样的行为通常是不被考虑的,但是也并非总是如此。亨特(Hunt)[129]关于那些波兰人帮助犹太人逃出希特勒死亡集中营的记述特别值得一提。但是,这样的行为是少见的;否则,它就可能不值得这么让人敬仰了。更为常见的是那些文明外表如纸一样薄的人,就像一般的家庭主妇被投入拉文斯布吕克集中营后就会变成野蛮人一样。

对我来说,杰基尔只有当他无私行为的代价很低时才会经常出现这样一个命题只有一个例外情况。这就是,当个人都是组织严密的内部人集团的成员,如家庭、部落、街头少年帮,或者是处于战斗状态下的军队,此时才会形成一个例外。而且,有很好的理由来解释为什么我们可以期望在这种环境中产生这样的行为,如包义德和里彻森[45]所解释的那样。①因此,我们可以知道,这样一种团体的内部组织的社会契约具有与大型的现代社会不同的特征。特别是功利主义的论述在前者的语境里具有更多的意义。

自由主义者都必须意识到的一个错误,就是他们从特定的内部群体中发现的良好的友谊和信任的经验中推断整个社会。我不认为窃贼真的如谚语所说的那样诚实地彼此对待,而且如果他们这样去做,社会的其他成员也依然需要将门窗紧锁。我们也并不清楚,如果人们能像对待最亲近的人一样彼此相待,整个社会是否可以从中受益。正如孟德维尔(Mandeville)[168]在很久以前——1714年——所观察到的,如果我们不纵容某些私人恶习,那么我们现在所享受的很多公共福利都将是不存在的。②

---

① 使用文化传播模型来解释。他们所写的语境是人类学的,我不知道他们是否赞同下面的句子,但是有一点很清楚:团队越大,他们的模型的适用程度就越低。

② 对于这种语境中的孟德维尔作品的评价,见彼恩奇[21]。

爱与义务不是现代社会的黏合剂,尽管它可能是使原始社会的砖块黏在一起的砂浆。现代社会像是一个不用灰泥只用石块构造的墙。它的石块不需要水泥。每一个石块因相邻的石块的支持而固定于其位,而且,这个石块反过来也使邻近的石块固定于其位。这就是互惠机制。看似利他主义的行为其实是基于"你若帮我挠背,我就帮你挠背"①原则——并不需要精神的高尚,也不需要更一般的原则如"你若不帮他挠背,我就不帮他挠背"。贪婪与恐惧足以作为动机,对合作结果的贪婪,以及对于拒绝他人发出的合作建议的结果的恐惧。海德先生可能不是一个有吸引力的人,但是,他可以与像他那样的人非常有效地合作。

生存博弈 这个在舞台上神气活现地走来走去以消磨其时间的参与人——经济人就当之无愧地成了我的"人的模型"(model of man)。在博弈论和经济学中,参与者或经济代理人是由其偏好及主观信念所刻画的,或者,如霍布斯所说,是由情感和经验所刻画的。这一点对于我们的经济人也是正确的。如果你选择赋予其偏好,那么,杰基尔和海德可以混合起来并进行匹配。如果杰基尔的混合部分充分大,他将主动地关心他人的困境,那么,求解该博弈的博弈理论的任务就很容易了。然而,我自己的看法是:那些混合了太多杰基尔的人是盲目乐观的。就其主观信念而言,这些信念的本质在本书中不作讨论。我将简单地假设:经济人具有的信念是对他能得到的信息的精确反映。

一旦经济学家们确定了经济行为人的情感和经验,那么,他们通常就会觉得:在经济的语境里,就预测这个经济行为人行为而言,他们已经说出了所需要说的每一件事。然而,在社会契约的讨论中,霍布斯列出的刻画人的本质的另外两点却是经常矛盾的。因此,本节继续讨论如何建立一个行为人的体力以及他的推理方式的模型。

回忆一下,霍布斯所说的体力是由行为人能或不能做什么来显示和决定的。在博弈论中,这样的事情可以通过详细地确定其参与的博弈的规则来非常规范地处理。然而,只是认识到行为人的体力包含在他所参与的博弈规则中还不够,重要的是防止那些不应该包含在博弈规则中的东西。我用生存博弈(game of

---

① 最好表述为"你若不帮我挠背,我就不帮你挠背"。

life)和道德博弈(game of morals)的说法来进行必要的区分。一个行为人的体力是由生存博弈的规则来确定的。道德博弈是另外的规则,但是,这些并没有指出在行为实际上能够或者不能够做什么。就如在国际象棋中,棋手通常是可以破坏生存博弈规则甚至是道德博弈规则的。然而,在国际象棋比赛中,我们通常不会这样去做。

现代社会契约理论家经常将他们的任务视为发明出一种让社会参与的人为博弈。例如,一些学者将霍布斯视为提倡"在他的自然状态中的博弈可以为另一个博弈,即君主集权的博弈所代替"的人。这样一个发明出来的博弈对应于我的道德博弈。最重要的是不要将这样的道德博弈与生存博弈混淆起来。生存博弈的规则是无法改变的。它的规则包含了不可更改的体力与心理的逻辑约束,它为参与人的行动自由设定了界限。这就是说,这些规则从自然科学家所理解的"自然"(nature)这个词的意义上来讲——而不是从在社会契约讨论中所提及的"自然法则"(nature law)的意义来讲,可以视作是自然的。①"自然法"是社会用来规范道德博弈规则的法律,"自然法"在这里也会作为维持生存博弈均衡的规则出现。

以克努特国王(King Canute)为例,他选择发布的法律及法令只是进行生存博弈的部分策略。他的国民服从他的原因不是他们在身体上或心理上不能不服从,而是不服从是服从的次优选择。当然,克努特国王自己对于这些事情并不糊涂,因此,就有了他在海边对人为法律和真正的自然法则的区别所作的论证。在对道德博弈和生存博弈进行区分时,我正好也持有同样的观点。

对于霍布斯关于人的情感、经验和体力的论述说得够多了。但是,理智呢?这是我觉得最可能引起误解的地方。最常用于争论的竞技场就是被称为囚徒困境的"博弈玩具"。在第3章里对此有非常详细的讨论。森[242]对正统博弈理

---

① 应该注意的是:我使用"自然法则"的范围要比某些学者来得广。特别地,我不必假设"自然法则"仅限于设想的在自然状态中主宰人类互动的规则,而且是社会契约所取而代之的对象。例如,休谟认为"自然状态"的概念是一个缺乏根据的空想,但是,他仍然要提出"自然法则"。当它出现在引语中时,我想用"自然法则"来表示假设的对人类行为(不能自然地解释)的先天约束。在对休谟的用法的辩护中,应该注意到:他坚持认为他的特殊的"自然法则"是文化的产儿,而且只在论证人类具有一个"自然法则"是自然法则(科学家所理解的那种自然)的基础上对其术语进行合理化。亚里士多德[5, p.303]在他的《伦理学》中讲述了同样事情,他告诉我们:"美德既非先天亦非与自然相悖。它们形成的原因是:我们适应自然以接受它们;但是,我们用训练或习惯来完善它们。"

论方法的评论如下：

> 一种更有成效的方法或许是可以允许一个人比理论所允许的程度更复杂，以及他可以问自己他希望别人所拥有的是什么偏好，并且在某种康德式的基础上考虑他自己也拥有那些偏好的情况，或者如同他拥有了这些偏好一样去行动。推理的思路要求他考虑博弈的修正，这可以通过承诺行动而产生。

高蒂尔[84]关于人在囚徒困境中承诺自己具有某种合作意向的问题上有相同的说法。

以同样的兴致这样写的学者——或者我所认为的这些学者把分析什么与如何分析混淆到一起。在对一个博弈进行分析时，可理解性要求像由森所提出的问题那样的东西已经包含在博弈结构中。如果参与人具有改变其偏好的权力，或者在进行囚徒困境博弈之前承诺以一定方式行动的话，那么，他们所进行的就不是囚徒困境了，而是更复杂的博弈。很可能是这样：在囚徒困境中的理性行为，在这个更复杂的博弈中就是愚蠢的行为了。但是，囚徒困境并不是更复杂一点的博弈。也不能通过希望它是更复杂的博弈而使之变成更复杂的博弈。这样讨论，不仅仅是错误的，也是语无伦次的。参与人不能改变他们所参与的博弈，如果看上去可以，那么，这是因为对博弈没有很好的界定。

切不要混淆道德与理性。在本书中，理性就是行为的一致性。森[242]讽刺地说，人可以违背自己的偏好而保持行为的一致性。然而，经济学中的正统理性理论认为这种行为不可能是理性人的行为。显示偏好理论——森是一个杰出的贡献者——从个人所进行的决策出发推导出一致的行为人的偏好。而且，将行为一致性作为决策者的重要特征的实际理由是不能轻易地予以否定的。行为不一致的人一定在某一时刻是错误的，因此，与行为总是正确的人相比，他们处于劣势。而且，演化对于那些抑制其自身复制的模仿因子是不客气的。如果非理性行为的道德人将为经济人所代替，并作为一个参与人出现在生存博弈中，那么，就需要对前者如何成功地存活下来给出解释。

在分析博弈时，一定不能假设参与人所作出的承诺能够约束他们的未来行为，①任何承诺机会都必须包含在博弈规则中。将超出博弈支付所规定的目标分

---

① 因此，对于高蒂尔[84]的约束最大化概念来讲是有作用的，但它不是在分析的水平上。

配给参与人是没有意义的。如果参与人关心其他人的福利,那么,这种关心应当已经反映在博弈的支付结构中。在分析的水平上,在所有的时间内经济人最大化都是同义反复。一个承诺他将不这样做的分析者,只是拟设了一个仅存在于他自己心中的执行机制。分析者为经济人发明的新偏好,包括同情他人,也是没有意义的。实际上,分析者根本没有拟设任何东西的权利。他的任务是对给定的模型进行分析。

值得再重复一次的是,博弈规则和赋予参与人的偏好或许已经包含了权利义务与某种程度上的同情。当要构造模型时,而不是在分析时,对这样的因素需要予以考虑。分析者和建模者往往会是同一个人,但我们不能忘记自己现在正在扮演的角色是哪一个。

移情和同情 最后一个可能产生误解而需要提出告诫的是经济人这一概念。森[242]主张在道德讨论中使用"元等级"(meta-rankings)这样的概念,一个元等级表示一个人具有的对不同的可能偏好系统的偏好。哈萨尼[109]用他称为"扩展同情偏好"的概念表达了同样的观点。我同意他们的观点,即在道德讨论中需要一些这类概念。事实上,我借用了哈萨尼的一些工具。没有这些,就无法把以经济人为主角的模型与"要人怎样待你,你也要怎样待人"的原则协调起来。

有关这一点,在第 1.2.4 节中还要进行讨论。这里要强调的是"扩展同情偏好"中的"同情"一词不是休谟和亚当·斯密的"同情"的概念。现代的"移情"概念能更好地表达其中的含义,因而我用这个词来代替"同情"一词。①经济人必须在一定程度上具有移情能力。我的意思是,他对别人的体验必须达到能站在别人的角度从别人的观点出发来看待问题的程度,否则他就不能预测别人的行为而无法作出最优的反应。

这样的移情必须与休谟和亚当·斯密理解的同情有明显的区别。一个放高利贷的人也可能会对电影里一位老夫人的遭遇产生同情而陷入悲痛。但是没有什么可以阻止他在离开剧场后擦去眼泪继续以电影中学来的方式敲诈另一位年迈的寡妇。这样的移情与同情之间有天壤之别。

---

① 尽管我在别处尝试过尽量不偏离标准术语,即使在对什么是标准还存在争议时也是如此。

1.2.3　休谟与社会契约

这一节从第 1.2.1 节中被忽略的理论重新开始。当讨论需要时,我们将重复前面章节中的主题而我不会为此感到抱歉,读者完全可以跳过一些重复性的内容。

现在可以明确的是,康德与其他追求道德问题上的先验方法的人都不是本书中要无条件赞扬的对象。在这样一本推崇中产阶级价值观的书中最合适成为这样的主角的就是大卫·休谟。[1]像桑德尔[227]这样的社群主义者发现,罗尔斯引用的康德的"自我"(the self)这类形而上学的概念存在缺陷,因而如果他们要拒绝我所维护的罗尔斯式的自由主义的话,他们就需要重新确定批判对象。[2]

休谟[127]对契约起源(orignal contract)表示嘲笑。在评论高蒂尔[84]的《约同的道德》时,哈萨尼[110](他研究效用问题的方法我们随后还要提到)表达了拒绝"契约主义"的理由:

> 即使违约并不会受到惩罚,道德人也谨守契约,因为他们的道德指令告诉他们要谨守契约。但是在接受这样一个道德命令之前,没有人真正愿意遵守没有外部强制力的契约。然而这排除了一种可能性,甚至是理论上的可能性,即社会的道德命令是社会契约的结果。即使存在接受这种特定的道德命令的道德契约,也没有人认为有好的理由遵守这个契约,原因是,根据假设,这一契约具有相较于道德命令的**优先接受性**,而仅凭这一点并未赋予这一契约任何约束力。换句话说,除非人们已经接受了一种要求他们遵守契约的道德准则,否则没有人能理性地承诺去遵守契约。因而,道德不能依赖于社会契约,这是因为……契约的全部约束力来自对道德的先验承诺。

哈萨尼认为,如果一个人不相信每个人都承诺遵守社会契约条件,他就不能成为一个契约论者。如果他是对的,我不得不与休谟一道来取笑"契约论者"。

---

[1]　我困惑不解是现代道德哲学家对大卫·休谟的评价如此之低。例如,伯纳德·威廉姆斯[272]最近评论了伦理理论,如果不是威廉姆斯急于痛斥 G.E.摩尔的荒唐的话,对休谟只会一提而过;而亚当·斯密的道德哲学根本没有提及休谟。我担心反传统的英雄尼采也会如此,如果他的引用没有那么精彩的话。一句话,我的灵感之源并不时髦。

[2]　就像第 3.4.2 节所澄清的,当涉及"自我"的本质时,我自己也是一个社群主义者。

但我并非只是认为哈萨尼对契约主义的概括太狭隘。高蒂尔[82]和麦基(Mackie)[164]提供了休谟著作的契约主义解读。然而,当我跟着这些学者的思路想为休谟在社会契约传统中找出一席之地时,应该强调的是,我并不是要维护被休谟和哈萨尼有效批评过的社会契约理论的地位。尤其是,不能像哈萨尼与罗尔斯那样在准法律意义上来理解"社会契约"这一术语。

我不认为社会成员有先验的义务来遵守社会契约。相反,可以证明的是社会契约唯一有效的候选者是或隐性或显性地约束它们自己的社会契约。没有什么会强制这样一个自我约束的社会契约背离其成员开明的自我利益。之所以遵守包含在契约中的义务,并非是因为社会成员承诺要遵守它,而是因为它与每一个有权力毁约的成员的利益相一致,除非有人作出与其最优利益相左的行动而首先背叛。因此这个社会契约是经由社会同意运作的,而不需依赖实际的或假设的强制实施机制。在博弈论术语中,它仅仅是一个在协调均衡处的约定。

一个自然的反应是怀疑如此脆弱的基础是否会一戳就破。像现代国家这样坚固的结构必须建立在道德确信的基石上,[1]而如果每个人都自以为是的结果一定只能是无政府主义吗? 高蒂尔[84,p.1]在对休谟进行否定时说:"如果义务只不过就是利益,那么道德就是多余的。"[2]

我认为这类异议的设想是错误的。首先,并不存在先验于社会的基石一般的道德确信,如果承认可以把道德确信作为基石的比喻的话,那么建造的就是空中楼阁了。把社会看作是一个动态有机体更为有用,而约束内部事务的道德指令是确保在正常时各组成部分运转良好的契约意识。再则,这些道德指令的源头在生物、社会和政治演化的历史理论之中,而不是在思想家们抽象的著作中,无论他们有多么高明的智慧。这个观点,即如果每个人只做他想要的,那么就可以认为无政府状态是必然的结果,也不正确。如果一个人忽视了其他人的行为与达到目的的手段相关的事实的话,那么他要为达到特定目的而努力是愚蠢的。聪明人会协调他们的努力而实现个人目标,无须受到真实的或想象的怪物的强制或胁迫。

---

① "我们认为这些真理是不证自明的……"

② "除非一种道德理论可以指出……它所倡导的所有义务同时也是每个个人的利益,否则什么样的道德理论能为那些有用的目标服务?"——休谟[124,p.280]

自我约束契约　在均衡处协调的简单的隐性契约多大程度上能在利己主义
的群体中产生更高层次的合作？抽象来看这并非一件容易理解的事。下面的章
节可能会澄清为什么博弈论专家相当肯定地认为在这一层次上的合作是可以实
现的。阿克塞尔罗德(Axelord)[14]、肖特(Schotter)[231]和萨格登[254]等人写
了通俗著作来宣传相关思想。在这一阶段,引用休谟的一些话就足以概括这一
思想的大致意思了。首先引用的是休谟[128,p.490]的一个著名的例子:

> 两人在船上划桨时,是依据一种惯例或协议而行事的,虽然他们彼此从
> 未互相作出任何许诺。关于财物占有的稳定规则是逐渐发生的,并且是通
> 过缓慢的进程,才获得效力……同样,各种语言也是不经任何许诺而由人类
> 的惯例逐渐建立起来的。同样,金银也是以这个方式成为了交换的共同标
> 准……

谢林[229]、D.刘易斯[152]和乌尔曼-马格尼特[262]利用了大量恰当的例
子来支持休谟的观点。D.刘易斯率先发现休谟所讲的惯例需要特定地被理解为
是在一个经济人群体中利用这一惯例的人的共同*知识*(common knowledge)①,
这一洞见为后面的内容提供了背景。的确,任何沿着传统方式进行的任何博弈
论讨论都在博弈规则和共同知识这样或隐性或显性的假设基础上。在这里,我
想重申前面的一个观点,就是用经济人作为智人模型并不一定要假设这二者的
思考方式是一样的,只需要智人的行为与经济人相同就可以了。例如,当法国人
在法国都用法语沟通时,他们的举止就像是他们之间存在特定的共同知识,但我
们并不需要断定他们具有对这一事实持有的模糊意识之外的其他想法。

对休谟[128,p.521]的另一个引用虽然不是非常著名,但它的洞察力并不逊
于前面引用的内容。这段话几乎完全可以看作是在用现代博弈论解释重复博弈
中合作的结果作为均衡得以维持的方法:②

> ……因此,我就学会了对别人进行服务,虽然我对他并没有真正的善
> 意;因为我预料到,他会报答我的服务,以期得到同样的另一次服务,并且也

---

① 我们都知道的东西就是我们之间的共同知识,我们都知道我们都知道它,我们都知道我们都知道
我们都知道它,以此类推。
② 他超越了在两个人之间简单的交互作用。如果有人不帮助我,别人也不会帮助他。

是为了同我或同其他人维持同样的互助往来关系。因此,在我为他服务而且他从我的行为中得益之后,他就被诱导来履行他的义务,因为他能预见到他的拒绝会有什么后果。

除了18世纪所特有的温文尔雅之外,还应该特别注意休谟所讲的对拒绝后果的预见。这一点是指,如果你单方面不遵守约定,后果是你会受到惩罚。这种惩罚可能不只是对方在未来对你的拒绝,如果你在社会中的地位保持现状的话,惩罚还可能是遭受到其他令人尊敬的人的反对。[①]而且,并不排除其他更严厉的惩罚方式。特别是如果这一服务问题属于法律合同的范围,也可以由法官来实施惩罚。

初看上去,最后的一项观察似乎与我们要研究的自我约束的惯例安排相矛盾。出现这一矛盾的原因是,有人倾向于认为国家机器在某种意义上独立于人们进行的生存博弈而存在。我们无法违背生存博弈的规则,但却可以破坏人为创立的规则。法律规则无非是一些精心编纂的惯例。在社会之外并不存在警察、法官和公共管理人员,那些有义务管理正式的社会法律的人自身也只是生存博弈的一个参与者而已。无论那些社会官员认为自己的情操多么高尚,事实是,在长期中当赋予他们的义务与他们个人利益不相容时,这个社会机器会停止运转。现在来谈论腐败问题。我并不打算过多涉及官员在提供服务时收取贿赂这种形式的腐败。我要讨论的是在长期中,官僚机构会逐渐不再为当初要求他们提供服务的人的利益运作,而是变成为他们自己的利益服务,这似乎是个不可避免的过程。

麦克莫兰(MacMullen)[166]的《腐败与罗马帝国的衰落》有说服力地指出,罗马帝国的长期衰落的原因是它的社会契约的腐败:

> 与其他国家一样,罗马只能完成它的权力模式允许情况下的巨大目标。在它的黄金岁月,它有巨大的精神和物质能量,它的人民意志坚强、体格健壮,不但可以参加作战,而且推行了一种使整个地中海地区顺服的有效模

---

① 罗尔斯常常用到"自我尊重",但我怀疑在多大程度上可以真正区分开我们对自己的尊重和别人对我们的尊重。这可能就是罗尔斯[214,p.178]所说的"自我尊重是相互之间的自我支持"的意思。如果把这解释为一个关于均衡存在的命题的说法是正确的话,那么我与罗尔斯的冲突并不严重,只不过是进一步拓展了他的思想而已。

式……它的功能如此有效的原因是在公共和私人关系中普遍存在一套得到广泛接受的义务指令。由于这二者之间实际的区别很小,逐渐地,一项冲突的指令会在领导者和支持者之间引起分化从而削弱了它传输和聚集力量的能力。公共与私人的权力都开始成为利润的源泉,在奴隶、自由民、军人和小职员之中都是如此。结果是严重地损害了它的功能。

如果麦克莫兰的著作是可信的话,在罗马帝国后期,它的整个行省被一群野蛮人分裂了出去,与罗马帝国在这些行省驻防的军队相比,他们在数量上少得可怜。可以发现罗马士兵已经失去了作为士兵的激励,相反,他们以收取保护费的形式向当地商贾敲诈钱财。

在我们这个时代,情形并没有什么两样,讲得苛刻一些就是近墨者黑,司膳者肥,管酒者脸色红彤彤。政治家仍然在谋取高位之后忘记了他所代表的人民的福利;银行家和律师从委托给他们的资金中汲取的价值比他们贡献的更多;① 大学管理人员以发扬学术的名义把钱花在了游艇和奢华的接待上,如此等等。

钱会黏在所经之手上,有问题的政党对于其手脚不净的指责会勃然大怒。他们确实不是有意识地决定要染指其中,而是接受了职业的习惯,这一职业被时代和传统塑造得如此神圣,以至于那些受害者也认为他们被屠杀是应该的。

我们的制度中这样的无意识或非故意的腐败可能是现代社会所面临的主要问题。我认为,苏联的变故向我们发出了可怕的警告。一个社会仅仅有监督者是不够的,问题是谁来监督监督者,答案是我们必须彼此监督。也就是说,在一个健康的社会里每个人的行为都必须是均衡的,这包括警察、官员与非官员② 。依赖警察实施社会契约可能会不尽如人意。警察可以承担某一方面的社会活动,但整个系统必须是自我约束的。

对监督者彼此监督的讨论使人想起拥有秘密警察的威权主义的警察国家,并不是说在均衡状态稳定运行的社会要像休谟设想的中产阶级的田园诗一般浪

---

① 在罗马共和国,凭借法律上的地位而收取钱财被认为是羞耻的。

② 在某种程度上我们都是非正式的警察,我们与邻居相处的态度取决于他们表现出的行为,这就像是一种奖励或惩罚(我小心地以轻视的态度对待那些把我应得到的奖励送给了他人的人)。这种非正式的奖惩方式在社会管理中的重要性要比大多数人所认为的要大。甚至那些轻视社会契约价值的人也会小心地对属于同一派系的人表现出友好的态度。

漫,即使暴政要存在下去,也需要处于均衡状态。霍布斯[115,p.16]认为:"权力之根深扎于人民的信仰和态度之中。"①在从重复博弈的均衡角度进行建构的社会模型中,没有给出关于开放社会内在价值的假设,也没有赋予自由市场观念任何先验的角色。

社会同意 本节中分析了社会契约,将其作为社会成员为了在生存博弈中协调均衡而出现的隐性的自我约束协定。如果有人受到这一术语的误导,我感到抱歉。例如,把在法国就应该用法语来交谈的共同认识视为"契约"是不合适的。其他与"契约"有关的词如合同、盟约、协议、习惯或惯例等,可能会更好地表达这样的意思,即无人可以被设想为签订了有约束力的文件或服从于事先存在的道德承诺。"社会同意"(social consensus)可能是一个最好的选择,它甚至不要求参加者必须要了解事实。然而,我认为那个具有许多累赘的"社会契约"仍然是唯一带有充分的博弈色彩的术语,就像高夫[91,p.7]证实的,对于在历史传统之外使用这样一个术语,而同时又拒绝对它的准法律解释,我并不感到有什么内疚。如果我应该感到内疚的话,那么这份内疚也是与斯宾诺莎②和斯宾塞(Spencer)这样的无可挑剔的权威分享的。

1.2.4 谢林与承诺

罗尔斯对社会契约的态度比以上诸人更为传统,指出他在这一问题上的观点与我相左极为重要。由于罗尔斯[214,p.176]意识到契约实施问题的存在,并试图通过证明,在原初状态达成的约定本身排除了那些预期中可能会把超出其

---

① 亚当服从统治者的原因是他相信如果不服从的话统治者会让夏娃来惩罚他;夏娃服从命令来惩罚亚当的原因是她相信不服从的话统治者会派亚博来惩罚她;以亚博之所以服从命令来惩罚夏娃是因为他相信不服从的话统治者会派亚当来惩罚他。霍布斯对这样的政治现实作了清晰的阐述,但由于他坚持认为如果没有一位最高统治者来协调的话,均衡就必定会被打破,这又使这一阐述变得模糊。考虑到他生活的时代的局限,这是一个可以理解的错误。另一方面,康德[137,p.417]似乎根本就没有理解均衡概念的要领:"……国家元首有权强迫他人而自己不受强迫……如果他也可以被强迫……那么对权力的排序就将是无限的。"他或许应该更仔细地读一下休谟[126,p.32]的著作。

② 根据人的本性每个人都有欺骗和毁约的权利,除非他受到了对某种更大的善怀有的希望或对某种更大的恶心怀的恐惧的约束。——斯宾诺莎[252,p.204]

实现能力的把"守诺"(strains of commitment)强加给其成员的社会契约。

在博弈论中,承诺(commitment)是有约束力的许诺(promise)。谢林[229]揭示了在现实生活中做出一个真正的承诺并非易事。埃尔斯博格(Ellsberg)[69]关于绑架的例子在这一背景下经常被引用。受害者非常愿意做出承诺,一旦获释一定不泄露绑架者的身份,而在收到赎金之后并不想杀害受害者的绑匪非常愿意相信被绑架人的承诺。但是受害人一旦获释,就再也没有能使他遵守诺言的约束了。要在这种条件下解开承诺难题,就需要引入某种实施机制。

受这类例子的影响,绝大多数博弈论专家目前在对待承诺问题时都非常慎重。每一个存在承诺的机会都像在第 2.5.1 节中解释的那样被模型化为博弈本身的一个正式的行动,随后对这一正式博弈的分析就不必再考虑任何形式的关于承诺的假设,这意味着关注的重点就限于均衡分析。对于具有自我约束特征的均衡,就不必为一个适当定义的均衡中的承诺的实施而担心,因为没有人有偏离这一预定博弈的激励。第 1.2.2 节解释了我为何认为替代性的观点并非一无是处。①

一种要求只关注自我约束的社会契约的方法可以被看作是罗尔斯理论在逻辑上的一种极端情形,但罗尔斯并不希望走得如此之远。下面的故事基于他[214,p.167]提出的奴隶主的辩护,这个故事不仅表明罗尔斯并不同意这里所提倡的方法,而且表明绝大多数的社会契约论专家的思想都是建立在各种先验的"自然法"概念基础上的。

奴隶主的辩护　为了对抗功利主义,罗尔斯[214,p.167]设想了一个对自己被奴役的状况表示不满的奴隶。而奴隶主则会依据这样的社会契约来为自己的地位辩护:"如果要求你接受一个社会结构,但你并不知道自己在这个社会中的地位的话,那么你可能会同意接受一个奴隶制社会,因为你对成为奴隶主的预期超过了你可能沦为奴隶的预期。因此在发现自己是奴隶时,你就没有正当的理由来抱怨。"罗尔斯当然否认在原初状态一个奴隶制社会可以得到接受,但他竭力想证明如果在原初状态确实选择的是一个奴隶制社会,那么奴隶主的辩护是

---

① 麦克伦南(McClennen)[175]可能给出了相反观点的最好的表述。

成立的,①而奴隶认为没理由遵守一个他从未真实同意过的假设的契约,并且这个契约假设了一个事实上从未产生的利益随机分配的过程,对于这一反对意见,他明确予以否认。

至少可以从奴隶主对奴隶的回答中找出两条理由来。最主要的一条是,奴隶主继续说:"我同意事实上你并没有签订这样一个契约,但这并不重要,我们可以推测如果处于原初状态的条件下你确实希望签订的契约条款。于是,要么你必须承诺遵守契约,要么你认为原初状态并不适合于做出公平与否的判断。而对于随机性的运气,却不是假设的,人一出生处于何种社会地位则完全是由上帝以掷骰子的方式随机决定的。"而奴隶可能会发现在原初状态掷下的并不是上帝的骰子而是另一些骰子,因此,他更愿意通过抛硬币来决定谁做奴隶的问题,但奴隶主的回答是残酷的:"你无权抛第二次硬币,因为在原初状态,你做出了接受第一枚硬币的结果的承诺——也就是接受自然赋予你的任何角色。"

但愿不要认为我觉得这样一个辩护过于严肃,或者罗尔斯愿意支持它。通过反证法表明对社会契约的准法律解释具有多么沉重的负担,特别是这一辩护想当然地认为,由于一个人在意愿上希望作出承诺,也许还因此结下了口头约定或写下一纸文书,结果就真的能做出承诺。②如果没有解决承诺落实问题的机制,这样的承诺是不可信的。例如有人宣称,无论是假设上还是实际上,他承诺采取一项行动,这并不等同于他正在采取这项行动。如休谟③[128, p.306]观察的:

……我们未必会因为我们已经承诺过要信守诺言而信守我们做出的诺言。

奴隶可能会指出,尽管他与奴隶主应该都希望在原初状态作出承诺,但不存在任何使这些愿望变成现实的魔法棒。

① 正如在埃尔斯博格的关于绑架的例子中,我们会认为绑匪实际上并不会释放受害人,但是如果他这样做了,那么受害人出于感激就会遵守诺言而不泄露绑匪的身份。
② 在对这一点的否定上,我同意黑尔(Hare)[103],拒绝塞尔(Searle)[234]反驳自然主义的悖论的理由。对我而言,认为做出承诺的行为成为信守承诺的原因的想法过于天真,理由只是告诉你为什么某些事情是真实的。
③ 例如,他的评论与卢梭[221, p.257]的"……一切法律中最重要的是守法"形成对比。

自然法　这里提到的魔法棒带来了"自然法"的问题。大多数社会契约理论认为此前对承诺和义务的讨论都未抓住契约论方法的要害,他们认为伦理考虑可以保证对合约的信守。例如,在谈论"守诺"时,罗尔斯[214,p.178]认为"自我尊重"会强化对承诺的信守程度。①但是个人的品性问题优先于社会正义问题吗? 关于原初状态的假设不正是为了阐明这些问题吗? 如果在原初状态不存在基于基本伦理规则的先验的合约,那么将其作为改革工具的理由是什么? 要确保把所有的伦理思考都"分离"出来并且引入到在原初状态下协商的结构中去。

这是过于苛刻的条件。并不存在先验的道德命令或者"自然法"对原初状态的人进行约束。萨格登[254]认为"自然法"就等同于伦理惯例,而前者除了在自己与他人产生联系时根本不起作用。所有这样的伦理惯例都被认为是人造的而需要在原初状态进行构建,如果它们已经被嵌进了维持目前自然状态的旧的社会契约中,就需要重新构造一个新的伦理惯例。休谟[128,p.484]认为:"正义的规则虽然是人为的,但并不是任意的。称这些规则为自然法,用语也并非不当。"

对在原初状态这一假设的考虑中,与奴隶对话的奴隶主在故事的末尾也没有一根神奇的魔法棒,除了那些同意社会契约的人的自我利益,没有什么能强求人们遵守社会契约。这里再一次引用休谟[128,p.516]的话:

> ……在人类惯例确立承诺之前,承诺是不可理解的;……即使可以理解,它也不伴有任何道德的约束力。

在原初状态中作出的关于许诺和承诺状态的假设,对于所能得出的结论显然非常关键。而我有另一个理由来强调我所认为的恰当的、严格的方法。

在同意使用原初状态这样的假设后,如果分析并未把我们带到理想之地,那么,就会产生更进一步进行假设的诱惑。而被这一诱惑俘虏就会把原初状态背后的思想搅成一团乱麻,正如一位戒除了酒瘾的人面对再次举起的酒杯时通常难以抵制诱惑和保持正直一样。当要我们像那位奴隶主一样玩文字游戏时也面临同样的问题。不过,我认为在把这些条件加进原初状态时,最为重要的是使假设的成分达到最小。简而言之,我认为正确的方法是彻底弄清基本假设,然后根

---

①　他认为:"自我尊重在生活的理性计划中的作用并不如认为应该实现个人计划的意识的作用大。"

据即使在乌托邦(Cloud-Cuckoo-Land)环境中也同样适用的实用主义方法来进行分析。

在返回到奴隶主的故事之前,为了更准确地讨论什么时候允许使用原初状态,对迄今为止的进展作一概括是必要的。在本节中,到目前为止一直关注的是,为什么把一个假设在过去某个不确定的时刻通过想象在子虚乌有的无知之幕后面达成的约定看作是对目前每个人有约束力的承诺。我认为这不过是一个"你何时不再打老婆式的问题"(when-did-you-stop-beating-your-wife)*。在原初状态所假定的约定并不能被视为有约束力的,对此休谟已作了非常雄辩的说明。假设人们进行讨价还价的条件丝毫不能证明他们无论是在道德上,还是在实践中都会受到在无知之幕下达成的假设的约定约束。因此,我认为只有当信守约定符合与之相关者的最佳利益时信守约定的假设才可以成立。

道德博弈 以这种方式来解开戈尔迪之结(Gordian knot)可以解决一些理论问题,但同时又产生了新的问题。下面要考虑的是利用原初状态的时间选择问题,在我的理论中非常明确的是,不能再在某个已经逝去的神秘年代或无时间限制的条件下使用原初状态。由于不存在任何约束力,每个人总可以为了重新评估公正而随时自由地求助于原初状态,特别是如果时间充裕,这种求助随时都会成为可能。目前的自然状态本身可能就代表了一个在过去通过原初状态达成的社会契约。然而,由于没有人对过去达成的这样一个假设的契约作出承诺,什么也不能阻止再次通过原初状态来协调进一步变革所必须的行为。这一含意产生了技术上的难题①,很显然使用一个允许人们随时用来反对过去的判断的社会正义概念是有吸引力的。我发现,借助于某种可以持续使用的原初状态似乎有些奇怪。然而,就像"社会契约"一样,坚持使用已经确立的术语似乎是利大于弊的。

虽然承诺的阶梯已经从我们聪明的奴隶主的脚下抽掉了,但他并不是完全

---

* 比喻不可信的承诺。——译者注

① 由于处在原初状态的人必须预测在未来的原初状态中可能达成的契约,博弈论专家是通过"重新议价证明"(renegotiation-proofness)来处理这类问题的。对这一主题有所了解的读者可能会对于我不从这类文献借助任何详细说明或讨论而感到如释重负。

没有资源。他还可以后退到第二道防线上,尽管这道防线留给他的回旋余地很小。他可以争辩说,奴隶要求回到原初状态重新评估目前的状况是没有意义的。因为在未来召集的任何原初状态做出的判断都将与奴隶主过去所声称的完全一样,即奴隶仍会被确认其奴隶身份。在这一辩护中,奴隶主放弃了他的主张,即奴隶没有权利第二次投掷那枚假想中用来决定谁将成为奴隶的硬币。相反,奴隶主会坚持认为,自然在决定谁将是城堡里的富人,谁将是门外的穷人时所提供的假设的抛硬币模型是唯一正确且恰当的模型。

我不止一次听到过类似的激烈的辩护,但我无法理解为什么应该认为奴隶应该相信它。[1]为什么任何骰子,不论是否由自然所抛出,都处于某种特殊地位?可以明白,这样的观点对那些已经知道自己赢了的人而言是有吸引力的,但那些事先注定要输的人无疑会认为这种辩护是愚蠢和荒唐的把戏。

在任何情况下,那种认为自然的骰子更公平更合理,而劝人们接受的虚构在我的理论中都是没有位置的。由于这一点的重要性,可能详细阐述我在模型化这一情形时的细节是有益的。与反复强调过的一样,社会契约的功能在于对生存博弈中的行为进行协调而实现其均衡。这样的协调在被称为道德博弈的虚构的博弈的作用下变得更容易实现。道德博弈提供了被罗尔斯[214，p.584]称为“判断社会基本结构的阿基米德支点”的东西。[2]我要研究的是与生存博弈孪生的道德博弈,它为参与者提供了在现实世界中无法进行的行动。更确切地说就是每个参与人随时有机会使用原初状态,智人真实的道德博弈自然会更为复杂。但我要研究的是简化过的道德博弈,我相信这可以满足我们讨论“公平”问题的需要,因而值得我们关注。

尽管道德博弈规则的约束力与生存博弈规则并不一样,但是当我们假设这些规则有约束力时,对道德博弈的分析就不要抱漫不经心的态度。人们不得不

---

① 我认为罗尔斯的这些辩护者误入歧途太远而犯了通常是功利主义者才可能犯的错误。这一错误在于,只需要根据结果的特征而不必考虑这一结果是如何达到的就可以决定结果是否公平。例如,假设只有一颗心脏可以用于移植,但有两个人需要这颗心脏。通过抛硬币来决定谁可以得到它是公平的吗?或者我们要依赖于自然在决定这两个患者之间谁的社会地位更高时所用的假设的抛硬币的办法来决定吗?戴蒙德(Diamond)[66]指出,前者会使一些功利主义者难以接受,因为两种情形下的结果都是有人会死去而有人会活下来。

② 阿基米德保证只要给他合适的工具和地球外的一个支点,他就可以撬动地球。

假装他们的参与人并不怀疑由道德博弈规则带来的机会确实是可得到的,事实上他们的确相信他们可以求助于原初状态而消失在无知之幕后面,在那里随机性的掷骰子将重新安排每个人的社会地位,比如说奴隶确实相信他最后会成为奴隶主。并且在启用了原初状态之后,他们确实会忽视自己在均衡中可能的角色而协商在道德博弈中应选择什么样的均衡。对道德博弈的这样一个描述自然是与那种每个参与者在从无知之幕返回后总是发现自己的角色并未改变的思想是不相容的。事实上,这一假设认为,道德博弈的参与者认为在连续使用原初状态的过程中骰子的结果是相互独立的。

到此为止,我所要求的约束与一位小说家创作时所做的一样多。他设定场景,并在其中加入人物,随后通过艰苦工作创作出与这些虚构人物和场景相一致的故事情节,我们的努力与之类似。在分析参与人在我们的道德博弈的约束下会如何做时,我们必须不能让我们虚构的参与人知道只有我们自己才知道的事实,即这些规则是虚构的。

公平博弈 一旦把道德博弈作为阿基米德支点引入,就有可能在生存博弈中定义一项"公平的社会契约"。一项公平的契约不过是一个生存博弈中的均衡,条件是如果在道德博弈中使用这一均衡的战略,将不会使道德博弈的参与人产生求助于原初状态装置的激励。

一项公平的社会契约因而也成了道德博弈的均衡,但绝对不能忘记的是,它还必须是生存博弈的均衡,否则,它将不具有可行性。事实上,道德博弈只不过是一个在生存博弈中进行均衡选择时的协调装置。在道德博弈中人们可以欺骗,就像他们在国际象棋中欺骗对手一样。但他们并没有这样做的激励,因为在规则仿佛有约束力的道德博弈中进行博弈会产生生存博弈的均衡。因而没有参与人可以从背叛中获益,除非是其他的参与人已经首先背叛了承诺而损害了他的利益。

我认为,生存博弈与道德博弈同时进行的观念对于描述智人社会的运作方式有充分的合理性,①正是生存博弈的规则决定了特定的行为模式是否可以存在。一项社会契约要想具有可行性,它必须是一个生存博弈的均衡。但是有许

---

① 尽管我没有说过,但我提出的这一非常简化的模型仅仅只是反映了真实世界极小的一部分。

多这样的均衡,要选择一个均衡,我们一般认为我们进行的是道德博弈,因而选择在生存博弈中"公平"的均衡。我们这样做所面临的危险是无法理解道德博弈与生存博弈的关系。在进行道德博弈时很容易忘记它不是生存博弈,当我们持续进行道德博弈并使其演化为与生存博弈相兼容的状态时,上述危险就没有多大的害处。但是那些与我们人类一同发育的道德博弈的规则只不过是包含在我们文化中的虚构的内容,人们完全可以说服自己和他人根据那些与生存博弈不相适应的规则来博弈。例如,他们可能会为允许作出承诺的道德博弈创设规则,但是我们马上会发现自己陷于理想和激情所产生的麻烦之中,而这种情绪正如斯宾诺莎[251]所言,只有在"诗人的黄金时代"才具有意义。作为结果,人性是卑微的而我们身处其中的世界是不现实的。

作为自然义务的正义　本节重点讨论我们在原初状态立场上对承诺的不同态度对我们所采用的阿基米德支点的影响。在我的道德博弈中,随时可以诉诸原初状态的事实有重要的意义,这与时间选择的非初始性有关。许多学者,如著名的达斯古普特(Dasgupta)[58]、黑尔[104]、卡尔沃(Calvo)[53]、豪(Howe)与罗默(Roemer)[123]、罗德里格斯(Rodriguez)[220]都指出了在实践中应用罗尔斯理论的时间选择所产生的难题。例如,黑尔称对罗尔斯使用的时态感到困惑。

我的印象是部分原因在于青年罗尔斯[214]对这一问题持有不同的态度。事实上罗尔斯[211, p.xvi]后来也承认他在《正义论》第三部分所提出的关于稳定性的观点与他整体的立场并不一致。然而我一直认为罗尔斯[214, p.115]在他写下面一段话时他的态度是光明正大的:

> ……一种基本的自然义务是正义的义务。这一义务要求我们支持和服从那些现存的和应用于我们自身的正义制度。它也促使我们推动还未建立的正义安排产生,至少在无须我们付出很大代价的情况下。

我认为他关于某些时候变革会强加给特定个人成本的条件并没有极其重要的作用。罗尔斯[211, p.17]后来明确表示,他对守诺的保留态度在过去的非正义要被修正时并不适用。除了他在稳定性问题上的野心外,我认为还要将罗尔斯与哈萨尼归为一类,他们都把对社会契约某种程度的承诺当作是一项对理论有实用价值的必要条件。

我希望在本节表明,这种对待承诺问题的态度因为存在太多的问题而失去了可行性。我同意哈萨尼和罗尔斯的观点,即人们的行为一般是"公正的",但我们不必相信那些通常用来解释这种公正性的世俗智慧。我并不认为我们一来到世上就受自然本能的支配要"尽我们的义务"①。用休谟的话来说就是,并不能理解为我们尽义务是因为这样做是我们的义务。如果要理解当我们说"尽我们的义务"时实际上会发生什么,我们需要超越文化上的平庸之见来寻求一种解释,要这样做就需要发现标准的世俗解释是如何成功存活的。

1.2.5 罗尔斯与功利

在梳理了这么多的形形色色的观点之后,正好可以有机会对另一问题提出批评。罗尔斯[214]在预测原初状态可得出的结论时运用的决策理论并不正统,他摒弃了功利主义理论而偏爱他关于基本善(primary goods)的概念,这使他可以避开困扰功利主义的人际比较的难题。在处理原初状态所面临的不确定性时他的方法也是非正统的,他采用的并不是根据主观概率来决定人们的社会角色定位,并根据一定的期望来计算的假设的掷骰子的方式,取而代之的是根据拉普拉斯的理由非充分原理来表述这一著名的难题,并把最大最小标准作为在原初状态的"理性"决策原理。由于他的目的是维持他的正义原理的词典式排序的特征②,而把最大最小标准这样有争议的词典式排序原理吸收到他的基本理论中去,这显然会削弱他的论证的力量。的确,他的"差别原则"几乎就是最大最小标准的直接应用。

伊甸园 对上述段落中的这类问题不熟悉的读者,作一些解释是有必要的,而更多对细节的讨论将在之后需要时再给出。与这本书的整体保持一致,这里也为了表达上的方便而只限于关注一个高度简化的二人社会,他们可以被认为

---

① 除非有人想把"义务"解释为生物上的物种的繁衍和对幼小者的关心。
② 这是一个经济学术语,表示在字母式排序中具有显著特征的对象被赋予了优先地位。这一对象首先是因为具有特征 A 而被放在了第一等级,只有当在这一层次上它们的特征无法被识别时才考虑特征 B,依次类推。

是亚当和夏娃,也可以想象他们是在伊甸园里讨论婚约问题。图 1.2(a)用支付
(payoff)组 $x=(x_A,x_E)$ 的集合 X 来表示可能的婚姻契约的集合。如何进行支
付①的测度在后续的分析中非常重要,但现在最重要的是亚当只关心最大化 x_A
而夏娃只关心最大化 x_E。

　　用一个非常抽象的集合 X 来表示所有社会契约集合,亚当和夏娃的婚约事
实上就是为维持一种长期关系而达成共识的一组规则。博弈论专家认为是这组
规则决定了他们在婚后日复一日的重复博弈中为维持一个均衡而选择的战略。
每一个这样的均衡决定了一组支付 $x=(x_A,x_E)$,因此所有这类均衡的集合就
决定了结果的集合 X。在婚姻契约被简单地理想化为集合 X 的情况下,婚姻顾
问关心的所有问题都被装进了黑箱子。或更一般地讲,在集合 X 中,为了突出均
衡选择问题我们抽象掉了维系社会均衡的道德规则的实践细节。

　　集合 X 的非对称性表示罗尔斯[214,p.100]认为需要对"出身与天赋的不
平等"进行某种矫正。②罗尔斯关心的是无法直接消除的不平等,因此任何矫正都
必须采取某种间接的补偿形式。由于集合 X 中没有反映出可以直接消除的不平
等,因此他强调了这类不平等的重要性(他们只是在由目前状态表示的自然状态
的局部有所反映),一些例子可能有助于说明为什么如此。

　　考虑一个有些荒诞的例子,假设人的性别可以像换衣服一样随意改变,同时
亚当和夏娃在性别上完全一样,那么集合 X 就会变得对称。之所以如此,是因为每
一个亚当做丈夫夏娃做妻子的均衡与亚当做妻子而夏娃做丈夫的均衡是等价的。甚
至还可以想象这样的均衡,亚当和夏娃会根据事先约定的两人做丈夫和做妻子的时
间相等的计划来改变丈夫与妻子的角色。当这种安排成为可能时,公平问题就不

---

①　这里的"支付"一词并不是意味着用货币衡量不同契约的价值。第 2.2.4 节给出了一个从现代效
用理论衍生出来的更为复杂的解释,这是一个博弈专家倾向于使用的术语。不要想当然地认为
只要目的正确就可以不择手段。它也并不意味着亚当和夏娃对于如何拥有幸福生活的观点是简
单的。这里接受边沁(Bentham)[17]著名的比较,不能由于阅读诗歌带给我们的欢乐无法通过
与推图钉游戏比较来测度而放弃诗歌,同样也不能因为喜好诗歌而放弃推图钉游戏,因为中产阶
级认为后者更让人振奋。甚至类似的富有优越感的态度也不应被忽视。如果亚当认为只要夏娃
放弃推图钉游戏而阅读诗歌世界就会更加美好,那么在他的支付中也将会反映出来这一点。
②　图 1.2(a)表示的集合 X 中的非对称性思考并非是要挑起关于男女相对能力差异的争论。X 毕
竟可以换成另一种形式。如果有人选择的话,它的形状可以与那种认为男女生理上的差异使得
女人在力量上处于不利地位且女性没有享受到充分的补偿的观点保持一致——尽管盲人先知
提瑞西阿斯(Tiresias)不这样认为。

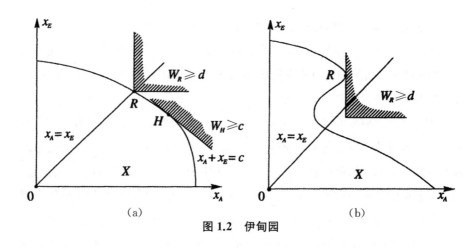

图 1.2 伊甸园

重要了——而只有当我们无力消除人与人之间的不平等时才需要强调公平。

不平等的根源之所以难以消除也许不只是因为自然条件约束,在亚当和夏娃的例子中,可以看到还有社会经济或政治约束。例如,在第 1.2.4 节的奴隶主的故事中,试图说服奴隶继续为奴隶主服务的理由是他想寻求自由的努力是不道德的,而奴隶主并不是真需要奴隶同意处于受奴役的地位,因为他可以利用奴隶无法获得的强制手段而保持自己的主人地位。提出一项要求奴隶主放弃对奴隶的权力而没有相应补偿的社会契约的呼吁是徒劳的,[①]只有均衡处才可能出现可行的社会契约。尽管奴隶仍然处于被奴役的地位,但并不能认为社会契约理论与他的处境无关,即使是奴隶和奴隶主也必须寻找和谐共处的方式,在两个参与人地位极不平等、其中一个可以惩罚另一个的重复博弈中,这样的权宜之计可以构成一个均衡,结果是集合 X 变得很不对称,但我们仍可以尽可能选择一个相对公平的结果。[②]

---

① 这并不是表明我认为在真实世界中我们应该容忍奴隶制。尽管奴隶自己无法使自己获得自由,但并不是说其他人无法强迫奴隶主使他自由。但别忘了在奴隶主的故事中奴隶和他的主人组成了全部社会。

② 尽管我知道一些读者由此认为我是邪恶之人,我还是要这样讲,在这样的情景中谈论公平会被认为是滑稽可笑的,但是当一个牧羊人虐待他的牧羊犬时,需要提醒他对狗的虐待并不符合他的利益吗?有人可能会说,人并非狗,但奴隶主不会这样认为。像亚里士多德一样,他们在调和道德与蓄奴上并不存在困难。他们简单地把他们的奴隶归为"自然的劣等"一类。洛克对他那个时代的下等阶层的态度就是如此,他并没有要捍卫他们的"自然权利",而是认为凡是年龄"超过三岁"的失业者的子女都应被送去"教养院"做工,以免成为国家的负担[迈克弗森(Macpherson)[167]]。类似地,现代的保守派拒绝承认因欠妥当的经济政策而陷入贫困的人是不幸的。相反,这种不幸被认为是懒惰或努力不够造成的,因而是"自然的劣等",由此可见在道德环境中对"自然"一词的误用的危害性。

在讨论过集合 X 的特征之后,现在可以研究从 X 中进行选择的标准。在图 1.2(a)中,字母 R(罗尔斯)和 H(哈萨尼)代表两种可能的婚姻契约。前者是 X 中的一个点,这一点上最大化的社会福利函数 W_R 是

$$W_R(x) = \min\{x_A, x_E\}$$

后者是 X 中的另一点,这一点上最大化的社会福利函数 W_H 是

$$W_H(x) = x_A + x_E$$

现在可以明白为什么把 R 看作是根据最大最小标准选择的点,而 H 则被认为是根据功利主义选择的点。在使用词典式排序的最大最小标准中,福利状况最差的人排在最优先的位置,当 X 具有图 1.2(a)的形状时,最大最小点 R 就是在 X 的边缘上 $x_A = x_E$ 处的点 x。因此,最大最小标准带来了平等主义的结果,它并非总是可以正好使亚当和夏娃的支付相等,图 1.2(b)证明了这一点。在对罗尔斯的理论的讨论中总是会强调这种可能性,但在我的方法中不会出现这种可能性,因为重复博弈的无名氏定理表明集合 X 必须是凸集(而考虑集合 X 缺乏严格完备性的情况似乎并不有趣)。①

到此为止,似乎还有一个关键问题被忽略了,那就是不同人的支付如何进行比较的问题。具体地讲就是,在计算最大最小点 R 和功利主义的点 H 时,想当然地认为对亚当的支付的测度单位可以直接与夏娃支付的测度单位进行比较。确切地讲,一个隐含的假设是每一单位的亚当的支付可以与夏娃的一个单位的支付进行交换。如果假设夏娃得到的报酬是苹果而亚当的报酬是无花果叶子,而且他们一致同意 V 片无花果叶子等价于 U 个苹果,所以一片无花果叶子等于 U/V 个苹果,那么上面给出的社会福利函数将不再适用,需要把社会福利函数 W_R 和 W_H 重新定义为 W_r 和 W_h

$$W_r(x) = \min\{Ux_A, Vx_E\}$$

$$W_h(x) = Ux_A + Vx_E$$

---

① 集合 X 是凸集的条件是集合中任意两点的连线位于集合内部,严格凸集则要求在集合的边界上没有直线。而集合 X 有完备性的条件是如果集合中包含了某一点,那么它也就包含了坐标值小于这一点的所有点。出于实用的目的,X 有完备性的条件是亚当和夏娃可能会扔掉所有东西。一个集合有严格完备性的条件是它的边界上没有水平的或垂直的直线。

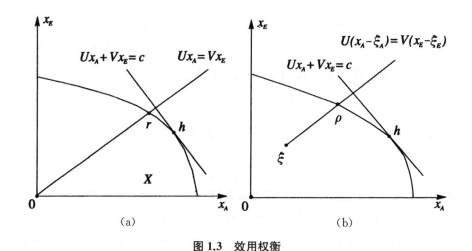

图 1.3　效用权衡

也就是说,重新定义的社会福利函数要通过把一个人的支付与另一个人的支付进行相对比较来权衡这个人的支付。图 1.3(a)表示的是用重新定义的福利函数得到的*加权的最大最小点 r* 和*加权的功利主义的点 h*。

比较每个人的支付单位的大小极为重要,每一个人的支付测量计上的原点的位置也与最大最小点明显相关。例如,假设在开始时亚当有 ξ_A 片无花果叶子,夏娃有 ξ_E 个苹果。如果根据第 1.2.1 节的方法,把点 $\xi=(\xi_A,\xi_E)$ 当作是当前的自然状态,而且只考虑以公平的方式来改进这一状态,那么社会福利函数 W_R 就必须修改为函数 W_ρ

$$W_\rho(x)=\min\{U(x_A-\xi_A),V(x_E-\xi_E)\}$$

图 1.3(b)中 ρ 点表示最大最小点在修正后变动的程度,①而亚当和夏娃的支付测量计上的原点并未对以 h 表示的效用点的位置产生影响。

现在有可能对结果进行比较,在图 1.1 中,中间的箭头(用数字 1 标出)指出了罗尔斯最大最小标准的研究路径,左边的箭头(用数字 2 标出)指出了我沿着霍布斯与休谟的理论路径得出了一个类似但不完全相同的结论。在本节伊始我就声明过,我的结论与罗尔斯只是形式上的相似。简单而言,我宁愿为图 1.3(b)中的 ρ 点而不是图 1.2(a)中的 R 点进行辩护,但现在必须强调的是我所要为之

---

① 在合作式讨价还价理论的话语中,ρ 是讨价还价问题(x,ξ)的比例讨价还价解。

辩护的结果肯定不是功利主义的。

基本善　如果亚当和夏娃的无花果叶子和苹果真可以在外生的市场以固定 □ 的比率进行交换,那么上面的讨论就是完全正确的,但是他们通过共同履行社会契约得到的支付显然很难被如此巧妙的分割开。罗尔斯①[212]试图运用最大最小标准来处理这一问题,他通过根据赋予他所谓的"基本善"适当的权重得出指标,并将其用来测度支付。与"基本善"相关的问题②是"权力和特权"、"自尊的社会基础"和"收入与财富"。

假设存在这样一个解决人际比较问题的合适的指数。以打桥牌来作比喻,我认为这种情形就好像把 K 直接从手中发出,如果这意味着对手会以 A 吃掉它,这样他将不得不面对一个无法完成定约的事实。即使一个人只关心收入和财富这类基本善中最世俗的东西,这一问题也并不会消失。对此,罗尔斯[212]评论说:"广义的收入和财富就是直接和间接实现各种目的的所有手段(具有交换价值)。"大多数经济商品实际上都有市场,因而也可以说是有交换价值。但必须反对这样一个隐含的假设,即认为在原初状态想当然地存在这样一个市场,因此经济物品的交换价值可以被看作是外生决定的。我认为,利用市场机制来分散生产和分配决策不可避免地会成为本书所提倡的理性社会契约的一部分,但根据这一假设,市场制度具有先验的合理性似乎会推翻社会契约的证明。我也不认为经济物品的市场交易价格与市场运行所处的社会和政治环境相独立。

罗尔斯[212]对经济学家的批评作了这样的回应:

> 对于一位关心社会正义和公共政策的经济学家来说,基本善指数仅仅是临时性的修补而不是经得起检验的理论⋯⋯经济学家的回应一部分是正确的:在经济学家的意识中基本善指数并非是一种理论,相反它属于一种正义观念,在自由选择条件下这种正义观念成为了理性善的传统。因此,问题不再是如何对只属于科学研究的某种心理活动或其他类似物给出准确的测

---

① 正在讨论的是青年罗尔斯,对这一问题,与其他人一样,他的观点自 1972 年出版《正义论》以来也在发生变化。

② 罗尔斯也把人的"权利和自由"看作是基本善——但不是可以用基本善指数来称量和测度的那种基本善。在他的理论中,任何其他基本善都无法补偿在权利和自由的分配上的不公平。

度方法,它更是一个道德和实践问题。

在作出回应之前需要先给出两项声明,第一,毋须因为赞同"理性善"理论而不同意罗尔斯的理论。本书所提倡的理论否认"理性善",但并非会使经济学家感到痛苦。第二,在新古典经济学家中居于正统地位的效用理论并没有被他们视为科学测度心理特征的方法。对于效用函数测度了一个人只有在他自己身心内部才能体验到的快乐与痛苦的说法,他们的反应是恐惧。①

如果不能完全摒弃在理论发展早期的浮在表面的东西,现代效用理论就会否定其来自边沁的理论渊源而无法被正确地理解。正统理论认为理性人选择 A 而不选择 B 的原因是 A 的效用比 B 的效用大的证明是一个谬论。相反,正统理论认为 A 的效用超过了 B 的效用的原因是在 A 是可获取的情况下这个人永远不会选择 B。这一理论因而完全是描述性的,在它最辉煌的时期也没有赋予个人偏好,而是只有效用函数,这些同样被认为是从个人选择行为中推断出来的。②理性人的行为也只是说他表现得好像是在满足偏好或实现效用函数最大化,而对可能引导他这样做的内心精神活动过程一字未提。一个现代意义上的效用函数不过是表示个人选择行为具有一致性的这样一个容易处理的数学手段。

正统理论不仅没有把人际比较纳入其中,以阐明"理性善"概念,甚至无法为此提供任何基础,③现代效用理论也没有赋予理性决策者自私的偏好特征。只要他的高尚的品德是有连续性的,他的偏好就可以像人们想象的那样高尚。诚然,经济学家几乎不赋予经济人高尚的品性,但无法由只关注一致性的假设推出经济人是自私的结论。

而我认为罗尔斯的基本善指数的问题更大,当他断言构造这样一个指数是一个道德问题时,我感到困惑,我认为所有的道德问题都应该在原初状态解决。但是如果为原初状态的人所引入的东西被认为是他们经过深思熟虑的结果,那

---

① 我不同意那种说法,即认为对效用函数的这种解释本质上是荒诞的,但幸运的是,正统的理解足以用于支持我的理论。

② 当然,为了使这样一个归纳成为可能,不得不作出选择行为的理性假设。但经济学家把这些显示偏好假设看作是可以进行科学调查的对象(据说在实验条件下可以发现鸽子的行为也满足"显示偏好的弱公理")。在这一点上,罗尔斯对经济学家的方法的概括是正确的。

③ 在福利经济学家笔下问题似乎变成了另一种样子,当弄清事实真相之后,他们常常要改变观点,就像罗尔斯一样,通过诉诸道德制度和对实践的思考来最大化某些商品指数。

么这一问题又将如何解决？对罗尔斯[214，p.178]的"自我尊重"的概念我也有同样的疑问,他提出的这一概念同时作为社会契约得以遵守的一个原因,以及原初状态进行分配的基本善的组成部分。关于经济物品的交换价值的问题具有同样的特征。我认为,罗尔斯[214，p.48]的"反思均衡"的概念的目的在于提供一种通过自己努力克服这种困难的方法。但我不知道合适的测度和平衡将在什么样的结构中进行。

贝叶斯决策理论　这里提到罗尔斯回避了传统效用理论的两个问题,第一个是他把最大最小标准作为不确定条件下个人决策的原理;第二个是他用基本善指数思想来处理人际比较的问题。对于这两个问题,我的方法是建立在哈萨尼[109]的理论基础上的,他的效用理论完全是正统的。

这里对于哈萨尼[105]对最大最小标准的批评和罗尔斯[213]的回应不进行详细讨论。简言之,哈萨尼在自己理解的原初状态的基础上独立给出了导向功利主义结论的证明。①图 1.1 中标有数字 3 的箭头表示他的研究路径。哈萨尼一开始就认定需要在原初状态这样的不确定性条件下进行决策的理论是萨维奇(Savage)[228]的理论。萨维奇在冯·诺依曼(Von Neumann)和摩根斯坦(Morgenstern)[269]工作的基础上开展工作,他们两位的贡献被认为是建立了冯·诺依曼—摩根斯坦效用函数。这一理论本身被称为贝叶斯决策理论。②在第 4.5 节将会讨论一些与之有关的问题。这里要说的是,这一理论是从假设的理性选择公理推导出来的。理性选择行为理论认为,理性决策者的行为就像是他给不确定的事件分配了主观概率,并力求使与这些概率相关的冯·诺依曼—摩根斯坦效用函数的期望值③最大化。哈萨尼[109]把在原初状态的支付作为冯·诺依曼—摩根斯坦效用,就像不必惊异于罗尔斯通过在原初状态的个人决策中使用最大最小标准而推导出了最大最小社会福利函数一样,也不必惊异于哈萨尼可

---

① 他的这一思想可以一直上溯到维克里(Vickrey)[267]。[黑尔的[102]思想可以上溯到 C.I.刘易斯(C.I. Lewis)[150]。]

② 或许这是因为,当这一理论开始应用的时候,贝叶斯规则由于对条件概率的巧妙处理而早已被广泛应用。

③ 随机变量的期望值可以看作是它的长期平均值。

以通过贝叶斯决策理论得出一个功利主义的社会福利函数,贝叶斯决策理论要求在原初状态个人根据最大化加权平均进行决策。

根据哈萨尼的方法重构罗尔斯理论 我所运用的方法在本质上是对罗尔斯和哈萨尼理论的综合,我借用了哈萨尼的效用理论并把它嵌进了一个由罗尔斯设定的理性契约框架中。有人可能会说,我是根据哈萨尼的方式在重构罗尔斯理论,或者说我是根据罗尔斯的方式在重构哈萨尼的理论。[①]如果可以设想人们能够或应该承诺履行原初状态下他们在假设中达成的交易,那么这种重构就可以得到与哈萨尼一致的结论。有人可能认为正统效用理论的方法将导致罗尔斯[②]得出一个在图 1.1 中用箭头 4 表示的功利主义的结论。然而,这种重构并不代表我自己的立场,我的方法是根本不承认对原初状态下达成的假设的交易所作出的承诺。正是由于这一转化使我得以像变戏法一样用最大最小标准来代替原来属于贝叶斯决策理论的位置。

最大最小标准的出现意味着从效用理论出发并非必然会得出功利主义结论。我这样拒绝功利主义的道德哲学家并不认为需要拒绝效用理论。那些幼稚的数学证明,就像我根据哈萨尼的方法来重构罗尔斯一样,确实会得出功利主义的结论。但因此对效用理论进行责难,就像是因为设计不当而制造了一张没有腿的桌子,却推诿称木匠的工具不好一样。我在根据哈萨尼的方式对罗尔斯理论进行重构时,使用了简单数学模型的原因是在设计阶段某些因素就被忽略了,特别是由于这一模型是静态的,它无法反映出这一事实,即在任何时候,当诉诸在原初状态分配的各种社会正义时,社会契约都应当得到支持。作为一种简化处理,图 1.2(a)中的点 R[③]在奴隶主的辩护所讨论的语境下是有吸引力的,原因是无论谁发现自己是奴隶,都可以坚决要求把假设中存在的那枚硬币再次抛起,而不是因为贝叶斯决策理论有什么错误。

---

① 尽管没有作者对其思想被重构有兴趣,对此我们表示理解。特别是,哈萨尼认为契约主义方法是站不住脚的。
② 必须记住罗尔斯对"守诺"的思想持保留态度。
③ 也可以证明有人出于类似的原因而偏爱图 1.2(b)中的点 R(见宾默尔[31]),但这需要玩一点小小的花招。

人际比较　哈萨尼是通过用冯·诺依曼—摩根斯坦效用确定支付的方法来
处理不确定性条件下的决策问题的,但对于如何进行效用的人际比较则只字未
提。由于冯·诺依曼—摩根斯坦效用函数是基数性质的,[①]所以可以用来为每一
个人赋予一个效用刻度。冯·诺依曼和摩根斯坦[269]用了一个温度计来作类
比,在这个例子中,可以随心所欲地选择效用测量计的原点和测度单位,一旦选
定之后,就不存在再改动的余地。这个效用测量计上的一个单位就可以被称为
一个效用,就像是温度计上的一个单位被称为一度一样。然而,萨维奇的理论并
不允许把亚当的效用测量计上的一个单位效用与夏娃的效用测量计上的一个单
位效用视为相等的。继续根据这一假设分析就像认为两间房子同样舒适的理由
是一间房子中的摄氏温度计与另一间房子中的华氏温度计的读数相同。我认为
萨维奇方法的优点在于它不允许在不经意间犯这种错误。如果我们想要像把摄
氏温度换算成华氏温度那样来换算亚当和夏娃的效用,就需要在萨维奇的理论
中加进去某些联系亚当与夏娃的决策行为的内容。如果在这个框架中确实可以
讨论伦理问题,那么我同意哈蒙德(Hammond)[95]和哈萨尼[106]的主张,即对
萨维奇理论的这一补充已不可避免。[②]

为了进一步地深入分析,需要返回到第 1.2.2 节中提出的人类同情心问题。初
看上去这与效用的人际比较问题毫不相关,然而其中的联系很快就会表现出来。

---

① 效用函数 ϕ 中: $X \rightarrow \mathbb{R}$ 是序数的条件是函数 ϕ 中包含的唯一与决策者行为相关的信息是函数 ϕ
对 X 中的事件的排序方式。因此,从 $\phi(A)=100$ 和 $\phi(B)=2$ 中可以推导出的唯一结果是决策
者对 A 的偏好超过了 B。$\phi(A)$ 远大于 $\phi(B)$ 这一信息并没有包含任何与他对 A 的偏好超过 B
的强度有关的结论。换种表达方式是,如果 $f: \mathbb{R} \rightarrow \mathbb{R}$ 是严格递增的且 $f \circ \phi: X \rightarrow \mathbb{R}$ 是由
$(f \circ \phi)(X)=f(\phi(X))$ 来定义的,则 $f \circ \phi$ 所提供的信息,与 ϕ 的信息相比既不多也不少,正好是
决策者选择行为的信息。对于一个基数效用函数,最后一个命题有效的充要条件是函数 $f: \mathbb{R} \rightarrow$
$\mathbb{R}$ 具有 $f(x)=mx+c$ 的形式,其中 m 和 c 是实数,且 $m>0$。由于有 $(f \circ \phi)(x)$ 与 $m\phi(x)+c$ 相
等,因此从旧的基数效用函数 ϕ 转变为新的基数效用函数 $f \circ \phi$ 的结果只不过是对旧的效用测量
计进行重新校准。原来的原点在新测量计上是点 c,而原来的一个测度单位等于新测量计上的
m 个单位。

② 有的经济学家并不这样认为。例如,奥尔森(Olson)[197]坚持由勒纳(Lerner)[148]开辟的传
统,这个传统不真诚地认为福利经济学家在两个人中分配 1 美元时并不需要进行人际比较,他所
要知道的只是他们都厌恶风险这一事实,而他只需把这 1 美元分成相等的两半就可以了。但弗
里德曼(Friedman)[76]指出勒纳的推理所依据的假设为,福利经济学家的潜在目标是实现功利
主义的福利函数最大化。森[243]指出,只需要假设福利函数是凸性的就可以了,但在这样一个
条件下任何福利函数都涉及效用的人际比较问题。

1.2.6 亚当·斯密与人类同情心

休谟[128，p.316]观察到:"人性中最引人注目的就是我们所具有的同情别人的那种倾向,这种倾向使我们经过沟通而接受他们的心理倾向和情绪。"习惯上认为这一语境中的"同情"一词对于休谟及其同时代人的情感内涵与我们并不相同,我推测这个词实际上一直就具有歧义。例如,亚当·斯密[248，p.10]为此作了这样辩解:

> "怜悯"和"体恤"是我们用来对别人的悲伤表示同感的词。"同情"的原意也许与前两者相同,然而现在用来表示我们对任何一种激情的同感也未尝不可。

由于我的理论要求对"同情"一词在专业用语中几个不同层次上的含义进行区别,这加剧了这一词在口语中和专业上的用法之间的紧张关系。进一步引用亚当·斯密[248，p.11]的著作有利于澄清其中的区别:

> 即使我们的兄弟在忍受拷问,只要我们自己自由自在,我们的感觉就无法告诉我们他们所承受的痛苦。……通过想象,我们设身处地地想到自己忍受着同样的痛苦,我们似乎进入了他的躯体,在一定程度上与他像是同一个人,因而形成关于他的感觉的某些想法,甚至体会到一些虽然程度较轻,但不是完全不同的感觉。

我认为休谟和亚当·斯密从人类道德根源的角度对"同情"的一般性阐释无疑是正确的,但是我还要为此提出一个更为精妙的方法,在这一方法中同情式认同会影响到人类行为。[1]具体地讲,如第1.2.2节所说的一样,我认为在规模巨大的现代社会中,有重要作用的同情式认同的类型远非个人不把自己的利益与对方进行区分,并以此想象自己处于对方的立场这种粗略的类型可比。因此,在亚当·斯密的比喻中,他在某种程度上感到自己仿佛也体会到了和他被绑在架子上的兄弟一样的痛苦。

---

[1] 值得指出的一点是,亚当·斯密给出了一个非常奇妙的机制,远非绝大多数评论他的道德学著作的经济学家对他的思想的拙劣的表达可比。

对同情式认同的作用这样粗略的理解很容易被纳入经济人范式,只要赋予经济人利他主义偏好,经济人就会像关心自己的福利一样关心他人的福利。也许有人认为这些需要通过刻意地设计社会契约来处理的问题并不重要。但是就像我在第 1.2.2 节中证明过的一样,对这种构造模型的方法我并不抱太大希望,尽管我并不否认在我们的个人偏好中包含了某些利他主义因素。对于那些认为利用这样的利他主义的偏好来解决道德问题是规模巨大的现代社会的重要问题的观点,我并不同意,休谟和亚当·斯密也不会同意。他们都竭力强调,通过正在讨论的这种粗糙的同情式认同方式,人们对他人的感受与对自己的感受并不一样。18 世纪的人普遍认为,公开执行绞刑是对遭厄运的人表示幸灾乐祸的机会。出于这样的原因,休谟和亚当·斯密都阐明了由于在个人偏好中的同情因素的作用弱小,因此为了维持一项道德规范就需要有某种社会压力的支持。

在这一点上我不同于休谟和亚当·斯密,我认为如果没有某种介于压力的承受者与施压者之间的同情式认同,那么运用社会压力的机制将不能独自发挥作用。我认为,在了解同情式认同在选择和维持一个社会的奖惩系统方面的功能后,在对道德安排是如何存续下来的这个问题进行解释时显然就不必过分倚重于"利他主义的个人偏好"这一概念了。的确,大多数的道德安排都已是毋须借助利他主义的个人偏好就可以解释的了。

移情　在维系我们社会生活的制衡系统方面,同情式认同的作用是什么? 要回答这一问题,首先就要放弃"同情"这个词。在需要对为什么一部分人具有利他主义的个人偏好作出解释时将放弃使用"同情",取而代之的是一个现代词"移情"。我认为"移情"指的是一个过程,通过这一过程我们想象自己在从他人的立场和角度看待问题,但并没有休谟和亚当·斯密所设想的最终环节,也就是说,这一过程在到达我们对自己的利益与我们认同的人的利益不加区分的那一点之前就结束了。这样,在亚当对夏娃产生移情时,可以理解为他在设身处地地为她着想并且根据她的想法进行推理,但这并未对他的个人偏好产生任何影响。[①]

————————

① 这并不排除他的个人偏好已被同情式认同定型了,但我们将根据在我们的故事开始之前任何这样的对个人偏好重新塑造都已完成这一假设而继续。

不管亚当·斯密[248]有多么崇高的权威,保守主义的思想家仍然会对让经济人具有"移情"这种天然的能力感到不舒服。为什么他需要想象别人的头脑中在想什么? 这样的心理活动与他所关心的不是没有关联性吗? 在个人是微不足道的完全竞争模型中,或者是在只有一个人的垄断模型中,可以成功地回避如何实现均衡的问题。在这样一个环境中演化而来的各种各样的经济人可能不必为获得移情能力而投资。然而,在一个寡头卖主垄断的环境中,这些形形色色的经济人种类都将灭绝,原因是当相关种类的数量很少时,他无力使用"如果我想你想我在想……"这个快速实现均衡所必须的推理链条。

经济人需要某种工具来处理这类探索性试验,①因此还必须具有某种来估计他人的心理倾向的工具。一个保守的问题是,跟随亚当·斯密到此是否意味着需要接受一个以情感为条件的"移情"的概念。我认为这一概念的确应被理解为是有条件的,但是这种极容易被简单地理解为"纯粹的情感因素"的精神现象事实上存在于智人的头脑之中,且有充分的理由予以支持,因此没有精明的商人会对此表示鄙视。特别是,不必超出新古典经济学传统的最优化范式就可以证明这一点。

如果均衡总是唯一的,那么经济人或许就不必像智人那样拥有多愁善感的能力,但因为一定会遇到多重均衡的情形,经济人社会因此需要那些蕴含在共同认识之中的关于协调均衡选择的惯例。毋庸置疑,智人借助"公平标准"解决了许多协调问题,我接触到的那些讨价还价实验(例如[39])表明这样的公平标准是易变的且具有环境依赖性,而非想当然就可以接受的,但是实验对象倾向于把他们的行为说成是"公平的",这是一个可以肯定的经验性事实,这是对智人观察的结果。如果把原初状态看作是一个程式化的表示,公平的社会惯例是如何在经济人社会中产生的呢? 需要注意的是,一项公平协调惯例并不要求参与人一定要"公平博弈",如果这样做并不符合他的利益的话。在通过协调惯例选择的均衡中,参与人最优的选择是进行公平博弈,条件是其他参与人也这样做。

不难理解原始社会也有对保险制度的需求,如果你和我都有同样的可能性

---

① 经济学家用"摸索、揣摩、反复试验"这类词表示一种精神活动的过程,通过这个过程预测什么样的行为会达成均衡,他们可以马上实施这一均衡战略从而避免现实中成本高昂的试错学习过程。

成为明天最幸运的猎人，我们就会有同意分享明天的猎物的激励。但为什么幸运的猎人会遵守明天的约定？这样的行为不会偏离均衡吗？答案是，甚至在非亲属之间也存在一个可行的保险安排，在他们之间存在持久且无人有激励偏离的关系就是没有人会背离这一保险安排的基础。不确定期限的重复囚徒困境博弈是一个恰当的类比。①当他们之间存在亲属关系时，他就不必通过努力工作来证明合作制度的合理性，这是因为他们会出自生物的本能来关心同伴的福利，在语言产生之前，他们携带的基因程序决定了其个人偏好中包含对亲属的关心，因此在原始的亲属部落中，或许可以发现公平惯例的起源，但不能由人们在家庭中会维护这样一个惯例而认为在整个社会范围内惯例也会如此存续。

对公平惯例可能的起源的评论可以看作是移情偏好问题的开场白，这样后面的讨论将会少一些轻率。没有这样的偏好，处于原初状态的人将失去达成任何结论的基础，假设我们已经考虑了不同的人具有不同的喜好。但有时这并非易事。

例如，人们总是认为苏格拉底娶了一个悍妇，但听听悍妇自己的看法吧：如果你被剥夺了讨论哲学的爱好，你又如何会嫁给苏格拉底呢？我的猜测是，对于苏格拉底酗酒的习惯和无力养家的窘况我们的感觉多少会与这位悍妇相同。②

关键的一点是，让亚当在保留自己的偏好的情况下设想与夏娃交换角色的情形有可能是错误的。相反，他必须设想如何成为夏娃并具有她的偏好。

移情偏好的思想并不新鲜，正式提出过这一思想的人有阿罗（Arrow）[8，6]、苏佩斯（Suppes）[259]和森[239]。一般把这类偏好称为扩展同情偏好，但我认为对这一思想重新命名的风险与坚持使用"同情"这个词相比风险更低，考虑

---

① 在一次性囚徒困境博弈中理性合作是不可能的，但是在重复博弈中可以维持合作。见第 2 章。
② 罗伯特·伯顿（Robert Burton）[52]于 1651 年写的《忧郁症解剖学》是一部内容宏大而极度放纵自我的杰作，并对苏格拉底的缺点有很多评论："狄奥多勒（Theodoret）在他的著作中明确表示苏格拉底有很多缺点，他认为尽管阿波罗的神谕证实他是当时最聪明的人，并拯救他免于瘟疫之灾。但这位 2000 年来受人敬仰的哲学家，在基督出现后，立即就有人开始谈论他的恶言，但实际上，他是一个文盲加白痴，正如阿里斯托芬（Aristophanes）所宣称的，他是一个嘲讽者和野心勃勃的人。博学的大师亚里士多德称他是雅典的小丑，芝诺则视他为所有艺术和科学的敌人。阿武纳乌斯（Athenaeus）认为他在哲学家和旅行者眼中是一头固执己见的蠢驴、一个吹毛求疵的人、一个迂腐的学究。根据西里尼（Cyrensis）的描述，他是一个（罪恶之城）所多玛人、一个无神论者[并因此被阿尼图斯（Anytus）起诉]，并且脾气暴躁、嗜酒贪杯和喜欢自吹自擂等等。柏拉图认为他是一个身体强壮的酒鬼，一个酒量过人的酒徒，一个行为和观点都非常疯狂的人。"

到其含义既与通常的用法不同又与休谟、亚当·斯密的用法不同。哈萨尼[109]用"移情偏好"的概念解决原初状态人际比较的问题。罗尔斯[212]只希望这一理论能与序数人际比较保持一致而不是与基数比较保持一致,对于后者,我同意哈萨尼的说法,认为这是合适的方法所需要的。

如果有人认为他更愿意处于在第一种环境下而不是在第二种环境下,这时他表达的是一种移情偏好。举例而言,他可能愿意做吃苹果的夏娃而不是穿树叶的亚当,这样的移情偏好可以与每个人的个人偏好进行区分。如果一定要作出选择的话,我愿意穿树叶做成的衣服而不是吃一个苹果,但如果我知道这个苹果对夏娃更甜而此时亚当认为遮挡自己的裸体没有意义,那么我认为夏娃的处境更可取也并不奇怪。

如果个人 i 的移情偏好使他可以比较集合 $X \times \{A, E\}$ 中所有的对象①,那么就有可能用一个辅助性的假设来表示,他的偏好必须包含从个人偏好衍生出来的冯·诺依曼—摩根斯坦效用测量计上的效用的自我比较(intrapersonal comparison)。也就是说,总是存在数字 U_i 和 V_i,而且他愿意以 U_i 单位效用来与夏娃的 V_i 单位效用交换(这里,比率 U_i/V_i 才是一个关键问题)。这一比较是效用的自我比较而不是效用的人际的比较,原因是它发生于个人 i 的头脑之内,而且不存在什么他对亚当和夏娃效用单位的比较应该与第二个人 j 共享的先验的理由。为了使人际效用能够进行比较,需要添加一些新的内容从而能从中推导出 $U_i/V_i = U_j/V_j$,以便使个人 i 和 j 愿意将亚当的效用与夏娃的效用进行交换的比率完全相同。

当然,移情偏好受到反事实假设的影响,因为事实上我不能转化成为另一个人,因此是否不必赋予经济人这样的偏好呢? 一个平庸的回答是,新古典经济学的博弈规则允许赋予经济人任何有一致性的偏好,这看上去是在回避要害。事实是,经济人自身并不需要移情偏好,但他在均衡位置与同类进行协调时确实需要投入某种或某些装置。当原初状态成为达到这一目的的惯例的程式化的表示时,那么必须的投入就包括移情偏好,其余的惯例可能使用另外的投入。

---

① 也就是所有有 (x, y) 形式的对象的集合,其中 x 是集合 X 中的任何数字,而 y 要么是 A,表示亚当,要么是 E,表示夏娃。

因而问题是,把公平惯例归因于拥有与移情偏好相联系的必要工具的经济人,这在多大程度上是"自然的"。一个每一次只需迈出一小步①的公平惯例的演化路径就是从亲族之内产生的保险制度开始的。现在要提出的建议是,使经济人具有移情偏好的过程同样也要求小心慎重。前面已经说过,为了计算什么是可以实现的均衡,他确实需要具有从他人的立场出发思考的能力,为了制定他自己的可行的计划,他还需要能在不同的假设条件下从自己未来的立场来考虑自己的偏好。总而言之,从他设想的这些假设的情形之一到他成为另一个人这一反事实的事件之间只有一步之遥,他需要添加的额外假定非常少。

可以推测,人们可能并不愿意赋予经济人这样一个杜撰出来的演化史,除非这一假设与智人的真实的演化史相契合。对此我要说的是我个人确实具有移情偏好,尽管它是不完备的,一致性也值得怀疑,但我认为在我碰到要判断另一个人是否已经走得太远而超出了我的忍受能力的限度时,我需要借助于它。而且,我对他人行为的观察和他们对做出这种行为的解释表明他们也在以某一相似的方式思考。或许我们具有这样的移情偏好和使用它的方式是我们演化史上的偶然事件,而且并没有多少重要的意义,但这根本不是一个合理的解释。

1.2.7　哈萨尼和理想观察者

对移情偏好的讨论已经太过冗长了,之所以如此的原因是我急于把我对于人际比较的自然主义的态度与哈萨尼的康德式观点区分开。哈萨尼在博弈论中引入了奥曼(Aumann)[11]所谓的"哈萨尼公理"。哈萨尼[109,p.58]是这样表达的:

> ……如果彼得具有保罗的生物结构和保罗的生活经历,现在他接受保罗的环境的影响,那么他就可能具有与保罗一样的个人偏好。

在一定程度上这是一个循环论证,如果有人确实可以抽象掉保罗和彼得之间的任何差别,那么就剩下的部分来说,彼得和保罗必须是相同的。在原初状态的情

---

① 正如卡尔·林奈(Carl Linnaeus)的表述:自然界没有飞跃。道金斯[61]认为要预测从假设的源头可观察到的结果之间存在的演化故事的可信性,当代的条件是不存在大的跳跃。有时我被告知有证据表明"非连续性均衡"理论对此观点是否定的。然而,尽管重要的演化变迁与地质时期的变化相比要快,也必须保证每个时点上的变迁都是很小的。

境中,诉诸这个显然是循环论证的诱惑非常大。无知之幕的目的是要去掉人们之间的差异以便于在一个完全平等的基础上进行讨论吗? 如果确是这样,那么我们就可以认为处于原初状态的人具有相同的移情偏好。这样,$U_i/V_i=U_j/V_j=U/V$,因此效用的人际比较问题就解决了:每个人都同意 V 单位亚当的效用可以与 U 单位夏娃的效用进行交换。

有必要让思绪暂时停顿一下,如果彼得和保罗事实上的确具有不同的移情偏好而所有差异都被抽象掉了,那么他们也就根本不会有移情偏好。由于他们需要在原初状态运用移情偏好,如果没有人知道个人的历史和生物特征,那么他们将会重构他们原本就具备的移情偏好,这样的设想有可能性吗?哈萨尼[109,p.60]认为:

> ……理性人会努力把社会福利函数建立在个人效用单位"真实"的交换比率的基础上(例如,这个交换比率可能是由对每个人的个人特征和控制人们行为的心理规则有充分信息的观察者所使用的)。但是如果他没有充分的信息来计算这些"真实"的交换比率,他将尽最大努力来对后者进行估计。

我不认为接受理想观察者的观点就可以发现"真实"的交换比率,我也不认为我们的意识中存在由康德所想象的"真"的几何学。对于理想观察者而言,即使是黑尔[102]书中的天使,也有它的局限。如果你希望数学家根据纯粹的逻辑来得出一个"真"的平行公理的话,你会被当成一个傻子。正如无米难为炊,类似地,理想观察者要求计算"真"的人际比较比率需要有一些与他所思考的社会有关的输入①。哈萨尼好像是要理想观察者来计算在排除了一切可能的差别的情况下的"原始自然状态"的移情偏好,但我不知道这样一个计算是如何展开的。有人可能认为,理想观察者的职责范围并没有排除向他提供这样一个清单的可能性,这个清单包含了每个人事实上拥有的移情偏好。他或许会利用社会选择理论(尽管他需要注意阿罗的不可能性定理)来处理作为社会总体移情偏好的加总问题,但他又将用什么方法来加总呢? 看上去只是通过引入了一个理想观察

---

① 有人可能会反对我们需要这类投入,但又由谁来决定理想观察者可以做或不可以做什么? 要知道实际上并不存在这样的理想观察者。他只是一个假设的存在物,如果他是原初状态下有用的辅助工具,我们就必须去复制他的思想。

者来回避了这一问题。

我认为哈萨尼公理在目前的情况下解决不了任何问题,但我确实相信哈萨尼[109,p.60]在对事实的观察上是正确的:"现实中,在具有相似的文化环境、社会状态和人格的人之间的效用比较很有可能显示出高度的观察者间的有效性。"要想在人际比较问题上取得进展,我认为有必要对此问一个为什么。也就是我们需要放弃康德式的方法而提出关于自然主义者的问题。

与其追随哈萨尼,支持进入原初状态的人会重构他们的移情偏好,使他们认为自己具有与理想观察者相同的观点,不如简单地假设个人是根据他们在真实生活中的移情偏好来设想自己在原初状态的角色的。[①]就像哈萨尼所观察到的,有理由推测具有同样文化背景的智人也具有类似的移情偏好。还需要继续追问的是,为什么来自相同社会的经济人在实际中应当具有相同的移情偏好?[②]

移情均衡　在正统的新古典经济学中,参与人的偏好是神圣的。对此可以理解为是经济学家无权质疑他所研究的行为人的偏好。这只是经济学家所必须解决的问题的说明部分。在许多严格的经济环境中这种做法当然有一定的作用。但是,一旦把范围推广到社会和政治现象,再要排除某些偏好具有可塑性的可能性就是不明智的了。[③]

演化被看作是使偏好模型化而设计的机制。生物演化早就淘汰了那些具有食用对人体不利的食物的自然偏好的人,因而我们对于卫生健康的食物的偏好似乎是拒绝变化的;另一方面,历史证据表明,对于生活方式的个人偏好在很大程度上是一个社会演化的产物,很容易受到调整性因素的影响。我们看上去似乎的确具有模仿周围人行为的内在冲动和学会喜欢我们所习惯做的事的能力。我同意弗兰克[75]的说法,意志坚强的人有时会故意利用这种自发习惯的行为

---

① 无知之幕要求他们要像忘记了自己的个人偏好那样行事,还要他们忘记在现实生活中的移情偏好。

② 我感到在一个社会中占主导地位的移情偏好在很大程度上是一个文化现象。这是我拒绝多人分析的理由之一。每一个构筑了真实社会的紧密连接的亚社会都具有自己的文化,而且还可能有自己内部的移情模式。

③ 即使在纯粹的经济环境中,消费者行为在许多场合看上去都是由当时的流行与时尚决定的偏好条件来塑造的。

模式为自己谋利,但我不认为这种故意的自我操纵有什么作用,大多数时候,我们的偏好的变化都是无意识的。出于自尊心我们可能并不乐意承认我们的主要控制原则是"猴子般依样学样"式的,但这正是提出的问题的本质。

如果假定偏好是变化无常的,那么把经济人作为人的模型当然就是胡闹。而对智人作这样的假设也没有任何现实意义。因而需要假设偏好变化的速度。为了构造这个高度程式化的假设,借助一些企业经济理论的术语是有益的。在讨论企业如何变动生产成本时,经济学家区分了三个时间段:短期、中期和长期。短期中企业根本无法改变成本,在中期可以改变可变成本而不能改变固定成本,在长期中所有的成本都可以变动。我们用偏好来代替这里的成本概念,"固定偏好"就是每个人的个人偏好,我们对新鲜食物的偏好的稳定性就是我们个人偏好的典型特征。"可变性偏好"用来表示个人的移情偏好,我们对待生活方式的偏好的可塑性就是一个具有普遍性的移情偏好典型。

对于不同类型的时间区间开始和终止准确界限问题经济学家明智地保持了沉默,我也不打算成为例外。然而短期也同样可以理解为因为时间过短使社会演化无法发生,尽管市场上使供求相等的经济演化可以自由进行。类似地,中期对于生物演化的发生而言过于短促。①

现在可以回到效用的人际比较问题上,除了对从个人偏好中衍生的效用的比较之外不必考虑任何其他因素。几乎所有的决策都是短期现象。在决策过程中个人偏好和移情偏好是固定的。有时,经济学家在处理交易问题的决策过程中根本不使用移情偏好进行分析。这样的决策并不需要任何效用的人际比较,因而也不具有任何道德内涵。②然而,我认为据此得出日常的绝大多决策都是不道德的说法是错误的。③人们或许没有意识到决策时所进行的效用比较,正如他在骑自行车时没有意识到是在解微分方程一样。我们认为应该把重大决策委托给道德高尚的政治家来做出。

---

① 这并不意味着我认为经济因素在决定我们的移情偏好中并不重要,更不是认为社会因素在决定个人偏好中不重要。

② 或许这正是高蒂尔[84,p.13]所说的市场是"道德无涉区"的部分含义。然而市场决策比其他分配机制更需要考虑道德因素。

③ 必须明白,我在这里所指的是现实世界的道德,而非像斯宾诺莎讲的那些只有在"诗歌中的黄金时代"中才存在的五花八门的人为创设的道德系统。

要理解我们是如何进行效用比较的,就需要接受黑格尔(Hegel)强调的关于社会性质的历史的重要性。这样的态度可能与哈萨尼和黑尔这些一直致力于培育亚当·斯密的理想观察者传统的哲学家比较接近。在某种意义上,理想观察者就是一个人格化的对一系列广泛的文化态度的集合,在下意识中,我们可能认为不必去为之辩护,因为我们和我们的读者持有的文化态度是相同的。但是如果我们分享同样的一系列文化态度,其原因是我们分享了共同的文化史,那么为什么不直接构造一个共同文化史概念进行分析呢? 这就要求超越短期分析而进入中期范围分析。我之所以说中期范围,是因为我们的移情偏好是在这一阶段锻造的,而这些正是我们设计出来用于进行效用的人际比较的。一个合理的批评是我所创设的中期范围概念在其虚幻性上与其他人的理想观察者相比如出一辙(然而,它确实具有突出的优越性,它打开了被理想观察者当作黑匣子来处理的分析领域),或许还有其他更好的方式来打开这些黑匣子,但毫无疑问,如果我们真要探索道德问题,就不能留下任何一个黑匣子。

在中期,社会演化的力量为个人的移情偏好定了型,我认为这主要是通过模仿和教育完成的。一旦到达均衡位置,演化过程就会停止,这样的均衡可以被称为移情均衡。对于那些习惯于把均衡看作是一组战略组合,认为在这一均衡位置给定其他人的选择情况下,每个人的战略选择都能达到最优的经济学家或博弈论专家而言,这可能是一个有些棘手的问题,但是作为移情偏好集合的移情均衡是演化过程的最终产品,而不是参与人有意计算的结果。更准确地讲,移情均衡是由每个参与人对下面的问题永远说"不"的移情偏好组合而成的:

> 假设我可以欺骗每个人使他们相信我的移情偏好是我任意宣称的东西。相对于在原初状态我实际所具有的移情偏好而言,这种欺骗行为是值得的吗?

用博弈论的语言来表达移情均衡概念的原因是,这使得在应用这个概念时可以利用博弈论技巧。然而,在利用这样一个目的论的语言来描述一个演化动态过程的稳定点时常常存在被误解的危险。就移情均衡而言,最主要的危险是被认为在讨论中引入了某种实质性内容。然而,我要证明的是,如果你同意移情偏好是通过教育或模仿在人们心灵之间传递的文化现象的话,移情均衡概念本质上是循环论证的。

人们实际上从观察彼此之间进行的道德博弈中学到的不是移情偏好,而是行为模式。[1]这些行为模式就是第 1.2.2 节中讲的模仿因子,但是这些模仿因子本身更为基本。为了有生存的机会,一个模仿因子必须能够不断复制自己。要想成功地生存下来,它必须至少在速度上与其他具有竞争性的模仿因子一样快。对于我们所关注的模仿因子类型,尽管与这一技巧的使用方式有关的问题极为有趣,但我并不想对此多说什么,我唯一关心的是本书中的问题。由于我们的参与人是经济人,只有那些代表了选择行为一致性的模仿因子才可以留在他的头脑之中。我在第 1.2.5 节中解释过,现代效用理论从这样的行为中归纳出参与人的偏好,然后把参与人的行为描述为似乎是在以这种方式构造的偏好集合中使选择最优化的行为。这种方式使得在道德博弈中存活下来的模仿因子不可能不符合移情均衡的标准,[2]根本原因是,如果有人对移情均衡的定义中所提出的问题的答案是肯定的,这就意味着他在给定偏好的条件下行为模式不是最优的。

第 1.3 节和其后的章节有更多关于移情均衡的思想,在一个移情均衡处,每个人的移情偏好都相同,因此有 $U_i/V_i=U_j/V_j=U/V$,因而就可以进行效用的人际比较,我们由此得到对共同承认的权重 U 和 V 来历的程式化自然主义解释,而这一权重是理想观察者的方法所需要的。

在确定了 U/V 的比率之后,根据我推荐的理论利用一个比例讨价还价解来决定一个新的社会契约才具有意义。图 1.3(b)表示的是利用比例讨价还价解确定的新社会契约 ρ。回忆一下 ξ 所代表的自然状态——也是当前的状态,从 ξ 开始沿直线移动到可行社会契约集合 X 的边缘时就得到了结果 ρ。U/V 的比率决定了直线的斜率。要注意的是,ρ 的决定中最重要的不仅是通过 ξ 的位置来决定 ρ 的位置,还有通过 U/V 来决定 ρ 的位置。

这里就完成了对本节中我认为至关重要的个人效用比较问题的讨论。要强调的是,我不认为自己是在维护与这一主题有关的任何具体假设的集合。当这

---

[1] 当道德权威要求你只听他们所说的而不要问他们的行为时,他们所教给你的全部内容就是,如果你要成为一个道德权威的话,你应该说什么。

[2] 假如在道德博弈中每个人的行为是公开的,我认为信息问题可能会变得突出,不仅在这里是如此,在其他地方也如此,但这是在我的方法中回避了的问题。

些假设被归类为"程式化"时,这是一个过于轻描淡写的说法。在没有确凿证据的情况下,看上去有可能做的就是对社会起源的演化提出似乎合理的猜测。任何根据这种方式建构的辅助性模型,由于对分析对象的高度简化,一定都具有乌托邦的特征。因而从这样的模型中得出的结论可以与专家通过天才的猜测用极少的几块恐龙化石来复原成一个完整的恐龙骨架的工作相比。我认为我的方法仅仅是指出了走出围绕人际比较问题所产生的巨大混乱的可能路径而已,不要寄希望于这些路标所指的方向全都正确。另一方面,尽管我不想对分析的结论进行最大胆的推测,但我一点也不对我的方法论感到不安。值得重申的是,尽管为了取得进展需要研究这些空想的模型,但没有理由要把这些幻想的东西推广到不需要的地方去,在分析模型时也不必要采用普通逻辑之外的方法。

1.2.8　帕累托与共同同意

规模巨大的现代社会的复杂性远非伊甸园里亚当与夏娃讨论婚约的复杂性可比。因而,为了分析多人社会的情形,本节对前面的内容会有所重复。那些想跟上本书的主要思路的读者可能会倾向于跳过本节直接去读第 1.2.9 节的内容。

省略掉本节前面涉及帕累托效率的内容并无大碍。但我还是竭力主张返回到本节的后半部分,强调这种对无权之人的前景的估计是有现实意义的。我自由的心灵与这样的观点相抵触,即认为变革应当与基础的社会权力结构相适应,但理智告诉我,徒有慈悲心肠并不能承担起可行的变革的责任。无论我们在从高山之上带回的石碑上刻下何等富有智慧的语言,人们依然会崇拜他们的金牛犊,我们需要使变革适应人的天性而非盲目地认为相反的情形是可能的。

但是应该如何来分析现实的权力呢?对于这一问题,我的理论中的一个漏洞是没有解释联盟是为何和如何形成的,认识到这一点极其重要。如果博弈论专家能更擅长处理这类问题的话,他们可能会为联盟形成问题提供一个明确的答案,但看上去我们为这一方向的进展还要等上很长一段时间。在过渡时期,博弈论专家把这些难题装进了专门为此准备的形形色色的黑匣子中,从而回避了这些问题。在本节的末尾我解释了自己的黑匣子,我发现采取这种策略的危险在于那些被抽象掉的问题可能被完全忽视,但我并不想按部就班地去等待博弈论取得进展之后再来研究社会契约问题。

公平与效率 在诺齐克[194,p.161]的《无政府、国家与乌托邦》一书中,被大量引用的是一个名叫威尔特·张伯伦(Wilt Chamberlain)的篮球明星的例子。假定一个平均主义的政府要在威尔特与他的球迷之间通过重新分配来使他们具有同样的财富,这样威尔特就会以低于他的球迷实际愿意支付的价格来出售门票,他因此会变得富有,而对财富的分配不会变成平均主义,但每个人的情况都有所改善。

威尔特·张伯伦的故事涉及由意大利社会学家帕累托[199]发明的"效率"的概念,一项改革如果至少使得一个人的境况有所改善而没有对任何人造成伤害,就可以被称为对当前安排的帕累托改进。一个已经不存在可行的帕累托改进的社会被认为具有帕累托效率。[1]

一位家长主义者会认为他比其他人本人还要了解什么对他们有利,毫无疑问在某些时候他是对的。众所周知,为了安抚的目的而款待公众吃喝玩乐对一个社会来说只是不利于健康的饮食习惯,但是像我这样的辉格党人都认为由执政者提供的这种治疗方法比疾病本身还要糟糕。因此,只要当前状态是帕累托无效的,我们就主张改变。诺齐克对于帕累托无效的结果同样不满意,大多数的经济学家,不论是保守主义者还是自由主义者,对此都有同感。

在正常条件下,帕累托无效状态存在许多可行的帕累托改进。例如,ρ 和 h 都是表 1.3(b)中的 ξ 的可行的帕累托改进。当问题发展成应该选择哪一个可行的帕累托改进方式时,经济学家对此开始产生分歧。因为不存在任何集合 X 中的位于帕累托边缘上的一点可以作为其他任何帕累托边缘上点的帕累托改进[2],所以不要寄希望于对这一问题会有一个一致同意(unanimity)的答案。

---

[1] 这是一个强的定义。弱的帕累托改进的定义是令每个人的境况都一定有所改进。而在一个具有弱的帕累托效率的状况中不存在任何可行的弱帕累托改进。在解释了强帕累托效率比弱帕累托效率更难以达成之后,对"强帕累托效率"与"弱帕累托效率"这两个词的用法就不会产生混乱。

[2] X 中的一个点位于它的帕累托边缘上的充分必要条件是,对于这一个点,所有的帕累托改进都位于 X 的集合之外。这样,表 1.3(b)中的 X 的帕累托边缘上的点 ρ 和 h 中的任何一方都不能成为另一方的一个帕累托改进。如果 ρ 是 h 的一个帕累托改进,则 h 无法与 X 的帕累托边缘上任意的一个点相交。由此得出,当只有两个参与人时,他们对 X 的帕累托边缘上的任意两点必定具有截然相反的偏好。

　　本书主张把从特定情形中发展而来的解决这一问题的公平规则扩展到更广泛的领域。保守主义思想家对于这类辉格党式的建议表示怀疑,他们因此杜撰了一个威尔特·张伯伦的故事来突出他们认为在公平与效率之间存在不可调和的紧张关系。

　　我也同意对左派的疯狂的再分配计划的怀疑是有道理的。从大蛋糕中不公平地分得的一份可能比从小蛋糕中公平分得的一份要大。但辉格党人并非提出容易招致这类批评的再分配计划。例如,在威尔特·张伯伦的故事中,一个想要平均分配财富的辉格党人会一直等到威尔特表演之后再进行平均分配。他会在对其征取收入税之后再在穷人之间进行再分配。威尔特仍然比他的球迷要富有,但收入将被征收重税的预期会使他不再愿意去表演。尽管如此,但向公平迈出的这一步并不会牺牲效率。

　　我认为,诺齐克[194]在这一问题上对罗尔斯[214]常常存在误解,而我的角色也容易招致连带的误解。因而让我再次强调一下,我的方法的第一步是承认只有均衡结果是表 1.3(b)中表示的可行社会契约集合 X 中的点。外部的持续干扰对于支持这样一个集合 X 中的社会契约 x 并不是必须的。X 的定义已经内生了所有必要的计划和控制,这包括对特定角色的参与人提供充分的激励和所有的管理成本。

　　下一步是识别被冯·诺依曼和摩根斯坦[269]称为讨价还价集合的内容。在图 1.4(a)中显示的是对初始状态 ξ 进行帕累托改进的 X 上的所有具有帕累托效率的点的集合。科斯(Coase)[56]是一长串经济学家中与埃奇沃思(Edgeworth)[68]最接近的一位,埃奇沃思认为如果可以忽略讨价还价成本,那么一群理性人一定会从 ξ 移动到讨价还价集合中的某一点。辉格党人想当然地接受了这一结论,但是社会应该向讨价还价集合中的哪一点移动呢? 最后一步是使用第 1.2.9 节给出的原初状态设计来解决问题。

　　如果根据这一程序则在公平与效率之间不存在冲突。社会主义思想家可能会抱怨这一方法使得可行社会契约集合 X 变得太小,从而把他们希望看到的某些选择排除在外了。但是,试图将市场定位为唯一可行的分配机制的传统保守派论点也没有什么可以讨论的价值。

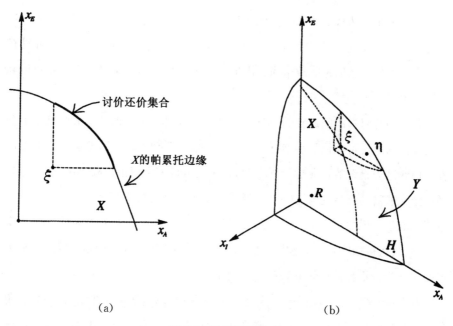

（a）　　　　　　　　　　　　　　（b）

图1.4　讨价还价集合

计划　那些在围绕帕累托效率进行讨论时,认为使用诸如计划和控制等词汇不合时宜的保守主义者有必要回避一下。他们认为第一福利定理保证了自由市场的运行会达到帕累托最优的结果,因此为何要干预并冒着最终导致社会产生了一个次优的结果的风险呢?①

一个很自然的事实是,经济学家提出的关于在自由市场上竞争均衡的概念,可以看作是一个市场博弈的均衡,但是市场博弈的规则依赖于社会和法律制度,而这些制度的存废取决于社会中的个人在一个更加广泛的、被我称为"生存博弈"的博弈中习惯于如何行动。甚至在自由市场制度起作用的时候,也仍然不清楚在形成一个市场博弈时通常被抽象掉的因素中哪些是无关紧要的。例如,德国和日本近年来成功并不只是经济因素的作用。如果有人要解释为什么在世界范围内他们比竞争对手创造了更多的财富,一个明显的解释是他们在传统上具

---

① 第一福利定理认为,完全竞争市场的均衡必须是具有帕累托效率的。帕累托最优通常用作具有帕累托效率的同义词,这使得在表示一种状态具有帕累托效率时可以不严格地说这种状态是"社会最优"的。

有一个非常严密的社会契约。①

在阅读本书时,保守主义的经济学家需要记住,生存博弈存在的领域要比市场博弈广阔得多,因而新古典经济学的一些基本结论不再有效,特别是在生存博弈中不存在第一福利定理。均衡不一定必须具有帕累托效率,相反,具有令人满意的福利特征的均衡与社会和政治框架中的规则相比是一种例外。对于计划思想机械反应式的敌意,根本是不妥当的。没有任何理智的人会否认市场永远都能比无能腐败或缺乏远见的官僚机构更好地配置资源。但像大多数哈耶克(Hayek)[112,114]的极端追随者所宣称的那样,所面临的问题的复杂性使人们无法制定出有效的计划,也同样是不真实的。毕竟,一个通常有效的计划是将市场机制引入到之前没有使其得到有效利用的领域。

也不要认为我的立场可以被归纳为这样的观点,就像右翼经济学家有时天真地坚持的那样,认为政府存在的唯一目的是提供公共物品和使外部效应内部化。实际上,我认为以这种方式来描述社会契约是一种危险的误导。我同意政府的部分功能在于可以有效地拓展获取物品的范围和帮助创立新的市场,但仅从这一角度来认识政府是坐井观天。抛开其他考虑,显然一个发育良好的社会契约是市场出现的前提条件,更不要说政府,离开被右翼思想家称为共同认识,也可被视为抽象的公共物品的因素,私人物品的概念是没有意义的。

只有同意　假设在状态 ξ 的所有可行的帕累托改进中,只有 η 由于某原因还没有被消除,故而可以认为共同同意从 ξ 移动到 η 是明智的。如果私下询问每个人是否愿意从 ξ 移到 η,没有人会拒绝。

在我看来这样的同意就是在说"是的"。相比之下,洛克[157, p.392]的社会契约理论认为社会成员的这种默认的同意"证明"了现存政府的合理性,因而它可以"强迫"每个成员遵守它的法律。②这样的契约主义者给"同意"一词赋予了比我的原意更为丰富的含义。因此,我将用下面的故事澄清我的意思。

假设夏娃奴役亚当,要他砍柴挑水,如果亚当同意合作,也就是说他同意做

---

①　例如,我相信你在波恩闯红灯会受到他人的责备,而如果有人打算在纽约对你这样做,别人会认为那个人一定是疯了。

②　在公路上自由穿行可能是洛克认为体现个人心照不宣的同意的一个例子。

奴隶。但由此认为他的同意就证明了他失去自由的合理性,我认为这是荒唐的。我认为,这是亚当和夏娃在进行分工博弈。这一博弈的规则反映出权力的现实性:他戴着镣铐而她拿着鞭子,当他在为她劳动时她会对他宽容一些。他们同意在博弈的某一个均衡上进行协调,但不能说他们的共同同意证明了这一达成的均衡是合理的。更不用说这一共同同意证明了现存权力结构的合理性。

更一般地讲,当我们从一个社会环境中提取一套公平规范并用它来评价另一个社会环境时,我认为假装我们这是在超越我们文化的偏见是没有意义的。因此,我否认任何关于原初状态装置在某种正义衡量表中具有更高阶位置的说法。我的兴趣仅仅是想借助手上的工具来使帕累托改进能够进行。如果社会演化并没有为我提供原初状态,我也会基于其他的协调方法提出某种其他的理论。

谁是我的邻居 帕累托改进要求共同同意。但是谁的"同意"会被纳入同意的计算中? 正如森[239,p.141]评论罗尔斯时认为①:"对罗尔斯等人的公平标准的一种半开玩笑半严肃的异议是:为什么要限制人只能设身处地地为另一个人着想,而不是另一个动物?"我的回答很简单,由于动物无法使用这种装置,因此没有必要用原初状态的装置与一个动物来实现均衡协调,对于老年痴呆症患者、绝症病人、智力障碍者和怀中的婴儿也同样如此。

如果原初状态的设计是用于变革的,那么一个狭义的"成员"的概念是必须的。而缺乏用这一装置来成功与他人协调所需的知识、智力和想象力的个人将被排除在外。但并不是说对这些"非成员"的掠夺、剥削和漠视是"合法"的。在许多场合,在成员与非成员之间存在一定的同情关系,例如,就像一位母亲与一个孩子或者一个小孩与他的狗那样的关系。然而,这是人的本性使然,而令人生厌的动物或精神分裂症患者不太可能成为这种感情的受益者。

不需要同情式认同的其他机制也可能是可行的。事实上无法使用原初状态,并不意味着不存在其他可能的方式。在成员与非成员的不同阶层之间存在其他的习惯性联系方式——就像羊倌与牧羊犬之间形成的习惯一样。亚当可能真的讨厌小孩,但他仍然明白要为他们提供营养和教育,以免当他需要领取养老

---

① 在目睹了过去二十年中所发生的事情之后,有趣的是他的建议现在看来也并不怎么荒唐。

金的时候经济陷入混乱。类似地,夏娃可能并不同情她身边老弱病残的人,但因为终有一天她自己也会变老或生病,因此对她而言同意一个人道地对待老弱病残的人的均衡是有利的。

一个简单的模型可能对于解释最后一点是有用的。设想一个社区中的所有老人都是没有生产能力的残障人士。为了生存他们要依赖于年轻人的爱心,但年轻人都是铁石心肠,在他们的个人效用函数中根本没有老年人的困境的位置。因此可以得出每个人都将注定晚景凄凉这样的结论吗? 答案是否定的,要明白为什么,请思考下面这个更简单的模型。

假设在这个社会中,只有一位母亲和一个女儿。在每一期开始前,上一期中的女儿在生育了一个女儿后会变老。在她年轻时,她生产了 200 块面包。如果可能的话,她将在年轻时吃掉其中的一半而留下另外 100 块面包以供她因年老而丧失劳动能力时食用。但由于某种未加解释的原因,在这个社会中面包无法储存。一个可能的均衡是要求每个女儿在年轻时吃掉全部的 200 块面包,而每一位母亲都将生活在悲惨之中。另一个均衡是每个女儿吃掉自己的一半面包而把余下的送给她的母亲。这是一个具有帕累托效率的结果,是对第一个均衡的帕累托改进。但这是一个可行的变革吗? 它真可以实现一个所有的自私的女儿放弃她的一半的面包的均衡吗?

与之前对均衡的讨论一样,答案取决于如果一个参与人并未选择均衡指定的战略时会发生的结果。把一个选择均衡战略的人称为守规矩的人,现在设想一个要求一位守规矩的女儿把她的一半面包送给她的母亲的战略的充要条件是她的母亲年轻时也是这样一位守规矩的人。①现在这位女儿有了充分的理由来赡养她的母亲。如果她不改变她自私的本性,那么当她衰老之后她的女儿将不会赡养她。

这个简单的世代交叠模型表明即使无人直接关心老弱病残者的福利,他们也不会被忽视。从中得出的另外一个教训是,这个模型中的母亲没有任何权力。她可能还具有一定的天赋而可以使用原初状态方法。但是要她在一个她并不是

---

① 这一定义的循环性是表面的。注意一下谁来监护监护人的问题是如何回答的:不惩罚违规者的人自己就是违规者。

参与人的博弈中协调她与他人的行为是没有意义的。出于原初状态的目的,为了被作为一个"成员"包括进来,某人必须具有某些东西可以用来换取他的同意。他所能用来交易的东西可能很少——就像遭受奴役的亚当同意与他的女主人夏娃在某一均衡上进行协调一样。但如果他对事态的进展不能产生任何影响,那么在诉诸无知之幕后面的各种正义时,他的呼吁显得微不足道。

在一个世代交叠模型中的背景中提出这一问题是为了澄清我对未来几代的态度。没有谁比一个根本就不存在的人更软弱无力,因而我的方法的逻辑是要求把尚未出生的人从"成员"中排除掉。他们假定的同意与目前做出的公平决策没有关系。对此,我不仅与罗尔斯[214,p.284]不同,而且与阿罗[7]、索洛[250]和达斯古普特[59]①等杰出经济学家的意见相左。

罗尔斯[214,p.288]借助一个人们不知他属于哪一代的原初状态提出了一条正义储存原理。正如他所作的解释那样,只有第一代人无法从中受益,他们开始了这一进程但并没有分享到他们提供的果实。然而,在我的理论中随时都可以借助于原初状态装置,每一代人都是新的"第一代",他们对假想中在过去达成的假设的交易没有承诺。②

尽管这些存在于未来的人的假定的同意与现在的协调管理之间并不相关,但并不能由此得出活在今天的一代人不会为未来的一代人做贡献。例如,在那个自私的女儿的故事中,在每一时期只有一个"成员"活着。因而在这一时期她同自己订立了一个社会契约,但是如果她在决定今天的行为时无视明天会发生什么,那么她将是愚蠢的。在世代交叠的情况下,她明天的福利取决于她所预测的那些未来的"成员"同意的那个社会契约,因而她对构建这样一种现状有强烈的兴趣,在这一状况下,未来的公民的讨论将导向于她有利的结果。如果她真的同情她的后裔,她对此的兴趣会更强烈。事实上,这样一种机制要求为未来储存的要比罗尔斯式的储存原理所要求的要少。但是作为一个次优的人的种类,经济人必须学会对一个次优社会感到满意,哪怕独立钟会因此被打碎在地。

---

① 这一杰出的著作涉及内容广泛的参考文献。
② 我认为罗尔斯[211,p.274]后来对这一问题修正过的观点是表面性的,他新的"对现时进入原初状态的解释"很大程度上被一个强加的康德式条件否定了,这一条件就是那些处于原初状态的人所选择的正是他们希望在此之前所有人已经选择过的。

联盟　那些因为时间上距离我们太遥远而变得软弱无力的人也会被拒绝成为新耶路撒冷的"成员"，而那些在社会或地理空间上距离遥远的人又将如何呢？

例如，一个来自异域文化的外国人可能会习惯于使用原初状态，但是毫无疑问，在他的社会中已发展起来的是一个不同的人际效用比较标准，因而使用原初状态与他进行协调的努力很难成功。在现实生活中，我们通过政府协调与来自远方的外国人的关系。例如，法国人和德国人通过不同的社会契约来协调各自国家的生存博弈，但是也可以把法国人与德国人看作是另一套社会契约在起作用的国际生存博弈的参与人。

联盟在某种程度上以单个参与人的方式开展行动的现象并不只是限于国际舞台，即便是将注意力局限于最稳定与封闭的国家内部事务，联盟问题也无法回避。我认为现代民主的特征就是它的联盟的模式是根据各种压力与张力因素而变化的。

现代社会是一个错综复杂的、有组织的和需要在许多不同层次上进行行为协调的系统。不考虑这一现实而想要描述当前状态的努力显然是徒劳的，要想描述这一社会可能希望追求的一个潜在的社会契约的努力也是如此。不仅社会的整体可以被分为各个亚社会单位而存在，而且它们对于社会运作效率也极为重要。

亚社会的存在必然要求对内部人与外部人进行区分。这不是说过去用于排斥不同阶层的不幸人群时的非理性和反人性的标准是必然的和合法的。从实践的必要性考虑，我们没法做到在任何条件下都是内部人，这是显而易见的；也没有必要把外部人都看作是对立者。的确，两个人可能正好都是同一亚社会的内部人而同时又分别属于两个对立的组织。

可以想象一下用原初状态装置来解决由委托人代表的几个亚社会之间的协调问题。每个代表人又是通过在亚社会内部协调问题时使用原初状态来决定的，因为亚社会本身通常会分裂成小团体和小帮派。但是在不同层次和不同背景中不可避免地存在不同的人际比较标准。因此，一个人与内部人交往时所谓的"公平"与同外部人交往时所谓的"公平"大相径庭。然而，这样的复杂性已超出了我的理解力，最直接的一个含义是只问"谁是一个成员？"并不够，一旦已经知道了联盟的作用，就需要提出更加艰深的问题："谁是一个成员？他处于何种情形中?"

为了构造一个描述联盟如何形成的简单例子,思考一下图 1.4(b)的情形。首先,亚当和夏娃单独待在伊甸园中,起作用的社会契约是 ξ。当以迦博突然出现时,亚当与夏娃发现存在联合起来奴役以迦博的机会。在把以迦博用镣铐锁起来以后,可行的社会契约集合将是 Y。如果在这一系列事件之后再利用原初状态的装置,得到的结果是位于帕累托边缘 Y 上的社会契约 η。

在图 1.4(b)中点 η 远离了第 1.2.5 节中以罗尔斯与哈萨尼的名字命名的点 R 和 H。然而,还有更深层次的含义。把 η 看作是集合 Y 中的一个元素的理由是它表示的是一个自我约束的均衡。但是什么阻止了夏娃为以迦博打开镣铐建立一个新的联盟来压制和奴役亚当?又是什么阻止了以迦博随后为亚当打开镣铐来奴役夏娃?

对为什么某些联盟比其他联盟更受欢迎的质疑产生了联盟的形成问题,而我提出的方法对此不作考虑。在讲述与图 1.4(b)相配的故事时,我认为亚当和夏娃的初始联盟会在以迦博出现后继续存在。图 1.4(b)中集合 Y 的形状显示,假设大家都认为亚当和夏娃都不会受诱惑去破坏集合 Y 中潜在的社会契约而与以迦博结盟。①

在多人情形中,被我继续描述为均衡的 Y 中的点实质上是一个个放入了有关联盟形成的还不明确的理论的黑匣子。在二人情形中,亚当和夏娃只有彼此可以共同策划阴谋,因而可以只考虑对于任何个人单独的偏离都表现稳定的均衡。博弈论专家对于这样的纳什均衡非常了解,但是当遇到由个人组成的群体所引起的复杂的偏离时,要求一个均衡必须是稳定的就产生了问题。在许多志在处理这类问题的理论中,最初的一种是由冯·诺依曼和摩根斯坦[269]提出来的,但并没有哪一种理论可以同时克服所有的难题。

在已提出的方法中,最简单的一个是放弃所有在面对任何联盟引发的潜在偏离时不稳定的社会系统,剩下的潜在社会契约的集合就将位于博弈的核上②。对于保守主义经济学家来说这是个有吸引力的想法。自埃奇沃思[68]以来有大

---

① 亚当和夏娃在这样一个破坏稳定的过程中可以发现短期利益。最终,当一个替代选择是被奴役时以迦博会同意接受较低级的地位,但一旦他自由之后还会对这种低级的地位感到满意吗?
② 胡佛和罗默[123]是在社会契约问题中应用核概念的人之中的两位。

量参与者的市场博弈的核心结果都被要求呈现一种与自由市场经济相似的方法来分配商品和服务。

　　然而,生存博弈的核可能是空的。也就是说,没有任何社会契约在面临所有联盟的偏离时还能保持稳定。即使可以找到这样一个社会契约,我也不明白它有什么理由可以独占我们的注意力。绝大多数可以设想到的联盟形式都可以从一开始就排除掉,原因是对于它们的潜在成员来说可以期望的收益是十分短暂的。可行的社会契约只有在面临形式可信的联盟的偏离时才需要具有稳定性,但是博弈论还不能充分解释为什么一个潜在的联盟可以被视为是可信的,而另一个则被视为夸夸其谈。

　　需要出动小舢板吗　一种出于某种同情的批评可能会认为我的理论针对的是联盟过程的最后一个阶段,在这个过程中,通过由所有的相关利益集团形成的原初状态,产生了一个由所有人组成的主要联盟。例如,可以让亚当代表男人而夏娃代表女人,他们的联合任务是为了找到公正解决两性问题的方式。然而,即使是对这样一般化二人例子的慎重尝试也要小心对待,以免把抽象的劳资联盟当作是具有专一和永恒目标的个人的联盟。其原因与第 1.2.7 节中分析理想观察人时相同。不要期望一个群体的集体决策与个人的理性决策具有一致性,因为一个群体的代表在许多主要方面都不同于只代表自己的参与人。实际上,一个联盟的行为表现并不总是铁板一块是导致联盟的形成问题如此困难的部分原因。

　　一种缺乏同情心的批评认为,由于没有能力完全解决联盟的形成问题,因而我对社会契约理论化的尝试无异于是让一艘刚造了一半的小船下海出航。但问题并非在于我的小船经不起风浪,而在于我们需要远洋航行的客轮,而一个二人例子仅仅相当于一只小舢板。不过,我认为除非我们能首先得到一些可以用于出海的小船,否则没有理由在柏拉图式的共和国的巨轮上打开香槟来庆贺大功告成。

1.2.9　高蒂尔与理性签约

　　现在是时候回到亚当和夏娃在伊甸园里遇到的有关婚姻契约的问题了。图 1.3(b)中的集合 X 表示他们的生存博弈中所有可能的均衡结果。第 1.2.8 节认为他们会在图 1.4(a)中的讨价还价集合中选择一些点。然而亚当和夏娃在这个讨价还价集合中的任意两个点上的偏好必定正好相反。因此,他们如果要在从这个讨价还价集合中选出的点上达成协议,就必须做出妥协。

通常这种妥协是通过在小群体中谈判达成同意的,但在规模巨大的现代社会中这样面对面讨价还价的方式并不可取。如果亚当和夏娃的例子与社会契约问题相关,我们必须为他们找到达成默示同意的方式。在我的理论中原初状态具有这样的功能,但是,这并不能使我们免除对理性人如何讨价还价的思考。相反,在使用原初状态装置时,亚当和夏娃必须对讨价还价非常擅长,这样他们才能预测到,如果他们在无知之幕后面讨价还价,将会达成什么样的协议。

他们将预测到什么? 与效用理论一样,讨价还价理论是经济学家和博弈论专家用来回答这一问题的正统理论。然而,一种正统的理论很大程度上是由被它所否定的异端邪说来界定的。极为重要的是,由于把与理性讨价还价性质有关的虚构引入原初状态的决策分析过程的诱惑是如此强烈,因此要对这种作为异端的讨价还价理论坚决地否定。但是正如已经多次强调过的那样,我们的目标应该始终是把这种虚构限制到最低程度。至关重要的是在讨价还价分析中并没有伦理惯例的内容,在我的方法中的伦理惯例被看作是由原初状态的讨价还价决定的,因此解决讨价还价问题的方式一定是独立于道德思考的。

有人认为,根本没有必要从博弈论中寻求解决复杂的讨价还价问题的方法。例如,哈萨尼[109]精通正统的讨价还价理论,但就像他所提出的,在无知之幕后面由于每个人都相同,因而他们的利益也相同。他们因此可以将选择交给一个代表或理想的观察者而不必担心这样做会导致利益受损。①黑尔[104]认为,可以在一个理想观察者的模子中重新铸造罗尔斯的理性签约的故事。哈萨尼与罗尔斯的理想观察者的区别在于前者追求期望最大化而后者使用最大最小标准。黑尔[101, p.25]也认为,在一个先验地给定每个人都相同的原初状态的背景中,是否接受理性签约的故事,或是理想观察者的故事,或者是他自己的"万能规范主义者"的故事,都并不重要。②这也是我的观点。

---

① 在第 1.2.7 节中"理想观察者方法"是令人无法容忍的,但在这里又是可以接受的。

② 黑尔[102]有自己的原初状态与理想观察者的方法。

为什么讨价还价问题的正确性如此令人劳神？的确，一旦达到一种移情均衡，原初状态的每一个人都会具有相同的特征，但这一事实并不是先验给定的。与通常的均衡情形一样，均衡状态会发生什么是由发生偏离时会发生什么决定的。这样一个偏离会在原初状态产生不对称性，理想观察者方法在解决这类问题时成了一种有效性令人怀疑的权宜之计，而讨价还价方法对此则显得游刃有余。

高蒂尔[84]在《约同的道德》一书中也认为讨价还价问题有类似的重要性，他的基本看法和目标几乎都与我相近。因而重要的是要澄清在如何实现这些基本看法和目标上我们之间存在显著的差异。我们的方法最显著的区别体现在对承诺问题的处理上。他认为可以证明理性人会自愿遵守那些能实现其最大化目标的约束，而我认为这样的论点都是荒谬的。然而，最直接的一个问题是我们在讨价还价如何模型化的问题上存在分歧。由于高蒂尔放弃了任何与原初状态类似的假设，因此这一问题对他比对我更为重要。他笔下的参与者都设想他们在没有无知之幕的情况下进行面对面的讨价还价，因此他们进行讨价还价的环境和解决讨价还价问题的方法就必须承担比在罗尔斯的理论中更多的任务。

哪一个讨价还价解　高蒂尔[84, p.146]在《约同的道德》一书中拒绝考虑"讨价还价理论专家之间的勾心斗角"，就像罗尔斯拒绝考虑贝叶斯决策理论专家的证明一样。与罗尔斯针对由贝叶斯决策理论产生的难题给出的独特的解答一样，高蒂尔也提出了讨价还价问题的独特答案，甚至高蒂尔的"最小最大相对让步原理"会使人想起罗尔斯的最大最小标准。在这一阶段我不会对主流博弈论在讨价还价问题上的假设进行辩护。相反，有关什么是主流的假设，我将会讨论使用这种假设的有效性以及我为什么不相信高蒂尔为他的观点辩护时所给出的说明是充分的。

讨价还价概念在本书的第 2 卷第 1 章中按照相应的标准方式被称为纳什讨价还价解。①图 1.4(a)表示的组合 (X, ξ) 是一个纳什讨价还价问题。集合 X 中

①　这很容易与纳什均衡概念混淆，特别是因为后者会被多次强调——常常是与纳什讨价还价解出现在同一个句子中。但它们的含义相去甚远，在这里只要理解为前者表示的是战略而后者只与支付有关就足够了。

的点 $\xi=(\xi_A,\xi_E)$ 和点 $x=(x_A,x_E)$ 是表示亚当和夏娃讨价还价的可能结果的冯·诺依曼—摩根斯坦效用组合。[1]点 $x=(x_A,x_E)$ 可以解释成亚当和夏娃之间一种可能的理想化结果,集合 X 因此就表示所有可能结果,点 ξ 被称为讨价还价问题的状态。纳什[190]把它解释为当讨价还价者无法达成一致同意时将会产生的结果。这是一个需要一定限定条件的解释,但在这里它是充分的。在对由讨价还价问题 (X,ξ) 决定的讨价还价集合中的点进行选择时,亚当和夏娃之间会达成一个理性协议,对此我认为是不存在任何异议的,问题是选择哪一点呢?

可以用社会福利函数来定义问题 (X,ξ) 的纳什讨价还价解

$$W_N(x)=(x_A-\xi_A)(x_E-\xi_E)$$

$W_N(x)$ 在 X 中的点 ν 处达到最大化。图1.5(a)解释了这一定义。图1.5(b)解释了卡莱—斯莫尔定斯基(Kalai-Smorodinsky)[132]讨价还价解,高蒂尔[84]在二人情形中得出过这一结果。在点 κ 处以下社会福利函数达到最大化。

$$W_{KS}(x)=\min\left\{\frac{x_A-\xi_A}{\eta_A-\xi_A},\ \frac{x_E-\xi_E}{\eta_E-\xi_E}\right\}$$

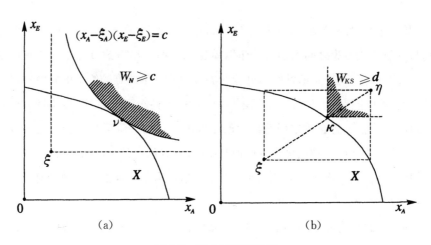

图1.5　两个讨价还价解

---

[1]　在描述纳什讨价还价解时,会想当然地认为亚当和夏娃在面对面进行讨价还价,并且对他们的身份有充分的了解,把这一思想运用到原初状态的讨价还价时,对无知之幕后的不确定性的考虑会使问题变得复杂。

高蒂尔[85，p.178]在一篇论文中,通过与正统派对纳什讨价还价解的辩护的比较,表示他对自己为卡莱—斯莫尔定斯基解辩护的理由持有保留意见,但他并不认为有必要因偏爱后者而放弃前者,正如他所讲的,当讨价还价问题具有对称性时,两种概念的解是一致的。高蒂尔[85，p.178]认为在社会契约问题中运用他的方法时应严格要求只关注具有对称性的讨价还价问题,对此我不敢苟同。①另一方面,如果高蒂尔在他目前每一处使用卡莱—斯莫尔定斯基解的地方都变为用纳什讨价还价解,我也并不认为这是对他的社会契约理论的重要修改,即使在非对称的讨价还价问题中,这两个解也相差不大。但是除了在本段外,我不打算讨论高蒂尔对他的《约同的道德》的再思考。与罗尔斯的《正义论》一样,高蒂尔的著作也受到广泛的阅读,这使我相信通过批评他过去相信而现在不再相信的理论比批评他现在相信的理论更有利于澄清问题。

无论是纳什讨价还价解,还是卡莱—斯莫尔定斯基解,都不依赖于亚当与夏娃的效用比较。例如,W_N 的定义中可以用 Ux_A 和 $U\xi_A$ 分别代替 x_A 和 ξ_A 而不用改变 ν 的位置。这表明与第 1.2.5 节中的比例讨价还价解或者有权重的功利主义解相比,不论是纳什讨价还价解,还是卡莱—斯莫尔定斯基解,都缺乏作为伦理概念的可行性。这里有必要在纳什讨价还价解的情形中强调一点,因为雷法[206]在早期阶段比较不同的思想时把水搅浑了,他将这些思想作为“公平”仲裁方案的候选者,纳什的理论就是其中之一。因此,以这种方式来解释纳什讨价还价解的想法具有了自己的生命力,而纳什讨价还价解常常因为不具备作为伦理概念的价值而被淘汰,也就是一致认为纳什讨价还价解没有作为伦理概念的价值。如果它具有作为伦理概念的价值,那么要求在原初状态应用它就是不妥当的,因为它会在决定什么是伦理时抢占原初状态的角色。使用纳什讨价还价解是为了预测在理想条件下追求最优化议价的经济人会导致什么样的结果,问题无论如何永远都不在于人们是否欢迎这样一个结果。正如 2+2＝4 一样,唯一的问题是这个结果是否精确无误。

基于完全同样的理由,高蒂尔为他解决讨价还价问题的方法辩护,并且由此

---

① 如果可以把这一讨论限制在对称的情形下,我认为这压根就是不想在讨价还价问题中使用博弈论方法。

认为卡莱—斯莫尔定斯基解也没有伦理价值。从对他的证明的思考中我们可以获益。高蒂尔[84, p.133]设计了一个二阶段的理性讨价还价过程,其中每个讨价还价者 i 都会先给出一个要价 y_i,然后作出一次让步,最终得到回报 x_i,正如高蒂尔所断言的,理性要求与可行安排相一致的(ξ_A, y_E)和(y_A, ξ_E)中的 y_A 和 y_E 的值最大化。而讨价还价者正是根据一种未加特殊说明过程作出让步的,这导致在效用对(utility pair)(x_A, x_E)上达成契约。高蒂尔把"参与人的妥协的相对重要性"定义为 $c_i = (y_i - x_i)/(y_i - \xi_i)$,他强调了这一数量关系的标度不变性,接下来他认为理性的讨价还价者选择的是使 c_A 和 c_E 中较大的一个最小化的让步。这就是"最小最大相对让步原理"。

高蒂尔[84, p.143]为这一条作了扼要解释。他断言条件是:

> ……讨价还价者具有同样的理性。因为每个人作为效用最大化者,在努力最小化他的让步,在他自己并不愿做出相同的让步时,没有人会期望其他的理性人愿意做出让步。

在这段引文中,"让步"一词具有两种不同的含义。在第一次出现时,这一词是高蒂尔以代数形式给出的一个定义。当然了,x_i 的最大化与 c_i 的最小化是同义反复。在后面的使用中,"让步"一词具有了更复杂且需要小心验证的含义。

接受这样一个命题是有一定吸引力的,即没有一个理性人会期望另一个理性人采取在同样条件下他本人并不会采取的行动。接受了这一点之后,就可以通过规定没有一个理性人会期望另一个理性人采取在等价条件下他本人并不会采取的行动而对这一命题进行扩展。由此产生的问题是:理性参与人采取行动时所面临的条件什么时候是等价的呢?高蒂尔的答案似乎是:保持其他结构不相关,当他们从中作出让步选择的集合相同时,他们所面临的条件是等价的。如果对"让步"的定义是与环境相适应的,那么这样一个命题就是成立的。但高蒂尔并没有对在这种条件下使用他以代数形式给出的 c_i 的简单定义进行说明。例如,我们不清楚理性讨价还价者为什么应该认为最初提出要求时的辞令与其后的磋商相关,甚至也不清楚在不考虑参与者的讨价还价战略的情况下讨论这一问题的意义。

这就是问题的核心,我认为除非知道讨价还价者在磋商过程中能做什么和不能做什么,否则对理性讨价还价行为的讨论毫无意义。一旦明白了这一点,讨价还价者的任何策略都可以被模型化为正式博弈中的行动。如果在这个博弈中使用均衡战略得到一个特定的解,在正式博弈模型考虑到这些讨价还价条件之后就有理由支持这样一个解。①这种进攻路线就是随后在为了支持纳什讨价还价解而给出的证明中还要用到的著名的纳什程序。

状态 由于高蒂尔并没有赋予卡莱—斯莫尔定斯基解任何伦理方面的美德,他的故事中的主人公为了讨价还价并没有穿过无知之幕,由此得出,在他的讨价还价故事中,包括人际效用比较在内的任何伦理内容都一定聚焦于他对状态的选择,这里他又回到了诺齐克[194]提出的对洛克进行重新阐释的路线上。现在应该可以明白我为什么不愿意根据诺齐克的提议去利用一个洛克式的先验的"自然权利"概念了。我认为高蒂尔接受了这一观点,因而他对"洛克式条件"的使用建立在讨价还价一开始就已经形成的习惯性理解基础上,但愿在这一点上我是正确的。果真如此的话,那么高蒂尔已经想当然地认为某种原始的社会契约已经存在,并且为讨价还价者起到了跳板的作用。但是我们为什么应该接受他对这种事先存在的社会契约的性质的解释呢?这个事先存在的社会契约本身为什么不能产生于一个在更原始的状态之中事先存在的讨价还价呢?

我自己的方法是认为自然状态与当前的社会状态是等同的。这样,纳什讨价还价问题中的状态就可以简化为与当前社会状态有联系的讨价还价者的效用对。用与可行的社会契约相联系的效用对来表示讨价还价者可能达成的交易,这里"可行的"一词表示在生存博弈中唯有均衡状态下的契约才被认为是具有可能性的契约。如果讨价还价是在没有无知之幕的情况下彼此面对面进行的,则协商的结果可能直接作为讨价还价问题(X, ξ)的纳什讨价还价解ν。但是,他们必须设想一下在原初状态下讨价还价的结果会是什么,在无知之幕后面,他们并不知道自己的个人偏好,需要根据他们的移情偏好对谈判的可能结果进行估计。因而必须应用纳什讨价还价解的不是讨价还价问题(X, ξ),而是一个根据移情

———————————————

① 高蒂尔[84, p.129]发问说:"是否存在与期望效用最大化原理相同的不受背景约束的普适性理性讨价还价原理?"我的回答是否定的。纳什程序要求建立一个框架,然后从期望效用最大化中演绎出与之相自洽的原理。

偏好而非个人偏好来计算效用的新问题(T,τ)。纳什讨价还价解选择的社会契约自然会对讨价还价者赋予个人效用。可以证明这个被选出来的社会契约,在根据个人效用对谈判结果估计的条件下,与图 1.3(b)中的 ρ 相对应。这样最终结果就是一个合作博弈论中的比例讨价还价解。在第 1.2.5 节中解释过,这可以看作是一个修正过的罗尔斯最大最小标准。

在我的方法中,无论是关于状态的地位,对纳什讨价还价解的使用,还是维持一个虚构的讨价还价机制(又可称为开明的自我利益),都不依赖于任何对伦理的预设。这一理论的伦理内容只存在于对原初状态装置的使用及其对如何在个人移情偏好中进行人际效用比较的解释之中。

解释的重要性 这里有必要说明最后一个方法论问题。如果一个人只注意到本章中用于证明罗尔斯、高蒂尔和我所支持的各种结果的简单数学方法的话,他就可能会错误地认为,我们的分歧是由如何确定支付轴的原点以及如何确定测度支付单位这些数学上的模糊性引起的。然而,在本书中之所以给出的只是初级的数学证明,是因为这并不是真的重要,真正重要的永远是解释性问题。

例如,对于高蒂尔的结果 κ(图 1.5)和我的提议 ρ(图 1.3),可以通过在 ρ 的定义中选出合适的 U 和 V 来使之等同。穆林(Moulin)[183]形容卡莱—斯莫尔定斯基解是"罗尔斯式的",但在我看来,重要的是我们不应该受到误导而认为导向相似的数学问题的两种思想一定是相关的。κ 的定义中没有任何一个部分的解释与它们在 ρ 的定义中出现时所具有的解释相同,在这两种情形中对点 ξ 的解释也大相径庭。在这一领域中使用数学方法的长处在于可以把对特定论点的复杂证明交给自动程序来处理,从而可以集中关注其他问题。但是,如果数学方法的使用反而使人们对最重要的问题的关注偏离了,这一目标就无法达到了。

1.3 巨兽与市场

本节总结了本章中所概括的社会契约思想是如何在第 1.2.5 节中亚当和夏

娃所面临的极为程序化的情境中起作用的。在伊甸园中,他们只能在短期保持道德上的正直;而在中期不可避免地会发生堕落;在长期中,市场的价值处于统治地位。霍布斯的《贝希摩斯》与他的《利维坦》一样,与亚当和夏娃所面临的困境息息相关。

短期　在短期中,亚当和夏娃的个人偏好与移情偏好都是固定的。他们的个人偏好可能相去甚远,但是在使用原初状态装置的过程中,当他们的移情偏好相同时他们的兴趣可能会集中到同一点上来。在后一种情形中,他们达成一致,认为亚当 V 单位的效用与夏娃 U 单位的效用相等。

一个未解的道德难题是从第 1.2.5 节中给定的集中 X 中选出一个点 x。例如,X 中的点可能表示利用某种新的技术进步的不同方法。

亚当和夏娃是通过道德博弈来解决这一个道德难题的。结果就是,他们如果在不知道自己当前与未来社会角色的情况下进行讨价还价,那么他们将会执行协商得到的协议,因为考虑到所达成的任何协议都可以防止其后出现诉诸同样机制的情形。在无知之幕后面,他们并不知道自己的个人偏好,因而他们根据移情偏好来讨价还价。在利用纳什讨价还价解来求解他们在无知之幕后面面临的讨价还价问题时,这个解因而也是根据他们的移情偏好来表示的。然而,对已经明确说明的协议也可以根据亚当和夏娃的个人偏好来表示。完成了这一切之后,就得到图 1.3(b) 中的比例讨价还价解。要达到这一点仅仅依赖三个因素:可行的社会契约集合 X、表示目前状态的社会契约 ξ 和 U/V 的比率。在第 1.2.5 节中解释过,这样一个比例讨价还价解可以当作是对一个修正过的罗尔斯最大最小标准的运用。

中期　在中期,个人偏好是固定的,但作为社会演化结果的移情偏好可能会变化。由于移情偏好只用于决定在使用原初状态的装置时每个人可得到的利益是多少,因此只有合乎道德的决策结果才会对移情偏好变动的方向产生有利影响。

由于社会演化是一个文化现象,我们可以为亚当和夏娃提供文化史的背景,这样他们在道德博弈中的行为模式就会受到在此之前的许多已婚夫妇在类似条件下缔结婚约的经验的影响。①第 1.2.7 节认为,在中期,直到实现移情均衡为止,人们一定会预期行为模式将发生变化。在这样一个移情均衡中,每个人具有相同的移情偏好,因此有理由假设亚当和夏娃对于如何进行效用比较达成了一致。

但是一切并非尽善尽美,要了解这一点,可以想象一下,如果亚当和夏娃能够走出他们的文化,并且从道德博弈中分离出来的话,会发生什么后果。他们将直接就社会契约问题进行谈判而不必去设想除生存博弈之外的任何其他博弈的情形。如果他们相信第 1.2.9 节中关于理性讨价还价的内容,他们就会同意图 1.5(a)中纳什讨价还价解 ν 是讨价还价问题(X, ξ)的解,根据第 1.2.9 节给出的理由,这样一个社会契约不具有任何道德内涵②。在社会演化有时间使他们的移情偏好适应于问题(X, ξ)之后,现在可以将亚当与夏娃送回他们的文化中去。可以保证他们因此具有相同的移情偏好——但是当这些移情偏好被嵌入到道德博弈中时,由此产生的社会契约正是我们认为不具有任何道德内涵的纳什讨价还价解 ν。因此在中期,社会演化过滤掉了道德博弈中的所有道德内涵,但是必须记住,在亚当和夏娃看来,情况并不是这样。他们仍然在根据从文化中继承而来的移情偏好进行道德博弈,并且对任何指出他们的程序是不公平的或者不道德的提议都会表示愤慨。

图 1.6(a)解释了在经过中期的社会演化之后所缔结的社会契约,权重 U 和 V 是从作为演化结果的移情偏好中衍生出来的。正如刚才解释过的,让 U 和 V 具有这样的值,比例讨价还价解 ρ 就与纳什讨价还价解 ν 重合。不仅如此,还可以证明图 1.3 中的加权功利主义解 h 也与 ρ 重合。③如果我讲的内容与智人社会有某种相关性,人们就不会对罗尔斯、施蒂格勒和哈萨尼等人从相同的数据中归纳出了不同的制度而感到惊讶不已了。在中期,他们的推理所得到的结果是相同的。然而,只有施蒂格勒可能会从中获得某种快乐。

---

① 一个更加纯粹的故事则要求只由亚当和夏娃组成全部社会,在这种情形下,他们现在的行为只受他们过去的交易的影响。

② 它的条款只能由契约双方在讨价还价中的相对力量的大小来决定,使用具有对称形式的纳什讨价还价解隐含的假设是各方讨价还价的力量相等。

③ 这并非是偶然发生的。在无知之幕背后,每一位参与者都力图最大化第 1.2.5 节中的加权功利主义目标函数 W_h(但是,最终的结果并不是功利主义的,由于缺少实施机制,对于同意的约束是强加上去的)。

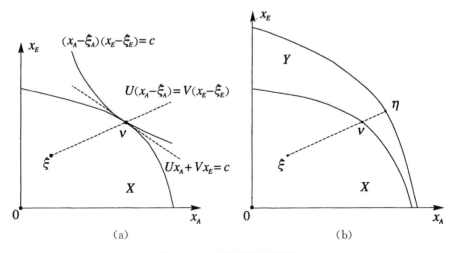

图 1.6　一切随时间而堕毁

回到短期去　不应当对刚才描述的结果感到过于沮丧。原因是,绝大多数的决策都是在社会演化有机会侵蚀道德博弈的道德内涵之前的短期内做出的。思考一下图 1.6(b) 的例子,在这个图中,假设 U 和 V 适用于问题 (X,ξ),那么 U/V 的比率首先通过确定纳什讨价还价解 v 的位置决定,接着再通过计算连接 ξ 和 v 的直线的斜率得到。但是现在假设出现了产生新技术的机会,在图 1.6 中,用集合 Y 表示这一点。相对于利用由这一集合所代表的新机会,另一个选择在于坚持当前的社会契约 v,我们因而必须解决问题 (Y,v)。如果亚当和夏娃打算通过道德博弈来解决这一问题,他们会利用他们现在的移情偏好。也就是说他们不会采用与问题 (Y,v) 相对应的权重,原因是只有在中期才有与新环境相对应的权重。相反,他们会采用与问题 (X,ξ) 相对应的权重 U 和 V。结果将得到图 1.6(b) 中的社会契约 η。这就是问题 (Y,v) 的以 U 和 V 为权重的比例讨价还价解。

长期　阿克顿勋爵 (Lord Acton) 说过:权力滋生腐败。对个人而言这当然不假,但时间可以使社会堕落——只要给予足够长的时间,它就绝对会使社会堕落。它通过创造一个以市场作为道德辩论论坛的社会来做到这一点。要说明我为何会这样讲,就有必要考虑在长期中道德博弈发生了什么变化。

在长期中,个人偏好容易受到演化压力的影响,就像在中期移情偏好容易受到的影响一样。在中期,经过演化过程之后的社会契约就是图1.6(a)表示的纳什讨价还价解。在长期中由于个人偏好是由演化形成的,因此又将产生什么结果呢?

要回答这一问题,就必须放弃把效用空间作为讨论的环境,而要根据可实际度量的商品来进行讨论。在市场上,每种商品都会有一个决定产品与服务交换比率的价格。当一种商品的需求不超过它的供给时就实现了瓦尔拉斯均衡。没有理由规定一个瓦尔拉斯均衡下的产品和服务的分配结果应该类似于使用纳什讨价还价解所得到的分配结果。例如,纳什均衡解赋予亚当和夏娃相等数量的商品,但是在瓦尔拉斯均衡状态下亚当几乎得到了所有的商品。

然而,长期中的演化过程可以在纳什讨价还价解和瓦尔拉均衡之间建立联系。这一机制类似于中期时在比例讨价还价解与纳什讨价还价解之间建立的联系。在长期中,假设纳什讨价还价解用于决定谁可以得到什么的问题,我们要求亚当和夏娃应当都希望他们的个人偏好准确表达而不是被歪曲。这一假设迫使从纳什讨价还价解中产生的结果与瓦尔拉均衡相重合。

在这个故事中,市场是这个首先剔除了文化中的道德内容随后又侵蚀了个人自由选择权的过程的最终环节。但是我的确不认为这个故事证明了对市场机制的谴责是合理的。这个故事仅仅是肯定了在对市场机制的偏好中没有丝毫道德上的原因。正如高蒂尔[84]指出的,市场是一个道德无涉区。另一方面,基于经济效率的考虑,则有充分的理由来支持市场。具体而言,市场比任何其他的分配机制都更少受到腐败的官员操纵的影响,刚才讲述的故事对此给出了部分的解释。有人可能会说,市场之所以难以腐败,是因为它的制度已经适应了腐败。

1.4 驴与象

本章中已经塞进了太多的内容,因此我必须对一些还处于发展初期的理论与已经建立的理论进行区分,否则会引起混淆。匆忙之中可能会遗漏这些理论与支撑人们处理实际政治问题的哲学和道德因素之间的相关性,因而一些简要的结论性评论是有必要的。

回忆一下波斯盲人摸象而无法就大象的特征达成一致意见的故事。摸到大象鼻子的人认为大象是一条蛇,摸到大象躯体一侧的人则认为大象是一堵墙。而政治上的左派与右派进行争论时的情形也是如此。右派强调个人的作用但对我们作为社会动物的事实视而不见,一味寻求保护个人权利与自由,认为最好把社会问题留给亚当·斯密那只看不见的手去处理。左派则抓住了我们作为社会动物的事实,但又错误地认为社会与个人一样具有自己的目标和目的。

这些右派和左派的盲人所思考的大象是一个有一定难度的决策问题。决策理论教导我们首先确定有可行性的集合,然后从这个集合中选出一个最优的结果。大体而言,右派的盲人牢牢抓住了可行性问题,但没有考虑最优化问题。另一方面,左派的盲人几乎只注意到了最优化问题,而没有正确地考虑什么是可行的,什么是不可行的。左派在方法论上的错误更严重一些,但这并不是主张在特定情况下,根据实践后果,宁可犯一种错误而不要犯另一种错误。

从本书的理论视角来看,可行性问题与均衡的维持有关。被我们称为权利和义务的东西,无非是从演化中发展起来的,允许个人协调自己的努力以达到最优化的共同习惯性意识,也就是说它们是用来维持一个特定均衡的准则,最优化问题就是从这些可能的结果中选出一个均衡来。左派希望作出选择而不考虑所选结果的稳定性,为了回避均衡问题而发明了"共同善"(common good)这样的概念。相应地,右派希望不要进行选择,因而对那些仅仅由习俗和习惯保证的规则的正确性给出了先验的证明。

道德哲学家也同样分裂成不同派别在进行争论。引用麦基[163,p.149]的话就是:

> 在拒绝了功利主义之后,我们只有两个方向可以选择。我们可以保留功利主义理论中结果主义的结构,但要用某种可实现的或可最大化的"善"的概念来代换作为目标的"效用"或"幸福"。或者,我们可以拒绝结果主义的结构而发展一种道德体系,这一体系不再围绕要达到某种"善"的目标而展开,而是围绕诸如行为、义务、权利、美德的规则或原则,或者围绕这些因素的组合,也就是某种广义上的义务论体系,其中被认为是美德的行为本质上是强制的和令人钦佩的。

尽管我与麦基[163,164]在许多方面都比较接近,但我认为在这一点上他误入歧途太远了。我同意应该拒绝功利主义,但要保留结果主义的结构并不需要涉及一个基本共同善的概念,也不必为放弃共同善的概念而强迫去适应义务论的框架。他对在不同层次应用的思考是混乱的,拒绝了左派的错误并非就要接受右派的错误。

经济学家之间也存在同样的分歧,其中左派愿意接受霍布斯提出的傻子的角色,而且认为这是理性的规定。森[244]恰当地将其称为"理性的傻子"。但替代性的选择并非要寻求一种荒谬的"集体理性"的概念,最直接的方式是停止对我们目前使用的理性概念的幼稚的阐释。为了这一目的我们并不需要离开经济学的传统,亚当·斯密不仅写了《国富论》,而且还写了《道德情操论》,他并不认为后者与前者之间毫无联系——我们也应该如此。

　　画中的人一丝不挂暗示着威廉·布莱克在创作本图时在想的是阿基米德，然而，实际上他所想到的人据称是在玩味同义反复的艾萨克·牛顿。

第 2 章 玩味同义反复

　　……应该对数学家和所有有亵渎圣灵的人保持警惕，特别是当他们讲述真理的时候。

——圣·奥古斯汀（Saint Augustine）

2.1 引言

　　尽管本章与下一章介绍了博弈论的一些内容，但对初次接触这些内容的人来说，从这里开始起步却并不妥当，[1]原因是这两章的主题并不是集中于讨论博弈论专家为什么认为他们是正确的，而是讨论为什么认为对他们的某些批评是错误的。这类批评把博弈论专家看作是马基雅维利（Machiaveli）的冷血信徒，博弈论成了悲观的机会主义驯服文明的工具。博弈论专家对这样的攻击感到困惑不解，特别是当他们只是在展开定义的逻辑含义而并未涉及任何实质内容时，他们受到的批评最为强烈，这就更令他们大感不解了。

　　有些时候，博弈论专家当然明白，如果逻辑指向其他的结果，将会让人感到愉快。我们看上去没有合适的理由因为信使带来的消息不好而指责他，更不用

---

① 我的《快乐与游戏》（*Fun and Games*）（D. C. Heath，1991）可能是一本很好的入门书。

说要砍下他的头,然后用另外一位报喜不报忧的信使来替他。例如,为了填饱饥饿的人的肚子,可以让 $2+2=5$,但没有人因为数学家宣称 $2+2=4$ 而指责他们,或者为了消除这个星球上的饥饿而去修改算术法则。

数学定理不过是同义反复,它们由于不涉及任何实质内容,因此不可能是错误的,它们只不过是详细说明了如何定义事物。博弈论的基本命题具有与此非常相似的特征,因此难以说它们是好还是坏,它们在道德上是中性的。与算术一样,博弈论也只是一种工具,它不是享乐主义者或利己主义者的宣言书。批评者其实是根本不了解博弈论专家讲了些什么,有时他们并不想去弄明白这些,因为这可能会使他们放弃那些对他们非常重要的悖论。

这些批评者的根本错误在于使用了一个太简单而不能反映实际博弈战略现实的模型来表示真实世界的情形,对这种过度简单的博弈的分析结论常常会比我们基于体验到的世界而得出的结论更加麻烦。然后,这些错误又因为那些希望能根据对真实世界的直觉来分析这一过度简化的博弈的分析者所发明的一些奇特"推理"而强化。分析者的偏见会因为对错误的博弈的错误分析而被强化,因此,博弈论专家认为从正确的博弈开始是重要的。为了得出正确的结论,他们很少去关注那些常识性推理技巧之外的东西。

本章和下一章都将集中于囚徒困境这个议题,它被当作是研究人类合作问题的一个典型例子。[①]为这一目的而引用这个例子的人认为我们要么解决在一次性[②]囚徒困境博弈这种情形中的合作问题,要么放弃对理性合作问题的思考。博弈论专家对此的正统观念是,在一次性囚徒困境中无法达成合作。

泰勒[261]和其他人认为,囚徒困境中不可能理性合作的事实对于人类社会的成功合作来讲并不重要,否则,智人就不会进化成社会动物。如果要理解有关人类合作的真正困难所在,我们需要对更复杂的博弈进行研究。特别是大量必须重复面对的合作问题,这些问题因为打开了通往互惠之门的通道而具有重要性。对重复博弈问题的研究将在第 2 卷第 3 章进行。

---

① 见加内特·哈定(Garret Hardin)[98],罗塞尔·哈定(Russell Hardin)[99],马格利斯(Margolis) [170],奥尔森[196]和泰勒[261]。

② 它意味着这个博弈只进行一次,除此之外参与人不会再采取任何其他行动。

2.2　均衡

这里我尽可能以一种非正式的方式来介绍一些博弈论的基本概念。了解博弈论的读者可以跳过以下这部分内容直接阅读第 2.3 节。

2.2.1　鹰与鸽

生物学家梅纳德·史密斯(Maynard Smith)[172]用鹰—鸽博弈来解释生物进化的某些特定方面。[①]设想有两只很难分辨雌雄的鸟为了繁殖自己的后代进行竞争，它们的竞争方式可以用博弈来描述。通常情况下，自然先随机赋予这两只鸟在博弈中的角色，假定每只鸟都采取以下两种行为中的一种：鹰或者鸽。如果两只鸟都选择鹰战略就可能造成两败俱伤，如果都选择鸽战略就可以通过谈判来分享资源，而且采取鹰战略的一方会驱逐选择鸽战略的一方。

这些特征都通过图 2.1(a)中鹰—鸽博弈的支付表反映了出来。尽管这种虚构出来的鸟只有一种性别，这里仍把自然选出来作为参与者 1 的鸟称作亚当，称为"他"，另一只鸟称作夏娃，称为"她"。[②]支付矩阵中的横行代表亚当的战略，竖列代表夏娃的战略。支付矩阵中的一行和一列就构成了一个组合。每一组中左下方的数字是亚当的支付，右上方的数字是夏娃的支付。为了与这个故事中假定的鹰与鸽的行为保持一致，我们设定 $W<V$。图 2.1(b)表示一个当 $W=-2$ 且 $V=2$ 时的特例。

在本章中弄清楚这些支付的含义很重要，它是一个常见的误解之源，认为博弈论专家打算将支付作为一种用来衡量参与者福利的幼稚手段，就像一笔钱一样。而事实是，博弈论的基础是参与者追求在博弈结束时他能得到的支付[③]最

---

① 这句话不代表支持威尔逊(Wilson)[274]和他的追随者的社会生物学的观点，他们有关生物和社会的某些特征共同演化的观点无疑是正确的。我相信人在小群体中相互作用的条件下这些特征是相关的，例如在早期人类大家族条件下。我猜测与大规模社会有关的道德行为，以及由此产生的对社会契约的讨论，完全是社会演化的结果。

② 不作这样的声明，博弈论的阐述将会令人费解。

③ 准确地说是最终结果不确定时的期望支付。

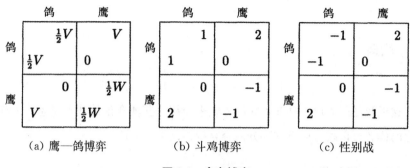

	鸽	鹰
鸽	$\frac{1}{2}V$ / $\frac{1}{2}V$	V / 0
鹰	0 / V	$\frac{1}{2}W$ / $\frac{1}{2}W$

（a）鹰—鸽博弈

	鸽	鹰
鸽	1 / 1	2 / 0
鹰	0 / 2	−1 / −1

（b）斗鸡博弈

	鸽	鹰
鸽	−1 / −1	2 / 0
鹰	0 / 2	−1 / −1

（c）性别战

图 2.1　禽鸟博弈

大化。因此关于支付性质的幼稚的观点是不充分的。例如,在道德环境中,没有人把钱的数量看做是影响决策的主要因素。博弈论专家因此明白了用一种复杂的方式来界定支付这个概念只不过是参与者最大化其支付的同义反复。这样一个复杂的概念使得它不能测度真实生活博弈中的支付,但它在保持逻辑的一致性上有巨大优势。

生物学的例子以鲜明的方式表明,同义反复包含在支付的概念之中。在鹰—鸽博弈中,支付不应被看作是食物、寿命、领地等等诸如此类的因素,尽管这些因素可以被看作是支付概念在现实中的某种近似。在生物学背景下,支付可以被理解成不断增加的适应能力。换句话说,衡量一个参与者在博弈中的成功的方式是计算它通过博弈能够期望增加多少自己的后代。

在鹰—鸽博弈中,假定后代从父母那里继承了决定它们是鹰还是鸽的本能。换句话说,给定鹰和鸽当前的数量,无论哪一方的策略取得较大的支付,都是以牺牲另一方为代价的。斯宾塞的"适者生存"也是这样的同义反复,因为适应性是它们生存下来的原因,而能生存下来又成了他们具有适应性的原因。

在社会意义上谈论适者生存往往会引发下面两种反应之一。第一种是有人认为,把某人称作社会达尔文主义者是一种侮辱。①但自 1879 年以来知识界的风气也发生了很大变化,下面是斯宾塞的信徒萨姆纳(Sumner)[258,p.56]对他那个时代的经济学家的批评:

---

① 我也被指责为是一个还原主义者,但埃尔斯特[71]耐心的解释使人相信还原主义的模型还是比较有用的,不再相信那些对"还原主义者悖论"的胡说八道。

　　……对竞争下的自由深感恐惧,他们认为弱者难以承受这样的压力。
他们没有意识到……如果我们不喜欢适者生存的原则,我们只有一种可替
代的选择,就是最不能适应者生存,并且有培养他们的同时促进文明程度提
高的计划,这样的计划没有人可以找到。

不用担心一位现代社会达尔文主义者会为过度放任的自由资本主义最糟的一面
给出这样的道歉。达尔文非常谨慎地强调自然选择是一个嘈杂的过程,那些被
认为是不适者的失败者往往只是运气不好。但主要的观点是更加严肃的,现代
社会达尔文主义者认为,萨姆纳虽然有错,但他的思想是连贯的,而认为我们可
以在适者生存与不适者生存之间进行选择是荒唐的。无论如何,之所以适者将
会生存的原因是构成这个口号的词语所赋予的。

　　但是当一个人坚持认为,适者生存的真实性是由这句话的定义方式决定
的,他会引来其他的批评者,即认为同义反复这个词令人生厌的人。例如,伯纳
德·威廉姆斯[273, p.35]认为,功能主义者由于将经验命题简化为同义反复的
冗言而声名狼藉。他继续说道:"具有一定价值观的群体的生存条件是这个群
体应维护这种价值观之类的表述是缺乏新意且乏味的。"只要略受过一点数学
训练,人就会对同义反复产生完全不同的看法。同义反复确实没有丝毫的经验
性内容,但数学家知道这样的命题是正确的,这是由他们定义这些术语的方式决
定的。例如 $e^{\pi i} = -1$ 是一个同义反复,根据对 e、π、i、-1 的定义,这是正确的,
但它既不明显也不啰嗦。的确,我们只能嫉妒欧拉(Euler)发现这一公式时的愉
快,[①]而不是说它毫无用处,相反,它是现代物理学的基础。对达尔文主义者的
适者生存这样的同义反复,他的同时代人并不会觉得这是愚蠢的。探索特定的
同义反复背后的含义并非总能得出明显的结论,甚至在鹰—鸽博弈这样简单的
模型中,同义反复的使用也能有所启发。简言之,鹰和鸽的行为可以在均衡中
共存。

　　例如,图 2.1(b)中的斗鸡博弈是由鹰—鸽博弈变形而来,假设鸟群中一半是

---

① 当时狄德罗(Diderot)在叶卡捷琳娜(Catherine the Great)的宫廷里宣传无神论,欧拉担任宫廷数
　　学家。叶卡捷琳娜要欧拉为宗教辩护,欧拉说:"我可以用这个公式来反驳你。"只要公式是 $e^{\pi i} =$
　　-1,他就已经击中了要害。

鹰,一半是鸽,那么在斗鸡博弈中的一只鸟可能与鸽和鹰分别为敌的概率都是 1/2,而扮演鸽的角色的鸟,它可以以 1/2 的概率得到支付 1,以 1/2 的概率得到支付 0。在给定鸟群的数量组合时,平均的水平是 $\frac{1}{2}\times1+\frac{1}{2}\times0=\frac{1}{2}$。而选择鹰的角色可以以 1/2 的概率得到支付 2,以 1/2 的概率得到支付 -1,它的平均水平是 $\frac{1}{2}\times2+\frac{1}{2}\times(-1)=\frac{1}{2}$。由此得出,无论哪种类型的鸟处于优势,鹰和鸽的数量相等的鸟群都会维持均衡。①

2.2.2 均衡

前面的部分讨论了参与者在没有事前计划,甚至没有意识到自己参与了博弈的情形下,演化是如何使博弈达到均衡状态的。在下面的大量例子中,演化的角色是隐含的。博弈论专家在思考何谓理性博弈行为,而把人们的理性行为会产生何种结果这样一个问题留给了别人来回答。主要原因是,他们还没有发展出能证明人的理性行为与第 2.2.1 节中生物演化过程的类型同样重要的正式模型,这本书也无法消除这一问题在理论与实践上的鸿沟。但强调这一点也很重要,即如果理性行为理论确实与人们行为相关,并不是因为人类具有解决一切策略问题的天赋,而是因为他的同类在过去面对类似的问题时的成败得失塑造了指导他的生活的习惯与习俗。

纳什均衡是博弈理性行为理论最基本的概念,它是一个策略组合,在这个组合中,每个参与人的策略都是对其他参与人的策略组合的最优回应。任何一本号称介绍博弈中理性行为的权威性著作都必然会推荐在每一个博弈中使用纳什均衡,否则至少会有一个参与人,在确信其他参与人准备接受这本书的建议去做时,不会根据这本书的建议去做。由于每个人都将提前知道这一点,所以这本自封的权威著作会名声扫地。

在图 2.1(b)的斗鸡博弈中有三个纳什均衡,其中两个是纯战略均衡,一个是混合均衡。博弈中参与人的纯战略是不论何时参与人都会做出的战略选择。在斗鸡博弈中,每个参与人只能在鹰和鸽之间选择,这当然是每一个参与者的纯战

① 事实上,这是标准达尔文动态的唯一稳定均衡。

略。参与人在几个纯战略之间随机进行选择的战略是混合战略。

（鸽，鹰）和（鹰，鸽）组合是斗鸡博弈的纳什均衡。在（鸽，鹰）中，亚当选择鸽时夏娃最佳的回应是鹰，而当夏娃选择鸽时，鹰是亚当的最佳回应。在斗鸡博弈中，没有参与者会偏离（鸽，鹰）的战略选择，除非有理由认为他的对手也要偏离这一战略。

在前面的斗鸡博弈中我们碰到过混合战略纳什均衡[1]，每个参与人各以 1/2 的概率在两个纯战略之间进行选择。如果夏娃做出这种行为，则对亚当而言，鸽和鹰战略是无差异的，他就不在乎选择哪一种，因此他最有可能各以 1/2 的概率选择每个战略。如果他这样做，夏娃也会各以 1/2 的概率选择鸽和鹰。亚当和夏娃都将根据对方的选择来做出自己的最佳回应。[2]

2.2.3　囚徒困境

阿尔伯特·塔克（Albert Tucker）第一次提到[3]这个最著名的"博弈玩具"时，他并没有意识到自己揭开了冰山的一角。这类博弈玩具通常都伴有一个小故事。例如，斗鸡博弈是根据詹姆斯·迪恩（James Dean）的一部关于小青年驾车冲向悬崖以比试谁先神经崩溃的电影设计的。囚徒困境的故事是在芝加哥发生的，地方检察官知道亚当和夏娃犯了罪但因为没有口供而无法判罪，检察官命令逮捕了他们并分别告诉他们："如果你坦白而你的同伙不坦白，那么你可自由。如果你不坦白而你的同伙坦白了，那你将被从重处罚。如果你们都坦白，你们都会被处罚，但都不会从重处罚。如果你们都不坦白，你们将被指控有轻微的偷税行为而被处以某种处罚。"

这类故事并不太严谨，其主要目的是为了提醒谁得到了什么样的支付。在

---

① 混合战略由于要求每个参与人采用同样的混合战略，因而具有对称性。因此，它也是第 2.2.1 节中唯一的混合均衡，因为在那个模型中，亚当和夏娃是被随机地从同样数量的鸟群中选出来的，每一方的战略选择都是固定的。亚当和夏娃选择特定战略的概率是一样的。而纯战略不具有对称性的原因是，它要求亚当和夏娃选择不同的战略。

② 对此持怀疑态度的人认为，在这种混合均衡条件下，看不出在有其他战略可以作为最佳回应时，参与者为什么要选择均衡战略。第 2.2.1 节讲了一个应用混合战略均衡的例子，在这个例子中，这种反对意见是无关紧要的。

③ 这个博弈据说最早是由兰德（Rand）的科学家德瑞希尔（Dresher）和弗勒德（Flood）在 1950 年进行形式化的。

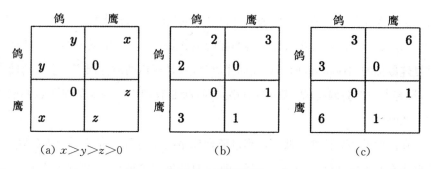

图 2.2　囚徒困境

图 2.2(a)中,支付 x, y, z 的大小是根据囚徒困境的故事给出的,即要求 $x>y>z>0$,鹰—鸽博弈在 $V=6$, $W=2$ 时变成了囚徒困境博弈,图 2.2(c)就是这种情形。因此,用鹰来表示坦白,用鸽来表示隐瞒。图 2.2(b)中展示的是我们将要用到的支付。为了便于理解,可以对这个故事再进行简化处理。每个参与者独立选择自己的战略。一方选择鸽战略会使他的对手得到 2 美元,而一方选择鹰战略时他自己得到 1 美元。①

博弈论专家无法列举出在所有的博弈中理性选择都遵循的标准。他们认为,要分析囚徒困境并不需要列举出所有的这些标准,所需要的只是博弈中最弱意义上的理性行为标准,这个标准禁止使用严格劣战略。

假定一个参与者有两个战略 s 和 t。无论对方选择什么战略,当且仅当选择战略 s 的结果一定比选择战略 t 要好时,战略 s 是相对于战略 t 的强占优战略。②这样,在任何版本的囚徒困境中鹰都是鸽的强占优战略。在图 2.2(b)中的特定例子中,在他的对手选择鸽战略时选择鹰战略的参与者的支付是 3,而他选择鸽战略的话支付是 2;当他的对手也选择鹰战略时,他选择鹰战略的支付是 1,而他选择鸽战略的话支付是 0。因此鹰战略永远都比鸽战略要好。

博弈论著作因此推荐(鹰,鹰)作为囚徒困境的解。除此之外,别无选择,因为它是这个博弈唯一的纳什均衡。两个参与者都选择鹰战略,每一方都能对另一方所选择的战略作出最优的回应。但在特殊的囚徒困境的例子中,这永远是

---

① 用美元来表示支付是为了便于讨论,而我们应该一如既往地假定参与者在追求预期支付最大化。
② 当且仅当选择战略 s 的结果不比战略 t 更差,而有时的结果会明显比选择战略 t 更好时,s 是 t 的弱占优战略。

成立的。因为鹰是鸽的强占优战略,无论对方选择任何战略,鹰都是最好的选择。一个参与人甚至无需去参考任何一本博弈论著作就可确信他选择鹰战略是最优的。

在许多学者看来,把(鹰,鹰)作为囚徒困境的解是自相矛盾的。在第 1.2.8 节中曾提到(鹰,鹰)不是囚徒困境中具有帕累托效率的结果。这个博弈还有其他的更受双方参与人欢迎的结果。在囚徒困境中,(鸽,鸽)是相对于(鹰,鹰)的一个帕累托改进,因为选择前者的支付是 2,选择后者的支付只有 1。

而我个人认为,理性参与人的独立选择行为有时会产生不具有帕累托效率的结果,这并不存在任何自相矛盾的地方。囚徒困境的规则不利于实现理性合作,就像把一个人的双手反绑之后要他表演手技一样。因此,不要希望在囚徒困境的规则约束下理性参与人会成功地达成合作。

这一章的大部分内容和第 3 章的全部内容都用来研究那些不同的观点。然而,只有那些最基本的问题才会被马上思考,这似乎可以变化成这样一个问题:既然你如此精明,为什么你并不富有?

假定亚当和夏娃是根据博弈论著作的指导来进行囚徒困境博弈的,在结束时他们每人的支付是 1 美元。而以迦博和奥立弗则把这类博弈论的书扔在一边,他们每人最后得到 2 美元,结果以迦博和奥立弗比亚当和夏娃要富有。是什么导致亚当和夏娃这么精明?答案是他们利用了生活提供给他们的最好的机会,而以迦博和奥立弗则没有。如果亚当幸运地与奥立弗进行博弈,他将会带着 3 美元离开,而不是以迦博得到的 2 美元。如果以迦博不幸要与夏娃进行博弈,他将什么也得不到,更不要说亚当得到的 1 美元。

在某些情况下,根据结果进行评判很有意义,但在一些参赛者占有先机的比赛中则不尽其然。

2.2.4　手段与目的

第 2.2.1 节解释了在生物演化中应用博弈论具有同义反复的特点。其中支付被定义为生物有机体的“适应性”,而同义反复体现为,生物要生存就要在博弈中选择使支付最大化的行为。否则在研究博弈中的理性行为时,根据森[236]等人系统阐述的显示偏好理论来解释博弈中的支付,还会出现同样的同义反复问题。囚徒困境中理性人不会采取合作行为就是一个很基本的同义反复。

显示偏好理论 一些概念有助于解释什么是显示偏好理论。$a \prec b$ 表示决策者对 b 的偏好胜过 a，$a \sim b$ 表示对他而言 a 和 b 之间无差异，$a \preceq b$ 表示 $a \prec b$ 或 $a \sim b$。

这样的偏好概念因为太笨拙而无法用数学方法来有效地处理，经济学家因此更喜欢用效用函数来处理问题。假定用 $\preceq$ 来表示在供选择的有限集合 S 中定义的偏好关系，u 是一个定义在 S 上的实值函数。u 是一个效用函数，其中 $\preceq$ 描述为

$$u(a) \leqslant u(b)，当且仅当 a \preceq b$$

每个 a 和 b 都属于集合 S。一旦找到有代表性的效用函数，最优化问题就转化成了求给定集合的最大元素的问题。幸运的是，数学的发展为此提供了大量技巧。

要用效用函数来表示偏好关系，它还必须满足两个一致性条件①，集合 S 中的每个 a，b 和 c 都要满足下面条件

$$a \preceq b \text{ 或 } b \preceq a \qquad \text{(完备性)}$$

$$\text{由 } a \preceq b \text{ 和 } b \preceq c \text{ 可推出 } a \preceq c \qquad \text{(传递性)}$$

在本书中，假定所有的偏好关系都满足这些条件。

斯宾诺莎[251]告诉我们："幸福并非美德的回报，而是美德本身；我们愉悦并非是因为我们控制住了自己的欲望，相反，是因为我们感到愉快才控制住了自己的欲望。"对我而言，我努力控制自己的欲望，但我一点也不觉得是为了道德上的愉快。我之所以要克制自己，更多的是出于世俗的考虑。我不相信那些因自己的德行而高兴的人可以被归为幸福的人。现代效用理论已经把斯宾诺莎生动描述的思考方式抛在了一边。

在第 1.2.5 节已经强调过，关心基本问题的经济学家已经不再把效用概念看

---

① 完备性有许多同义词，例如，在这里"完整性"和"连通性"的含义相同。一个合理的问题是，完备性是否可以被严格地当作是一个"一致性"条件，因为它仅仅是指决策者可以在集合 S 中的所有替代性选择组合之间表达一种偏好。

作是一个不言自明的概念。他们认为,将一个人对一样东西的偏好超过对另一样东西的原因解释为前者的效用超过了后者的效用理论在逻辑上的错误的。相反,由于他们早已知道了 $a \leqslant b$,所以他们构造了一个具有 $u(a) \leqslant u(b)$ 性质的效用函数 u。特别是要从参与者对可能结果的偏好中估计他的支付时,这样的效用函数是有效的。

在图 2.2(b)中给出的囚徒困境的形式中,亚当在(鸽,鸽)中的支付是 2,在(鹰,鸽)中的支付是 3。而这些支付都不是这个问题的最本质的东西。背景是亚当的偏好关系 $\leqslant_A$ 要满足式

$$(鸽,鸽) <_A (鹰,鸽) \tag{2.1}$$

因而,这个模型的构造者可以选择分派给(鸽,鸽)的支付少于分配给(鹰,鸽)的支付。

在显示偏好理论中,甚至偏好也不被看作是不言自明的,相反,选择行为被看作是不言自明的。先是对一个参与者的选择进行观察,随后认为他好像是根据偏好关系来作出选择的。现代经济学家可能会说,有关斯宾诺莎的经验证据表明他是一个非常温和的人,为了能以一个巧妙的方式来描述斯宾诺莎所观察到的他自己在做的事,发明出一种叫"道德"的品质是非常有用的。一旦发明了这个概念,我们就可以把他的生活类型归为追求美德的一类。经济学家发现,这是唯一方便的描述斯宾诺莎行为的方法。但如果经济学家是小心翼翼的人,他就不会掉进一个混淆了因果解释与生动描述的陷阱里去。①类似的情况是,物理学家从自然厌恶真空的立场出发,对于他们观察地球表面流体的变化是有益的,但如果物理学家进而把这种约定俗成的东西当作是对它所描述的现象的物理学解释,那么他们则是愚蠢的。

为了保持这样一种怀疑态度,物理学家不必否认可能存在一位拥有超自然力量的厌恶真空的夫人——正如使用显示偏好理论的经济学家不必否定人可能具有感受美德带来的愉悦的能力,但这些都不是可以想当然就接受的假设。

---

① 我不认为斯宾诺莎[251]本人会经常掉到这样的陷阱中来。的确,在"道德的根本在于努力维护人的生命,而人的幸福源自在这个过程中的所表现出来的力量"这样的表述中,他可能会把"行为"看作是显示偏好理论的基本概念。我猜他是对这样做的危险估计不足,但作为现代作家,如果为了让人理解他的作品,他有什么可替换的办法呢?

从显示偏好的角度来看,式(2.1)并不是囚徒困境成立的最基本的条件。式(2.1)的偏好是从这样的事前信息中归纳出来的,即如果亚当知道他只能在(鸽,鹰)和(鹰,鸽)之间选择,他真实的选择就会是(鹰,鸽)。类似的偏好如

$$(\text{鸽},\text{鹰}) <_A (\text{鹰},\text{鹰}) \qquad (2.2)$$

是从这样的事前信息中归纳出来的,即如果亚当知道他必须在(鸽,鹰)和(鹰,鹰)之间选择,他就会选择后者。

可能还有其他的有关亚当选择行为的事前信息,但在囚徒困境中对预测他的行为有重要作用的信息是下面的两点事实:

● 亚当在夏娃选择鸽战略时选择鹰战略;

● 亚当在夏娃不选择鸽战略时选择鹰战略。

博弈论中的问题在于,一方参与者一般不知道他的对手的选择,因此需要一个新的假设,我将其称为确信原理①。

要理解这个原理,有必要思考三种只根据对命题 P 的知晓状况发生变化的信息情况。第一种情况是亚当知道 P 是真的,第二种情况是他知道 P 是假的,第三种情况是他不能确定 P 的真假。给定亚当在前两种情况中选 a 胜过选 b,因此,看上去认为 P 的真假与亚当选 a 还是 b 无关是有道理的,于是,他在第三种情况中也会选 a 胜过选 b,这就是确信原理。简而言之,如果亚当不论在知道 P 是真还是假的情况下都选择 a 胜过选择 b,那么他在对 P 的真假不完全了解的情况下也会选择 a 胜过选择 b。

为了在囚徒困境中应用确信原理,把 P 当作夏娃选择鸽战略的命题,a 表示亚当的纯鹰战略,b 表示他的纯鸽战略。因为不论夏娃选择还是没有选择鸽战略,他的选择都是鹰战略,所以确信原理认为,无论亚当如何考虑夏娃的选择,他自己必须选择鹰战略。

如果接受对理性的定义遵守确信原理,则前面对囚徒困境中的理性参与者必须选择鹰战略的证明将是同义反复。不得不承认这是件费力不讨好的事情,但理性有如一位严厉的夫人,她的仆人不得不放下尊严对这样显而易见的问题给出证明。

---

① 尽管这个原理带有萨维奇[228]的确信原理的影子,经济学家有时称它为一阶随机占优原理,但我担心这样描述的话,有人会因此而拒绝它。

只要目的正确就可以不择手段吗　在本章之后不再涉及显示偏好理论,因此也没有必要去发展与这一理论有关的数学原理①,然而这一理论的一些哲学含义值得探讨。

人们常误认为博弈论支持只要目的正确就可以不择手段这样的残酷原则。的确,有的经济学家非常愿意信奉这样的马基雅维利式的立场。从道德角度来讲,他们可能会被当作是结果主义者而不是义务论者。因此,他们更适合汉普希尔(Hampshire)[96]式的热情恳求的目标:"自我主义者残酷和让人不能容忍的要求是,只要不妨碍福利和正义原则,所有惯例都可以置之不理。"这对博弈论专家来讲是不可理解的事情,他可能会认为,因为他是通过检验每个参与者偏离均衡的结果而决定均衡的,所以他自己一定是个结果主义者。然而,他当然不会要求放弃惯例。没有惯例的指导,博弈参与人怎么才能知道如何去进行协调从而达到均衡呢?

为了消除这种误解,有必要讲两件事情。第一是否认博弈论陷入了只要目的正确可以不择手段的怪论之中。图 2.2(b)的囚徒困境的例子可以证明这一点。支付表表示给进入的参与者一定数量的美元作为支付,而参与者的目标被简化为实现预期货币收入最大化。在这种条件下,亚当和夏娃的行为当然表现出他们是只要目的正确就不择手段的人。为他们提供最佳建议的博弈论专家提出的正是想当然的不问手段只问目的的建议。

现在来考虑第二种情形,在这种情形中,博弈的结果维持图 2.2(b)中支付的美元数量,但是在这个新的情形下亚当和夏娃成了不同的人。通过观察他们的行为可以发现,他们并不是在最大化他们的预期货币收益。相反,无论怎样,在鹰和鸽之间他们只选择鸽战略。问他们为什么时,他们回答说伟大的哲学著作使他们相信鸽战略是正确的选择,而选择鹰战略是为了眼前的利益而牺牲长远利益的行为。显示偏好理论还告诉我们,在这种条件下,博弈中的支付必须表明鸽是鹰的严格占优战略。除了鹰和鸽之间进行了角色对换,囚徒困境的逻辑仍然适用,因此博弈论专家在为参与人提建议时就不会有什么困难。只不过他现在在为关心手段胜过关心目的的参与者提建议。因此,在第二种条件下,他的建

---

①　森[237]给出的选择行为的一致性条件是,一个人的选择行为必须与有连贯性的偏好关系相一致。经济学家一般离不开有关人在不确定性条件下如何决策的假设。与之相关的显示偏好理论参见格林(Green)和奥斯邦德(Osband)[92]。

议想当然地认为目的正确一定不能证明手段正当。

值得注意的是,博弈论远远没有要求以目的证明手段的合理性,将问题设定为博弈①的约束使得模型构造者不能无视参与者对这一问题的态度。对博弈结果的定义不仅包括每个参与人在博弈结束时得到的实际结果,而且包括得到这种实际结果的方式。②有人因此提出,在决定目的是如何与手段相抗衡的问题上,可以采取充分灵活变通的方式。③

结果主义与义务论 当一位博弈论专家把他的参与人定位成不可救药的守财奴时,他要小心自己被贴上结果主义者的标签。为了解释原因,我会给出本书中所采用的结果主义的定义,注意我不是要给它下一个定义,因为没有一个大家都能接受的精确的结果主义的定义。④

一个结果主义者并不是一个只根据结果来评判行为的人。说某人是结果主义者,实际上说的是他的判断涉及的对象和他为什么做出这样的判断。他的权衡涉及社会状况,进一步讲,他需要以一种连贯的方式对这些社会状况作出评价。具体地讲,如果 $a \preceq b$ 表示结果主义者认为社会状态 b 不比社会状态 a 差,则这种关系一定具有完备性和传递性,这意味着可以用一个效用函数 G 来表示它。进一步讲就是结果主义者把社会状态 x 看作是 $G(x)$ 形成的共同善,可以用他对这种共同善的评价来刻画他对社会状态 x 的评判。

结果主义者因此与第 1.2.7 节中的理想化的观察者很相似,除了那位理想化的观察者被假定为可以作出公正评判这一点之外,⑤有的学者在结果主义的定义

---

① 本章只考虑非合作博弈,合作博弈(在第2卷中介绍)的哲学问题还有待研究。

② 例如,图 2.2(b)中的结果之一是进入者可以被解释为"选择鸽战略的亚当一无所获,而选择鹰战略的夏娃得到了3美元"。

③ 萨格登[256]会对这句话中的"充分"一词提出质疑。有人可能认为把博弈中参与人的战略看作是"手段"是一种很狭隘的观点。为什么不把参与人如何选择战略与参与人对参与人如何选择战略的选择也包括在内呢?但这种想法是相对的,我认为通过对参与人决策时的心理状态的考虑,可以不断扩大战略这一概念的内涵,从而避免隐含的无限次的退化。

④ 如果我可以自由地给出结果主义的定义而不必考虑它的哲学意义,我会把它简单地定义为:"只根据结果来评判行为。"我将以本文中的结果主义定义功利主义,并通过加上"边沁主义"这类修饰语的方式来定义本文中的功利主义。

⑤ 在两个具有相同特征的公民在交换了他们的社会角色之后仍然保持不变的共同善就是有公正性和匿名性的共同善。

中加入了"公正"这类特征,我不同意这样做。

还有一种模糊结果主义与功利主义的倾向。而我认为简单地来看,功利主义者是其共同善函数具有"可加可分"性的结果主义者,也就是说,在一个有 n 个成员的社会中,功利主义者的共同善函数为

$$G(x) = G_1(x) + G_2(x) + \cdots + G_n(x)$$

功利主义者因此可以通过对社会每个个人提供的善的量进行加总来计算出整个社会生产的共同善的数量。边沁[17]和穆勒(John Mill)[178]坚持认为"幸福"也是"善",上面这个并不流行的定义使得用"善"来作为衡量社会状态的尺度具有完全开放的特征。

义务论者相信特定的行为不过是在尽一种义务,与结果无关。这一类人认为,人之所以遵守承诺并不是因为遵守承诺是什么善行,而是因为他有义务遵守承诺,即使信守承诺的结果是未来有五个其他的承诺遭到背叛,这样的义务还是存在的。

尽管义务论在传统上是义务的理论,但我会把"权利"概念包含在义务论概念之中,因为我有些天真地认为当且仅当一个人没有义务不去做出特定行为时,他才有做出这一特定行为的权利。

这些术语没有一个有助于解释本书中所支持的道德理论的类型,这一理论对我认为需要质疑的道德问题采取了想当然的态度。第 2.3.3 节解释了为什么义务论者不喜欢我的理论中的义务性因素。第 2.3.4 节解释了为什么结果主义者不喜欢我的理论中的结果性因素。简言之,我认为对义务论的思考对如何决定社会契约的可行性这一问题有重要意义,我们所讲的有义务遵守的道德规则是维持均衡的条件。结果主义者的思考的意义在于从可行的社会契约的集合中选出最优的一项,如果一点也不考虑结果主义者关于社会契约的观点,就无法从可行的均衡集合中作出选择。

2.2.5　难道每个人都如此行事吗?

这个问题的出现表明因徒困境的逻辑即将被否定。高夫[91]从斯宾诺莎[252,p.58]的文章中引用了一段话来说明一个"绝妙的康德式严谨的例子":

如果一个人可以用背信弃义的方式使自己脱离死亡的危险,这会造成什么结果? 如果理性认可他的这种做法,理性就会让所有的人都这样做。

第 2.4 节中将介绍康德自己对这一问题的看法,现在我只是想遵循这样的规则,即不能因为不喜欢其结果而拒绝一个证明。博弈论专家认为,如果有时人们能少一点理性,可能每个人的状况反而会更好。不必为生活而劳碌工作是一件美妙的事,但这并不现实。

思考一个平均分配社会财富的例子。① 在报告纳税能力时,每个人有两个战略可以选择:一个是鹰战略,即聘用一个税法律师来尽可能地避税;另一个是自由放任的鸽战略。如果每个人都聘用税收律师,政府为了维持收入将会提高税率。不是律师的人的状况将会变坏,因为他们既不得不养活寄生在自己身上的法律之鹰,又不能少纳税。如果每个人都能省去律师费用,他们的状况会更好,但是税收律师仍然存在。

对大多数参与者来说,税收律师问题是一个在真实生活中存在的囚徒困境。这样一个囚徒困境推广到 n 个人条件下的例子就是“公地的悲剧”。这是加内特·哈定[98]的一篇有影响力的论文的题目,主题是如果每个农民可在公地上自由放牛,结果将会是过度放牧的公地的悲剧。如果每个农民只牧养 N/n 头牛,才能得到一个具有帕累托效率的结果,这里 N 是这块地只有一个主人的条件下可牧养的牛的数量。但对单个的农民来讲,不论其他农民怎么做,最好的方式都是尽可能多地养牛,结果是过分的放养对大家都不利。

本节中这些答案不受欢迎的例子并不像那些逻辑受到批评的囚徒困境一样令人烦恼。这可能是因为我们明白,类似的合作的失败几乎随处可见,但我们身边的社会并未因此而崩溃。因此,对此的批评主要集中于囚徒困境的理性博弈中涉及背叛承诺的情况,因为如果每个理性人都不被相信会信守承诺,那么这样的社会是没有前途的。

我们把亚当和夏娃在一次性囚徒困境中的博弈决策问题进一步形象化。假定在博弈之前他们相互承诺不采取鹰战略,在作了这样的承诺之后,两个纯战略就变为“选择鸽战略并且信守承诺”与“选择鹰战略并且破坏承诺”。

---

① 下面的例子是由我的同事泰德·伯格斯特龙(Ted Bergstrom)提供的。

随之出现了两种需要加以区分的可能性。第一种是交换承诺改变了博弈结构,因此在进行的已不是囚徒困境博弈,第 2.2.6 节考虑了这种可能性。第二种可能性是交换了承诺的博弈仍然具备囚徒困境的结构,仍然是不可能实现理性合作的同义反复。"背叛承诺选择鹰战略"是"遵守承诺选择鸽战略"的占优战略,因此在这种条件下理性参与人的确会背叛承诺。这当然不是什么好消息,显然如果每个人都信守承诺,则每个人的状况会变得更好。然而,即使再不受欢迎的结论也不能否定得出这种结论的证明。

由于理性人之间的承诺有时是毫无意义的,从而认为理性人之间的承诺永远都没有价值的看法是错误的。的确,这一假设往往是由那些被囚徒困境的逻辑难题所折磨的人隐晦地提出的,这一事实表明他们在某种程度上理解为什么信守承诺的行为能存在下来的真正原因。这是因为信守承诺的声誉非常珍贵——而且这样的声誉易失不易得。引用一位纽约的古董商人所概括的话,就是"当然,我信任他。你要知道在企业中可以信赖的人,而对背叛者说声再见"。①

即使是在同社区中的某一位成员打交道时,你的诚实的声誉也很重要,一次道德上的犯错就可能破坏你在整个社区中的地位。这并不是说任何道德上的问题都会摧毁你的声誉,你破坏承诺的声誉只限于在那些对你的诚信评价低的人中间传播,而对那些与你没有利害关系的人没有什么影响。事实上,我们不是经常"忘记了"对那些无法惩罚我们的人所作出的承诺吗?这样做并非出自道德上的原因,而仅仅是因为这些承诺被我们潜意识中"更重要"的承诺挤掉了,正如一句格言所讲:"君王不可信!"

博弈论专家有充分的理由认为他们的分析只适用于一次性囚徒困境,这就意味着博弈之外的任何因素与博弈参与人的行为无关。一次性博弈的严格规则使得对方和旁观者无法观察到对承诺的背叛,这一点对参与人有重要意义。他们因此可以破坏承诺而丝毫无损于他们的声誉。理性博弈人在这种情形下对承诺的破坏并不意味着遵守承诺的制度无法在理性社会存在。它在理性社会存在的原因与它在真实世界存在的原因非常相似。一次性囚徒困境中的确不存在承诺机制,因为没有一个理性参与人在确信无人信任他时还会做出承诺,但不要忘

---

① 　见 1991 年 8 月 29 日《纽约时报》对罗伯特·罗林(Robert Loughlin)先生的采访。

记一次性囚徒困境仅仅是大量人们不得不进行的博弈中的一种而已。

2.2.6 非囚徒困境博弈

图 2.3 给出了一些非囚徒困境博弈,图 2.3(a)表示参与人在交换了不可破坏的承诺之后选择鸽战略的结果。

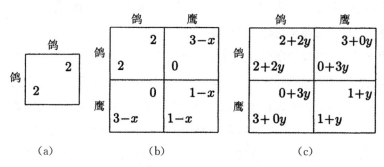

图 2.3 非囚徒困境博弈

图 2.3(b)的博弈模型表示参与人相互承诺选择鸽战略,但这个承诺并非是不可破坏的,不过每个参与人的效用会因为破坏承诺而受损失。例如,破坏承诺会导致每个参与者承受由于童年的遭遇而产生的精神烦恼。这种效用损失由图 2.3(b)中的数字 x 表示,这种有趣的情形发生的条件是 $x>1$。

图 2.3(c)表示每个参与人对他人具有同情之心。就像在第 1.2.6 节中所说的,这就意味着他们彼此之间的关系已达到了苦乐与共的程度。图 2.3(c)中这种同情之心的天赋表现为在每个参与人的支付上加上对手的部分支付 y,① 这种情形发生的条件是 $y>1/2$。

上面三个博弈都承认(鸽,鸽)是一个纳什均衡,因此对这三者或与之相类似的博弈的分析有时也被视作为对囚徒困境的分析。然而,博弈论专家认为这样的技巧没有什么意义。确实,囚徒困境不适合用于表示个人在结合为社会时所面对的合作问题。我当然认为自己也不例外,因此一点也不为一次性囚徒困境中合作的不可能性感到困惑。如果有人认为囚徒困境并不是要研究的恰当的博

---

① 这是一个过于简单的解释,因为它忽略了亚当从对这一事实的预期中获得的快乐,即夏娃可以从预期他的快乐中得到收益。更复杂的情形请见伯格斯特龙[18]。

弈模型,为什么不讲出来? 任何通过对不恰当的博弈模型分析来捍卫的立场,结果都将一无所获。

互惠　我认为一般而言囚徒困境不是一个博弈分析的恰当的例子。那什么又是恰当的例子呢? 图 2.3 中给出的都不是恰当的博弈分析的例子,它们偏离了博弈论要分析的主要问题。如果我们能信守承诺,或者不信守承诺就会招来精神上的折磨,或者我们能对他人的福利有足够的关心,那么人与人之间就一定更容易做到和睦相处。但事实上,仅仅是这个所谓的博弈论学科的存在似乎就能保证我们无法生活在这样一个美妙的"黄金时代"。

第 1.2.3 节解释了我自己关于亲密小团体之外的人类合作的观点。我愿意引用孔子的话来说明这一点。当有人请他用一个字来概括一下什么是真正的"道"时,他的回答是"恕"。①

第 1.2.2 节强调的互惠原则是"如果你不帮助他人,我也不会帮助你",而一个二人博弈模型中严格的互惠原则是"如果你不帮助我,我也不会帮助你"。除非引入时间因素,否则这样的原则就毫无意义,而引入时间因素的最简单的方式是进行重复博弈。

重复博弈　不确定期限的重复囚徒困境②与一次性囚徒困境有很大不同。在重复博弈中,亚当和夏娃会一直博弈下去,直到受到随机因素干预。一般是通过假定,每个博弈回合之后参与者都有可能结束博弈,且概率固定为 p,从而在模型中引入随机因素。当 p 值足够小时,参与者有充分的理由相信他们之间的关系需要从长计议。

由于允许参与人根据对手过去的行为进行奖励和惩罚,因此不确定期限的

---

① 对此我可能只了解过门罗(Munro)[185,p.13]以及其他的权威人士的翻译介绍的内容。中国学者告诉我,孔子讲的"恕"很难解释清楚。冯友兰[80,p.373]把"恕"译为"己所不欲,勿施于人",这与霍布斯讲的黄金规则"要人怎样待你,你也要怎样待人"很有相通之处。当然,霍布斯不会用黄金规则来对待那些不知道"恕"的人,而孔子可以做到这一点。(孔子原话见《论语·卫灵公第十五》。——译者注)

② 有限次的重复囚徒困境与一次性囚徒困境在实现理性合作时面临同样的问题,尽管问题的难度有所降低。

重复博弈与一次性博弈的战略考虑也完全不同。对战略考虑如何随着重复博弈的引入而改变问题将留在第2卷第3章去分析,这里主要考察重复博弈的无名氏定理对之前提到的一些博弈的不确定期限的重复的分析。

图2.4(a)是在图2.2(b)中的囚徒困境的基础上形成的,它表示如果参与人在一次性博弈中的采用严格纯战略,四组支付将分别是(2,2)、(0,3)、(3,0)和(1,1)。图中以虚线连接这四个点形成了一个凸胞①,(1,1)是一次性囚徒困境唯一的纳什均衡。为了便于比较,重复的囚徒困境的均衡结果根据每一次博弈的结果给出,则图2.4(a)中的阴影部分 R 中的点表示在概率 p 变得非常小时不确定期限的重复囚徒困境的纳什均衡的长期平均支付。

由于不确定期限的重复囚徒困境有多个纳什均衡,因此 R 是一个较大的集合。其中一个纳什均衡要求亚当和夏娃在每次重复博弈时都选择鹰战略,因此重复博弈并不能保证理性参与人会合作。由于(2,2)也是集合 R 中的一个元素,因此也不排除理性合作的可能性。

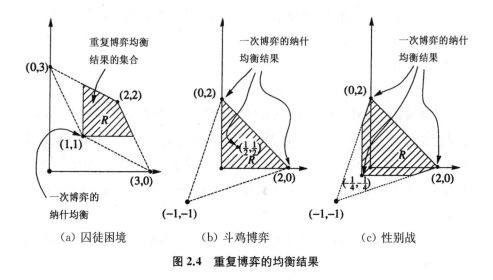

图 2.4　重复博弈的均衡结果

① 集合 S 的凸胞是包含 S 的最小凸集。目前条件下它表示参与人随机地以纯战略进行博弈时所产生的所有的预期支付对的集合。例如,亚当和夏娃以概率 1/3 采取(鹰,鸽)和以 2/3 的概率选择(鸽,鹰)的预期支付是(1,2),则亚当的预期支付是 $1=\frac{1}{3}\times 3+\frac{2}{3}\times 0$,而夏娃的预期支付是 $2=\frac{1}{3}\times 0+\frac{2}{3}\times 3$。

针锋相对　不难证明(2，2)是不确定期限的重复囚徒困境的一个纳什均衡。针锋相对战略要求参与人在重复博弈开始时选择鸽战略,在随后则模仿对手在前一阶段所采取的行动。亚当和夏娃如果严格遵守"针锋相对战略",则在整个博弈中都会选择鸽战略,因此参与人双方都遵守针锋相对战略是一个纳什均衡。

要理解这一点,有必要验证在其他参与人不背离"针锋相对战略"的条件下,无人能从对这一战略的背离中受益。假定亚当在某个阶段选择了鹰战略,而夏娃没有背离鸽战略,接着夏娃开始模仿亚当的战略。因此夏娃在之后的博弈中也选择鹰战略直到亚当表示悔悟并返回到鸽战略。如果 p 足够接近于0,亚当的在背离期的收入流将由 3，1，1，…，0 代替 2，2，2，…，2。这表明,他的背离行为无利可图,针锋相对战略由此具有了内在的惩罚背离的规定。如果双方都相信对手准备选择针锋相对战略,那么谁也不会再有选择其他战略的动机,对双方来讲针锋相对战略都是纳什均衡。[①]

图 2.4(b)和图 2.4(c)表示需要把前面关于囚徒困境的讨论修改成图 2.1(b)中的斗鸡博弈和图 2.1(c)中的性别战。这几个图表明,不确定期限的重复博弈的结构通常并不重要,一旦注意力离开单调的一次性博弈情形,要研究的就不再是理性合作是否可能的问题,相反,研究者要面对的是一大堆令人眼花缭乱的理性合作的方式,要研究的问题变成了如何从所有可行的合作方式中作出选择。

这一考察把什么是能作为人类合作问题范式的"恰当"博弈这一问题放在了次要位置。一旦意识到是互惠的机制在起作用,那么显然重复性才是真正重要的,与之相比重复博弈的结构成了一个次要问题。[②]

2.3　博弈与社会契约

这一节涉及的主要问题是社会契约。对博弈和社会契约问题的研究不了

[①]　由于阿克塞尔罗德[14]在他的那本有影响力的著作《合作的进化》中对这一战略给予了特别强调,一般都用针锋相对战略来解释这一点。除此之外还有大量可以实现合作结果(2，2)的对称的纳什均衡,其中的一些应至少受到与针锋相对战略同样的重视才对(见第 3.2.5 节)。

[②]　然而,如果其他的考虑过于复杂,以至于有必要把这个范例简化成一个同时行动的一次性博弈,那我推荐第 2 卷第 1 章中的纳什要价博弈的例子。

解的读者可以先跳过去阅读第2.4节关于在囚徒困境中什么是理性的而什么不是的讨论。

2.3.1 作为博弈的自然状态

回忆第1.2.1节中霍布斯[117]所设想的"所有人反对所有人"的、即使是兄弟也互相为敌的自然状态。包括高蒂尔[83]、汉普顿(Hampton)[97]、卡夫卡(Kavka)[138,139]和斯科姆斯[247]在内的许多学者都认为霍布斯的自然状态与囚徒困境及其类似博弈的模型之间存在相似之处。有时霍布斯的自然状态被认为"等于"一种囚徒困境。在用其他的博弈替代囚徒困境时,斗鸡博弈可能是最受欢迎的一个。在把自然状态模型化之后,社会契约理论家的问题就变成了要为社会找一个与表示自然状态的博弈相比,其规则更有利于理性合作的博弈。

这个方法的主要问题在于,它没有解释参与人为什么承诺要遵守这个新的博弈规则。有时学者们求助于第1.2.4节中解释过的"自然法"的概念来解决问题,但我认为这样使用"自然"一词是对重要问题的回避,因而我认为在社会契约的讨论中采用可以改变规则的博弈框架是没有用的。①因此,在我的理论中生存博弈中的规则被看作是不会改变的,它们被视为与自然有同样的性质,无论我喜欢与否它们都是存在的。正如休谟[125]所说:"……人与动物都依赖于同样的生存法则;它们就是物质与运动的普遍法则。"但是我们不能改变生存博弈的规则并不意味着我们无力去改变自己的命运,我们可以改变我们选择的用来进行协调的均衡。

这种观点认为,一次性囚徒困境因为只有一个均衡,所以不能作为研究理性合作的模型。而我自己的理论则认为,无论有多少纳什均衡,一次性博弈都不适合作为研究理性合作的模型。然而,这里可以通过图2.1(c)中的一次性性别战来作为理解霍布斯理论的开始。

---

① 这是一个博弈论专家不情愿做出的决定,因为这会使得他们无法利用机制设计理论的有力的结论。在机制设计理论中,代理人进行的博弈是由委托人设计。委托人可以预测在他的支配下代理人会如何进行每一个可能的博弈,然后他会选择他最喜欢的结果。在这个理论中委托人选择的博弈规则理所当然地被认为对委托人和代理人有同样的约束力。

性别战　性别战有三个代表可能的社会契约的纳什均衡。首先考虑亚当和夏娃都以 3/4 的概率选择鹰战略的混合均衡,正如图 2.4(c) 中显示的,每个人的预期支付是 −1/4,这个均衡可能比囚徒困境中的(鹰,鹰)均衡更接近霍布斯的自然状态的概念,因为霍布斯没有认为一个处于自然状态中的人一定要去袭击他的邻居。他认为,周期性处于对侵略的恐惧和怀疑之中,并不一定比公开的战争状态更可取。

在替代自然状态的性别战中有两个纯战略纳什均衡(鸽,鹰)和(鹰,鸽),在图 2.4(c) 中相应的支付对是(0, 2) 和(2, 0)。有人可能认为,第一个均衡代表在一个重新组织的社会中亚当把夏娃看作是他的国王,而第二个均衡代表在重组之后的社会中国王的权杖属于亚当。因此,有理由认为这些均衡状态包含了霍布斯的可行社会契约的概念。要尝试借助这样一个简化的模型来表达霍布斯的思想,有两点很重要。第一是(鸽,鹰)和(鹰,鸽)一定是均衡状态,不需要外部强制力量来维持其中任何一个均衡结果。一旦处于这种均衡状态,只要两个参与者中任何一方有意根据均衡的规定作出自己的行为,另一方为了自己的利益应当采取的策略就是效仿对方。第二点是与表示自然状态的混合均衡相比,两个参与人更喜欢这两个霍布斯式的社会契约,即使在这个均衡状态的社会中这位参与者是臣民而另一位参与者是国王,他的支付也会因为从自然状态向这个均衡社会的改进而从 −1/4 上升为 0。

霍布斯关心的不只是自然状态与一个订立了社会契约的文明社会,他还非常关心社会从一种状态向另一种状态的转变过程。与他的大多数追随者不同,为了这个目的,他系统阐述了他的“自然法”思想。在强调这个问题时,我认为他表现出了令人钦佩的洞察力。但在进一步评论之前,有必要返回到第 2.2.6 节介绍的重复博弈的主题。

很少有现代的读者会接受霍布斯的内容简约的社会契约。我们认为,在全部权力要么被亚当拥有,要么被夏娃拥有这两种极端之间,一定还存在大量具有可操作性的折中安排。如果能按照第 2.2.4 节中的思想将生存博弈模型化为重复博弈,就能用来支持这个观点,至于它是重复的性别战,还是其他博弈,这都不是特别重要的问题。不管这是一个像阿克塞尔罗德[14]或泰勒[261]提到的可重复的囚徒困境,或者是像斯科姆斯[247]提到的重复的斗鸡博弈,事情都将变得非常的相似。重要的是一系列可行的均衡成为了社会契约的可能来源。

图 2.4 解释了重复博弈的囚徒困境、斗鸡博弈和性别战的可能结果。注意,均衡结果的集合是凸集,这大大减少了社会从一个均衡变为另一个均衡所涉及的困难。人们不必再追随霍布斯,认为一种类型的组织(或是缺乏组织的状态)必须在一次大跨越中变为另一个完全不同的组织。相反,可以设想一个社会经过一系列中间的均衡逐渐从最初的自然状态过渡到最终的文明状态。在这样一个框架中,社会契约的建立并不需要人与人之间高度信任,如果这个变迁过程是通过一系列小步骤来完成的,那么当一个人遭受背叛时,他的损失也不会太大,而且还有机会来惩罚那些阻挠变革者,使他们不能从未来的变革中获益。

我在对这一问题进行模型化处理时,不仅要求最初与最终的状态是均衡状态,而且要求在社会从一种状态转向另一种状态的变迁过程中也是如此。通过这种方式,我尝试取消契约方之间对相互信任的要求,对霍布斯这样脚踏实地的现实主义者来说,将信任写入他的"自然法"一定是非常痛苦的。

我并不认为理性人不能或不应该相互信任,而是理性人不做没有正当理由的事情。例如,除非有理由使一个理性人相信他的邻居值得信任,否则他是不会信任他的邻居的。①指望他人拥有善意的理由并不一定找得到,对这一点下一节中还要进行解释。

2.3.2　猎鹿博弈

一提到社会契约,人们心中出现的第一个名字肯定是让·雅克·卢梭。康德[136,p.vii]称他是"道德世界的牛顿"。卢梭[224,p.5]在他的《社会契约论》中写道:"我要探讨的是在社会秩序之中,从人类的实际情况与法律的可能情况着眼,能不能有某种合法而又确切的政权规则。在这一研究中,我将努力把权利所许可的和利益所要求的结合在一起,以便使正义与功利二者不致有所分歧。"如果能说服一位博弈论专家这是有可行性的,他一定会坚持这样的目标。然而博弈论专家常常把自己对卢梭的认识停留在他在《论人类不平等的起源》[223,p.209]中提供的一个关于猎鹿的寓言故事上。图 2.5(a)是一个一般用于解释卢

---

① 这与他认为不值得去信任他的邻居并非同一件事情。

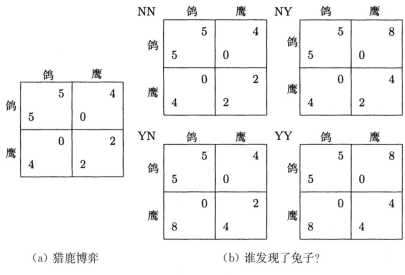

（a）猎鹿博弈　　　　　　　　（b）谁发现了兔子？

图 2.5　猎鹿博弈

梭的观点的有两个参与人的猎鹿博弈[1]。

　　与前面一样,鸽代表合作战略而鹰代表背叛合作计划的决策。在猎鹿博弈中,合作行为是捕一只鹿。除非亚当和夏娃在猎鹿活动中都尽了自己一份力,否则就一定会抓不到。如果亚当和夏娃各自分头执行捕鹿计划,他们都有可能放弃这个计划,转而去挖陷阱抓兔子。利用陷阱抓兔子的活动不需要别人协助。相反,如果两个参与人都想抓兔子,那么他们彼此都会成为对方的妨碍。

　　猎鹿博弈有两个对称的纯战略纳什均衡,因而与此前讨论的博弈有所不同。如果(鹰,鹰)均衡代表一种自然状态[2],参与人选择鸽战略的约定就可以看作是建立了(鸽,鸽)均衡的社会契约,这是亚当和夏娃相比自然状态都更欢迎的另一种状态。这一节的主要问题是,为什么履行这样一个约定不像当初达成这一约定那样容易。

　　图 2.5(a)中的(鸽,鸽)均衡是(鹰,鹰)均衡的帕累托改进,因为相比之下,亚

---

① 猎鹿博弈在国际关系中的一个版本是安全困境。杰维斯(Jervis)[130]、卡森(Carlsson)和冯·丹米(Van Damme)[54]的相关讨论引起了博弈论专家对这一问题的兴趣。

② 人们可能更愿意努力去思考霍布斯式的自然状态问题而不想尝试去弄清楚卢梭所说的高尚的野蛮人的问题。

当和夏娃更喜欢前一种结果。有时这种关系也被表达成(鸽,鸽)是(鹰,鹰)的帕累托占优战略①。由于一旦协作失败,选择鸽战略的参与人在博弈结束时会一无所获,因此(鸽,鸽)与(鹰,鹰)相比是更不稳定的均衡。另一方面,选择鹰战略的参与人至少会得到支付2,而不论他的对手作何选择。

哈萨尼和泽尔腾(Selten)[111]试图用风险占优概率的概念来解决这一问题。要给出这一思想的严格定义会使我们偏离主题太远,但还是有必要注意到(鹰,鹰)风险占优于(鸽,鸽)意味着第2.2.1节中讨论的博弈调整过程更有可能收敛于(鹰,鹰)而不是(鸽,鸽)。②当然,理性人不会通过笨拙的试错过程来达到均衡,他只需动动脑筋就可以迅速做出决定。实验证据表明,在一些变形的猎鹿博弈中理性人通过学习就可以很成功地做到这一点。③有人可能认为实验中的人之所以能在猎鹿博弈中成功地进行协调实现互利的均衡,是因为他学会了信任他人。

对邻居的信任是理性的吗　理性人在学会信任他人的过程中会遇到多大的困难? 奥曼[13]强调,在猎鹿博弈中,亚当和夏娃之间选择鸽战略的承诺未必能保证一个自我执行的协议生效。如果参与人彼此不信任,则每个人都会考虑对方会从作出一个虚假的承诺中得到什么。例如夏娃发现准备在她选择鸽战略时选择鹰战略的亚当的支付是3,而选择鸽战略的亚当的支付只有2。

因此,即使在亚当自己选择鹰战略时他也会劝说夏娃选择鸽战略,这是符合他的利益的。当然,在他计划选择鸽战略时,这样做也符合他的利益。这样,如果承诺能有效地影响对方的行为,亚当就会对夏娃承诺他将选择鸽战略而不论他的意愿是做何选择。夏娃因此认为这个承诺并没有带来有关亚当真实意愿的任何信息。④

---

① 不要与第2.2.3节中介绍的占优战略的概念混淆。

② 这是指前者的吸引域的面积比后者大。

③ 见冯·胡克(Van Huyck)等[263]。克劳福特(Crawford)[57]就此结果也发表了一个评论。在其他版本的变形的猎鹿博弈中,实验对象在学习进行协调方面并没有这么成功。在有多个参与人的情形中问题变得更为困难。

④ 这个结论与图2.1(c)中的性别战的结果形成对照。如果亚当对夏娃承诺他会选择鸽战略,那么夏娃就可以自信地选择鹰战略,因为在亚当实际准备选择鹰战略的情况下,他没有劝说夏娃选择鹰战略的动机。在性别战中一个相互承诺就可以建立(鸽,鹰)纳什均衡。

在猎鹿博弈中,在夏娃自己选择鸽战略之前,她对亚当选择鸽战略的承诺的信任度可以进行量化处理。给定夏娃认为亚当信守承诺的概率是 p,她对自己选择鸽战略的预期支付是 $5p$,选择鹰战略的预期支付是 $4p+2(1-p)$,当且仅当 $5p>4p+2(1-p)$ 时她选择鸽战略才有利。这个不等式成立的条件是 $p>2/3$。因此在履行承诺选择鸽战略对夏娃来说有利可图之前,她需要对亚当选择鸽战略的承诺给予一定的信任。

这样的解释可能会引发类似于第 2.2.5 节中所说的令人不耐烦的反应。据说如果人与人彼此不信任,社会就会瓦解。但为什么博弈论专家宣称对他人的信任是不理智的呢?难道亚当和夏娃没有认识到如果能对彼此的诚实有更高的信任,那么两人的状况都会变得更好吗?

亚当和夏娃当然明白这一点。类似的是,如果在囚徒困境中,他们彼此都能更多地关心对方的福利,或者都经历过背信弃义中的痛苦,那么他们的状况都会变得更好。但是只知道如果在别的情况下结果就会变好,却无法改变现有的事实,那么这对参与人还是没有用的。在任何条件下,博弈论专家都不会宣称理性人彼此不能信任,他们只是认为不能无条件地信任。当理性人对某人表示信任时,他们有这样做的适当理由。

事实上,如果我们返回到卢梭[223]最初提出的猎鹿故事去,会发现其中提出的表示怀疑的理由会远比表示信任的要多。而卢梭本人的真实意思要比这个已经进入博弈论领域文献的寓言故事稍微复杂一些。在最初的故事中卢梭假定亚当和夏娃在相互承诺了合作猎鹿之后分道扬镳,结果是每人有可能得到一只兔子①,而在附近可以抓到兔子的消息会促使他们放弃打鹿而热衷于去设陷阱捉兔子。

要把这种新的情况模型化,可以假定参与人认为他的对手捕到兔子的概率是 1/2(而不论他自己是否捕到兔子)。图 2.5(a)仍然表示亚当和夏娃谁也没有发现兔子时的支付。现在我们还需要扩展支付表来表示在有一个参与人发现了兔子后所发生的变化。这些支付表由图 2.5(b)给出,例如,表 YN 表示在亚当发现了一只兔子(Y)而夏娃没有发现兔子(N)之后他们的支付。这个表是通过将图 2.5(a)中亚当在鹰战略这一行的支付乘以 2 得到的,以此表示附近有兔子可

---

① 为了使问题简化,可以假定鹿在被注定要捕获之前从未被发现。

抓的这条消息强化了他抓兔子的期望。

图 2.5(b)中标注为 YY 的支付表是一种变形的囚徒困境,这也不是出于偶然的因素。卢梭的寓言故事的真实含义在于,为了让人们选择严格劣战略,结成社会为什么是有必要的。然而没有人沿着卢梭的这条铺满鲜花的道路走下去。相反,通常的假定是理性人永远不会选择严格劣战略。

图 2.5(b)的支付表表示发现了兔子的理性参与人一定会背叛合作捕鹿的计划而去追赶兔子,因为一旦能抓到兔子,鹰就是鸽的强占优战略。也就是说,无论对手是否看到一只兔子,也不论对手是否计划选择鸽战略,选择鹰战略的支付都会增加。对此可以通过比较图 2.5(b)中下方的两个图中亚当的支付来进行验证。

现在回到亚当和夏娃谁都没有抓住兔子的情况,而且谁也不知道对方发现了什么。因此,双方都以 1/2 的概率认为对方发现了兔子并且会去追捕这只兔子。但是和前面已提到的一样,一个没有发现兔子的参与人不会选择鸽战略,除非他或她认为对方至少以 2/3 的概率选择鸽战略。由此得出,尽管与卢梭的断言相反,在卢梭自己的版本的猎鹿博弈中不存在理性人选择鸽战略的可能。

这一节涉及的主要是两个理性参与人之间的信任问题,这不是一个想当然的问题。特别是,社会契约论者不能简单地假定,因为每个人都认为一个均衡优于另一个均衡,所以从较差的均衡向更好的均衡的变迁中不会出现任何问题。正是出于这个原因,第 2.3.1 节强调了通过考察从最初的自然状态到最终的文明状态之间的一系列中间均衡,发现一条有连续性的路径的重要性,这样的路径的存在使得在改革过程中参与人之间所需要的信任程度达到最小。

2.3.3 权利与自由悖论

如第 2.2.6 节所述,结果主义者与义务论者对待道德问题的方法截然不同。本节以分析森提出的帕累托式的自由主义的悖论作为开头,诺齐克[194, p.164]就是利用这个悖论来反对罗尔斯的分配正义的。

森[240]证明了一个理性社会不能在持续地追求"共同善"的同时允许它的成员只拥有最小意义上的"权利"。这个证明使用了社会选择理论的术语而不是博弈论最关注的战略问题。我认为这个术语不足以充分表达义务论者的权利与义务的概念。在这一节的最后我将介绍自己的观点。

帕累托自由主义　森的悖论可以用一个只有亚当和夏娃的二人社会来表示。此外,只需要考虑他们必须从表示社会状态的集合 S 中作出一个包含了 a、b、c 三个选项的公共选择。不过请注意,不要让这样的简化导致对社会状态的性质的误解。对社会状态的描述被理解为要包括所有相关的因素,甚至包括如果亚当行为粗鲁夏娃是否会皱鼻子这类内容。

社会选择理论用社会福利函数 $F: \mathcal{P} \times \mathcal{P} \to \mathcal{P}$ 来表示一个社会。在这个公式中,除一个社会作出公共选择决策的方式之外,所有其他因素都被抽象了出来。集合 $\mathcal{P}$ 由给定社会状态集合 S 时个人所有可能拥有的偏好组成。函数 F 对亚当的偏好关系 $\leq_A$ 和夏娃的偏好关系 $\leq_E$ 进行了求和,然后把结果作为共同偏好,表示为

$$\leq = F(\leq_A, \leq_E)$$

有社会福利函数 F 的社会可以应付任何问题,不论它的成员有什么样的偏好,也不论加在社会选择上的约束具有什么样的可行性,函数 F 都可以通过生成共同偏好关系 $\leq$ 来给出社会的最优选择。为解决所有问题,所需要的是从当前各种可行的社会状态集合中选择出对于得出的 $\leq$ 而言最优的社会状态。

我们关注的是在一个社会中个人与作为整体的社会都以一种具有一致性的方式作出社会决策。与第 2.2.4 节一样,这里的假设也包括集合 $\mathcal{P}$ 中的偏好关系 $\leq$,无论它代表的是个人的还是共同的偏好,都具有完备性和传递性。

在第 2.2.4 节中,具有完备性和传递性的共同偏好关系的存在被认为与组织社会是为了促进公共利益的供给这一思想相关。我们要假定的不只限于这一点,而且还包括公共利益对个人偏好的充分敏感,从而满足帕累托定理。这要求除非亚当和夏娃碰巧对 x 和 y 的偏好都是无差异的,否则对于所有的 x 和 y,如果 $x \leq_A y$ 和 $x \leq_E y$,则一定有 $x < y$。

对森[240]而言,亚当拥有权利的最小的要求①是在集合 S 中至少存在 a 和 b 这样一对社会选择,使得 $a <_A b$ 必然有 $a \leq b$。a 和 b 可能完备地描述了亚当和夏娃的社会安排,这两个选择唯一的区别是亚当是否穿了他的遮羞布。②夏娃可

---

① 真实的情形比这里的最低限度还少。自然条件是,$a <_A b$ 必然有 $a < b$。当然,如果用这样一个强的定义那么这个悖论还会存在下去。

② 借助这个例子,我试图捕捉森[240]在研究帕累托自由问题时引用的《淫荡者、护贞者和〈查泰莱夫人的情人〉》例子中某种色情的意味。

能更希望亚当在公共场合着装得体,但要是亚当在这类个人事务上有自己的权利,在决定共同偏好时夏娃的意见就不会占上风。

森的悖论是,根据满足帕累托定理的社会福利函数 $F\colon \mathcal{P}\times\mathcal{P}\to\mathcal{P}$ 组织的社会不能同时允许亚当和夏娃拥有任何权利。这一点很容易理解,假定亚当拥有权利 a 和 b,而夏娃拥有权利 b 和 c[①]。对特定的偏好 $c\prec_A a\prec_A b$ 和 $b\prec_E c\prec_E a$,共同偏好必须满足

$$a\leq b(\text{因为亚当拥有权利 }a\text{ 和 }b)$$
$$b\leq c(\text{因为夏娃拥有权利 }b\text{ 和 }c)$$
$$c\prec a(\text{根据帕累托定理})$$

而共同偏好关系满足 $a\leq b\leq c\prec a$,从而不具备传递性,由此产生了矛盾。

图 2.6(a)解释了这一点(用实心箭头来表示严格偏好)。图 2.6(b)表示在囚徒困境中如果 a,b 和 c 分别表示结果(鸽,鸽)、(鹰,鸽)和(鹰,鸽),那么也会出现由属于亚当和夏娃的偏好所产生的矛盾。图 2.6(c)、2.6(d)和 2.6(e)表示了在形成共同偏好的过程中所需的一系列比较不具备传递性。

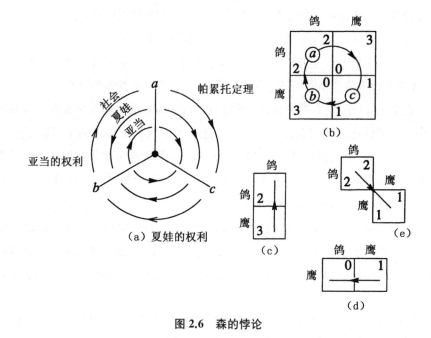

图 2.6 森的悖论

①　如果她拥有权利 c 和有一定替换性的 d,那么证明会变得稍微复杂一些。

权利　盖特纳(Gaertner)、帕塔克(Pattanik)和铃村(Suzumura)[81]沿着萨格登[255, 254]的思路,认为森对权利的定义存在错误。①他们认为,人应该能独立行使他的权利。这样,在囚徒困境中亚当拥有的是选择鸽战略和鹰战略的权利,而不是选择(鸽,鸽)和(鹰,鹰)的权利。②然而,采取这种对权利性质的战略性观点也并不能消除悖论。的确,如果在图 2.7(a)的"石头—剪刀—布"博弈中亚当和夏娃有权去选择任何战略,那么我们无需借助帕累托定理就能得到一个悖论。图 2.7(b)—图 2.7(g)表示了所需的一系列比较的结果。

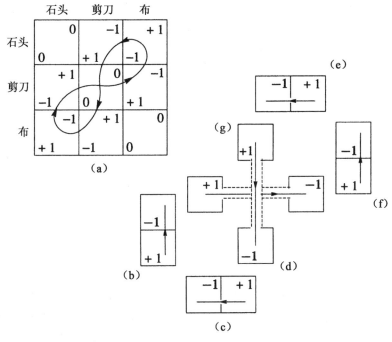

图 2.7　石头—剪刀—布

我认为,要理解我们从中推导出"权利""义务"等概念的真实的道德现象,还需要付出巨大的努力。简而言之,我们的社会中存在道德行为和审慎理性规则的原因是它们提供了维持重复博弈均衡的合适的规则。例如,在第 2.2.6 节中考

---

① 作为对盖特纳等人的回应,森[241]赞同他们提出的与"共同意识"相匹配的权利的定义,但认为这是一个介于他的定义与吉伯德(Gibbard)[87]更强的定义之间的一个定义。我同意帕塔克和铃村[200],他们发现森在这一点上是缺乏说服力的,但我认为这对当前的讨论并不重要。
② 这样的权利只能保证选择出来的社会状态属于 S 的某些子集。

虑过的"针锋相对战略"就包含了"己所不欲,勿施于人"的规则,它支持以合作作为不确定期限的重复囚徒困境的一个纳什均衡。这可能并不是最开明的道德戒律,但无疑也是道德戒律的一种。

为了理解涉及"权利"和"义务"等概念的更复杂的规则,就必须要去观察有更多结构的生存博弈的均衡。一项"权利"承认那些在均衡状态下不会被惩罚的行为,无论自然如何掷骰子。一项"义务"表示的是在均衡状态下为了免受惩罚而必须采取的行为。①

没有义务论者会同意"权利"和"义务"只是惯例规则,并且在传统和习惯之外都不被认为是神圣的,而这些惯例规则的存在就是为了协调生存博弈的均衡。在他们看来,在下面引用的麦克莫兰[166]的《腐败与罗马帝国的衰落》一书中,认为的一代人的堕落行为可以变为下一代人的合法权利的说法是对"权利"概念的滥用:

> 公元前204年的辛西亚法(Lex Cincia)禁止律师收费,这一条法律并未被正式废除,但越来越多的人无视其存在。当时治安官的助理得到赦免而出身低微的人受到官僚暴力的压迫。所有这些形成的惯例在一段时间之后被最高当局宣布成为合法权利。而在中间阶段,对律师、官僚和军队的运作方式不熟悉的人继续根据这种与正统法律不一致的规则行事,他们认为这是唯一存在的规则——他们需要知道的太多了。

义务论者的态度是道德规则在某种意义上是有约束力的,抛开结果不说,也不论流行的舆论倾向如何,人们都需要遵守这些规则。这样的观点明显与休谟[128,p.286]的不一致,他认为,除非道德理论中的义务与个人的真实利益一致,否则任何道德理论都不能发挥有益的作用。义务论者会因此追问我们这些同意休谟的人如何调和我们的观点与这样一个不可否认的事实之间的冲突,即几乎所有关于道德问题的争论的焦点都是规则要求行为与自我利益不一致的情况。第1章的大部分内容都在致力于回答这一问题,不想再次知道答案的读者可以跳过去

---

① 如在第1.2.3节所述,这样一个背景下惩罚并不需要警察的强制执行,认识到这一点很重要。例如,在中产阶级居住区,对于在公园的草坪上散步这样的很小的违反社会义务的事,看到的人只需要用可以觉察到的肢体语言来表示他们的不满就足以起到限制这类行为的作用了。

读第 2.3.4 节,但我的体会是,这是一个永远都值得探索的问题。

自然主义者康纳德·洛伦兹(Konrad Lorenz)描绘过这样一个情况:在一张大理石桌面上放一只没有任何经验的小穴鸟,然后观察它表演洗澡的所有动作。这样出于本能或循规蹈矩的行为在异常的条件下最为明显,这种行为即使在与环境并不适应时也会一触即发。

这本书更关心的道德行为是后天习得的,而不是本能的。我们在无意识地模仿周围人的行为,但我们并不会轻易地向他人或我们自己承认,我们的所作所为不过是在依照习惯和传统行事而已,除此之外并没有更多的理由。我们更倾向于把自己看作是过着一种自我反省生活的理性人。结果呢?就像蒙田(Montaigne)[180]讲的:"……所有偏离了习惯的(行为),也一定被认为失去了理智……"一般而言,在道德激励和可以磋商的理性建议之间不会出现矛盾,这样的事实让人鼓舞。这是因为社会演化已经形成了习惯,因此在大多数时间里,我们都顺从传统的规定追求正当的个人利益,偶尔命运会把我们放在一张大理石桌面上,而对我们做的每一件事情都必定具有某种意义的自信产生了内生的不和谐,对此,我们坚持义务论的解释。

我的论点是,义务论者的注意力集中于在这种与道德规则并不相适应的条件下的道德规则的作用上。如果有人打算对实际的道德规则进行经验调查,他当然希望去研究它们在异常条件下触发时会发生的事情,因为在这个条件与它们所规定的行为是不合适的。像洛伦兹的小穴鸟一样,反常的行为就会从背景的吵闹声中格格不入地凸显出来。如果有人想了解规则存在下来的原因,他必须去了解那些使人容易忽视规则的存在的条件,因为在其中规则的运行非常顺利。

义务论者可能会认为我称为"异常"的条件过于一般而与这样一个描述不相配。与在第 1.2.2 节中提过的一样,典型的异常的条件要么在一个人的生活中发生的概率低,要么相对于残酷的最优化过程,道德规则所产生的成本相对较小,因而使其不至于被无情地优化。这两种可能性使得在长期中由演化产生出能消除这种异常条件的复杂规则的可能性很小。当然,演化没能去适应的种种新的社会困境几乎可以肯定都是异常的。正因如此,当我们努力去了解在道德规则起作用时真正起作用的是什么因素之后,我们就可以为自己创造新规则,而不是等待(或许是徒劳地等待)演化来为我们做到这一点。

2.3.4　阿罗悖论

把阿罗[8]的著名悖论用来作为森的悖论的注解似乎有些不妥,尽管如此,但这里还要先提一下另一个悖论。

孔多塞悖论认为,多数原则与公共利益不一致,或者不那么刺耳的说法是,如果存在公共利益,也无法只根据多数原则来实现。

要弄清楚为什么孔多塞悖论是真的,可以想象亚当、夏娃和以迦博有偏好 $a \prec_A b \prec_A c$、$b \prec_E c \prec_E a$ 和 $c \prec_I a \prec_I b$。在决定共同体对 a 和 b 偏好的选择中,由于亚当和以迦博都选 b,因此 b 是赢者。多数规则产生了共同偏好 $a \prec b$,但它也会产生共同偏好 $b \prec c$ 和 $c \prec a$。共同偏好因此是不具有传递性的,并且是与任何共同善之类的概念不相容的。

由于纯多数原则根本没有对任何人授权,因此这个结论对森的悖论毫无意义。造成这个结果的原因是,在 x 和 y 这一对选择之间决定共同偏好时,多数原则根本没有考虑到个人可能有 x 和 y 之外的偏好选择。这样的选择被认为与在 x 和 y 之间的共同偏好无关。因此,阿罗[8]借用①了纳什[190]的“无关选择的独立性”概念来刻画具有这种特性的社会福利函数。

与森的悖论一样,阿罗悖论要求至少要有两个公民和三种可选择的社会状态。阿罗[8]指出,不仅多数原则不能作为社会福利方程,而且除独裁之外的所有满足帕累托定理和无关选择的独立性的加总个人偏好的方法也都不能作为社会福利函数。

从森的悖论中很容易推导出阿罗悖论,当无关选择的独立性条件成立,不存在有人没有权利的社会状态。②森的悖论认为对每一对选择都一定是同一个人作出的,这个人一定是一个独裁者。③

---

① 在第 2 卷第 1 章中,我们将看到纳什的无关选择的独立性与阿罗的不同。

② 这在一定意义上属于第 2.3.3 节中森的工作。

③ 如果这个人是夏娃,那么对每一对 x 和 y 都可以证明,当 $x \prec_E y$ 时一定有 $x \preceq y$。然而,在思考 $b \preceq_A a$ 和 $a \preceq_E b$ 和 $a \sim b$ 的可能性时出现了矛盾。有人认为因为 $c \preceq_A a$ 和 $a \prec_E c$ 所以 $a \preceq c$;因为 $c \prec_A b$、$c \prec_E b$ 所以有 $c \prec b$。我们由此得出 $a \sim b \preceq c \prec b \sim a$,因此共同偏好是不具有传递性的。从而在更强的意义上,对每一对 x 和 y,当 $x \prec_E y$ 时都一定有 $x \prec y$,夏娃成了事实上的独裁者。

偏好的强度　从阿罗悖论中学到的并不是共同善的概念不能成立,而是它需要考虑在无关选择的独立性之外的更多的信息,特别是不能忽视偏好的强度。例如,或许亚当和夏娃在 a 和 b 以及 c 和 d 这两对选择上有完全相反的偏好。如果亚当对 c 和 d 的偏好是无差异的而夏娃对 a 和 b 的偏好是无差异的,那么他们有可能达成交易。只要夏娃在 a 和 b 之间作出选择时同意放弃对 b 的反对,亚当就同意在 c 和 d 之间作出选择时放弃对 c 的反对,这样一个互投赞成票式的思考被无关选择的独立性排除了。

第 4.2.2 节解释了如何从对彩票集合的简单偏好关系中构造一个冯·诺依曼—摩根斯坦效用函数。对那些熟悉这些内容的读者来讲,解释哈萨尼[108]如何把偏好强度与效用比较联系起来是有帮助的。假定 $a <_A b$ 和 $c <_A d$,哈萨尼认为当且仅当亚当总是愿意用中 a 奖和 d 奖的概率各占 1/2 的彩票 **L** 与中 b 奖和 c 奖的概率各占 1/2 的彩票 **M** 交换时,亚当的前一种偏好要比后一种强烈。[①]在冯·诺依曼—摩根斯坦效用函数中 u_A 表示亚当对彩票的偏好,哈萨尼的定义可以简化为条件 $u_A(b) - u_A(a) > u_A(d) - u_A(c)$(第 4.2.3 节)。

如果我们坚持保留阿罗的无关选择的独立性,这就意味着对哈萨尼测度偏好强度的方法的拒绝,前者规定:亚当认为 c 和 d 的选择决策与 a 和 b 的无关。与之相似,由于禁止使用冯·诺依曼—摩根斯坦或其他效用函数,因此它排除了效用的个人内部比较。其他更有问题的人际效用比较当然不会有立足之地,而在第 1.2.5 节提到过,为了在结果主义理论中引入道德内容,这是必须的。

因此,对阿罗悖论的合理反应是,他的无关选择的独立性是一个过于严格的条件。如果能放弃这一条件,我们就可以利用基数效用信息来构造共同善,特别是第 1 章中的所有福利函数都可以定义共同善。在第 1.2.9 节中我们看到过的福利函数 w_N 和 w_{KS} 甚至根本不需要进行效用的人际比较。一个在制度上不遵守阿罗无关选择的独立性条件的社会将在一个由妥协和权衡构成的不规则网络的基础上运转,身在其中的个人通常都会战略性地利用自己的影响力。不过,在仔细检查之后发现,通常认为比我们现在的政治安排更好的理想安排根本站不

---

① 理由是,如果亚当有一张以相等的概率获得收益 b 或 d 的彩票,他更愿意以 c 换 d,而不是以 b 换 a。

住脚,对此我们或许应感到一丝安心而不是沮丧。

2.3.5　目的论

持演化论的生物学家对自然现象的目的论解释感到震惊。演化是为实现某种先验的目的而设计的这种想法无异于异端邪说。像我这样的从自然主义出发解释人类社会的道德现象的人,也会认为对社会现象的目的论解释是一种异端邪说。

演化并没有把我们与实现一个大规模的共同目的的承诺紧密联系起来。任何这种类型的可能有利于合作的紧密关系的演化只存在于小的亲族内部。也许是出于偶然的原因,霍布斯[117,p.225]准确地指出了问题的要害:

> ……蜜蜂与蚂蚁之类的动物过着一种社会性的生活(亚里士多德因此将其归入了政治动物之中)……有人因此希望知道人类为什么不能做同样的事情。对此我的回答是……在这些动物之中没有共同利益与私人利益之分。

蜜蜂和蚂蚁之类的膜翅目有着特定的基因安排,姊妹之间共享的基因比母亲和女儿之间更多。一个昆虫社会中的职虫(工蜂、工蚁等)通过照料自己有生殖能力的姊妹的而不是有生殖能力的女儿,可以更成功地传播自己的基因。如果一只有灵性的蜜蜂或蚂蚁希望对她的同伴的利他主义行为作出解释,她将因对整个群体团结起来为之奋斗的先验的共同善的探索而有所收获。①群体的这个共同目标是实现蚁后(或蜂后)的后代数量最大化,这样的目标使得群体变得壮大。

然而并没有这样先验的共同善等待人们去发现。自然并没有在人们的心头刻下共同目标的意义。我甚至不能想象,像摩尔[181]这样的人在声称可以通过某种内省的过程识别"善"时,他们的智慧来自何处。②宣称已经发现了先验的共

---

① 在黏土里的霉菌社会中,一只有灵性的阿米巴可能更容易进行这样的努力,因为这个社会中所有的成员都是无性繁殖的。

② 正如摩尔[181,p.6]所言:善就是善,这就是这个问题的全部了。而且摩尔[181,p.17]对佯装不懂的人也没有耐心。他强调说,事实上每个人都明白"是善吗?"这个问题。对于"善"的性质,摩尔认为这是无法去定义和维持的,否则就成了"自然主义谬误"。摩尔[181,p.15]认为所有已给出的"善"的定义都没有抓住这个概念的本质,因为总可以提出这样的问题,即由这个定义详细说明的复合体是不是它自身的"善"。费尔德(Field)[74,p.54]在更普遍的意义上应用了(转下页)

同善内容的人至少具有一定连贯性可言,尽管如果他们能在什么是真正的共同善上达成一致,他们的意见将会更有说服力。

真相是,思想家用来把玩的各种各样的"共同善"的概念,都是人为创设出来的。然而,即使承认了人们为之奋斗的共同善是人创设出来的,道德哲学家还是在谈论目的论道德理论。的确,目的论道德理论常常被简单地等同于结果主义理论,我认为这种等同混淆了非常重要的内容。

问题是,结果主义理论是否把共同善概念作为最基本的概念来对待。如果是,就可以给它贴上目的论的标签;① 如果不是,它就是非目的论的结果主义理论。第 2.2.4 节中的效用理论是与之接近的一个类比,即效用理论认为,由 $u(a) \leqslant u(b)$ 得出 $a \leqslant b$ 是一个谬论。相似地,一个非目的论结果主义理论认为,由 $G(a) \leqslant G(b)$ 得出社会状态 b 至少应该与社会状态 a 处于同样的地位也是一个谬论。在非目的论的理论中,所选择的共同善函数之所以具有 $G(a) \leqslant G(b)$ 的性质,是因为构建理论的人已经决定了,b 不会比 a 差,无论是出于何种理由。

道德教育　那些以人为创设的先验的共同善作为基本概念的道德理论所面临的巨大的不可克服的困难,是要让人信服这些人为创设的概念与我们应该采取的行为之间有所关联。正如卢梭[221,p.260]所言:"如果普遍意志已经存在,就使个别意志与它保持一致。"这样的计划一旦生效,由囚徒困境所产生的问题都将不复存在。博弈将变为一个简单的单个参与人的决策问题。② 但如何才能使

(接上页)摩尔的推理。当"穿黑色外套的那个男人是谁?"这个问题的答案是"史密斯先生"时,摩尔可能会说穿黑色外套的那个男人不可能是史密斯,因为仍然可以继续问"穿黑色外套的那个男人是史密斯吗?"费尔德注意到,可以继续问这个问题的原因是可能仍存在某些疑问。类似地,当有人问道,已给出的"善"的定义所表示的这个复合体本身是不是善时,他是在简单地表示他的怀疑,即这个给出的定义是否足以明确地表达了对"善"的性质的模糊感觉。

① 在这一点上,我承认自己是罗尔斯[214,p.24]的追随者;他把认为"善的定义独立于权利,而权利被定义为要实现善的最大化"的理论称为目的论。我可能还用到了瑞克(Riker)[216]所给出的自由主义与民粹主义之间的一些重要区别。

② 或许还可以用图 2.6(e)、2.8(b)或 2.8(c)来表示。具体答案取决于普遍意志实际上所反映的内容。不幸的是,如果一个人想要不仅仅停留在猜测答案的水平,那么他还必须具备"高尚的美德"(卢梭[221,p.255])。这样看来,亚当和夏娃如果没有机会事前沟通,那么就可以合乎逻辑地用"所有人的意志"来表示普遍意志(卢梭[224,p.15]),因此在这些建议中,在对角线上的支付可能是正确的。

个别意志与普遍意志相一致呢？卢梭[222]的《爱弥尔》告诉我们,对儿童进行洗脑是一种比较妥当的办法。

这样的洗脑当然会否定某人在 1743 年左右创设了普遍意志,否则,儿童就可能会想到创设自己的普遍意志。有必要用某种超越人类争议的柏拉图式的理想来代表这种普遍意志。在此之前与之后由人类的心智所创设的共同善概念也是如此,在确立一个共同善的概念时,不许百花齐放,只许一枝独秀。

我承认对儿童的道德训练存在问题。目前,我们的道德权威的抱负与他们已取得的成功之间还存在巨大的差距。这或许是因为,要做一个合格的道德权威,就必须放弃所有对人性的本质保持现实主义态度的努力。例如,卢梭[222]笔下顺从的爱弥尔就和我的孩子远远不属于同一类型。

然而,事情并非如此,因为往昔那些要把天生的恶徒变成善良之辈的努力都收效不大。未来建立在更现实的假定之上,并且方法有所改进的努力一定也是如此。问题在于,假如我们能有效地为儿童洗脑而使他们追求某种由人创设的共同善,那我们是否应该这样做?

我的理论用原初状态的方法来处理所有道德问题,但这样做可能出现的结果是严格限制儿童为自己思考的自由。可以想象,其他的自由的价值也会被否认。与那些目前在社会契约中还没有把类似的基本自由织进制度之网的社会相比,在民主社会这样做更为困难,甚至根本是不可能的。我的理论要求通过连续的小的变革使社会从目前的状态出发,经由一系列过渡性的、稳定的社会契约来确立最终的社会契约,这个最终契约是在原初状态下达成同意的契约,但如果当前状态有很强的复原性,是无法实现这样的结果的。

不过,我们目前视作反自由的东西有可能会得到原初状态的同意。我想这不是我们乐意看到的结果,因为与一个鼓励言论自由的社会相比,在一个限制人们思想的社会中,公民享有的机会比较少。但有人认为,一个自由思考的机会主义者的社会具有对外部环境的灵活应变能力,但这种好处被它面对内部的分歧时所表现出的巨大的脆弱性抵消了。情感告诉我,孟德维尔[168]在打油诗《轰隆隆的蜂箱》中讲的是有道理的。这首诗讲的是与一只生活在一个自由放任且经济发展迅速的群体中的蜜蜂相比,一只在一个热情、高尚的群体中的蜜蜂的命运是很不顺利的。但理智告诉我,这种态度可能源自对极权主义,即使是最仁慈的极权主义也会表示强烈憎恶的辉格主义偏见。

罗尔斯[214]对约定俗成的自由制度的稳定性并不存在这样的担心。我希望我能同意他的观点，他认为在原初状态的争论必然会导致赋予每个成员都应享有"最广泛的与他人的自由相兼容的基本自由的平等权利"的原则具有优先地位。但我不能说服自己同意这样的做法，即毋须参照现存的社会制度或社会可能面对的外部的威胁就对此给出抽象的证明。

如果这样一个抽象的证明是有可能的，它必须是对所有社会都成立的，而不必考虑其特殊条件。举个极端的例子，我们是否应当承认，对一个全部由守旧分子组成的社会，霍布斯关于可行社会契约的特征的描述是正确的？我怀疑年轻的罗尔斯[214，p.454]会这样回答，他的观点只打算应用于一个"组织良好的社会"。而老年罗尔斯[211]会讲得更简单，他只与那些对现代民主国家的辩护作出反应的人谈论这一问题。

概括地讲，罗尔斯主张，使用原初状态的方法对自身进行改革的西方民主社会并不会因此放弃那些保护目前被我们视为个人基本权利和自由的制度，我认为他可能是对的，但我不相信他能够给出令人信服的证明。我也不会做得更好，尽管我对目前状态相对于原初状态的重要性的强调可能会使我比罗尔斯更容易给出这个证明。我打算继续下去，就如同这些困难并不存在一样。即使心理学已发展到可以通过给儿童洗脑来使之接受某些目的论的共同善的概念，我也要假定处于原初状态的人不会同意给他们的儿童进行这样的洗脑。

福利经济学　还有必要最后再谈一下目的论，以免被认为我把目的论伦理理论看得一文不值。我在证明目前的先验的共同善的概念从现代社会的大多数人那里得到的只是口头上的赞同，并且新创设的共同善也没有理由取得更高的尊重时，我并不是说福利经济学家已经可以打包行李回家了。相反，当有人或制度可以把自己的意志强加于人时——就像一位母亲可能会为了被她看作是家庭的共同善的东西而坚持要求家人遵守某种家规一样，他们的方法还是非常重要的。如果可以说服人们在这样的环境中服从公共利益，它自然有利于问题的解决；但如果说服失败，灾难也不会随之而来，因为如果有必要，也可以通过强制来实现这种服从。当桀骜不驯的青年抗议对他们的自由的这种限制时，在那些鱼和熊掌都想要的母亲看来,不容置疑的权威康德[135,p.122]对此的意见是:"人类因此需要一个统治者来打破个人意志并强迫他服从一种使每个人都自由的普遍意志。"

上帝禁止我设计出一张税收表,但如果我要设计,我自然要先找出这张表能够实现的最大化的福利函数是什么,也就是说,我将以一种目的论的态度来对待这件事。这种态度与前面对目的论的批评是不一致的,因为政府在强制纳税人交税来维持它的运行时,它是置身于社会之外的。我的批评所针对的是,在作为一个整体的社会或不存在其他外部执法机构的情形中对目的论理论的运用。至于税收,例如,我正在考虑的是,是否可以根据某种共同善的概念来说服有钱人给耗费巨大的政党投票,或者,相对更好一点的方法是,是否可以以同样的理由来说服他们不要隐瞒他们的纳税能力。

2.3.6　雅各的梯子

目的论的道德理论对共同善的研究是自上而下的,而非目的论理论用了自下而上的方法,认为共同善是由更基本的概念构成的。

哈萨尼[109]给出了一个非目的论的效用理论,他把他定义的共同善概念写进了福利函数 $W_H(x)=x_A+x_E$,图 1.2 对此作了解释,图中用一个可行集合 X 中的一对支付 $x=(x_A, x_E)$ 来表示社会契约。X 中的功利主义的社会契约 H 是 X 中的使 $W_H(x)$ 最大化的社会契约 x。哈萨尼并没有证明应该选择 H,或是因为他的共同善有内在的吸引力,或是由于它可用一个优美的公理系统刻画出来。他的理由是如果把亚当和夏娃放在他描述的原初状态的无知之幕后面,他们就会同意 H,第 2 卷第 2 章中讨论了他的证明。关键的一点就是,他的共同善不是一个先验的概念,它是用他认为更基本的概念构造成的。

布鲁姆(Broome)[48,p.56]是对这种自下而上的方法缺乏热情的人之一。他引用巴里(Barry)[16,p.334]的观点,大意是,似乎不存在一个理由,可以使得对功利主义共同善的内在优点缺少信任的人在了解了哈萨尼的解释之后改变主意。如果这种批评一直是有效的,那么目的论结果主义者自然是在浪费时间。因为,一种建设性的方法的关键是,简单的概念比复杂概念更清晰。推理能力强的人在简单概念和复杂概念都正确的情况下更容易信服前者。类似地,推理能力差的人在简单概念和复杂概念都是错误的情况下更容易信服后者,这就是欧几里德所认为的把复杂命题化简成简单命题的价值所在。①

　　当然,无论给出多么简洁的证明,对此持怀疑态度的人还是会不断地重复问"那又如何?"。的确,我对伦理学中的非自然主义方法也持这样的怀疑态度。如果从"实然"的命题中不能推导出"应然"的命题,那么就必须要假设存在不可还原的"应然"命题,并且这些命题应该先验地为人所接受,否则就陷入了循环论证。当然,对于怀疑者的挑战,伦理学的自然主义方法是有价值的,自然主义者至少可以自称他的理论是建立在程式化的事实基础上的,因而取得了经验支持。

　　用自下而上的方法研究道德伦理问题,需要沿着与一架与哈萨尼[109]或罗尔斯[214]不同的梯子来向共同善概念攀登。我之所以拒绝上他们的梯子,是因为我认为他们的理由站不住脚,我指的是他们的非目的论理论是以道德人为基础的。我接受巴瑞[16, p.334]的看法,除非这些在假设的原初状态的环境中达成的协定与典型的智人的利益一致,否则他们没有理由听从劝说来遵守这些协定。因此,我以经济人作为人的模型,希望因此能为我的梯子奠定坚实的基础。

文化　我安放梯子的基础不同于哈萨尼和罗尔斯,尽管它并不是很高,但它由于安装了更多的阶梯而更加稳固。我的梯子的第一阶是共同知识的概念。

　　直到本书写作时,那些追随奥曼[10]的博弈论专家才开始认识到共同知识对他们工作基础的重要作用。对这一概念最简洁的解释是米尔格罗姆(Milgrom)[177]的公共事件概念②。公共事件是除非每个人都知道否则就不会发生的事情。举个例子,在亚当和夏娃正手挽着手时,如果夏娃咬了一口苹果,那这就是一个公共事件,就算亚当当时正在向其他方向张望,这也是一个公共事件,因为吃苹果而不发出声音的行为已经远远超出了人的能力范围,即使进餐举

---

① 回忆一下奥伯雷[9]的故事——霍布斯发现了一本欧几里德的《元素》。当读到命题 47 时,他惊呼道:"老天作证,这是不可能的!"但在掌握了欧几里德所简化的这一命题的更基本的概念后,他信服了。但是在这种背景下谈论数学问题或许有某种危险,人们不会希望结果主义理论的简洁性标准在于其数学表达形式的简易程度——尽管我怀疑这是一些目的论者所犯的错误。

② 我在《快乐与博弈》(宾默尔[29])中把公共事件称为"共同的陈词滥调",与之形成对照的是用于个人的一个相关概念,我称为"陈词滥调"。

止最优雅的人也做不到这一点。

在公共事件发生之后,它的全部内容都会变成共同知识。①这样,在吃了苹果之后,这件事就成了亚当和夏娃的共同知识——他们在伊甸园的日子不多了。②

哲学家大卫·刘易斯[152]预见到了博弈论专家现在对共同知识的兴趣,他指出在一个理性社会中,习惯要通过成为共同知识才能变得有效。大卫·刘易斯用了一个与上面给出的概念等价的共同知识概念,他定义一个事件成为共同知识的条件是:当且仅当每个人都知道,每个人都知道每个人都知道,每个人都知道每个人都知道每个人都知道……以此类推。"知道"的数量似乎让人望而生畏,但与之等价的公共事件的定义却可以清楚地表明特定的事件很容易就可以成为理性个人的共同知识。

理性个人组成的社会是靠共同知识之泉维系的,我称之为文化。在将社会维系在一起方面,共同的知识和经验与传统道德理论所假设的责任和义务相比,前者是纤细的丝线而后者是结实的铁链。但是不要忘记,传统主义者的铁链只存在于他们的想象中,而即使最纤细的丝线也比只存在于想象中的铁链要结实,就像《小人国》中的卡利佛一样,我们被如此多的丝线般的东西所束缚,以至于真正的锁链也相形见绌。③

一个社会的知识之泉——它的文化,提供了个人协调博弈均衡所需的信息。对于博弈论专家,我要强调的是,在这个语境中文化的内涵所包括的不是只有"每个人在某种程度上都是理性的"这样的共同知识。它包括历史数据。一位对历史数据无知的分析专家未必能够预测到社会成员在进行特定博弈时通过协调得到的均衡,他可能会断定这个社会的均衡选择标准是随意的。但是,在这个被研究的社会的内部成员看来,这个标准不是随意的。④

---

① 感谢多夫·萨梅特(Dov Samet)向我指出这是解释共同知识的最让人满意的方式。

② 当然,在吃智慧之树的果子之前,他们的逻辑能力还不足以进行这样的演绎推理。

③ 尽管如此,真正的铁链还是有一些无论多少丝线也不具有的功能的。

④ 我之所以强调这一点,是因为哈萨尼和泽尔腾[111]开创的系统的博弈均衡选择理论由于包含了随意的因素而备受责难。但是任何这样的理论都是文化的产物。伯恩海姆(Bernheim)[20]和皮尔斯(Pearce)[201]不是告诫我们吗?如果我们都具有贝叶斯理性而我们坚决要求基本的共同知识之泉中只有对具体博弈的说明,那么我们根本不可能期望在任何均衡上都普遍存在协调行为。一个社会的文化不仅仅由"我们属于同一物种"这样的可分享的知识构成。大量的历史数据珍藏在它的习惯与传统之中。

这里用图 2.1(c)中的性别战博弈作为例子。故事的背景是,亚当和夏娃在一座大城市度蜜月。早餐时他们商量晚上是去看拳击比赛还是去看芭蕾舞演出,但问题是,事实上并不知道他们会从这两项娱乐中选择哪一项。在白天这对情人会被分开,让他们单独决定参加哪项活动。如果他们选择了不同的项目,博弈支付会反映出他们由此而产生痛苦。如果他们的选择相同,相应的支付与标准的男女刻板印象一致。①假设结果(鹰,鸽)表示两人都去看拳击比赛,而(鸽,鹰)表示两人都去看芭蕾舞演出。

性别战关键的一点是参与人无法识别出哪一个纯战略纳什均衡是这个特定博弈的"解"。②令一方满意的理由同样也可以作为让另一方满意的理由。要在故事中加上某些内容来打破对称,像 D.刘易斯[152]所强调的,要加上去的东西必须成为共同知识。

实际上,我们已经理所当然地认为性别战的故事中绝大部分是共同知识,这是一个标准的博弈论的讨论。回忆霍布斯从体力、情感、经验和理智四个方面对人的描述,而在第 1.2.2 节中,我用博弈中允许参与人行动的规则、他的偏好、他对博弈中任何可能采取的行动的信念和参与人服从贝叶斯决策理论的事实来表示这些特征。在博弈分析中这些都习惯性地被看作是共同知识。③

但是,正如我们已经知道的,所有可分享的知识并不足以为亚当和夏娃在拳击比赛与芭蕾舞之间的协调提供一个基础。为此,他们还需要从他们的共同历史中寻找一些线索。有点神秘的是,现实生活中的人是如何把这种来自共同历史的线索转化为行动的方法的。谢林[229]关于聚点的那篇著名的论文清楚地阐明了我们在频繁地利用这些来自共同历史的只可意会不可言传的暗示。甚至那些具有成功的协调经验的人在事后也感到很难说清楚帮助他们从蛛丝马迹中

---

① 我并没有杜撰与这个博弈相匹配的故事! 我永远都愿意选择芭蕾舞而不是拳击赛。

② 此外,由于两个参与人只知道他们的安全水平,因此混合纳什均衡也存在问题。既然如此,他们为什么不选择安全战略以保证安全水平呢?

③ 这不意味着,为了使博弈理论分析成为可能,所有的信息都必须是共同知识。举个例子,可以根据每个参与人都知道鹰是鸽的强占优战略这个简单假定来分析囚徒困境。如果目前的模型中没有参与人所需要的共同知识,他们也并非只能束手无策,无所作为。哈萨尼[107]的不完全信息理论通过允许在有些时候可以绕开这一难题的方式扩展了最初的模型。完成这个程序之后的最初模型一般被称为"不完全信息博弈"。本书排除了所有的信息难题。但是,如果情况不是这样的话,它会解释说不存在一个严格意义上的不完全信息博弈(见宾默尔[29, p.502])。

作出最终均衡选择的具体标准是什么。我也尝试描述过一种准理性参与人可能选择的方法(宾默尔[33]),但这离目前正在讨论的主题太远。^①这里之所以要提到这种方法是因为它与共同知识问题有关。概括地讲,对于性别战这一特定情形,除非导致他们开始博弈的线索和把这些线索吸收到他们的推理过程的方法成为共同知识,^②否则就无法保证参与人运用这种方法一定能成功地实现纳什均衡。

当然,我们不必给亚当和夏娃出这样的难题,即只为他们解决协调问题提供难以捉摸的信号和暗示。如果亚当和夏娃在分开之前分享的最后一件公共事件是亚当认为看芭蕾舞演出可能也不是一件多么糟糕的事情,那么分开之后他们也不必为决定晚上去哪里劳神了。类似地,每次驾车时我们很容易就能解决有靠右行驶和靠左行驶两个战略的协调博弈问题。但是,当瑞典将行驶改为靠右行驶时,政府相信这个决策近似于一个公共事件。

这些看上去类似于中世纪有关针尖上可以有多少天使跳舞的争论的例子造成了博弈论专家在共同知识问题上的痛苦。博弈理论的基础的确像是一片沼泽,如果你想到某处去的话最好能动作迅速一些,徘徊漫步是不明智的。幸运的是,关于本书的目标,读者只需要记住:严谨的博弈论专家相信他们为理性博弈提出的方法基本上可以从个人理性思考推导出来,而不必去创设出集体理性标准——只要假设有足够信息是共同知识。

习俗 我们已经知道,通过共同善的梯子的第一个阶梯是共同知识,第二个阶梯我称为共同认识(common understanding),包括惯例^③、习俗、习惯、道德规则、行为准则、经验法则、模仿因子、传统以及协调我们与周围的人互动的规范,等等。在一个经济人社会中,可以从社会的共同知识之泉中推导出协调生存博弈均衡的这类共同认识,一旦向亚当和夏娃提供了足够丰富的共享信息,他们就能够在性别战中实现看芭蕾舞演出的协调。

与前面已经接触过的简单博弈的例子不同的是,生存博弈非常复杂,特别是

---

① 在许多情况下,只对众多提法中的一个进行讨论都会产生误导。
② 否则,他们会在奥曼[11]所理解的相关均衡上结束协调。参见第 3.4.1 节。
③ 这一节中我很少用这个容易引起人共鸣的词是为了避免与 D.刘易斯[152]的理解撞车,我认为他的理解太狭隘了。

它的战略数量非常多。因此,均衡的协调不再是在鹰战略和鸽战略之间的简单选择。甚至描述单个战略也是一项艰巨的任务。因此,当经济人在根据其社会从过去继承下来的文化知识推导关于如何进行生存博弈的共同认识时,不要认为他所做的事微不足道,也不要想当然地认为他提出的维持生存博弈均衡的规则很容易理解,有时它们也是隐晦的和复杂的。

当然,智人不作这种推理。在遇上这类麻烦时,他能够发现一些他的社会经过演化形成的,并且已经融入他的行为的规则来维持均衡。但是我认为,没有人能充分地理解社会历史赋予我们的行为模式的复杂性。迄今为止,也没有人追问自己这样的共同认识是如何存在下来的,他们反而非常心安理得地认为,对这个问题的可靠性的怀疑就像对万有引力定律的怀疑一样荒唐可笑。一个法国人在巴黎与他的同胞开口讲话时根本不用考虑法语的词汇表只不过是一套有任意性的惯例,他也很少停下来从“在法国讲法语”这个共同知识中推导要使用哪一套可能的共同认识。的确,智人的社会文化直接地体现在其共同认识的集合之中。与其说社会成员从潜在的共同知识中推断出他们的共同认识,不如说分析人员从他所观察到的共同认识确实起到了维持均衡的作用这一事实中推断出隐含的共同知识的存在。

在共同善的梯子的第二个阶梯上出现了义务论的直觉知识。第 2.3.3 节解释了为什么在我看来,为义务论的道德理论辩护的人认为我所说的共同认识不仅仅是协调惯例的观点是错误的。目前我只想强调一下结果主义的直觉知识属于下一层次——在这架梯子的第三阶梯。由于这个原因,认为义务论与结果主义不可兼容的态度在我看来是错误的。无论他们理解与否,前者讨论的是维持均衡的规则,后者讨论的是选择均衡的标准。①很明显二者都很重要,但从博弈论的角度看它们属于不同的层次。

善　梯子的第三阶梯也是最后一个阶梯是一个非目的论的共同善概念。在 ▢ 自下而上的方法中共同善是由位于下面的材料构建而成的。共同善的思想是如

---

① 我的猜测是,因为没有成功地理解这一点,在行为功利主义和规则功利主义之间发生的冲突也常常不切正题。

何从关于如何进行生存博弈的共同认识中产生的呢?

生存博弈是一个雄心勃勃的概念。当一个参与人在这个博弈中选择战略时,他是在选择一个终身的计划。但是,生存博弈也可以分解成大量子博弈。例如,当我们决定要在公路的哪一边驾车时,不必考虑我们与整个宇宙的关系。

当在一个子博弈中出现一个均衡时,有人可能会说,它是全体参与人从子博弈可能结果的集合中作出的一个选择。既然如此,就可以看作是全体参与人显示了对社会状态的共同偏好。如果这个显示的共同偏好具有完备性和传递性,就可以把社会行为看作是在追求共同善的最大化,但是这样一个幼稚的方法注定是失败的。图 2.7 的"石头—剪刀—布"博弈充分表明,即使在最简单的情形中显示的共同偏好也是非传递的。

要把全体参与人发展成一个具有选择能力的整体,首先要问的是对这个整体而言什么样的选择是可行的。由于它只能在子博弈中选择均衡,因而它选择的均衡所显示的是在子博弈均衡上的共同偏好。有人可能会说,义务论的思考可以在任何条件下决定什么是可行的。只有在考虑了这些思考之后,讨论结果主义的思考是否有助于决定什么是最优的才有意义。

一定要记住这是一个自下而上的理论,因此,非目的论的共同善是由关于如何进行生存博弈的先验的共同认识构造而成的。但是不能保证在子博弈中以给定的共同认识选择出的均衡可以使某种共同善最大化。与第 1.2.1 节中给出的理由一样,我相信"要人怎样待你,你也要怎样待人"的规则早已受到支配智人社会活动的不完美共同认识的支持,原初状态的方法为经济人社会提供了一个与之类似的规则。如果把原初状态的方法看作是一种均衡选择机制,我将进一步确认罗尔斯的直觉,即在确定的重要子博弈中选出来的均衡结果 $x = (x_A, x_E)$ 可以使福利函数

$$W_\rho(x) = \min\{U(x_A - \xi_A), V(x_E - \xi_E)\}$$

最大化。第 1.2.5 节介绍过这个方程,并且讨论了当方程中的支付中没有被规范化以将效用的人际比较纳入考虑时,罗尔斯的最大最小标准如何实现一般化的问题。

辉格党原则　现在梯子已经到达一位辉格党人所希望的能对社会结构的修复产生影响的地方,在这一程度上的讨论完全是自然主义的。情形之所以如此,是因为演化的潮水已经把我们冲上了海滩。在随着我们一起被冲上来的碎片中,有以原初状态装置作为理想参照物的均衡选择标准,我们用这个标准来协调生存博弈的某个子博弈达到均衡。既然如此,我们为什么只在我们生活的某些方面而不是在全部的生存博弈中应用这个方法呢? 对这样一个建议的维护完全是实用主义的。这是自然提供的一个工具,我们用它来改进我们的生活,就像我们使用工具箱中的工具来修房子一样。

最重要的是,我们不要在这一工具或任何其他可能被提议作为改革工具的性质上自欺欺人。避免这样的欺骗的确会妨碍说服他人同意我们所提议的变革。如果价格相同,人们更愿意去买一根魔杖而不是一根赶牛棒。但是如果我们确信自己卖的是一根魔杖,我们就会用它来施行妖术而不是赶牛,但这是行不通的。

2.3.7　罗尔斯的两个正义原理

罗尔斯[214, p.60, p.83]的两个著名的正义原理是:

1. 每个人都有平等的权利享有同样的、与他人的自由相容的、最广泛的基本自由。

2. 社会和经济的不平等应被如此安排,以使它们:(a)既使最少受益者获得最大利益,又与正义的储存原理相一致;(b)在机会平等的条件下,使所有的职务和地位向所有的人开放。

罗尔斯要求第一条原理绝对优先于第二条原理。只有在它提出的权利和自由有了可靠的保证之后再考虑处理分配问题的第二条原理。

第二条原理的(a)部分是最大最小标准,罗尔斯称为差别原理。很显然,对这一点我是赞同的,但对于第一条原理和第二条原理中的(b)部分又怎么样呢?

我承认,我并不完全清楚这些原理在实践中的含义,罗尔斯肯定不打算在第一条原理中包括"杀与被杀"这样的权利。他的原理所适用的权利和自由概念具有一定的中产阶级特征,这些原理因而具有了隐含的附加条件,而后期的罗尔斯[211]对此给出了更为具体的阐述。对于第二个原理,当(a)和(b)发生冲突时,情况也是如此。例如我们应该由于(a)而赞成平权行动还是因为(b)而反对它?

我自己的理论是应用于所有社会的,而这些社会所依赖的公平概念经过演化已经变化了,因此我的理论能为诸如理论在实践中如何实施之类问题提供的指导更少。但是正如第 2.3.5 节中讲的,我不认为在罗尔斯的《正义论》中运用的方法与上面提到的完全相同。但我也不认为罗尔斯有意如此。事实上,后期的罗尔斯[211]明确地指出了他的原理中所包含的文化偏见。简言之,对于诉诸原初状态的结果罗尔斯能说的比我更多,因为他对于这些诉诸原初状态的社会的类型有更多的假定。

在我的方法中,图 1.2(a)中解释的所有可能社会契约的集合 X 是一个收集了所有思考的巨大黑箱。不打开这个黑箱看看,就不能预测应用我的理论会造成什么实践后果。箱子中的内容之一就是亚当和夏娃的个人偏好与信仰。如果碰巧他们一致坚信上帝要让女人服从男人,那么他们的社会契约就违背了罗尔斯的第一原理。亚当和夏娃甚至在原初状态就不会同意使男人和女人有同样权利和自由的社会契约。生活在现代民主社会中的人可能认为亚当和夏娃的社会是不自由的,但这是一个坚持必须在原初状态作出所有道德决策的人要准备承担的结果之一。另一种方法是,以一种家长式的态度把亚当和夏娃并不喜欢的社会契约强加给他们,理由是"家长"才知道什么是最好的。

除了与罗尔斯的这些区别之外,我对他的两个正义原理的词典式排序表示敬意。我完全同意对义务论问题的充分思考应置于结果主义所强调的事情之前。在我的方法中,在我的梯子的第二阶梯上决定社会契约的可行性时考虑到了义务论问题。由于这些思考优先于结果主义的问题,因此后者出现在从可行集中作出最优选择的第三阶阶梯。在第 2.3.3 节中我表达的关于权利和自由性质的观点与罗尔斯有很大差异。我和罗尔斯的分歧还在于是否坚持在检验结果主义的问题之前一定要满足某些特定的义务论约束条件。但在我看来,我与罗尔斯在精神上是相通的,我的方法坚持在讨论任何分配问题之前澄清所有的义务论问题。

2.4　先生,请去掉你的虚安!

鲍斯韦尔(Boswell)的确是一位难得的朋友,他如此耐心地记录了塞缪尔·约翰逊(Samuel Johnson)的情感爆发。霍布斯[9, p.237]的朋友也必须耐心地忍受他对那些伟大的哲学家的攻击,他评论笛卡尔没有哲学头脑,但如果去研究几何可能会做得更好;对亚里士多德,他认为是"……最糟糕的政治家和伦理学家……"。维尔弗雷多·帕累托[199]也很幸运有朋友能忍受他对柏拉图的攻击,他宣称"……凡可以理解的都是浅薄的;凡不浅薄的都是不可理解的"。在这一节中我承认自己也需要这样的朋友,尽管我不同意霍布斯对亚里士多德和笛卡尔的攻击,但我认为帕累托可以与柏拉图相比。①糟糕的是,我还是准备深入对康德的批评——不过我认为一般而言康德没有柏拉图那样幼稚。

康德的先验几何学被普遍认为是错误的,在我看来,出于同样的原因他的先验道德论也是错误的。如果不是由于许多人把"康德理性"看作是共同理性和普适理性的替代选择,我也不想因为批评他的推理而招致不快。这个观点似乎是,如果后者看起来不合适,可以把它们统统扔进衣柜里去,而戴上一顶康德式的帽子。但是,即使那些认为我对康德的评价过低的人也会同意,一个人在推理上必须保证逻辑的一致性。

2.4.1　定言命令

假言命令告诉你为了达到目标应该做什么。例如,如果你希望自己身体强健你就应该吃菠菜。定言命令讲的是"应该如何"而没有"假如",它告诉的你所应该做的事可能与你的个人目标无关。

根据康德[134, p.88]的理论,纯粹理性服从定言命令:

> 行为所唯一依赖的规则同时也应是你所希望的普遍法则。

---

① 如果允许你记下辩论双方的观点,而且在讨论中可以改变词语的含义,那你就可以轻松取胜。如果可以让我修改格劳孔(Glaucon)与苏格拉底的对话,猜猜谁会取得成功。我认为,人们之所以还在阅读柏拉图的著作,不是因为它们的具体内容,而是因为它们是伟大的文学作品。

这个命题中的准则是指个人行为规则。例如,如果有利可图就可以背叛承诺;为了方便就可说谎;太过悲观就去自杀;如果没有风险就可以认为偷窃是在替人保管财物;等等。康德的问题是,我们是否同意普遍法则就是这样一些规则,也就是说我们会选择一个"人人都如此行事"的社会吗?

康德认为肯定的答案会产生形式上的矛盾。以背叛承诺为例,在一个把"要是信守承诺有困难,就随时可以破坏承诺"奉为普遍法则的世界不可能作出有意义的承诺。但是正如在第 2.2.5 节中看到的一样,这完全是错误的。承诺不但能够而且确实对我们在生存博弈的均衡协调起到了重要的作用。如果每个人相信每个人都会在均衡协调的过程中信守对自己角色的承诺,那么信守承诺就与每个人的利益相一致。尽管理性人很容易就可以做到信守这样的承诺,但是这样的承诺并非毫无意义,相反,它们是一个由相互依赖之网聚合起来的社会不可缺少的润滑剂。因此,康德关于有意义的承诺的性质的分析是错误的,但这并不能得出他检验道德准则的方法不成立。我们不必证明一个世界在逻辑上是不可能的,就可以知道如果我们有能力这样做,我们就不会让它存在。

显示康德主义者的偏好　博弈论专家认为,遵守"永远不要采用严格劣战略"的规则是理性的。但是这个规则可能不能通过康德检验,因为如果它是一项普遍规则的话,在图 2.8(a)中的囚徒困境这类博弈中就不会实现合作,康德因而又会把这个规则归入非理性之列。

但是如果博弈论专家指责在囚徒困境中康德式行为是非理性的,人的好恶就不能进行比较。在第 2.2.4 节中,利用显示偏好理论对理性人永远不会选择严格劣战略这一论述给出的证明基本上是循环论证。一位康德主义者可能回答说,一个遵守定言命令的人无法显示出在囚徒困境中假定的偏好。在一位博弈论专家看来,一位康德主义者之所以正在进行囚徒困境博弈,是因为他仅仅考虑了这位康德主义者个人的偏好,但定言命令要求在选择行动时不考虑这样的个人偏好。

如果一位康德主义者看上去进行的是囚徒困境但实际上是非囚徒困境的话,那么他所进行的是何种博弈?博弈论专家认为,对定言命令在不同条件下的结果很难做出确定性的描述。我的假设是,当一个康德主义的参与人身处博弈论专家眼中的囚徒困境时,如果他知道对手的选择是鸽战略,他自己就会根据康德原则也选择鸽战略,否则,博弈论专家与康德主义者之间就没有理由产生分歧。一个康德主义的亚当因而在根据定言命令采取行动时会显示出对(鸽,鸽)而不是对(鹰,鸽)的"理性偏好"。①

当看上去在进行囚徒困境博弈时,康德主义者的其他显示偏好似乎并不重要,但如果我们同意罗尔斯②的理解,认为最大最小标准也适用于此,那么由理性的康德主义者的行为所显示的博弈就是图 2.8(b)中的纯协调博弈③。举例来说,在图 2.8(b)中,亚当在结果(鹰,鸽)中的支付 0 是按照亚当和夏娃在图 2.8(a)中同样结果的支付 3 和 0,通过公式 0=min{3,0}计算而来的。试图对康德主义进行解释的功利主义者可能会根据 3=0+3 使亚当在(鹰,鸽)中的支付等于 3,从而得到如图 2.8(c)中所示的博弈。

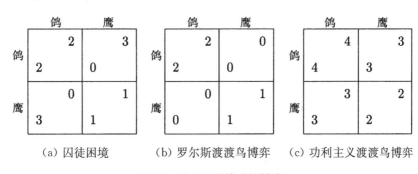

(a) 囚徒困境　　　(b) 罗尔斯渡渡鸟博弈　　　(c) 功利主义渡渡鸟博弈

图 2.8　什么是康德式的博弈

① 认为当一个人戴上标有经济人标签的帽子时他有一种偏好,而当他戴上有道德人标签的帽子时他有另一种偏好的想法是一种文学的想象。哈萨尼[106]谈及"道德偏好"时的语境与我在这里讨论的情形比较接近,但我从来都没有弄清楚他认为我们应该在什么时候以及为什么要戴上一顶道德人的帽子。森[238]的想法更加雄心勃勃,他认为人们也许会考虑一系列的"道德偏好",并由此生成了从囚徒困境到猎鹿博弈,再到类似 2.3(c)中每个参与人都非常关心他人福利的博弈。然后他用在道德偏好之上的个人偏好装备了他设计的主角并借以讨论参与人更欢迎什么样的博弈。我不知道他是如何把这一想法与他在其他场合(森[236])所谈论的在道德背景下的显示偏好问题联系起来的,也许他的思想中存在与我在第 2.4.3 节中试图弄清楚的有关康德的某些问题相类似的东西,但那种对他所谈的这些问题过于天真的理解无法与博弈论专家用来达到理性化的方法调和起来。这就是为什么我在第 1.2.2 节中格外强调了要区分对问题的模型化和对模型的分析的原因。

② 回忆第 1.2.1 节,罗尔斯[214,p.67]认为他自己提出了"对康德的自由意志和定言命令概念的程序性解释"。

③ 我在有的地方(宾默尔[28])称其为"渡渡鸟博弈"。我认为,只有研究博弈论基础理论的人才有资格认为有必要为它的解为何是(鸽,鸽)找一个理由。

根据罗尔斯的理解,康德主义风格的证明可能会是这样的:如果在图 2.8(a) 的囚徒困境中我可以根据自己的偏好行事,我会假装出我将进行图 2.8(b) 的渡渡鸟博弈。只要渡渡鸟博弈中的支付真正反映了我和对手的偏好,我的行为规则就是选择博弈论专家推荐的任何战略,结果是我会选择鸽战略。由于没有其他的理性人认为是普遍法则的规则,因此我采用的规则与定言命令是一致的。(功利主义者可能对最后一点有异议,但我们不必考虑对这一细节问题的争论。)

2.4.2　为什么服从?

如果能说服人们把囚徒困境当作是图 2.8 中其他博弈之一,许多问题都将迎刃而解。但这样的行为怎么会是理性的呢?更一般地讲,为什么定言命令要命令一个真正的理性人表现出服从?在那些受休谟[128, p.415]思想影响的人看来,理性不过是"激情的奴隶",康德[134, p.63]关于理性的功能的信念令人吃惊:

> 在一个有机生命体的自然结构中,让我们将其作为一条原理:除非一个器官最匹配且最适合于某个目的,否则就不会存在这种器官。现在可以假定在一个具有理性和意志的生命体身上,自然的真正目的就是使他保存、使他舒适,一言以蔽之就是使他幸福……在这种情形下,在被创造物(creature)身上选择通过理性来实现这一目的,是自然偶然做出的一种非常糟糕的安排。因为为了实现这个目的,他必须执行的所有行动……通过本能可以比通过理性更可靠地维持下去。

我不认为对康德在上面的引文中所表现出来的他对理性的贬意抱以条件反射似的敌意是恰当的。从自然的观点来看,与行为人(homo behavioralis)概念相比,经济人是个令人烦恼的概念。他们都被设计成了"刺激—反应"的机器,但是行为人程序化的是行为,因而像一台巧克力分发机,他的行为完全是根据本能作出的,因此自然可以直接操纵行为人,只要为他提供适合的程序,他的行为就可以非常精确地与环境相适应。另一方面,对经济人的操纵只能通过他的偏好来进行,自然不能直接作用于他的行为,那么,当她(自然)有一个替代性模式可以随时用来使他(人)做他被告知要去做的事情时,她为什么还要在脑力上进行昂贵的投资,以最终得到一个有他自己想法的令人讨厌的人科动物呢?

经济学中的委托代理问题涉及具有特定目标的委托人,他只能通过有自己目标的代理人来行事,委托人因此要设计一项激励计划以保证代理人行事所造成的扭曲最小化。

作为委托人的自然是盲目的,而作为她的代理人的经济人却可以看见他所处的环境。这样,即使自然由于无法直接操纵他的行为而失去了对代理人的有效控制,她也能通过代理人取得此前无法获得的信息。如果环境的变化非常大,她的收益就可能超过损失。行为人与他的主人一样盲目。她可以通过观察哪一种类型的行为人可以重复地取得成功来了解他的环境,但这个了解的过程非常缓慢。概括地讲就是经济人适应性强而行为人适应性差,这就是自然为什么选择了经济人而不是行为人的原因。

康德关于每件事物都最适应于其目的假设是错误的。具体一点就是,没有任何证据可以表明智人最适合生活在大社会之中,如果有的话,就可以推测他将会具有较少的经济人特征而会更多地具有一些蚂蚁式的行为人特征。作为结果,自然只能承认具有次优福利特征的社会了。她无法实现类似康德所追求的最优结果,因为这不是激励相容的。也就是说,只有生活在这个社会中的人的行为方式与他们所具有的特征不相容时,他们才可以实现最优的结果。

康德的目的论 在前面的讨论中,我完全同意康德的目的论观点而毫无怨言。但是在演化论的讨论中,自然被视作一个具有目标和目的人,对她的存在当然只能在隐喻的意义上理解。人们谈起自然就如同在良宵美景之时谈起"幸运女神",或者像亚当·斯密谈起"一只看不见的手"一样。这些存在体并非真实的存在物,它们表示的是某种复杂的和难以理解的过程,在这个过程中偶然与必然交织,形成了在我们看来有秩序的结果。秩序必然包含了某种一致性,而一致性正是理性的本质,我们因此认为,出于对所观察到的事物进行描述时的便利性,可以把它们看作是理性设计出来的。但是,就效用理论而言,我们在运用这个描述工具时常常面临颠倒因果的风险,即事物之所以是我们所发现的这样是由于它们早已被理性所设计。

但康德的目的论一点都不是隐喻意义上的,他直截了当地提出了这样的观点:对保证我们的安全问题而言理性与本能相比是一个更差的解,因此我们具备的推理能力是为了其他目的。那么康德[134, p.64]认为理性的作用是什么呢?

　　……它的本质作用不是作为实现其他目的的手段,而是形成了以自身
为目的的真正意志。

　　最后这一点构成了康德的一个永恒的主题,理性不是实现目的的手段,而是
以自身为目的的。①如果我们运用理性来实现非其所固有的目标,我们将会对理
性的这种以自身为目的的彻底性表示怀疑。理性意志具有独立性,因而不会受
到源于个人偏好的冲动和幻想的支配。正如卢梭[223, p.19]所说的:"……纯粹
的欲望冲动是一种奴役,而对法律的服从才是自由。"

　　这可能有些令人感到意外,但我认为其中包含了某种合理性。康德的目的
论当然不具备这样的合理性,在证明所谓真正的自由是由义务构成的,而不论这
种自由多么令人生厌的文字游戏中也找不到这样的合理性。我也并非认为这种
合理性是通向康德的定言命令的道路。②然而,我认为有一类定言命令是理性人
必须遵守的,那就是"保持一致性"规则。

　　对此有人可能会认为,与其说这是一种规则不如说是一种同义反复。那么
我是否也可以认为四方形一定有四条边是一个定言命令? 我同意那种认为理性
人行为一定具有一致性的断言是一种同义反复的观点,但前提是一致性得到了
适当的定义。我也同意要求四方形有四条边的说法多少有点让人觉得奇怪,但
我认为这就是康德要告诉我们的定言命令的本质③。也就是说,在定言命令中只
有同义反复才真正具有意义。在我看来,定言命令是一个非常谦虚、毫不做作的
概念,然而,就像我在这一章反复讲过的那样,同义反复的谦卑的起源并不意味
着它没有作用。我认为,通过对"保持一致性"这一指令的含义的仔细研究,可以
从中了解到康德的推理到底错在何处。

---

①　尽管康德[133, p.332]在其他地方一直在为目的论辩护,但他看上去已觉得不必再为他在《道德
　　形而上学奠基》中的断言给出证明。取而代之的是这些命题被看作是先验的命题,反映了受自由
　　支配的王国的特征。我无法认同必须在某种程度上采纳这些貌似有理的先验命题的想法,更不
　　用说是认为必须如此了。我更不明白如何与持有这种想法的人展开一场理性的争论。
②　的确,即使承认我们被赋予了为我们提供向善的意志的理性的力量,我仍然不明白为什么要服从
　　康德的定言命令的形式。参见第 2.4.3 节。
③　不可否认,把定言命令作为分析方法的解释是非康德主义的。但对一个像我一样的认为先验的
　　综合命题荒谬且虚幻的休谟主义者来说,一定得到了某种特许,因而可以不听从他老师的建议,
　　把定言命令付之一炬(休谟[124, p.165])。

2.4.3　保持一致性

"保持一致性"有什么意义？这是一个有多种答案的重要问题。但是无论给出什么样的答案,都必须先设定我们寻找答案的方式与最终给出的答案之间有一致性。一致性本身因而要求采取一种选择方法,将这个方法应用于选择方法的选择问题时,它自身将是选择的结果。①我现在的目标一方面是把这个方法与康德的定言命令联系起来,另一方面是把它与纳什均衡的博弈论概念联系起来。重要的是,要明白这里与其说要解释康德的意思是什么,不如说是要解释如果他像博弈论专家那样思考的话他的意思是什么。对形而上学不感兴趣的读者可以跳到第 2.5 节。

我打算先摆弄一番已给出的各种一致性标准,挑出其中与康德的定言命令最接近的一个,然后来考虑要得到它的精确的阐述需要再增加什么条件。第一个改写的标准是:

形式 1:选择一种其应用结果会导致你选择这种选择方法的选择方法。

需要解释的是,可以把一种选择方法理解成一个告诉每个人如何解决所有决策问题的作出选择的综合系统。然而,它可能会告诉不同的人以不同的方法解决同样的决策问题。也就是说,一种选择方法使得正确的行为成为决策者的偏好和信念的函数。因此,我们可以将选择的方法看作一组任何人都是潜在使用者的原则。

第二种形式是把前面提到的内容翻译成显示偏好理论的语言。

形式 2:偏好是一种具有这种偏好会使你偏好这种偏好的偏好。

有必要仔细注意一下这样的事实,在这个陈述中的偏好不是接受某种指令的个人喜好,它们是根据他所接受的指令就可以显示出来的"理性偏好"。

显示理性偏好形式的标准是我最喜欢的,②但为了沿着康德的方向继续前进,我们有必要放弃它而考虑上述两种形式的某种混合形式。

形式 3:选择一种其应用会导致你显示对这种选择方法的偏好的选择方法。

我现在把它翻译成康德的语言,这样也许可以理解为什么我认为有必要写

---

① 我曾经用这种标准得出了一种不依赖无关选择的独立性的阿罗悖论(宾默尔[26])。

② 我更多的是喜欢这样的表达形式:偏好于偏好,以至于在这种偏好中,你是如此偏好于偏好!

出这个丑陋的混合物。

形式4:行动所唯一依赖的规则系统同时也应是你所希望的规则系统。

需要对最后的这个翻译作一些说明,一套"规则系统"正好就是前面提到的"选择方法"。康德的"同时"是指"你"并非只是为了满足对规则系统的自然欲望,在形式4中的"你"是指,如果你根据那套被指示接受的规则系统行动,就会显示出来的你。还需要对"希望"解释一下,在康德和其他德国哲学家使用这个英文译为"will"的词时,对它赋予的确切含义我一直没有把握,但在形式4中"希望"一词有清楚的含义,它是指如果你接受了那套指示你接受的规则系统你就会显示出来的偏好。

形式4与康德的一个陈述完全相同,那就是"行动所唯一依赖的规则同时也应是你所希望的普遍法则"。但由于形式4显然只是一个个人的规定,因而我们还有大量工作要做。康德主义者和博弈论专家①都要使这些个人的规定非个人化,从而使其具有截至目前我们一直在研究的一致性。迄今为止,一致性条件要求的仅仅是每个个人对他自己要真实,但现在我们需要某种在个人之上的一致性的标准。

形式5是一个非个人化之后的形式1,它要求每个人选择一种选择方法以使每个人都一致地选择同样的选择方法成为可能。

形式5:每个人都应选择一种其应用结果是每个人都选择这种选择方法的选择方法。

有必要解释一下为什么形式5是比形式1更强的一种形式。在不同的人运用同样的选择方法时,他们通常都会做出不同的选择。但形式5的问题是,在用这种选择方法来选择一种选择方法时,它要求每个人作出同样的选择而无视他们的个人差异。康德的提议很快就会被指责为是不可能实现的,需要注意的是,同样的指责不能用来针对形式5。要理解这一点只需注意到在选择方法时,这种选择方法要求每个人都采取某些特定个人的观点。这些被选择的人必须能引起每个人的共鸣,而且他的身份是共同知识,在其他方面则可以随意挑选。如果第1.2.7节中的批评不适用的话,这样的人甚至具有某种理想观察者的特征。

---

① 或者,至少那些认为可以通过仔细考察理性的含义,而为博弈论提供更坚实的基础的有形而上学头脑的博弈论专家是这样的。

什么是形式 5 的康德主义的语言的翻译？答案仍然是形式 4，这是康德用来表达自己观点中的不精确性的一种方式。由于形式 5 和形式 1 说的并非同一件事情，因而明显需要再对形式 4 作些解释。由于康德希望他的定言命令能满足每个有理性能力的人的要求，因此我们不必为弄清形式 5 开头的"每个人"的含义而停留。但是形式 5 中间的"每个人"要求给形式 4 中的"你"赋予新的含义。对此，仍然可以理解为"你"是根据被指示要接受的规则系统进行选择的。但现在作出选择的"你"不再是一个真实的你，而是一个理性之外个性中的所有东西都被剥夺了的可能意义上的你。因此你必须采取一个理想的观察者的立场，这是纯粹理性的本质，在我们的观念中这一概念与外星人没有区别。我猜康德的观点是这样一个理想的观察者的立场就是唯一对所有理性人同时可行的立场。第 1.2.7 节中表达了我对这类形而上学的理想观察者的保留意见，但我不想在这里继续对其进行批评。①

尽管形式 5 并没有表现出康德在定言命令中用的代词"你"之中包含的全部精神②，我也不会为此而停下来，因为要想成功到达目的地，还要越过更重要的障碍。

迄今为止，对于"普遍法则"仍然一字未提，要处理这个问题，需要引进更多的"每个人"。形式 6 是通过在形式 5 中加入"无论什么时候选择一种选择方法，都是在为每个人选择"这样一个条件获得的。

形式 6：每个人为每个人选择一种其应用结果是每个人为每个人选择这种选择方法的选择方法。

形式 6 当然是一个具有逻辑一致性的陈述，它表示如果个人能使别人为他们作出选择所需要满足的一致性条件。但是，不论是博弈论专家世俗的推理，还是形而上学专家的创造性思考，都不足以实现个人借助想象的行动来要求别人服从的想法。③从形式 6 中擦掉第一个"为每个人"之后，做某些不可能的事情的指令也就消除了，从而得到形式 7。

---

① 任何情形下都不必接受康德为理性立法的宏大计划，可以做到的是更加关注具体的人类社会，而设想理想的观察者处于罗尔斯的原初状态。
② 形式 5 甚至不必假设一个理想的观察者，而只要有康德的完美的理性人就可以了。
③ 即使我们被赋予了这种超凡的能力，康德也不希望我们运用它们，因为这会造成把另一个理性人看作是实现目的的手段而不是目的本身。

形式7:每个人选择一种其应用结果是每个人为每个人选择这种选择方法的选择方法。

如果"普遍法则"可以用每个人都承认的选择方法来表示的话,我们离目标就非常接近了。把形式7用康德主义的语言解释出来几乎就是他的定言命令。

形式8:行为所依据的规则系统同时也应是你所希望的普遍法则。

只要用"行为所唯一依赖的规则"换掉形式8中的"行为所依据的规则系统"就可以得到一个新的形式,它没有形式8那么精确,但康德希望它是一个每个个人规则都要满足的理性检验。

康德定言命令:行为所唯一依赖的规则同时也应是你所希望的普遍法则。

从上面的这些文字游戏中可以得出什么样的结论呢?要强调的一点是,仅仅只是出于一时高兴就向一个句子中插入"每个人"一词而对句子意思改变不大是不可能的。从句子中删去"每个人"也是如此。这样,在上面的进程中,从形式7中去掉"为每个人"这一短语后,那种认为我们是在用一致性条件变戏法的看法销声匿迹了。或者,换句话说,在形式5的末尾加上短语"为每个人"之后,增加了一些实质性的内容。

我的理解是,当罗尔斯[214,p.252]把康德描述为其所关心的是同时具有"理性与平等性"的人的时候,他已经意识到康德在谈论这些问题时超出了理性的范围。尽管平等性的概念在加上了一个全称量词之后才有可能被理解,但至于它应该去向何处的问题显然还需要仔细的讨论。我的猜测是,康德之所以没有这样做,是因为他不知道由他引进的全称量词所形成的陈述超出了他所要阐明的"什么是理性人"的目标。我认为康德他只是想表达每个人的理性都是相同的,就我自己而言,我认为"理性对每个人来说都是一样的"这一思想已经通过在形式5中放置的"每个人"而得到了体现。

我认为,任何情况下全称量词都不能到达康德指定的位置,除非停止解释他的定言命令中表示显示"理性偏好"的词"希望"。人无法显示出对不具有可能性的事情的偏好,而且个人不可能制定出每个人的行为都像克隆一般的康德[134,p.89]所谓的"自然法"。我认为,把假装某种不可能的事物是可能的号召表示成一个理性行为的指令是荒诞的。由于远远不能表示"理性偏好",在我看来康德的定言命令中的"希望"一词所表示的不过是简单的一厢情愿。

由于暗示博弈论专家在摆弄他们自己的定言命令形式时不会犯这样的错误,

对康德的这类批评变得更加严厉了。如果把正在讨论的选择方法解释为在一个有标准共同知识的假定博弈中的战略选择方法，那么博弈论专家自然就会把形式 5 发展成下面的形式。

纳什定言命令：每个人选择一种具有一致性的，且在由他人应用之后结果应**与每个人选择的那种方法具有一致性的选择方法。**

我称其为纳什定言命令的理由是，它表示应该把各种社会组织起来以使他们在博弈中选择纳什均衡。增加①的"他人"是一个有意义的短语。在形式 5 的中间插入这一短语是为了与在形式 5 末尾的康德式的补充短语"为每个人"进行比较。这两个补充都超出了单纯的理性问题，康德式的补充要求我们思考明知是不可能的事，纳什的补充并不要求我们思考不可能的事，但它确实把我们带进了一个对他人的理性毫无疑问的世界。在这个世界中对行为的任何要求如果不想自拆台脚的话，都必须满足某种形式的纳什定言命令。但是令人遗憾的是，我们并不在这样一个世界中生活。

我之所以提出最后这一点，是因为尽管在我看来，对形而上学主义者认为他们的工作比起康德的定言命令更应该被导向纳什均衡概念的讨论很有趣，但我担心这会被误解为对纳什均衡概念形而上学的辩护只有娱乐上的价值。这样的辩护比我认为真正有意义的依据演化论的辩护更容易实现。它还有助于对初学者解释纳什均衡概念，如果写一本博弈论著作时作者有充分的理由相信他的书马上会成为不容置疑的指导博弈的权威著作，他唯一的选择就是推荐使用纳什均衡。但这种先验的方法对解决"亚当和夏娃如何才能独立地把他们拥有的共同信息转化成在性别战中进行协调的方法"这一类问题毫无帮助，如果他俩能知道对方的打算，那么问题也就不存在了。

2.5　时间与承诺

西季威克(Sidgwick)[246，p.418]写道：

---

① 要补充的一点是，坚决要求只考虑具有一致性的选择方法，它意味着，不承认显示非传递性偏好的，或违背了确信原理的选择方法。

如果一定要功利主义者回答"为什么我应该为了别人能更幸福而牺牲自己的幸福?",就一定也要允许问利己主义者"为什么为了将来能更快乐我应该牺牲现在的快乐? 为什么我应该更关心自己对未来的感受而不是别人的感受?"。

他的这段话可能并未引起重视。如果亚当回答不出"7×9＝□?"他可能会通过指责夏娃回答不出"3×2＝□?"来为自己开脱。但这样一个回答无法让他的老师接受——特别是在夏娃已经对回答胸有成竹的时候。

我们可以关注那些代表了我们24小时之后的未来的人,而同时对经营杂货店的家伙却不屑一顾。这是因为自然赋予了我们这种特征,我们像关心食品与住房一样关心我们明天将成为的那个人的福利,这样的关注已经融入了我们的个人偏好。

从自然的观点出发,一个人与他未来的自身组成了一个克隆的群体,自然并不在意群体中的哪一个成员要复制他们的基因,因为群体中每一个人的基因都完全一样,她只希望能尽可能地多复制。①但是,我们并不能持续不断地复制基因而不留出休息和恢复的时间。一个生活在某一特定时刻的人因而发现最好是把这项任务交给他或她未来的自身去完成——就像一只工蚁把复制基因的任务交给她那些有繁殖能力的姐妹一样,但与蚂蚁不同的是,我们的活动不只依赖本能。自然因而发现有必要通过给我们配备个人偏好来操纵我们的行为,这些偏好表现为我们对未来福利的直接关注。

自然当然没有兴趣把对经营杂货店的那个家伙的直接关心纳入到我们的个人偏好中去。除非他正好是我们的一位亲属,不然他携带的那些重要的基因就成了你的和我的基因的竞争者。而那些不属于他的亲族的人发现与他合作也符合他们个人的利益——就像走进他的杂货店去买一件六瓶装的啤酒的人一样,但这样一笔交易却不是由于买卖双方都直接关心对方的福利而达成的,他们只是在根据自身的利益来协调其行为。

用第1.2.6节中的话来说,我们可以同情那些明天我们要成为的人,但对那

① 这意味着对前一句的限定条件是必须的。出于显而易见的理由,早期的复制比晚期的复制好。这可能就是人们为什么在个人偏好中对未来的预期会打折的原因。

个杂货店主只能产生移情。我们可以设身处地地从他的观点来看世界,但我们并不能真正把他的喜怒哀乐变成我们自己的喜怒哀乐,因而把我们在同一时间对不同人的比较看作与在不同时间对同一人的比较相似的类推是错误的。

那些否认道德现象的自然主义的起源的人并不能轻松地对西季威克的错误类比作出回应。他们只得求助于康德式的某种类型的妙语来解释我们为什么关心我们未来的自身,但如果这样的妙语可以有效解释不同时间的同一个人的情形的话,为什么就不能解释同一时间不同人的情形? 内格尔(Nagel)[189]认为没有理由不可以这样做,而是可以继续为利他主义辩护,尽管这不是严格的康德意义上的辩护,但也容易受到康德曾受到的那种批评。

第 2.2.5 节的主题是不能因为结论不受欢迎就否定得出这个结论的证明。对得出我们应该关心我们未来的自身这个结论的康德式证明的思考,其实就是在观察硬币的另一面。在这个语境中,康德式的证明在有些时候得出了正确的结论,但这不能保证证明是正确的,而仅仅是使其显得引人注目而已。

但是,这一节将要研究的并非是得出了正确结论的康德式的证明,而是得出的结论并不正确的康德式的证明。这方面的一个例子是,康德主义者认为,理性要求每个人在作出行为时好像都受一位认为人人都会遵守他的法律的理性人所创立的法律约束。同理,有人认为理性要求每个人作出行为时好像都受过去的自身所创立的法律约束,这个过去的自身认为他所有未来的自身都会遵守这一法律。麦克伦南[175]就是在这样的语境中谈论"强硬选择"的。

博弈论专家可能会认为麦克伦南及与他持类似观点的人对参与人可以作出的承诺的假定是不能接受的。他们把对康德式承诺的可能性抱有一种想当然的态度的博弈分析视为最坏的异端邪说,但他们对这件事的狂热无疑是因为不久前博弈论专家也犯了一个同类型的错误——而没有人会比一个改邪归正的异教徒更狂热。无论如何,这一节余下的部分是关于为什么"无法作出某些类型的承诺"的陈述是同义反复。

2.5.1　讹诈

在第 1.2.4 节中解释过,博弈论专家从谢林[229]和其他人那里知道了必须小心对待承诺问题。他们把承诺定义为现在作出的一种约束承诺以使其在未来不可撤销的行为,因而承诺是一项具有单方约束力的许诺。如果亚当知道夏娃真的作出了未来一定根据某种方式行事的承诺,那么他丝毫不会怀疑她将会兑现承诺这一点。[1]

第1.2.2节强调了不应混淆对问题建立模型与对模型的分析。本章中批评那些为"错误的博弈提供了错误分析"的人时又重复了这一点,现在我们面对的是同样的问题。第1.2.2节指出,把参与人模型设为经济人并没有排除他们具有同情别人的能力,即使是马基雅维利也会直接关心他的孩子的福利状况!它也没有排除参与人可以作出可靠的承诺的可能性。构造要分析的博弈的模型化阶段也是吸收这类有关人性的假定的阶段。例如,如果亚当和夏娃可以相互同情,就可以把这一点写进他们的支付矩阵。[2]

对于承诺假定也是一样,应该在构造博弈的时候把它们吸收到博弈规则中。谢林[229]的工作表明,对这类模型化决策不可掉以轻心。要现实中存在的人作出真正的承诺难,要使别人相信他们作出了承诺更难。如果有人把承诺机制引进到博弈规则中,他也应该要有对执行承诺的机制的解释。例如,一位嗜酒的人可能会通过采用一个疗程的厌恶训练法来履行戒酒承诺;一家公司为了兑现不污染湖水的承诺而拿出一大笔保证金,如果它有悖承诺的话,保证金就要被罚没。然而,承诺往往由更微妙的机制来执行。例如,由于亚当知道夏娃根本不可能接受使她在谈判中被看作弱者的声誉,因此夏娃在谈判中采取强硬立场的承诺是可信的。

即使模型建造者已经准备好接受这样一个关于承诺如何兑现的非正式解释,像我这样的纯粹主义者还是认为通过把明确的承诺行动引进到博弈规则中来处理承诺问题的方式并不是非常令人满意。不如构造一个承诺执行机制自身被模型化的更大的博弈,这样其中就不必包括正式的承诺行动了。[3]这一点对于

---

[1] 当然可以发明出一种亚当并不完全相信的理论,他只是以较高的概率保证夏娃会兑现她作出的这个众所周知的承诺。但这样的理论于事无补,事实上,对那些悖论式的承诺故事的怀疑是明智的,亚当心中对此的疑问对于这一争论至关重要。

[2] 尽管它不必像图2.3(c)一样简陋。

[3] 或许对意图的非约束性陈述除外。

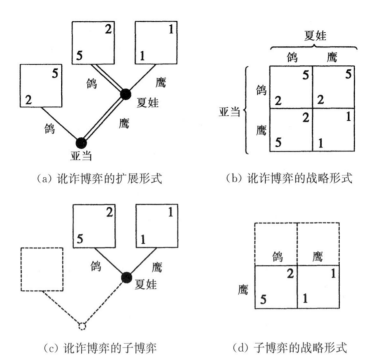

（a）讹诈博弈的扩展形式　　　　　（b）讹诈博弈的战略形式

（c）讹诈博弈的子博弈　　　　　（d）子博弈的战略形式

图 2.9　讹诈博弈

建立在声誉基础上的执行机制尤其重要，我们对于这样的机制如何起作用的直觉还没有牢靠的基础，因此对它们过分倚重是不明智的。博弈论专家因而更欢迎通过在恰当定义的重复博弈中寻找合适的均衡来考虑内生化声誉概念的方法〔见弗登博格（Fudenberg）〔78〕〕。

　　无论一位博弈论专家是不是纯粹主义者，在建模阶段他都会考虑到承诺问题，但他不允许在博弈的分析阶段对承诺作出假设，这样可以避免博弈论专家认为是同义反复的命题。这里用图 2.9（a）中的讹诈博弈来对此进行解释。这里的讨论也有助于介绍一些对研究第 2 卷第 1 章中的讨价还价理论所必须的博弈论思想。

　　扩展形式的博弈　图 2.2（b）中的囚徒困境是具有战略形式①的博弈，每个参与人同时选择战略。讹诈博弈以扩展形式给出，亚当先行动就给了夏娃后行动

---

① 冯·诺依曼和摩根斯坦使用过这个术语的标准形式。

的机会。故事是亚当发现了夏娃不可告人的隐私,他既可以选择鸽战略并守口如瓶,也可以选择鹰战略并向她勒索钱财。夏娃因而有机会选择鸽战略并付给亚当一笔钱,或者采取鹰战略并当众揭穿亚当的讹诈者身份,但这肯定会使她的秘密曝光。

图2.9(a)表示了讹诈博弈的扩展形式。下面的结点表示亚当第一次在鹰与鸽之间作出选择的行动。如果他选择了鸽战略,博弈结束,他选择鸽战略的支付是2,而夏娃的支付是5。如果亚当选择鹰战略,则无论夏娃是选择鸽战略还是鹰战略,博弈都会在余下的两个支付盒之一处结束。

每个扩展形式的博弈都可以用战略形式表述。在图2.9(b)的讹诈博弈中,由于每个参与人只有两个纯战略,因此就选择了这种方便的形式。用这种战略形式很容易从纯战略中找出两个纳什均衡(鹰,鸽)和(鸽,鹰),前一个均衡表示亚当讹诈夏娃而她给了他钱,第二种情形是亚当预见到夏娃会痛斥他而夏娃又真会这么干,因此选择不去讹诈夏娃。哪一个纳什均衡可以作为博弈的解呢?

一个喜欢(鸽,鹰)均衡的证明是这样的,如果亚当企图讹诈她的话,夏娃应该承诺要当众揭穿亚当。之后她应该采取措施使亚当相信她彻底下了这样的决心——对亚当的鹰战略她将以牙还牙。高蒂尔[84, p.173]可能要说她选择强者的角色这件事本身应该是容易让人觉察的,从而夏娃阻挠了亚当选择鹰战略并且取得了她最满意的结果。

逆向归纳 对讹诈博弈的分析多种多样,而博弈论专家追随莱茵哈德·泽尔腾,更喜欢用逆向归纳原理来进行分析。这个原理要求首先考虑"如果能够到达的话,在每一个最后决策结点上将会发生什么",然后据此来决定对立双方的最优博弈行为。

讹诈博弈只有两个决策结点,其中第二个要求夏娃在鹰战略与鸽战略之间做出决策,她选择鹰战略的支付是1,选择鸽战略的支付是2。如果她是理性的,她将选择鸽战略。图2.9(a)中用连接她的鸽战略选择的复线表示这个决策。亚当会预测她将作出这一选择,他因此就会知道如果在第一个决策中他选择鹰战略的话,他的支付是5,而选择鸽战略的支付是2,因此他选择鹰战略是理性的。这个证明得出的纳什均衡(鹰,鸽)是亚当最满意的。

在本章前面的几节中,借助显示偏好理论可以将博弈论证明转变为同义反复。如果夏娃也被要求作出一个决策,为什么她从选择鸽战略中得到支付是 2,从选择鹰战略中得到的支付是 1？如果这个支付是根据显示偏好理论选择的,答案将会是:第一个支付比第二个支付大的原因是,如果要她做出决策的话,她一定会选择鸽战略而不选择鹰战略。类似地,如果亚当知道夏娃会选择鸽战略而不选择鹰战略,他自己就会选择鹰战略而不选择鸽战略。

我感到这样的归纳会使那些认为逻辑比符号游戏更有用的人感到沮丧。对显示偏好理论的这种应用的确掩盖了许多问题。如果这个博弈更长,以至于亚当和夏娃在博弈过程中有机会学习一些有关对方如何思考的有用的知识的话,那么会有更多的东西被掩盖起来。夏娃在博弈后期结点上的选择依赖于她从亚当过去的行为中对他未来的意图的推断,但在显示偏好理论中所有的这些复杂性都被抽象掉了。就像在第 2.2.1 节中所讨论的一样,这导致想要知道什么是博弈应该的支付变得极为困难。另一方面,这种方法在阐明潜在的逻辑时有明显优势。①

是强硬选择吗　当对那些被掩盖起来的问题感到不舒服时,明智的做法是精心构造一个可以把这些被回避的问题拿到光天化日下来检验的模型。例如,在前面的讹诈博弈的逆向归纳分析中,没有提及夏娃作出和公开的强硬选择,而这在对手的承诺分析中处于中心位置,这是因为逆向归纳分析只考虑在博弈中被模型化的内容。如果要夏娃能公开一个强硬选择,就必须考虑一个在规则中对这种可能性作了规定的博弈。图 2.10(a)表示了一个对讹诈博弈的恰当阐述。在这个新博弈中,夏娃先行动。在这个率先采取的行动中,她既可以坚定地告诉亚当她已下决心,如果他敲诈,她就当众揭穿他,也可以含糊其辞。在公开的宣称之后,参与人的战略机会与在讹诈博弈中一样。

在第 2.2.5 节中,增加了承诺交换的囚徒困境有两种可能性,夏娃在开始的行动中公开的意图要么改变了随后的讹诈博弈中的支付,要么没有改变。图

---

① 如果博弈中的支付不是用显示偏好理论来解释的,我认为在有些地方(宾默尔[32])逆向归纳法是一个要谨慎使用的工具。它假定无论博弈中的参与人在过去是多么愚蠢,他们在未来都会理性地进行博弈。结果主义者可能更喜欢哈蒙德[93]对逆向归纳的见解。

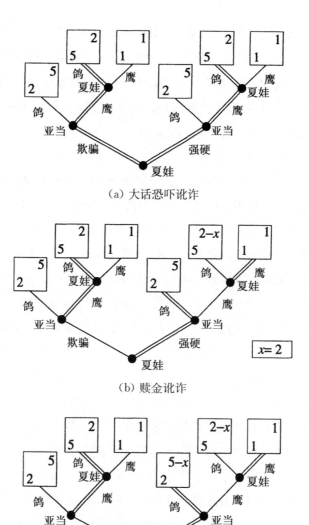

（a）大话恐吓讹诈

（b）赎金讹诈

$x = 2$

（c）有起始坦白的讹诈博弈

图 2.10 讹诈博弈的解释

2.10(a)表示未被夏娃的公开宣称改变的讹诈博弈的情形,复线表示由逆向归纳分析导出的选择。注意,夏娃的公开宣称与随后的行为并不相关,因此公开表示她的坚定性和含糊其辞对于她是无差异的。在这种条件下,博弈论专家认为,一个对坚定性的表示是一个不可信的威胁,而亚当会认为她所表示的强硬态度根本就是一种无聊的举动。

图 2.10(b)表示的是夏娃的宣告改变了讹诈博弈支付的可能情形。如果她宣布了她不会屈服的决心,用 x 来表示她违背诺言后的惩罚。①图 2.10(b)的复线表示对 $x=2$ 的情形进行逆向归纳分析的结果。在这个新情形中,如果在夏娃表示了她的坚定不屈的态度之后亚当对她进行敲诈,她当真会当众揭穿亚当的行为。这个模型因而抓住了用承诺分析来为讹诈博弈的纳什均衡(鸽,鹰)辩护的直觉。

事实上,用前面的这个模型很容易就可以把夏娃对坚定性的公开表示变为真正的承诺,只需要取消她在此后选择鸽的机会,从而使她不可能食言就可以做到这一点。但是这好像是在错误的方向上迈出的一步,因为维持承诺的机制完全被放在了一边而且未作任何解释。一个更有现实性的模型是用图 2.10(c)中的夏娃的公开行动代替图 2.10(b)中的公开行动。在图 2.10(c)的公开行动中,在任何讹诈发生之前,她都有机会向她的家人和朋友公开她的秘密,因此无论她被讹诈与否她的损失都是 x,但却使理性的讹诈者无法得逞。在这种新情况中,他明白公开她的秘密所产生的丑闻不足以阻止她揭穿他。

2.5.2 子博弈精炼均衡

追随泽尔腾[235]的博弈论专家称讹诈博弈的一对战略(鹰,鸽)是子博弈精炼均衡。之所以有这么一个名字,是因为它不仅是讹诈博弈的一个纳什均衡,而且它可以给出讹诈博弈的所有子博弈的纳什均衡。在完美信息博弈中②,用逆向归纳法分析就可以得出一个子博弈精炼均衡。但值得探索的是,为什么用逆向归纳法得出的战略对(鹰,鸽)的确是子博弈精炼的。

讹诈博弈只有两个子博弈:原博弈自身③和由夏娃在她的秘密被公开后在鹰和鸽之间的选择作为第一个也是唯一一个行动的博弈。图 2.9(c)表示这个适当

---

① 她可能会向亚当出示她赞美康德理论的博士论文来说明,任何情况下向任何人说谎都是"非理性"的,并让他相信,玷污她作为一个理性人的形象比公开她的过失更让她痛苦。

② 这意味着直到一个参与人作出他的决策的那一刻,以及包括那一刻在内,发生的所有事都不会被隐瞒。扑克游戏是一个不完美信息博弈,因为每个参与人都不知道对手的牌。

③ 正如可以把一个集合看作是它自身的子集一样,也可以把一个博弈看作是它自身的子博弈。

的子博弈,图 2.9(d)表示的是对应的战略形式,因而很容易就可以检验(鹰,鸽)是不是子博弈精炼均衡。唯一要做的是,选择(鹰,鸽)是否会导致每个参与人在图 2.9(c)中的子博弈中对他人作出最优的回应。由于亚当在子博弈中不必做任何事情,因此只需检验夏娃选择的鸽战略是否要求她对子博弈中的选择进行优化。由于她选择鸽战略的支付是 2,而选择鹰战略的支付只有 1,这一点很容易验证。

对于初学者来说烦恼的是,子博弈精炼均衡要求参与人作出的行为是理性的,甚至在因为用了子博弈精炼均衡而不会发生的子博弈中也同样如此。为什么应该关心那些子虚乌有的情形中参与者的行为呢?

例如,图 2.10(c)通过用复线连接每个结点的最优选择表示子博弈精炼均衡。这个均衡要求,如果夏娃以向她最重要的人透露她的秘密开始的话,亚当要选择鸽战略。夏娃永远不会有实施她的计划的机会,即在她公开了她的秘密之后,如果亚当要敲诈她的话,她就选择鹰战略。如果使用子博弈精炼均衡战略,她作出这一选择的子博弈就永远不会到达。不过,如果到达这个子博弈,她将选择鹰战略,这个事实对于这个证明至关重要。事实是,在她向家人和朋友透露了她的秘密之后,她作出这种行为的计划对亚当是可信的,从而阻挠了他对鹰战略的选择。

政治家喜欢取笑那些好提假设性问题的人,以便他们找托辞回避对问题的回答。他们常假装违反事实的陈述本质上是荒唐的,就像乔治·布什(George Bush)[1]以他特有的风格在回答一个关于失业救济金的假设性问题时说:"如果青蛙长了翅膀,它不会把尾巴拖在地上。"但假设性问题是博弈论的命根子,就像它们应该成为政治学的命根子一样。参与人忠于均衡战略的原因是,如果不这样就会有麻烦发生。理性参与人之所以不偏离均衡位置,是因为他们预见到偏离均衡会导致令人不快的事情发生。

有时在博弈论讨论中到处都是虚拟语气的表达方式,而这常常是不必要的使用,但疏忽了这些表达方式的人要自担风险——就像有人要为穿过繁忙的马路但没有注意交通状况而自负后果一样。

---

① 《新闻周刊》(*Newsweek*),1992 年 1 月 27 日。

2.6 真正的含义

作为总结,我要重述的是,在现代效用理论中,对选择行为 b 代替行为 a 是因为前者产生了更高的收益的证明存在推理谬误。在与哲学家讨论决策理论时,我常常发现他们对这个问题的态度是令人沮丧的。他们一致认为运用现代效用概念来解释理性选择问题是错误的,但转眼之间又开始批评信奉效用理论的人,仿佛他们所坚持的是边沁和穆勒幼稚而陈腐的思想。因此,我始终认为博弈论专家不是隐蔽的边沁信徒,并没有用数学的烟幕掩盖维多利亚时代的功利主义观点,博弈论专家的确相信他们所说的效用理论。具体一点讲就是,如果没有诚意接受现代效用理论并不认为效用直接源于在各种情况下对快乐与痛苦的权衡的思想的话,就不要指望可以理解我随后要讲的效用的人际比较问题。

现代效用理论的一个同义反复表现为,当行为 b 产生的支付比行为 a 产生的支付大时,选择行为 b 而不选择行为 a,而对此的定义是,在 a 可行的情况下,如果选择了 b 而没有选择 a,就表明 b 的支付比 a 的支付大。在用共同善取代个人支付后也存在同样的问题。在非目的论中,如果在社会状态 a 和 b 之间选择了 b,那么定义社会状态 b 的共同善比社会状态 a 大,这使得社会寻求善的命题陷入了同义反复。类似地,只要能保证对支付作出恰当的定义,在用逆向归纳法分析有动态结构的博弈时也会出现同义反复。

强调这些博弈论工具的同义反复性质的原因之一是要把批评者的注意力从如何分析一个正式博弈的问题引导到一个回报更大的问题上——如何把人的交互作用问题模型化为正式博弈。博弈论基础的确还处于变动之中,因而也存在如何分析博弈的争论。但本书中的博弈问题都太过简单而不值得争论。

到目前为止,博弈论专家和门外汉对如此简单的博弈分析产生争论的原因是,后者经常坚持把分析性陈述当作综合性陈述来理解。但是这些争论并非毫无半点用处,它们是关于真实生活现象的正式模型出错的信号。但对这些几乎没有什么实质内容的断言感到恼火并非正确的解决方式,相反,有时我们有必要走出象牙塔——我们由于过早地运用数学形式而被禁锢于其中,转而对我们已经接受的关于真实的人性与社会制度的观念进行再思考。

根据第 1.2.2 节的观点,我们需要问自己我们是"好人"还是"恶人"。在何种程度上我们对同类产生了同情而不是对他们的困难产生移情?又在多大程度上我们可以真正作出承诺,即我们会根据意志作出令我们未来的自身反感的行为?

博弈论在这些问题上是中性的,它的方法对一个由理性的"好人"组成的社会与一个由"恶人"组成的社会的作用是相同的。这两种情形的差别仅在于"好人"进行的博弈与"恶人"进行的博弈不同。例如,"好人"不可能进行囚徒困境博弈。但我自己的观点是,建立在这种太过乐观的人性论观点上的社会契约理论似乎缺乏应用价值。

我请求批评者努力接受博弈论专家的真实意图,但我知道他们不会对此作出回应。毕竟,批评的对象常常声称是被误解了。下一章主要致力于对批评者提出的为"囚徒困境中合作是理性的"这一推理谬误辩护的主要理由进行概述。我希望这至少可以澄清我有在努力认真对待他们的立场。

在讨论囚徒困境时,本章主要着眼于由"假设每个人都作出这种行为的话?"的问题表示的推理谬误。第 2.4 节冒昧地认为康德主义者的"理性"在华丽的包装下,本质上也是这一谬误。尽管我尽可能轻松地对待这一主题,但我要强调的是康德在这些问题上完全错了。或许我误解了人性,如果我们能从这非理性的冲动中摆脱出来,就会发现我们其实都是披着狼皮的羊,但对此是无法用康德主义的先验的观点来证明的。如果我们想知道自然在我们的基因中预存了什么样的能力,经验主义的方法是唯一的选择。

对于康德,我与托马斯·沃格曼(Thomas Wirgman)的看法庶几近之。数学家奥古斯都·德·摩根(Augustus de Morgan)[182]在他的《奇人大全》(*Encyclopaedia of Eccentrics*)中写道:"沃格曼从詹姆斯·穆勒(James Mill)那里收到的最高的赞扬是,穆勒过去常常说沃格曼并不理解康德。"这被当成了一个针对"狂热的和古怪的"沃格曼的笑话,任何来自约翰·斯图尔特·穆勒父亲的注意都会使他沾沾自喜,但是,这并不能消除我心中对这个笑话另有所指的不安和怀疑。

But he knoweth the way that I take
when he hath tried me I shall come forth like gold

Have pity upon me: Have pity upon me. O ye my friends
for the hand of God hath touched me

Though he slay me yet will I trust in him

The Just Upright Man is laughed to scorn
Man that is born of a Woman is of few days & full of trouble
he cometh up like a flower & is cut down he fleeth also as a shadow
& continueth not. And dost thou open thine eyes upon such a one
& bringest me into judgment with thee

London Published as the Act directs March 8: 1825 by William Blake N.3 Fountain Court Strand

这是威廉·布莱克关于工作寿命的系列版画之一。这幅画中的人物似乎解
释了化圆为方是不可能的。

第 3 章　化圆为方

切记要研究权力的本来面目，

而非研究你所企盼的权力。

——马基雅维利（《君主论》）

3.1　引言

托马斯·霍布斯一生著述涉猎甚广，并对许多问题都提出过精辟的见解，因此人们往往很难相信他竟是一位不可救药地相信化圆为方的人。与其现代同仁相比，他有理由声称，在那个时代人们还不知道化圆为方是不可能的事情，①但他又与他的现代同仁一样纠缠不休地要求数学家承认他的发现。所有的职业数学家都拒绝浪费时间向这些不愿接受任何指导的业余人士解释他们的工作，所以他们像打发那些走街串巷的货郎一样对待这些梦想实现化圆为方的人。但在多年以前，当我从一位卓越的数论领域的专家那里了解到导致他的黑眼圈如此引

---

① 林德曼（Lindeman）证明了 π 是超越数。由于 π 不是二次不尽根，因而无法用古典的直尺—圆规作图法作出与给定圆等面积的矩形。要证明 π 是超越数并不容易，但要证明与之相伴生的三等分角问题的不可能性则只要具有高中水平的数学知识就够了。参见宾默尔：《逻辑、集合和数字》（*Logic*，*Sets and Numbers*），剑桥大学出版社，1980 年。

人注目的原因之后,我认为数学家的这种轻率态度并非总是明智之举。

博弈论中的化圆为方问题就是试图证明在一次性囚徒困境中应选择严格劣战略。本章所要讨论的是这些想要将非理性理性化的人所制造出来的悖论和谬误。拒绝同义反复的思想家们的天才难以受到世人的推崇,但博弈论专家在加入那些趾高气扬的、对化圆为方不屑一顾的数学家的队伍之前应该三思而后行。一旦给出一个所谓化圆为方是可行的证明,数学家就可以开始着手指出这一证明中的错误。他不但能告诉我们他之所以正确的原因,而且还能指出他的对手的错误所在。博弈论专家的工作不能和数学家的工作一样令人信服,因为他们还没有正确地理解博弈论的基础问题。

这样的告诫表明,我并不认为我的反驳有权威性,我反对那些声称在一次性囚徒困境中对严格劣战略的使用合理证明,我在前一章中就认为这样的博弈是非理性的。之所以要分辨出这些证明中的错误,有两方面的原因,基本的动机是传教士在宣扬真正的教义之前得让与其教义相悖的种种信念之魔平息下来。

第二条理由可能并不受博弈论专家欢迎,但我认为通过研究囚徒困境之类的悖论和谬误,可以从中获得一些有意义的成果。在适当的背景条件下,对错误的博弈的错误分析或许蕴涵着能经受得起正确博弈分析的观点。例如,从欧几里德几何的其他公理中无法推导出平行公理,但在这一问题被证明之前,有许多天才的数学家为之耗费精力——甚至有一段时间他们还自信取得了成功。贬斥这些工作是在浪费时间是容易的,但同时这也是一种误导。他们的一些研究结论经受了时间的检验,成了非欧几何的定理。如果博弈理论要在均衡选择问题上有什么进展的话,在我看来有必要重新检讨一些已经被拒绝的观点。

3.2 透明倾向谬误

在博弈论背景下,人为假定当参与人可以作出超出构成博弈规则的那些因素的承诺时,他们具有按确定方式行动的"倾向"(disposition)。如果他的对手一定可以知道他的承诺，那么他的倾向是透明的。博弈论专家认为参与人能够选择拥有"透明倾向"的假定是错误的，其原因已在第2.5.1节中通过一个讹诈博弈的例子作了解释。

本节中首先通过刻画两个非常引人注目的例子来证明一次性囚徒困境博弈中的理性合作问题。伯特兰·罗素(Bertrand Russell)告诫我们，在首次听到新论点时要暂时搁置我们的怀疑态度。可是上述论点的前提乃是某种并不存在的预设，实在令人难以信服。然而，当一个人不再坚持这些观点适用于抽象的理性行为，而是开始思考导致在一次性囚徒困境博弈中合作得以达成的演化史时，我认为情况将有所不同。本节中大部分内容都与这一问题有关。

我认为，这一演化形式的观点的失误在于，证明偏离均衡的博弈在长期中可以保持下去是不可能完成的任务。然而，这样的观点在具有多个均衡的情形中，如猎鹿博弈中，能提供有关均衡选择的有用的意见。这一讨论还涉及重复博弈的均衡选择，特别是在不确定期限的重复囚徒困境中，在这里针锋相对战略的价值被高估了。①本节的结论认为，阿克塞尔罗德[14, 15]等人为维护针锋相对战略而提出的演化观点几乎是失败的，特别是没有充分的理由假定自然会必然选择一个类似于针锋相对战略的善意的战略，以鹰战略开始的恶意战略在自然的议程表上至少同样正确。

3.2.1 "元博弈"

第2.2.6节讨论了许多非囚徒困境博弈，但它们经常被当作囚徒困境博弈来分析，下面是一些更复杂的例子。奈杰尔·霍华德(Nigel Howard)[122]给出了代替囚徒困境的种种博弈形式，他将其称为"元博弈"。本节研究的是以图2.2(b)表示的囚徒困境为基础的他所谓的1-2元博弈。通常用图3.2给出的元博弈支付矩阵来对其进行解释，但我打算用图3.1(a)表示的扩展形式的博弈来作更

① 马丁内斯·科尔(Martinez Coll)和赫什雷夫(Hirschleifer)[171]指出，"由于阿克塞尔罗德在重复博弈背景下对演化的竞争的研究，人们普遍接受了一个惊人的观点，也就是说，那种名为针锋相对的简单的互惠行为是最好的战略，不仅在阿克塞尔罗德模拟的特定环境中是这样，而且这种战略有更广泛的适用性。或更概括地说，针锋相对战略提供了在复杂的社会交往活动中人与人合作的基础，甚至还解释了在生命的完整历程中社会合作的演化"。其他人也有类似的评论。范伯格(Vanberg)和康格尔顿(Congleton)[264]对此有特别的洞见。

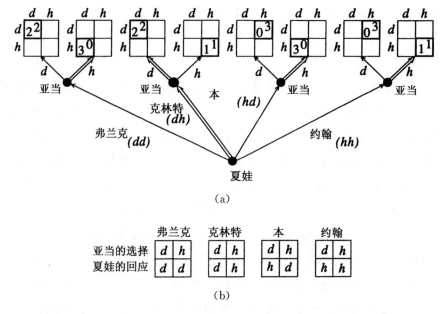

(a)

	弗兰克		克林特		本		约翰	
亚当的选择	d	h	d	h	d	h	d	h
夏娃的回应	d	d	d	h	h	d	h	h

(b)

图 3.1　透明倾向选择

简单的说明。

图 3.1(a)的扩展形式表示夏娃作为参与人 Ⅱ 首先采取行动。高蒂尔[84，p.170]把她的选择称作倾向，而我称为角色。夏娃可能选择的四种角色是弗兰克、克林特、本和约翰。为了便于记住他们各自的特点，我们把他们的名字联想为广为人知的阿西西的圣方济各(St. Francis of Assisi)、克林特·伊斯特伍德(Clint Eastwood)、贝尼托·墨索里尼(Benito Mussolini)和成吉思汗。

如果夏娃是弗兰克这样的角色，则无论亚当在囚徒困境中采取什么样的行动，她都选择鸽战略。如果她是约翰这样的角色，则无论亚当选择什么战略，她都选择鹰战略。克林特·伊斯特伍德在意大利式西部片中所演的角色是本书中克林特角色的原形。在关于演化论的文献中，这样的角色是一个"复仇人"。如果夏娃是克林特角色，则在亚当选择鸽战略时她也选择鸽战略，亚当选择鹰战略时夏娃也选择鹰战略。贝尼托·墨索里尼代表一个典型的恃强凌弱者，如果夏娃是这个角色，那么在亚当选择鸽战略时她选择鹰战略，亚当选择鹰战略时她选择鸽战略。图 3.1(b)概括了夏娃可能选择的四种角色。

图 3.1(a)中的下一个行动是亚当的行动，在他选择这一行动时，他知道夏娃

选择的角色。高蒂尔认为,夏娃的倾向选择对亚当而言是透明的。例如,在夏娃
选择本的角色后,亚当开始在鸽和鹰战略之间选择,他知道选择鸽战略的支付是
0(因为夏娃将选择鹰战略),他选择鹰战略的支付是 3(因为夏娃将选择鸽战略),
在这个条件下他的最优选择是鹰战略。在图 3.1(a)中,用复线表示他的选择。
在用复线表示了他在其他结点的最优决策之后,根据第 2.5.1 节中的逆向归纳原
理我们有必要对夏娃的角色选择作进一步的思考。如果亚当的行为是理性的,
则夏娃选择弗兰克的支付是 0,选择克林特的支付是 2,选择本的支付是 0,选择
约翰的支付是 1,因而克林特是她的最优选择,在图 3.1(a)中同样用复线代表了
她的这一选择。

　　正如第 2.5.2 节中所阐述的,运用逆向归纳法总是可以推导出完美信息的有
限次博弈的子博弈精炼均衡。在图 3.1(a)中用复线表示的这一子博弈精炼均衡
要求夏娃选择克林特战略,而亚当选择 $hdhh$ 表示的战略。在对亚当的战略选择
作出解释之前,应注意到他有大量的纯战略。必须逐一阐明他在博弈中所有可
能发生的事件中将要选择的战略。亚当有四个决策结点,每一个决策结点中他
都有两个可能的选择,因此,他共有 $16 = 2 \times 2 \times 2 \times 2$ 个纯战略。战略 $hdhh$ 表示
如果夏娃选择弗兰克,亚当选择鹰战略;夏娃选择克林特,他会选择鸽战略;夏娃选
择本时他选择鹰战略;夏娃选择约翰时亚当还是选择鹰战略。同理,图 3.2 中 dh
表示夏娃的纯战略克林特是 1-2 元博弈的战略形式,它的扩展形式在图 3.1(a)中
作了表示。

　　请注意($hdhh$, dh)只是图 3.2 中带星号的三个纳什均衡之一,其余的纳什
均衡将被剔除掉,因为它们不是子博弈精炼均衡,或者像奈杰尔·霍华德强调的
那样,原因在于——亚当的纯战略 $hdhh$ 是它的所有对手的弱占优战略。

　　如果在 1-2 元博弈中亚当和夏娃选择唯一的子博弈精炼均衡,夏娃将选择克
林特,亚当将选择鸽战略,结果是在囚徒困境中他们会保持合作。1-2 元博弈显
然不是囚徒困境问题,因此在 1-2 元博弈中出现理性合作的可能性并不意味着在
囚徒困境中存在理性合作的可能性。下面我将详细严格地解释为什么不能用囚
徒困境代替 1-2 元博弈。

　　首先,图 3.1(a)的扩展形式想当然地认为夏娃会作出承诺,它假设夏娃会作
出在弗兰克、克林特、本和约翰四种角色中选择一个的承诺。为了弄明白这里为

	dd	dh	hd	hh
dddd	2 / 2	2 / 2	3 / 0	3 / 0
dddh	2 / 2	2 / 2	3 / 0	1 / 1
ddhd	2 / 2	2 / 2	0 / 3	3 / 0
ddhh	2 / 2	* 2 / 2	0 / 3	1 / 1
dhdd	2 / 2	2 / 2	3 / 0	3 / 0
dhdh	2 / 2	1 / 1	3 / 0	1 / 1
dhhd	2 / 2	1 / 1	0 / 3	3 / 0
dhhh	2 / 2	1 / 1	0 / 3	1 / 1
hddd	0 / 3	1 / 1	3 / 0	3 / 0
hddh	0 / 3	2 / 2	3 / 0	1 / 1
hdhd	0 / 3	2 / 2	0 / 3	3 / 0
hdhh	0 / 3	* 2 / 2	0 / 3	1 / 1
hhdd	0 / 3	1 / 1	3 / 0	3 / 0
hhdh	0 / 3	1 / 1	3 / 0	1 / 1
hhhd	0 / 3	1 / 1	0 / 3	3 / 0
hhhh	0 / 3	1 / 1	0 / 3	* 1 / 1

图 3.2　囚徒困境基础上的 1-2 元博弈支付矩阵

什么涉及承诺,我们假定夏娃选择克林特时亚当选择鸽战略,对亚当的鸽战略假定克林特也会同样采取鸽战略作为回报。但夏娃在知道亚当选择鸽战略之后就不会按照克林特这个角色所要求的那样去行动了。因为在囚徒困境中,鸽战略得到的支付常常低于鹰战略得到的支付。因此,如果她还继续要按克林特角色的要求采取行动,一定是因为她已作出了这样的承诺。

　　但对与囚徒困境有关的 1-2 元博弈的分析并不能充分证明夏娃会作出承诺,

她完全可以使亚当相信她确实作出了承诺。她的决心必须公诸于世,不仅如此,而且亚当打算在囚徒困境博弈中采取的行动也必须是显而易见的。否则,夏娃就不会在囚徒困境中选择这样一个角色,而这个角色在囚徒困境中的行为选择依赖于她的对手的行为选择。

弗兰克[75]的《理性中的激情》(*Passion within Reason*)一书认为,1-2 元博弈这样的结构是值得研究的。他认为我们有能力训练自己去拥有特定的倾向。进一步讲,这样的倾向是公开的,因为人的生物特性已把我们同他人联结在一起,而且很难对他人隐瞒我们的内心活动,第 3.2.3 节表达的正是这种观点。在本段中我想请读者注意的是,即使我们完全同意弗兰克的观点,但认为对 1-2 元博弈的分析就是对囚徒困境的分析的看法是错误的。

3.2.2 约束最大化

高蒂尔[84,p.157]的"约束最大化"理论可以被看作是上一节中元博弈谬误的对称版本,他区分了约束最大化与无约束最大化的不同并且认为拥有前一种倾向是理性的。在上一节中,高蒂尔认为克林特比约翰更具"理性"。高蒂尔明白需要彻底公开角色选择的信息,解决这一难题的技巧是:

> 因为我们的论证适用于理想的理性人,所以我们可以直接加上另一个理想的假设——我们所选择的角色是有**透明倾向**的,从而每个参与人都知道他的博弈伙伴的倾向,也知道与他互动的对象是无约束最大化者还是约束最大化者,因此欺诈行为是不可能发生的。

后来他又注意到透明倾向可以被半透明倾向取代,也就是说,参与人不必完全知道对手的倾向,只要他能以充分大的概率来确定对手的倾向就可以了。这种条件下他的论证仍然成立。

第 2.5.1 节解释了为什么博弈论专家不认为我们可以对自己的倾向作出承诺并公开这一承诺的假设是可以接受的。除非一个人接受高蒂尔的观点,把透明倾向视为理想的理性人的特征之一,否则就不会对前面的讨论增添任何新内容。对高蒂尔[85,p.185]在他的《约同的道德》中所认为的"最有成果的思想"作出的这样一个驳斥并不十分使人生厌。高蒂尔[85,p.186]用"草率"来形容一段意在解释为什么约束最大化应该被拒绝的篇幅较长的论述(宾默尔[23])。我试图用一段话来解释他的反驳,希望能以此澄清这样一个事实,即虽然反对约束最大化的观点可以用一两句话说清楚,但这并不意味着对使博弈论专家感到困惑的各种谬误的思考是不成熟的。

在我看来,高蒂尔在面对对约束最大化的批评时,最好的保护措施是同意这样的观点,即用一次性囚徒困境博弈来模拟现实生活的做法并不妥当。他可以无条件地告诉我们他对这个博弈的更多的真实分析,某种思想交流或许是可能的,但高蒂尔[85, p.186]完全拒绝了博弈论方法,他认为"公认的理性选择理论"是"在概念上不充分的",应该被某种"能包含约束最大化的选择理论"取而代之。他相信这种公认的理论作出了这样的判断,即"有而且只有效用才是行动的原因"。对此,一位经济学家只能回答说,在经济学教科书中通常认为这种对现代效用理论的边沁主义解释错误的。卢斯和雷法[158, p.32]的著作就是这样的标准的参考书(也可参见第2.2.4节、第2.3.5节和第2.6节)。高蒂尔在一个非常基本的层次上出了错,他假定现代效用理论试图解释理性人的行为选择。对此所能作的最好回答是指出具有内在不一致性的行为不可能是理性的,我们这些依赖显示偏好理论的人,明确拒绝我们要为"理性行为"辩护的说法。我同意需要在一个充分明确表达的理性理论中对此予以解释,但是这样的理论并不存在。就像一位维多利亚时代的地理学家只谈论"黑暗大陆"*的海岸线一样,我们的注意力只限于这个神秘的巨大事物能够进行可靠的讨论的一小部分上。正如一位维多利亚时代的地理学家认为非洲没有内陆一样,我们也认为理性参与人毫无疑问在作出选择行为时具有正当理由,而这被显示偏好理论用作数据。一旦有了充分的数据,就可根据这一理论去演绎参与人在其他条件下的行为——而且只需要借助他的未来行为与过去行为之间具有一致性的假设就足够了。这表明,博弈活动中想当然的数据通常是虚拟的。在第2.2.4节中,当亚当知道夏娃一定选择鸽战略时他会选择鹰战略这样的论述或许只是一个假设,但是博弈论专家在谈论一次性囚徒困境博弈时这样的假设是被包含在内的。事实上这与囚徒困境中合作是非理性的几乎是一对同义反复。但正是出于这一原因,通过一

---

* "黑暗大陆"是指早期大部分土地尚未得到开发因而具有神秘性的非洲大陆。——译者注

个替代理性理论的理论来证明囚徒困境中的合作问题,就好比给出传统算术规则的替代品,而在新的算术中 2+2=5。有人或许会去重新定义算术符号,就像高蒂尔含蓄地试图去重新定义囚徒困境一样,但谁又能理性地预期到这种努力的结果不是一种混乱呢?①

据说被高蒂尔看作是理性原理的约束最大化在某些时候不但是不切实际的,而且与他的模型根本不一致,这至少是我愿意为高蒂尔辩解的一个理由。困难在于,在一个与元博弈谬误对称的版本中,要求亚当和夏娃必须同时选择他们的角色,但囚徒困境中每一位角色的行为选择依赖于他人的选择,因而我的所作所为依赖于别人的所作所为。反之,别人的所作所为也依赖于我的所作所为。因此,我们似乎掉进了一个自我参照(self-reference)的陷阱。当然自我参照并非自我矛盾。例如,这个判断是自我参照的但并不是自相矛盾的。

约翰·霍华德(John Howard)[121]设想了一台能访问其对手计算机的输出结果的计算机,借助奎因(Quine)提出的天才的方法,当且仅当它的对手的程序与它一样时,在囚徒困境中这样一台计算机能够通过编制程序来选择鸽的角色。这样的程序由一个命令序列组成,这个命令序列等价于下面的算法:

> 当且仅当它的对手采取 X"X"形式的指令,而 X 具有后文引号中的语句所规定的性质时,它选择鸽战略。"当且仅当对手采取后文引号中的语句所规定的指令形式 X'X'时,它选择鸽战略。"

这一观察使得重新定义克林特和约翰的角色成为可能,如图 3.3(b)所示。这些在被我称为高蒂尔"元博弈"的这类文献中出现的常见性内容正如图 3.3(a)所示。这一博弈有两个纳什均衡:(克林特,克林特)和(约翰,约翰)。与图 2.5(a)表示的极为相似的猎鹿博弈不同,所有的论证都倾向于选择帕累托占优均衡(克林特,克林特)。如果囚徒困境是高蒂尔的"元博弈",那在囚徒困境中合作是理性的这一判断就一定是正确的。

---

① 例如,高蒂尔[85, p.179]在面对萨格登[257]对他的讨价还价理论进行批评时反应是承认公认的博弈论知识,而在他书中的后面几页里,在对我对约束最大化理论的批评作出反应时,他否认了公认的博弈论知识。如果高蒂尔反对在囚徒困境中使用纳什均衡的观点是正确的,那么他一定明白鲁宾斯坦(Rubinstein)讨价还价模型中的子博弈精炼均衡也不可能是正确的(第 2 卷,第 1 章)。

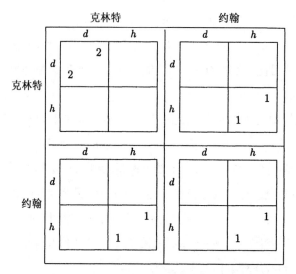

克林特	约翰
鸽	鹰

克林特

克林特	约翰
鹰	鹰

约翰

(a) 高蒂尔的元博弈　　　　　(b) 重新定义的克林特和约翰

图 3.3　谁可以信任

3.2.3　廉价磋商与演化

我们为什么如此容易被声称要证明类似于高蒂尔[184，p.157]的约束最大化这样的原理是理性的谬误所诱惑呢? 部分的原因是,尽管我们在很大程度上根据"机械地学,机械地做"的原则行动,但我们并不乐意把自己想象成一些只会机械模仿的猴子,我们倾向于与理想的哲学王比智慧,过一种经过深思熟虑的完全理性的生活。然而,这种自鸣得意的自我形象难以和不可否认的事实调和——我们的思想和行为几乎全都被我们所处的社会中的习惯所决定。但是,我们宁愿抓住任何出现的故事,而不是接受这一事实,即我们不了解是什么驱使我们行动,[①]这些故事似乎可以证明,如果我们是我们心目中的哲学王,我们会选择做的事实际上就是我们现在正在做的事,尤其是当这些故事已经被我们的其他(猴子)同类所接受时。

讲到这一点,我同意道威斯(Dawes)等[60]、弗兰克[75]和其他许多学者的

---

① 注意,我并不是说惯性思维和行为方式一定是非理性的。相反,我相信它们通常在其所适用的场合中起到重要作用。但要确定它们适用的条件不一定容易,即使在它们的适用领域得以确定之后,也不容易理解它们为什么有用。

观点,他们认为人类的行为方式有时也很像是约束最大化,但我不相信这样的行为已发展到了可以在一次性博弈中运用的程度。我相信它存在的原因是重复博弈要用它来维持均衡。第 3.2.2 节中克林特角色的行为与第 2.2.6 节中针锋相对行为的相似决非偶然。对于在重复博弈中发展起来的维持均衡的生理和心理机制有时会在一次性博弈中被不恰当地触发这个问题,我们也不必感到惊讶。如果这类一次性博弈行为在成本高昂而且频繁被不恰当地触发的情况下仍然存在,我们才应当惊讶。

情绪的作用　在认为愤怒、鄙视或内疚①等情绪起到强化承诺的作用方面,弗兰克[75]的观点也许是最有说服力的。一旦有人触发了我们的愤怒按钮,我们唯一的选择就是报复这些攻击我们的人。在这种潜在的毁灭方式中,我们的倾向通过未加控制的表情肌肉的活动直接反应在我们脸上,或是通过不自主的肢体动作表现出来。

我认为无需去重复那些经常用以支持这些论点的轶事,也不必再现那些显示人或动物特有的感到愤怒或恐怖时的动作,我们都知道经历强烈的情绪波动是什么感觉。一旦被这种情绪支配,就很难把它隐瞒起来。但理性人很少有强烈的情绪波动,在我们熟悉且对我们很重要的情境中,我们几乎总是能把自己的情绪置于严格的控制之下。我就是一个反复无常的人,但我在听取有力量影响我们事业成败的人的观点时保持表面的尊敬并没有什么困难。我认为我的伪善通常并没有被觉察到,基于我从玩扑克牌中得出的经验,我对人们不能隐瞒他们的情绪之类的观点表示怀疑。②演员的确可以根据需要表现出各种各样的情绪。

实验　为反驳这样的观点,弗兰克[75, p.157]提供了实验证据。在这个实

---

① 就个人而言,我认为这与亚当·斯密所讲的真正有生理参照意义的道德情感,如愤怒、鄙视、绝望、忌妒、贪婪、羞愧和内疚等,并不相同。在特定条件下,我们的身体会向血管中输入一些化学物质,我们因此会为了解释我们的体验而创造一些神话,但这些神话通常并不能把体验本身和产生这种体验的原因区分开。

② 我不否认人们在打扑克时经常会由于疏忽而暴露自己。熟练的牌手通过留意对手的行为得到这些信号,但他们同样也注意不因为自己的行为泄露信息——通过一本正经毫无表情的脸来隐瞒他们的行为。

验中,参与人在图 2.2(b)用美元表示支付的一次性囚徒困境博弈前 30 分钟的友好交流环节中被允许建立友好关系,结果显示参与人合作的可能是 68%。参与人在经过讨论之后被要求预测他们同伴的行为是合作还是背叛,他们以 75%的正确性预测他们的同伴选择鸽战略,以 60%的正确性预测他们的同伴选择鹰战略。其他许多研究也证明如此高水平的合作是很普遍的,不但在囚徒困境实验中如此,而且在有关公共物品提供的实验中也是如此,在这个实验中即使参与人对公共物品作出了贡献,但如果这种贡献不够大,他们也无法提供公共物品。

作为一位实验者[①],我有必要对轻信这种实验结果的人提出忠告。我并不是说没有观察到报告中的这种行为,[②]但我们应对这种实验倾注多少注意力? 这些实验只会告诉我们当一个缺乏经验的人置身于他不熟悉的环境中或没有动机进行仔细思考时,他会作出什么行为。一个人无法在实验室中成功模拟对于社会契约的讨论更重要的真实生活情形,但他至少可以尽力去接近真实生活。不熟悉决策问题的人可以借助带有图形显示的交互式计算机,使得决策问题的机制很容易就可以学会。还可以允许没有经验的参与人一遍又一遍地进行博弈,每一次他都要面对新的对手,直到他们的行为处于一种稳定状态,提供充分的激励的问题只要支付足够的钱就可以解决。

只有当一位实验者已通过努力试图满足上述要求时,才能认为他的实验结果与社会契约问题是相关的,否则,我认为应该怀疑这种期望接受实验的人通过阅读几页打印的指令来学习他们需要完成的任务的实验。[③]我同样怀疑只给了接受实验的人极少的时间进行试错法学习的实验,无论是关于问题本身还是关于别人希望他们作出反应的方式。最后,我认为如果被实验者的实验行为没有得到相应的机会成本的回报,那么这项实验无论如何也不值得相信。例如在弗兰克等[75]的实验中,一个被实验者违背在博弈开始前 30 分钟的友好交流环节中选择鸽战略的许诺可以得到一美元的回报。但一个没有受到过任何实验心理学

① 例如,宾默尔等[42, 27, 41, 39, 44]。
② 作者对所报道的实验文献作了仔细挑选。例如,我认为弗兰克[75, p.174]不会引用宾默尔等[42]的文献,如果他没有被这一文献支持他的观点的错误印象支配的话。
③ 即使所涉及的任务很简单,这仍不失为是一个好建议。如果实验者大声朗读有关指令,我将更加怀疑实验的结论。我认为实验者不该在实验中出现,任何与实验对象直接接触的人都应是和实验结果没有利害关系的人。

训练的人都明白这种背景下一美元的激励实在是太微不足道了。①

　　总而言之,关于有人类参与者的实验,有两个问题需要深入研究。当激励增加时这种行为仍然存在吗? 这种行为在被实验者经过较长时间熟悉了实验者为他们设置的特殊情境后能存在下来吗? 如果不会,那么实验者的工作不外乎是无意中引发了适用于某些真实生活情境的实验对象的反应而已。但这与实验对象在实验室中面临的问题只是表面上相似而已。用第 2.3.3 节的比喻来说,我们将直接观察康纳德·洛伦兹的在大理石桌面上洗澡的小穴鸟这样一件拟人物。就这些似乎表明在帕累托无效率的状态下人们不选择均衡战略的实验而言,现在有充分的证据表明,特别是在私人提供公共产品实验下[利亚德(Ledyard)[147]],当激励增加时,以及受试者对其所面对的问题和其他受试者的行为开始熟悉时,这样的行为有很强的倾向会瓦解。在长期中,无论正在研究中的这种博弈出现什么样的均衡,受试者的行为都倾向于向这种均衡收敛。

　　讨价还价约束最大化　在实验室之外的真实生活中情况也极为相似。我相信人类有能力在某种程度上预先设计自己的行为,我也相信一个人以特定的方式被预先设计的事实往往能成功地传达给他人。我同意弗兰克[75, p.261]的观点,这样的行为有时能为其实践者创造出进化的优势。出于在本节后面将要讨论的原因,我不相信这样的行为在使社会结为整体的真正重要的情况中会存在,它只有在促使更复杂的行为出现的进化压力太微弱以致不起作用时才能存在。这就是为什么真实生活中约束最大化的例子仅限于餐馆付小费之类的琐事,但对真正重要的人类社会问题而言则完全是另一回事。

　　讨价还价是一个很好的例子。假定夏娃有一个苹果要出售,只要不是漫天要价,亚当就会买下这个苹果。亚当的保留价格 a 美元是他愿为这个苹果支付的最高价格,这一出价使他在买与不买之间没有差异。同样,夏娃的保留价格 e 美元是她愿出售苹果的最低价。如果 $a < e$,他们无法就这一交易达成共识,因为

---

①　即使返回到 1988 年也是如此! 美国实验经济学家一般认为大约 10 美元就可产生最弱意义上的激励。在 1991 年,我的实验对象在半小时后带着 25 美元离开了实验室。这当然使得实验费用很高,但有充分的证据表明[弗农·史密斯(Vernon Smith)[249]],如果过分吝啬,那么没有人可以得到相同的结果。

这时苹果对夏娃比对亚当更有价值。但当 $a \geq e$ 时,夏娃和亚当同意交换就可带来 $(a-e)$ 美元的剩余,如何分享这部分剩余取决于他们在磋商中的讨价还价。

当亚当和夏娃的保留价格成为共同知识时,这个讨价还价的例子就没有什么吸引人的地方了。但如果他们的保留价格不是共同知识,那么将会存在协商失败的风险。假设亚当和夏娃都是理性的,他们都想利用对方的无知而获利。有些时候,他们的欲望之剑如此锋利,以至于砍伤了自己。也就是说,即使 $a > e$ 存在正的剩余可供分享,他们有时也不能达成交易。①

讨价还价因此为实现约束最大化提供了理想的场所。如果我们和我们的对手都通过透明倾向来显示我们在讨价还价中的真实保留价格,那么我们就不必蒙受因相互欺骗而造成的剩余损失。然而,社会演化并未为我们提供显示我们真实意愿的倾向,而是训练我们不必把讨价还价中彼此之间所说的假话视作谎言。但是,丹尼尔·笛福(Daniel Defoe)[63,p.229]1727 年在《真正的英国商人》(*Complete English Tradesman*)一书中提醒我们:"……买方常常说我一个子也不加,但最终却增加了;卖方说我一个子也不让,但最终却接受了买方的价格。我们称之为'商业谎言'。"正如笛福[63,p.227]向我们保证的那样,那个时代的贵格会教徒也并不力求做到"诚实经营"。

演化的稳定性 本节以下内容将评论一些认为在一次性囚徒困境中存在约束最大化行为的演化论观点。②在进行这样的论证之前,有必要放弃经济人假定,

---

① 思考这样一个例子,这个例子中作为共同知识的是 a 和 e 的数量是独立地在[0,1]区间上均匀分布的这一事实。但只有亚当知道他可赚得的价值是 a,而只有夏娃知道她可赚得的价值是 e。当然,亚当和夏娃在讨价还价中从对方的出价中可获得关于对方保留价格的信息。假定他们是理性的,亚当和夏娃就会对自己的言论非常小心,他们把这种谈判视为某种类型的博弈,他们各自选择最优战略。他们在讨价还价博弈中的规则取决于他们置身其中的社会制度。让我们考虑一个乌托邦社会的规则,选择这样一个规则是为了保证如果亚当和夏娃都选择最优战略,那么作为他们净得益的预期总剩余最大。迈尔森(Myerson)和萨特思韦特(Satterthwaite)[187]指出只有在 $a \geq e + 1/4$ 时交换才会成立。查特吉(Chatterjee)和萨缪尔森(Samuelson)[55]认为根据下面规则进行磋商,就可直接达到乌托邦般的最优结果。这个规则要求交换双方同时报价,如果买方报价高于卖方报价,则苹果以双方报价的平均价出售。对于这类结果,可以参见迈尔森[186,p.278]。
② 宾默尔[35]给出的纳什要价博弈可能是一个更有意义的背景,我们因而可以知道,如果高蒂尔关于约束最大化的观点是正确的,那么他就是一个功利主义者。

而采用第 2.4.2 节中介绍的同样是虚构的行为人假定。后者的命名是为了纪念过去的行为心理学家,他们认为,人不过是一系列膝跳反射的组合体。对我们而言,行为人是自然可以任意给定程序的硬件,而自然要操纵经济人却必须通过他的偏好。自然为行为人写的程序将决定了他的倾向,行为人不能选择自己的倾向。记住这一点很重要,行为人没有偏好和信仰,在被程序化之后,他将执行输给他的指令。

第 2.2.1 节的鹰—鸽博弈可以看作是一个高度概括的生物演化模型,而斗鸡博弈和一次性囚徒困境是两个特例。第 2.2.1 节强调了生物背景下支付的含义,以及混合纳什均衡在演化中可以是稳定的。不必详细推究演化稳定性的准确含义,但有必要认真对待这一问题。

当亚当和夏娃被看作行为人时,他们是只受生物演化写进他们基因中的,或社会演化在他们头脑中的模仿因子中留下的程序支配的木偶。当演化行为发生时,在一个旁观者看来,亚当和夏娃的行为与博弈中参与人的行为一样,都在试图最大化自己的平均满意度,然而真正的戏剧发生在控制行为人相互竞争的自我复制程序的层次。我沿用道金斯的术语,称这样的程序是"复制者",尽管在旁观者眼里亚当和夏娃在进行博弈,但无论在什么博弈中,复制者才是真正的"参与人"。

为了理解复制者之间为争占优势而竞争的本质,我们以两个假想的复制者鹰和鸽来帮助分析问题。这两个复制者在一次性囚徒困境中控制着行为人的行为,其中拥有鸽复制者的参与人选择鸽战略,拥有鹰复制者的参与人选择鹰战略。

图 3.4(a)表示潜在的参与者的总数,其中 $1-p$ 部分拥有鸽复制者,p 部分拥有鹰复制者。自然随机地从群体中选择一个参与者担当亚当的角色,同时,自然随机选择第二个参与者担当夏娃的角色。博弈的结果决定每个参与者会增加多少个后代,在这个故事中假定复制者可以由亲代完美地传递给子代,这两个复制者所选择的战略的成功机会的相对大小由 p 的变化来反映。

图 3.4(b)表示了一个常见的 2×2 对称博弈。鸽的复制者在这个博弈中的平均满意度是多少?由于他的对手这时以 $(1-p)$ 的概率拥有鸽复制者,以 p 的概率拥有鹰复制者。因此,这一问题的答案是 $a(1-p)+dp$。与此相似,拥有鹰

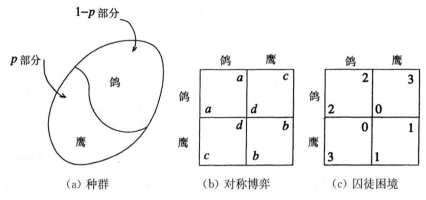

（a）种群　　　　　　（b）对称博弈　　　　　（c）囚徒困境

图 3.4　演化与囚徒困境

复制者的参与人的满意度是 $c(1-p)+bp$。其中,鹰的数量相对于鸽的数量增加的条件是当且仅当

$$c(1-p)+bp>a(1-p)+dp \tag{3.1}$$

同理,鸽的数量相对鹰的数量增加的条件是当且仅当

$$a(1-p)+dp>c(1-p)+bp \tag{3.2}$$

　　根据梅纳德·史密斯和普赖斯(Price)[173]的观点,我们认为种群具有演化稳定性的条件是:如果总数中 $\varepsilon>0$ 部分的成员因基因突变而遭受的新复制者的入侵,只要 ε 足够小,那么这种入侵将一定被打败。①

　　考虑一种种群全部由鸽组成的情况,那么击败基因突变的鹰的入侵的条件可以通过把 $p=\varepsilon$ 代入式(3.2)得到,即

$$a(1-\varepsilon)+d\varepsilon>c(1-\varepsilon)+b\varepsilon$$

为了使鸽的数量稳定发展,这个不等式就必须对所有足够小的 $\varepsilon>0$ 都成立,其条件是当且仅当

(i) $a\geqslant c$

且　(ii) 由 $a=c$ 可得 $d>b$

第一个条件表明(鸽,鸽)组合一定是图 3.4(b)所示的对称博弈中的一个纳什均

---

① 演化稳定性战略(ESS)是比演化稳定性种群更常用的说法。

衡,鸽战略是对鸽战略的最佳回应。第二个条件表明,如果鹰战略是鸽战略的最佳代替者,鸽战略相比以鹰战略与鹰战略自身对抗而言一定是一个更好的战略。

据此从演化稳定性原则可以得出,在一次性囚徒困境中全部由鸽组成的种群在演化中不可能是稳定的,只有全部由鹰组成的种群在一次性囚徒困境博弈中的演化才是稳定的。

约束最大化与演化　到目前为止的讨论都是在假定只有鹰和鸽两种复制者 回 可用的基础上进行的,但是当来自同一物种的动物相互竞争时,博弈中的每一方都会以特定的方式向对方炫耀自己的能力,这是不足为奇的。这种形式允许每个动物向对方发出表达自己的意图的信号,以此来消弭可能会使双方都付出代价的残杀。

高蒂尔[84,p.173]的有透明大脑的理想化的理性人假设与在一次性囚徒困境博弈前亚当和夏娃交换的信号反映了他们真实意图的假定是一致的。正如霍华德[121]讲的,自然或许可以通过把动物基因密码印在它们的前额上让他人看见的方式达到透明的效果。

考虑这样一个例子,用图 3.3(b)表示一个仅由克林特和约翰复制者组成的种群。拥有克林特复制者的参与人在他的前额上写上克林特,而拥有约翰复制者的参与人则写上其他符号,或什么也没有写。对图 3.3(a)的博弈分析表明,只有全部由克林特组成的种群的演化是稳定的,[1]一小部分基因突变的克林特会在约翰群体中进行扩张,直到全部的约翰都被赶走为止。[2]

上面概括介绍的演化论观点能否挽救高蒂尔约束最大化原理的命运?答案取决于我们是否相信自然在博弈前用真实信号为行为人编制了程序。第 2.2.5 节的论证认为经济人不会遵守他在一次性博弈前作的任何承诺,但是也许旨在使行为人表现得更加信守承诺的程序可以使其从自身的优良品质中获得某种进

---

[1]　尽管(约翰,约翰)是一个对称的纳什均衡,但全部由约翰组成的种群的演化缺乏稳定性,原因是克林特是对约翰的回应的一个替代选择,而约翰不是回应克林特的更好的选择,克林特是对他自己的最好回应。

[2]　高蒂尔[84,p.174]的透明性概念可以用允许在确定对手偏好时出现偶然性错误的半透明性概念取代。应注意到如果发生了基因突变的克林特以概率 $\pi > 0$ 错误地把约翰当作了克林特,那么基因突变的克林特群体对约翰群体的入侵一定是失败的(除非初始入侵部分的 ε 足够大)。

化的优势。

在讨论这一问题之前,有必要说明这些要讨论的博弈前的信号不会改变后面的博弈活动。第2.2.6节和第2.5.1节给出了几个改变博弈的信号的例子。在内华达沙漠的险恶环境中生活的蜘蛛是一个更有戏剧性的例子。那里的蛛网很少也很珍贵,没有网的蜘蛛就会设法霸占其他蜘蛛的网。但在冒战斗的危险去抢夺之前,蜘蛛之间交换了一系列信号,这些信号以一种无法被伪造的方式传达了相关的信息,因而改变了随后的博弈。比如,入侵者会乱弹一通属于另一只蜘蛛的网,由此引起的网的振动传达了入侵者个头大小的信号。生物学研究报告认为,一般情况下如果入侵者的个头比网上的蜘蛛大10%以上,那么网上的蜘蛛就会放弃它的网——即使如此它幸存的机会也非常小。①

然而,我们关心的只是博弈之前不用付成本就可以伪造的信号,博弈论专家根据法雷尔(Farrell)[73]的提法把这类信号称为廉价磋商(cheap talk)。

廉价磋商 为进一步探索廉价磋商问题,设想一个前额上都贴有克林特标签的克林特群体。尽管克林特群体中的成员都贴有克林特标签,但由于突然发生了返祖现象,所以他们的行为都可能恢复到更原始的约翰状态。这样的假克林特将征服整个群体。出于同样的原因,发生了基因突变的鹰的入侵将征服鸽群体。

一个假克林特群体容易受到基因突变的侵袭,这些基因突变者需要用比克林特标签更复杂的信号来确认对方,他们可能会在前额上写下克林特·伊斯特伍德。我们需要重新思考图3.3(a)表示的博弈,但要用克林特·伊斯特伍德来代替克林特,用假克林特代替约翰。与基因突变的克林特群体的入侵将赶走约翰群体的原因相同,克林特·伊斯特伍德群体的入侵将赶走假克林特群体。

面对前额写着克林特·伊斯特伍德而行为却像约翰的假克林特·伊斯特伍德的攻击,克林特·伊斯特伍德群体不堪一击,结果是克林特·伊斯特伍德群体的数量发生波动。在一次性囚徒困境中,每个人都会时而合作时而背叛。

有人可能会根据罗布森(Robson)[219]的观点问道:每个阶段会花费多长时

① 凡勃伦[266]给出了人类社会中大量无法伪造的信号的例子。如一个人要通过拥有大厦和仆人来表明自己的富有,他就必须有能力承担这样的铺张浪费。

间？这取决于相关的基因突变的相似程度。如果有人相信导致复制者的程序残缺的突变发生的频率比以更有意义的指令使程序完善的突变发生的频率高，那他一定会预先假定非合作阶段更有优势。

梅纳德·史密斯[172, p.147]认为廉价磋商通常并不能显示生物的真实意图，这些生物的对手也会不相信廉价磋商是可靠的。也许这种显示在过去是有效的并且现在还起作用，和我们现在仍留有阑尾的原因相同。在某种意义上，这是一块记录基因突变和反基因突变的历史化石，其中克林特的表演被克林特·伊斯特伍德取代，进而又被克林特·伊斯特伍德·朱涅耳取代。当我们观察动物时，我想我们在不同发展阶段都看到了这样的过程。① 有时这种显示非常简单甚至根本没有，有时对物种的观察可以发现它们正处于最近的进化信号仍在起作用的阶段。但一如既往，异常的案例应该得到关注，正是在这些案例中观察到的很显著但又似乎毫无意义的行为最有指导性。

自然看上去毫不费力就可让她的创造物去说谎，只要谎言能提升他们的满意度。人类学得更快，因为他们更容易从快速反应的社会经济过程中吸取教训。约束最大化原理在人类社会中的作用只有在并不重要的情况中才能显示出来，对此，我们不必感到意外。

3.2.4　廉价磋商与均衡选择

廉价磋商永远不能保证理性人会做出与自己利益相悖的事，但它可能会帮助理性人协调他们的行为。在第 2.3.6 节中我们分析了性别战中的均衡选择问题。引入博弈前廉价磋商可以通过扩大解的范围从而使问题简化。

例如，亚当和夏娃在廉价磋商期间决定用掷硬币的方式解决合作问题，他们约定硬币正面向上就去看芭蕾舞，否则就去看拳击赛，他们不必为使协议生效而作出承诺。硬币落下之后，每个参与人的最优选择是遵守诺言，除非他认为还可用其他方式来解决这一问题。但是如果亚当的利益在硬币落下时受到损失，他为什么不拒绝这个协议并要求再次掷硬币呢？如果夏娃坚决拒绝在有利于亚当的结果出现之前一直重复掷硬币，这种对协议的破坏会对她关于亚当在性别战

---

① 使我们更加困惑的是，我们不能完全确信我们观察到的信号是廉价磋商。

中的战略选择的信念产生什么影响?

假设亚当和夏娃是一对幸福的伴侣,那么他们在选择晚上的娱乐活动时似乎不存在这一问题,但当这一问题涉及生存博弈中的社会契约选择时,就十分令人深思了。事实上,如第1.2.4节中解释的那样,我之所以同意罗尔斯最大最小标准,是因为这一标准认为不应提出重新投掷原初状态中决定人们社会角色的那枚硬币的要求。然而,对于在以不妥协的形式进行的性别战中达成的交易,情况则并非如此。这就是为什么用重复博弈来模拟生存博弈的理由。如第2.2.6节解释的,不确定期限的重复博弈有多重均衡,可以从中选择出一个来。

性别战解释了均衡选择并非易事,因而我们也不必为选择均衡所面临的困难感到意外。我们从第2.3.2节中了解到,即使在参与人都倾向选择(鸽,鸽)组合的猎鹿博弈中,均衡选择仍然是一个问题。

回顾在第2.3.2节论及从自然状态均衡(鹰,鹰)向文明状态均衡(鸽,鸽)的转化时提出的这样一个问题,即没有一个先验的理由说明为什么一个理性参与人会相信他们在猎鹿博弈之前的廉价磋商中交换的信号。第3.2.3节中的演化的观点是支持我们的,这一观点在试图证明非均衡博弈的稳定性时失效了,现在再也没有人要求它做这样一件不可能的事情了。

这里根本没有涉及什么复杂问题。假定在自然状态下,存在一个全部由约翰组成的群体,这一初始群体的两个成员在进行猎鹿博弈时,他们都总是会选择鹰战略,这时出现发生基因突变的克林特,出于第3.2.3节给出的理由,克林特群体会不断扩张直到全部的约翰复制者消失。由此产生的克林特群体的成员在狩猎博弈中都选择鸽战略。这个简单的演化机制就把自然状态下考虑的(鹰,鹰)均衡转化为文明状态的(鸽,鸽)均衡。

这一部分的讨论偏离了第3.2.3节的内容。在第3.2.3节的一次性囚徒困境中,克林特群体在长期中无法存在的原因是他们受到了那些表里不一的假克林特的侵犯。然而,在猎鹿博弈中假克林特发现自己在一个几乎全由真克林特组成的群体中处于不利地位,真克林特选择鸽战略时他选择鹰战略是自取灭亡,因此假克林特复制者建立的任何小据点都会被压缩直至消失。

事情并没有到此结束,克林特群体在演化上并不稳定。在最初的小据点上出现的基因突变并不能发展至能赶走全部克林特人的程度,但由假克林特人建立的据点在长期中也不一定就会消失,也就是说,虽然在克林特群体中基因突变者可能不会比克林特更具有生命力,但是可能与之具有同等的生命力。一个没有牙齿的克林特发生了这样的突变,他发出自己是克林特的信号但却做出第 3.2.1 节中弗兰克角色的行为。这样的弗兰克在猎鹿博弈中无论对手发出什么信号他都选择鸽战略。如果模仿是一种复制机制,那么这就非常像是一次突变。因为一位克林特群体中的新成员可以发现猎鹿博弈中参与人发出代表克林特特征的信号而且选择了鸽战略,但他不会发现在这个博弈中有参与人因发出错误信号而受到鹰战略的惩罚,因为该群体中没有这样的成员。如果这种把克林特的牙齿去掉的突变发生得足够频繁而且不发生其他突变,那么这个群体的所有成员都将不长牙齿。要是还有长牙齿的克林特留下来惩罚发送错误信号的参与人,那么模仿克林特的弗兰克将无法通过盘查。如果这个过程是在不确定期限的条件下进行的,那么最终的结果是一个由弗兰克组成群体,无论他们能否发出与克林特类似的信号,在猎鹿博弈中他们都会选择鸽战略。

对于这样的演化问题,我要强调的是,它们的合理性取决于不同的基因突变之间的相似程度。我个人认为,产生简单行为的基因突变之间比产生复杂行为的基因突变之间更具相似性。接受这种观点的人必须面对一个群体同时受到许多产生简单行为的基因突变的新物种的攻击的事实。例如,只要有一些约翰以欺骗的方式进入了这个群体,那么有牙齿的克林特就比没有牙齿的克林特在博弈中更有优势。所以我不相信抽象的演化论观点在均衡选择中有决定性作用,它们的最大作用是提醒我们从历史记录中可以找到什么样的数据。

3.2.5　针锋相对战略的幻想

第 2.2.6 节讨论了图 2.2(b) 中的不确定期限的重复囚徒困境博弈问题。亚当和夏娃一次又一次地重复一次性囚徒困境博弈,每次重复之后,他们终止博弈的概率 p 都很小。本节也将讨论不确定期限的重复囚徒困境博弈问题,但我们在图 2.2(b) 中的老朋友将被图 3.5(a) 版本的囚徒困境代替,这样做主要是为了与将要提到的文献保持兼容性。第 2.2.6 节还介绍过针锋相对战略,结果表明,这一战略是亚当和夏娃在不确定期限的重复囚徒困境中的纳什均衡战略。在图 2.2(b) 版本的囚徒困境被图 3.5(a) 的版本取代后这个结论仍然成立。

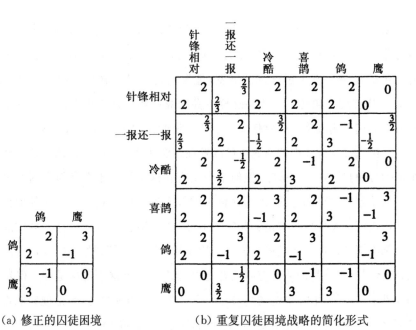

(a) 修正的囚徒困境　　　　　(b) 重复囚徒困境战略的简化形式

图 3.5　囚徒困境的多种战略形式

针锋相对战略要求一个参与人以鸽战略开始博弈,然后模仿在这一系列博弈中他的对手最后采取的行动。如果博弈双方都采取针锋相对战略,结果将是大家都选择鸽战略。

图 3.6(a)是针锋相对战略的图解形式。①图中的圆圈代表两种可能的"心理状态"(states of mind),圆圈里的字母表示在每种状态下要采取的行为。直线箭头指示的圆圈代表初始状态,因为圈内的字母是 d,针锋相对以鸽战略开始博弈。两个从代表初始状态的圆圈开始的箭头,一个标有 d,另一个标有 h,这些箭头表示选择了针锋相对战略的参与人在观察过他的对手对他选择鸽战略的反应之后应该采取的行动。需要注意的是,如果他的对手在回应时通过选择鹰战略来"冒充"鸽战略,那么选择针锋相对战略的参与人会进入"惩罚状态",他将选择鹰战略,直到他的对手选择鸽战略来表示"忏悔"。根据第 2.2.6 节中的解释,惩罚状态的存在保证了在不确定期限的重复囚徒困境中针锋相对战略对亚当和夏

---

① 图 3.6 中图示了有限次自动博弈战略。要想对此作系统的了解,请参见我的《快乐与博弈》(D.C.Heath, 1991)一书。

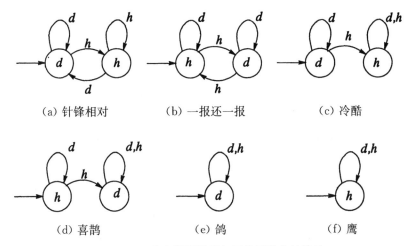

（a）针锋相对　　　（b）一报还一报　　　（c）冷酷

（d）喜鹊　　　　　（e）鸽　　　　　　（f）鹰

图 3.6　不确定期限的重复囚徒困境中的战略

娃来讲都是纳什均衡,没有参与人要背离针锋相对战略,因为这种背离会受到对手的惩罚。

阿克塞尔罗德[14]强调针锋相对战略之所以是一个"善意"战略,在于它在博弈中从不首先选择鹰战略。图 3.6(b)表示一个"恶意"战略,阿布雷乌(Abreu)和鲁宾斯坦[1]最早考虑过这一战略。图 3.6(c)—(f)表示了不确定期限的重复囚徒困境的一些其他战略形式。冷酷战略得名的原因是与针锋相对战略相比它从不宽容对手,一旦参与人选择了冷酷战略,那么他的对手将无法说服他放弃惩罚行为。就像冷酷战略一样,通过修改针锋相对战略可以得到喜鹊战略。但从喜鹊战略中学不到任何经验,所学到的只是一些毫无价值的战略。

不确定期限的重复囚徒困境博弈有无限个战略。图 3.5(b)表示的只是其中很少的一部分战略形式,它只考虑了图 3.6 中列举的战略。图 3.5(b)的战略的简化形式表示的是概率 p 趋向于零时亚当和夏娃的长期平均收益。值得注意的是,(鹰,鹰)、(针锋相对,针锋相对)、(一报还一报,一报还一报)和(冷酷,冷酷)都是图 3.5(b)中战略的简化形式的纳什均衡。第 2.6.6 节中讲过,重复博弈的无名氏定理保证了不确定期限的重复囚徒困境有一个非常大的纳什均衡集。

尽管不确定期限的囚徒困境有许多纳什均衡战略,但有关文献关注的几乎都是针锋相对战略。与狭隘的视野相伴而来的是一堆关于不确定期限的重复囚徒困境博弈的纳什均衡真假问题的误解。如梅纳德·史密斯[172, p.202]给出了所谓的针锋相对战略演化稳定性的"证明"。①这是一个典型的有广泛影响的观点,认为演化过程必然导致在不确定期限的重复囚徒困境中选择针锋相对战略。那些对有关演化的观点不屑一顾的人在支持针锋相对战略时也同样容易犯错误,他们常常误认为(针锋相对,针锋相对)不仅是不确定期限的重复囚徒困境的纳什均衡,而且是一个子博弈精炼纳什均衡。其他支持这一观点的人高调地为之辩护。庞德斯通(Poundstone)[203, p.245]写道:"在囚徒困境中永远不要第一个选择背叛行为,这是一个博弈论观点。"

为了得出正确结论,应该注意到针锋相对战略在演化中的不稳定性。实际上在不确定期限的重复囚徒困境中不存在具有演化稳定性战略。②认为演化活动一定会导致选择针锋相对战略的观点也同样不成立,甚至在阿克塞尔罗德[14]的模拟演化过程中针锋相对战略也不能成立。两个人都使用针锋相对战略是一个不确定期限的重复囚徒困境的子博弈精炼均衡的观点也不成立。③因而博弈论专家竭力主张的在任何不确定期限的重复囚徒困境中的参与人不要第一个采取背叛行为的观点肯定不正确。

为什么围绕针锋相对战略产生了这样的神话? 部分的原因是阿克塞尔罗德把他的《合作的进化》写得太具有说服力了。但我认为真正的原因是针锋相对战略引起了人们的共鸣,以致人们出于偏爱而停止了对它的批评性思考。尽管我们从小就受到义务论的教海,但我们深知真正维系社会运行的是人们的互惠互利行为。当这一独特的洞察以简单的公式呈现出来时,我们因抓住这一根稻草而如释重负。但接受忠告仍然是必要的,针锋相对战略和第 3.2.2 节的克林特角色同样引人注目的原因是,它们都赞同以其人之道还治其人之身这个具有高度实用性的原则,在第 3.2.2 节和第 3.2.3 节中我们知道,必须对试图证明有关我们

---

① 梅纳德·史密斯将此证明归功于阿克塞尔罗德。阿克塞尔罗德[14]确实证明过针锋相对战略就是他称为"集体稳定性"的东西,这只是意味着一对针锋相对战略就是一个纳什均衡,第 2.2.6 节中已对此作过证明。阿克塞尔罗德[14, p.217]那种认为集体稳定性和演化稳定性在不确定期限的重复囚徒困境中是等价的观点难以成立。

② 一个成员都选择针锋相对战略的种群在演化中是不稳定的,原因是基因突变的鸽将无法被消灭[图 3.5(b)表示鸽战略是针锋相对战略的最佳替代战略,但逆命题不成立,只有鸽战略才是鸽战略的最佳选择]。通常,如果整个种群都在使用一个策略,并因此无法触及博弈树上的其他部分,则这个战略不可能在演化中是稳定的。第 3.2.3 节中的演化稳定性的定义还有许多尚待解决的问题。

③ 尽管我相信在这一背景下对演化的思考很重要,但我并没有对这一事实赋予多少意义。

既得利益的结论合理的论证加以注意。

　　与认为参与人选择的克林特角色是基于他们拥有的透明倾向的观点不同，偏好针锋相对战略的观点并不要求出现非均衡行为。问题在于，作为不确定期限的重复囚徒困境中理性行为范式的针锋相对战略仅仅是数量众多的均衡战略中的一个，但我们为什么会对针锋相对战略格外青睐呢？

　　阿克塞尔罗德的奥林匹克竞赛　针锋相对战略由于在阿克塞尔罗德的《合作的进化》中设计的计算机锦标赛中的成功而引人注目。在这个锦标赛中，每个参与人都服从计算机为重复囚徒困境设计的战略，然后把参与人配对进行比赛来决出最优战略。在一个有 14 个人参与的小规模实验中，由阿纳托尔·拉波波特(Anatol Rapoport)提出的针锋相对是最成功的战略。①这一结论拉开了一个有63 位参加者的实验的序幕，在这个实验中针锋相对战略仍是最成功的战略。

　　阿克塞尔罗德断言，如果他做更多的实验，那些相对不成功的战略被选择的可能就越小，为此他在计算机上做了模拟更复杂的演化过程的实验。②在模拟了一千代之后，他发现针锋相对仍是最成功的战略。

　　纳赫巴尔(Nachbar)[188]对阿克塞尔罗德程序给出了一个批评性分析，③他

---

①　在这个实验中参与人被告知将重复 200 次囚徒困境博弈。在任何条件下亚当和夏娃都计划选择鹰战略是这样一个有限次重复的囚徒困境博弈唯一的子博弈精炼均衡，同时还有大量的纳什均衡，但所有这些均衡都表现为参与人事实上选择是鹰战略。阿克塞尔罗德在他的主实验中放弃了有限次重复的囚徒困境，取而代之的是一个有终止概率 $p = 0.003\ 46$(这一概率期望的重复次数是 200)的不确定期限的重复囚徒困境。

②　在这个过程中，某一代人中采取特定战略的参与人比例要根据上一代参与人选择这一战略的结果和支付来确定。阿克塞尔罗德在演化模拟中没有考虑突变现象，不允许超出初始 63 个战略的战略参与博弈，他认为这与其是演化成功不如说是生态成功的论述就暗示了这一点。

③　纳赫巴尔[188]注意到阿克塞尔罗德的演化模拟实际上是建立在有限次重复的囚徒困境基础上的，而不是他说的不确定期限的重复囚徒困境。在不确定期限的重复博弈中囚徒困境重复的次数是一个随机变量。在他的主实验中，阿克塞尔罗德根据适当的指数分布进行了五次不同长度的博弈(分别是 63、67、151、156 和 308 次)。这是五次长度不同的有限次重复囚徒困境。这五个重复博弈中的每一个战略都与其他战略对抗。这是满足重复次数不确定性的正确方法。阿克塞尔罗德确知知道重复的次数，重要的是参与人对此一无所知。但阿克塞尔罗德在模拟演化过程中为每一代的博弈都选择了相同的长度，严格来说这是不正确的，因为尽管在第一回合中参与人不知道博弈长度，但每个参与人在观察了足够多的博弈之后最终会知道博弈长度。究其原因，这或许是一件可以想象的事情，试想如果一个重复 308 次的重复囚徒困境中所有的纯战略都是已知的，博弈会是什么情形[一个有超级想象力的人才能想象出这种可能，因为战略数目（转下页）

指出,阿克塞尔罗德的演化过程只能收敛于类似图 3.5(b)表示的 63×63 博弈的对称纳什均衡。这一形式可以用阿克塞尔罗德实验中 63 个参与者取代纯战略而得到。事实是在 1 000 代之后,阿克塞尔罗德的演化过程就非常接近一个 63×63 博弈的混合战略纳什均衡。也就是说,群体中在 1 000 代之后选择不同战略的参与人的比例与在 63×63 博弈中使用这些战略的概率基本相同。在这个混合战略纳什均衡中,针锋相对战略被采用的概率比其他纯战略要大,也有一些纯战略被采用的概率只略小于针锋相对战略,另外还有一些次纯战略出现的概率太大而不能被忽视。因此,在阿克塞尔罗德竞赛中针锋相对战略并非取得了真正的胜利。实际上真正获胜的只是一个混合战略,这一战略要求选择针锋相对战略的概率小于 15%。

在前面的讨论中想当然地认为在阿克塞尔罗德模拟演化过程中所有的 63 个战略在第一代博弈中出现的概率相同。但不能假定 63 个战略是被平均分配给初始群体的,初始群体的不同部分可能会选择不同的战略。阿克塞尔罗德以 6 个不同的混合战略取代了初始的 63 个战略来进行重复竞赛,以此检验他的结论的可靠性,他发现在六个案例中,有五个案例针锋相对战略在其中表现为最成功的战略。然而不难发现,通过选择适当的初始战略分配,他的模拟演化程序就可收敛于任何 63×63 的大数纳什均衡。林斯特[155]用随机的初始战略分布进行了同样的模拟博弈实验,他发现,在 1 000 代博弈之后针锋相对战略作为出现次数最多的战略的可能性是 26%,与此同时它的最大的竞争战略作为出现次数最多的战略的可能性是 24%。

现在针锋相对战略在阿克塞尔罗德锦标赛中"成功"的原因或许已比较清楚了,这既取决于它们的内在优点,也取决于与之展开竞争的战略的初始群体的性质。林斯特[155]通过重复阿克塞尔罗德的程序把问题讲得更透彻了,他是以可以用图 3.6 中的两个表示"心理状态"的圆圈描述的 26 个战略开始的,而不再是

(接上页)N 由 2 个上升到 $\frac{1}{3}(4^{308}-1)$ 个]。阿克塞尔罗德不得不考虑用一个 $N \times N$ 的博弈来取代 63×63 的博弈。因为在 63×63 条件下,他们的演化过程只能收敛于 $N \times N$ 博弈的纳什均衡。但在所有的这类均衡中,参与人只会选择鹰战略。幸运的是,这些批评都只限于理论范围之内。林斯特(Linster)[155]通过在每一代中都使用不确定期限的重复囚徒困境重复了阿克塞尔罗德的运算,并得出了与他不同的结果,但这一差异不足以影响他的结论的实质。

阿克塞尔罗德实验中的 63 个战略。取得成功的是图 3.6(c) 中的冷酷战略而非针锋相对战略，这是林斯特模拟实验的最显著的特征。从随机的初始战略分布开始，平均在 1 000 代博弈之后冷酷战略就可俘获群体的一半以上。①

　　从这一讨论中学到的教训类似于第 3.2.3 节中有关实验证据的教训。在接受从计算机模拟实验中推测出的结论之前要格外小心，需要思考一下实验或计算机模拟的条件变化之后结果会发生什么变化。如果无法表明在不同的条件下能得出相同的数据，那就无法从这些数据中总结出一般性结论。

　　是善意还是恶意　对于阿克塞尔罗德的竞赛，或许有人会认为他的结论有 □ 数据支持，但支持针锋相对战略的理由同样适用于其他战略。图 3.6(b) 中一报还一报战略也是一个不确定期限的重复囚徒困境的均衡战略，它的结构与针锋相对战略几乎一样。但一报还一报战略是恶意的，因为它一开始就选择了鹰战略，直到它的对手也选择鹰战略作为报复。

　　对于一报还一报这样的战略的偏爱有不少理由，或许可以用第 3.2.4 节所讨论的信号显示来解释它一开始就选择鹰战略的原因。选择这种显示方式的参与人是在表明他是一位强者，他不受人随便摆布，如果他的显示得到了回报，这个参与人就知道他的对手与他志趣相投，他们将在平等的基础上合作。阿克塞尔罗德[14，p.73]提到了第一次世界大战期间法军和德军在壕堑战中作出"自己活也让别人活"(live-and-let-live) 的安排的轶事，它对真实生活中的"恶意"战略和针锋相对这样的"善意"战略具有同等的支持力。

　　进一步讲，一报还一报战略比针锋相对战略更具有演化优势。第 3.2.4 节的结论强调了在简单化的基因突变过程中考虑群体稳定性的重要性。根据这一思路，设想一个以一报还一报战略作为初始复制者的群体，但这些选择一报还一报战略的复制者容易因持续基因突变而变为更简单的复制者鹰或鸽。在前占优复制者是一报还一报战略的群体中这些复制者都处于不利地位，他们能在群体中建立立足点的原因是他们得到了不断补充的新的基因突变者。然而，如果以针

---

①　这完全是与阿克塞尔罗德竞赛中冷酷战略的命运的对照。它是由詹姆斯·弗里德曼 (James Friedman) 提出的，因此被阿克塞尔罗德称为弗里德曼战略。在阿克塞尔罗德竞赛中的所有"善意"战略中弗里德曼战略是最糟的战略。

锋相对战略取代一报还一报战略之后再重新讲这件事,故事就不是这样了。因为针锋相对的复制者不能区分两个对手中谁将担任自身复制者的角色,谁将担任鸽的角色。所以一个全部由针锋相对者组成的群体易于受到简单化其自身基因的突变者的攻击。如果基因突变者鹰没有偶然出现来阻止鸽的扩张,鸽就会取代初始的针锋相对群体。

我并不是想以一报还一报战略篡取针锋相对战略的地位,从而为不确定期限的重复囚徒困境制造一个新的神话。使用一报还一报战略的群体的确比使用针锋相对战略群体有更强的能力来抵抗简单化的基因突变,但是在一个敌对的环境中确立一报还一报也的确并非易事,如在林斯特[155]的以26个有一种状态和两种状态的战略作为初始群体的演化模拟中,这部分被"恶意"战略控制的群体在1 000代之后占总群体比例不足0.000 000 000 1。①

但无论是对阿克塞尔罗德[14]的最初研究,还是对林斯特[155]后续的研究进行归纳时都要三思而行。他们的研究都是从一个初始群体开始,而其他的许多可能性都被毫无理由地排除了。普罗布斯特(Probst)[204]通过大量实验为此提供了更好的指南,他根据阿克塞尔罗德[15]采用的霍兰德(Holland)"传统算法"拓宽了战略选择的范围,而自然选择可以从中作出决定。②这一研究表明选择针锋相对战略的天真的互惠者在短期内表现良好,而在长期中的可行性则值得怀疑。在普罗布斯特的研究中,在博弈开始时很成功的天真的互惠者最终却被只有在交换强度合适的信号之后才会合作的一报还一报战略这样的"恶意"战略取代了。③

问题的本质在于有关演化的思考太复杂了。的确有证据支持演化压力倾向于为长期的不确定期限的重复囚徒困境选择参与人达成合作的均衡,④但是存在无限个不同的均衡会导致亚当和夏娃最终在不确定期限的囚徒困境中选择鸽战略。谁也说不准该选择这些均衡中的哪一个,因为这依赖于我们知之甚少的历

---

① 另一方面,冷酷战略的比例是0.575,针锋相对战略的比例是0.163,鸽的比例是0.007。

② 他允许有限次自动博弈达到25种状态,考虑博弈次数可达到10 000代的时间范围。

③ 这项合作的制度并不排除外部干预因素,它偶尔也会受到不合作的侵扰,此后"善意"战略又开始运转良好,整个系统又恢复到合作的制度中。

④ 从这一角度提出的一些理论观点可参见弗登博格和马斯金(Maskin)[79]、宾默尔和萨缪尔森[40]。

史事件。然而从模拟实验中得到的证据有力地表明纯战略不可能被选中,人们期望选择一个混合纳什均衡。当达到这样一个均衡时,不确定期限的重复囚徒困境中的大量不同的行为规则将共存于一种共生的关系之中。就像所有已婚的人所知道的,处于共生的关系之中并非就是进入了和谐之境。无论是开明的自我利益的作用,还是演进的盲目力量,都没有保证要剔除"恶意"战略,相反,一个理性社会必须学会与恶的东西共存。

3.3　对称谬误

斯宾诺莎、卢梭和康德都是社会契约研究的先驱和集大成者,但他们都被这样一个问题困扰:难道每个人都将如此行事吗? 然而,他们的观点与其他思想纠缠在一起以至于很难澄清问题到底出在哪里。对这些问题的检验是数学模型在社会科学中有用的主要原因,它们是能够对有疑问的观点的细节进行公正分析的工具。

但拉波波特[207]并不十分依赖由图 2.2(b)表示的囚徒困境所提供的工具①。1966 年他在重新研究对称谬误问题时写道:

> 由于博弈中的对称性,理性必须赋予博弈双方同样的选择。但若博弈双方的选择一样,那么支付(2, 2)明显要比(1, 1)好,因此应该选择鸽战略。

和拉波波特一样,霍夫施塔特(Hofstadter)[119]在 1983 年的《科学美国人》(Scientific American)中极力吹捧过对称谬误思想,他的用语是非常康德式的:

> ……理性的思想家认为有效的观点必须是令人普遍服从的,否则,它就不是有效的。如果你同意这种观点,那么你已在 90% 的概率上是按此行事的了。你需要问的是:既然我们都将接受同样的战略,那么哪一个更有逻辑性?

---

① 事实上,拉波波特考虑了囚徒困境的一般形式,为了适应图 2.2(b)的特例,我对这里的引用作了修改。

这里我要重申这种观点。既然囚徒困境是对称的,认为理性会使亚当和夏娃作出同样选择的看法就是有道理的。如果他们都选择鹰,每一方的支付就都是1;如果他们都选择鸽,则每一方的支付就都是2。哪个更好?答案很明确,因为2大于1,理性显然要求两个参与人选择"利他"行为的鸽作为自己的战略。

在指出谬误之前有必要澄清几点疑问。在这一观点背后有着许多不同的假定,其中一个假定碰巧在囚徒困境这一特例中是有效的,但有一个隐含的重要假定明显是错误的。

首先,理性并非必然要求在一个对称的博弈中参与人要作出对称的行为选择,①但也没有人否认理性偶尔也的确在囚徒困境特例中要求作出对称行为。

第二个难题是:哪个战略更好? 正如在第2.2.4节中详细讨论过的一样,在应用于几个共同参与人时这一问题不一定要有意义,它假定他们分享了某种"共同善"。然而当我们的注意力集中在仅由图2.6(e)中囚徒困境的支付矩阵主对角线上的两个结果(鸽,鸽)和(鹰,鹰)组成的集合S上时,问题就很清楚了。亚当和夏娃一致同意(鸽,鸽)组合优于(鹰,鹰)组合。他们在集合S中的个人偏好是一样的,因此我们可以认为是在集合S上定义了一个"共同偏好"。

现在我们分析这个隐含的重要假定。我们正在研究的论证在通过观察得知亚当和夏娃一致同意(鸽,鸽)组合优于(鹰,鹰)组合后,"推理"出理性的参与人将选择(鸽,鸽)组合。但这一论证忽略了理性决策理论的基本原理,这一原理要求在选择最优结果之前先明确所有可行结果的集合。例如,在一个漆黑的雨夜,我的车在一条没有行人的公路上抛锚了,这时我很愿意回家睡觉而不是冒着冷雨去寻求无望的帮助,但事实上我选择了后者,因为前者是不可行的选择。

从正在研究的论证中我们无法得出集合S={(鸽,鸽),(鹰,鹰)}可行的结论。即使有人愿意相信一个非对称的结果是无法通过理性的检验的,他仍然只能推导出可行结果的集合R是S的一个子集。要是有人进一步指出R是集合S的最大子集,也就是S本身,就需要说明为了证明这样一个增加的步骤合理,他

① 如果存在混合战略,那么所有的有限次对称博弈至少有一个对称的纳什均衡。但为什么偏爱非对称纳什均衡的参与人选择了一个对称均衡? 第2.3.1节以图2.1(c)中的性别战为例对此作了解释。

将以何种方式进行理性检验。

博弈论专家非常愿意去解释什么样的理性检验会使得最终结果正好落在支付矩阵的主对角线上,这一准则是永远不要用严格劣战略。这个检验的结果是一个只包含(鹰,鹰)组合的集合 R。

对称谬误的支持者不愿说出他们将用什么样的理性检验来使结果落在主对角线上,因而他们也无法向我们解释为什么他们首先从囚徒困境的所有可能结果中选择出集合 S 与接着从 S 中选择(鸽,鸽)组合这两道程序之间是具有一致性的。但是,一头具有理性的奶牛和其他奶牛一样,在牛奶枯竭之前挤奶的频率只能这么高。在这一特例中,它只能挤一次牛奶。

3.4　孪生子悖论

在政治评论中,除了囚徒困境的例子外,诺齐克[195]的孪生子悖论的非正式形式的博弈也经常被提到。思考这样一个例子——浪费选票的神话。这个神话认为在全国大选中,当人们的注意力盯在主要政党身上时"每一张选票都很重要",而投给一个小党的选票则被浪费了,因为这样一个小党没有"成功的希望"。

选票被浪费了吗　如果认为一张选票对选举结果没有影响就是浪费了一张选票,那么就可以认为所有的选票都被浪费了,除非可以证明只要一张选票就可以选出冠军与亚军。如果用两张或更多的选票来选出冠、亚军,那么一个投票者的选票的投向对谁将入选没有丝毫影响。但在国家议会中得到一个席位的选举似乎从未由一张边际选票决定。因此,似乎可以确定这样一个选举中的任何特定的选票都没有起到其作用,尤其是那些民意调查显示遥遥领先于其竞争对手的政党的选票。

既然这种幼稚的思想一旦被广泛认同就会导致民主的堕落,那么你就要指出它的错误之所在。政治专栏作家就这一问题乞灵于权威人士伊曼努尔·康德,这是众所周知的,但很难使人相信这样一种策略会对读者产生很大影响。一种更受欢迎的观点是:亚当在投票时犯的错误是他不应该只考虑他一个人对选举结果的影响,相反他应该考虑到那些和他投票偏好一致的人的投票总数,把自己的投票也视为他们的投票。如果亚当有一万个这样的伙伴或孪生兄弟,他的选票就不会被浪费掉,因为选举结果由一万张边际选票决定的概率是比较高的。

以这种观点为民主制度辩护的人大多拥护"强政府"——敌视威胁到他们的存在并可能导致建立联合政府的第三方。即使承认他们受到这种偏见的影响,也很难看出他们如何说服自己,在不同时证明每一张选票,即使是投给第三方的选票都很重要的情况下,证明每一票都很重要。最重要的是,如果亚当与和他有相同偏好的人都投第三方的选票,那么它也许就不再是第三方了。

对我自己而言,我不确定一个依靠其成员生活在谎言中而得以存在的社会是否值得保留。我不认为鼓励人们去思考选举过程的实情会造成民主的毁灭,那些心存疑虑的人仍不明白为什么人们真会去投票。足球场上的喝彩是一个有用的类比,如果人们只为了增加足球场的噪音而欢呼,那么只有很少的人会喝彩。如果有很多人在欢呼,那么一个人的声音即使再大也无法突显出来。但没有一位欢呼者是为了增加球场里的噪音的强度而欢呼的,他们欢呼是因为通过把自己和自己的球队联系在一起来鼓励他们进行比赛很有趣。民主的存在取决于其制度是否能在竞争中战胜作为其替代的其他娱乐形式,这样讲似乎不够高尚。但我怀疑高尚不是一种健康的民主所需要追求的良好的美德。

哈萨尼公理 在我们接触到的大量案例中,宣扬浪费选票的神话的思想,在以孪生子悖论的形式被应用于囚徒困境时成了人们关注的焦点。人们早已熟悉这一论证的一般形式。在图 2.2(b)的囚徒困境中,亚当把夏娃看作是他的孪生兄妹,因此认为:她会做我做的任何事。如果亚当选择鹰战略,他们都会选择鹰战略;如果亚当选择鸽战略,他们都会选择鸽战略。由于亚当认为支付 2 优于支付 1,因此他选择鸽战略,夏娃也被假定有同样的想法,结论是亚当和夏娃在一次性囚徒困境中选择合作。

在前面的相关例子中把亚当和夏娃当作孪生子而造成了论证上的错误。卢梭似乎相信孩子是可以通过教育改变的,因而每个孩子都会认为自己不过是一个普遍意志的载体罢了。第 2.4.1 节中康德认为对于一个理性人来说坚持卢梭的普遍意志是必要的。第 3.2.2 节检验了高蒂尔的观点,他认为在囚徒困境中当且仅当你的对手选择孪生子角色时,选择合作的透明倾向才是你的理性行为,但这是一个普遍使用的对称谬误与孪生子悖论的结合。亚当从下面的思考中得出夏娃与他是孪生兄妹的结论:

> 我是理性的,因此我的所作所为都必须是理性的。夏娃也是理性的,因此在相同的条件下她会作出和我相同的决策,因而在囚徒困境博弈中她将采取和我一样的行为。

对称谬误中这一观点的错误在于它隐含的假设,即一项行为是理性的,原因在于它是一个理性人所选择的。这样的观点颠倒了因果关系。一项行为并非因为是理性人的选择而具有理性,相反,只有一个选择理性行为的人才是有理性的。

尽管孪生子悖论有时伴随着前面讲到的谬误,但这一节只从最纯粹的形式对这一悖论进行思考。在这个形式中,亚当和夏娃被视作孪生子与第 1.2.7 节中的哈萨尼公理的变体具有隐含的相似性,这一公理认为两个具有同样历史经验的经济人一定有同样的思想观念。①

如果有人要通过这样诉诸于哈萨尼公理来证明囚徒困境中的合作是合理的,那么就有必要注意那些作为共同知识的严格条件,这些条件认为亚当和夏娃在博弈前就知道他们具有相同的历史经验。然而,这些人会发现,在一次性囚徒困境中的正统分析是令人反感的,他们似乎觉得这样的限制只是一个小小的代价,以使他们能够将囚徒困境给他们带来的问题放在被容易遗忘的次要位置。这里给出一个同真实生活有相关性的布里丹的驴子的例子。你可能还记得那头站在两堆干草之间的驴,它由于不知该吃哪一堆草而被饿死了。布里丹的结论

---

① 与第 1.2.7 节中讨论彼得和保罗时所提出的问题一样,这个定理可以转变为其自身的同义反复,这一同义反复就是,如果一个人的经验被定义得过于宽泛,那么他的经验中将包括各种能显示他的特性的内容。博弈论通常不会走得这么远,他们认为一个人的经验中只包括那些决定他信念的现象。人们借助哈萨尼公理来证明在参与人得到私人信息之前,他们同样的信念是参与人的共同的知识这样一个假设。在以这种方式应用哈萨尼公理时,通常是想当然地假定已经给定了参与人的偏好。但这个赋予人们偏好的过程被排除在思考之外了。然而,正如第 1.2.7 节所解释的,哈萨尼[109, p.58]准备把一个人的生物遗传因素也视为他的经验的一部分,从而借助他的公理来解决偏好问题。

是荒唐的,但并不是因为他的论证有逻辑错误。如果有人不承认这头驴可以借助任何能打破对称性的工具,比如掷硬币或求助于灵应盘,那么这头驴无疑会饿死。这个结果是荒唐的,并不是因为从荒谬的前件到错误的后件之间的推理中有什么错误,而是因为假设是荒唐的。运用了哈萨尼公理的诺齐克[195]的孪生子悖论也会遇到同样的问题。与这一章中的大部分内容不同的是,本节内容主要是关于前提的不合理性而不是低劣的推理中的错误。

存在自由选择吗 以孪生子悖论要求的方式来使用哈萨尼公理时需要考虑两个难题。第一个问题把我们带到了高深的哲学领域,即如何才能将亚当认为夏娃一定会作出和他同样的选择的想法与夏娃自由选择的能力这二者协调起来?最好是能回避这个问题,要回答这个问题将迫使我在第3.4.2节中表达人类心理本质不过是无足轻重的幼稚机械装置的观点,这些观点在早期被我们称为"霍布斯主义"。除此之外,我反对使用"自由意志"这个形而上学的概念。

对"自由意志"这个概念的否定被认为是对用"自由意志"来解释的现象的否定,但我并不否认个人的自由选择的意义。当我们谈到这一点时,我们所谈的并不是一个正在作出选择的人,我们所谈的是我们自己关于决策者心理活动的知识状态的问题。简言之,我们说某个人是自由的,原因是我们没有看到他受到的束缚。①

例如,在正式的决策理论中,一个从他的可行集中作出最优选择的人被称为理性人。给定他是理性的,他就不会任意选择其他东西,因为这与他是理性人的前提相矛盾。更一般地讲,在构造了一个我们可以借此准确预测人的行为的模型之后,我们再去谈自由选择就并不明智了,而只有在模型最终确定之前我们才能这样做。在我们通过计算确定什么是最优选择之前,我们可以说一个理性决策者的任何选择都是可行的,但在已决定了什么是最优选择之后,再作这样的断言则毫无意义。

这种关于自我的本质的霍布斯主义观点并不受欢迎。幸运的是我的社会契

---

① 因而也可以这样说,理解意味着原谅。第3.4.2节的讨论认为存在着一种人不能理解自己的意识状态,这或许就是我们很难原谅自己的错误的原因。

约理论对我关于人的心理活动的猜测的依赖程度一点也不比霍布斯的社会契约理论对他的猜测的依赖程度更大。略去了第 3.4.2 节的读者不必对此感到遗憾。

布里丹的驴子　按照孪生子悖论的要求解释哈萨尼公理所碰到的第二个难题更为重要,我在第 3.4.1 节中已对此作了思考。哈萨尼公理是本书的理论基础,离开人类具有一定的移情能力这样的假定,任何诉诸原初状态的方法都是徒劳的。离开亚当在体验过夏娃的生活之后他的思想就会和夏娃的思想非常接近这样的假设,亚当就不可能以夏娃的观点来看待问题。然而认识到把一个特殊现象模型化的必要性是一回事,而找到一个与真实生活一致的模型则完全是另一回事。正因为如此,我才对孪生子悖论倾注了大量注意力,我认为,这一悖论与现实中真实行为的相关性就像布里丹的驴子与畜牧业的关系一样。当我们仔细地研究第 1.2.7 节中移情均衡概念时,对这一案例真实性的反思会帮助我们走出迷谷。

第 3.4.1 节主要关注一种版本的哈萨尼公理的缺点,这一版本只适用于亚当和夏娃有完全相同的生活经历这一情况。如果他们的生活经历包括了遗传基因以及其他诸如此类的东西,那么争论这个定理的正确性是很困难的——除非有人想要对海森堡测不准原理(Heisenberg Uncertainty Principle)提出令人新奇的异议。然而,这个公理的应用范围有非常苛刻的条件限制,其苛刻程度就好比要把刀架在布里丹的驴子的屁股上一样。

一个很自然的反应会说我在解释哈萨尼公理的适用条件时要求太严格了。不同的人可能很少有完全相同的生活经历,但能确信经历相同的人在同样的条件下会产生相同的想法吗? 这些把孪生子悖论看作一种绕开囚徒困境的逻辑漏洞的手段的人常常会坚持这一点,他们意识到亚当绝对相信夏娃会做出和他一样的行为的假设是不现实的,于是他们对这个不现实的假定作了改良,认为亚当只要有足够大的概率保证夏娃会做出和他一样的选择就可以了。我同意,在某些方面有相同的生活经历的人处于相同条件下时可能会有相同的思想,否则我们就无法与别人沟通。但正如在第 3.4.1 节将详细解释的一样,我不相信那种认为生活经历相似的人在相同条件下在所有的方面都具有相似的想法的判断是现实的。这样一个形式上修正过的哈萨尼公理只会把孪生子悖论变得更令人好奇而已。

3.4.1 哈萨尼公理

这一节将论证,假设存在一个较高的概率可以保证有相同生活经历的人处于相同条件下时就会具有相同的思想的观点是错误的。在此之前,将先对如何才能最好地解释博弈理论中的各种均衡思想进行讨论,特别是对奥曼[11]的相关均衡概念的详细讨论,讨论将涉及反事实的性质及其在博弈论中的应用这样的离题较远的内容。从这个方向深入下去,就不可避免地会遇到"半斤"和"八两"两个孪生兄弟之间这样的对话:

"我知道你在想什么,"八两说,"但这不是事实。"

"相反,"半斤接着说,"如果它过去是这样,它可能是;如果它过去可能是这样,那么它或许是;但现在它不是这样,它就不是。这就是逻辑。"

在孪生子悖论的讨论中需要明确假言推理,在这一点上半斤是正确的。有人可能会问,孪生子悖论是否足够重要,值得我们花费大量时间把两个孪生兄弟的对话译成通俗的英语。我对这些持怀疑态度的人的建议是,立即跳过这部分,直接阅读第3.5节讨论的纽科姆悖论,本节的一些观点在那里将以更形象更直观的形式出现。

混合战略均衡 有必要从非演化背景下对混合战略纳什均衡解释的评论开始本节的论述。讨论这一问题的传统背景是猜硬币博弈,亚当和夏娃同时拿出一枚硬币,如果他们的硬币正好配成一对,则是亚当赢,否则是夏娃赢。

作为准备工作,我们回顾一下埃德加·爱伦·坡(Edgar Allan Poe)的小说《失窃的信》中的男孩,他在猜硬币博弈中总是赢家,当有人问他成功的秘密时,他回答说:

"当我希望知道一个人是聪慧、善良还是愚蠢、邪恶,或者他当时的内心活动是什么时,我就尽量做出和对方一样的表情,这样我就可以知道我内心产生的与这种面部表情对应的想法和情感。"

这个故事的吸引力在于,它揭示了社交沟通中我们最常用的方法。当我们想了解他人的行为时,我们就尽可能使自己置身于对方的位置,努力从他们的角度来思考问题。

现实中存在爱伦·坡小说中那样的男孩吗？他肯定不能预测我在猜硬币博弈中选择的是正面还是反面。如果我面对的是这样一个神童，我会选择混合战略，这个战略中硬币的正面和反面出现的概率均为二分之一。[①]我甚至可以显示我是在随机掷币，掷币后我不在神童之前去看硬币是如何落下的。无论这个小孩多么聪明地模仿我的思维过程，充其量他也只能猜对一半。他以这种移情方法对我的全部了解是，在此情形下我是通过抛硬币来决定要做什么的。

博弈论的这一观点常常得到不耐烦的回应。根据回应所言，现实中的人的行为不会是随机的。博弈论专家或许认为在博弈过程中使自己的行为被对手预测到的参与人是愚蠢的，但人们确实是这样做的。可以确信，如果你是以随机方式来作出重要选择的，那么承认这一点并不能为你赢得名誉，也不能使人们认为你明智且有常识。在战争中为了迷惑敌人，博弈论专家会建议选择混合战略，但如果结果很糟糕，指挥官就要被送上军事法庭。如果这位指挥官是明智的，那么他最好不要承认他是用掷硬币的方法来做出决策的。

尽管有关随机性的常人之见是错误的，但并不否认在重要时刻有必要以愚蠢的行为来迷惑对手。我已多次重复过，社会演化趋向于淘汰愚蠢的行为。人所具有的适应力会导致人的行为具有随机性，而他们并没有意识到这一点，只有当人们发现自己的行为是愚蠢的，他们才会向自己和他人提供解释。

有这样一个例子，委员会的专家在会议上向财务大臣建议在适当的时间使货币贬值。如果委员会的行为被预测到了，好比所谓的"适当的时间"只需要运用大量专业知识来进行选择，那么货币投机者将大有可为，因为他们也有办法掌握必要的专业知识。不过货币投机者往往没有这么幸运，因为要预测专家委员会的决策并不比预测明天的天气容易多少。也就是说，基于对这些投机者的防

---

① 如果你以相同的概率来放置硬币的正面和反面，可以保证在平均水平上你有一半时间会赢。如果你是这方面的行家，你将对任何在猜硬币博弈中导致你赢的机会少于二分之一的方法都不会满意。你的对手也是如此，如果她也是一位行家，她因此将会有至少二分之一的机会击败你。与一位行家玩猜硬币博弈时，以相等的随机概率出现硬币的正面和反面是最优的。另一方面，当你和你的对手都是行家这一情况不是共同知识时，你就不必以随机的方式进行博弈。如果你以随机方式与一位新手博弈，你就失去了利用你的对手的失误来取胜的机会（参见卢斯和雷法[158，p.77]）。

范,专家委员会以随机方式进行决策,其原理与玩扑克或赌轮盘没有多少区别。①

我想对人们的下意识的随机行为作进一步分析。在此之前,借用在数学混沌理论中大量使用的一个比喻对理解问题是有帮助的。在吉尔伯特(Gilbert)和沙利文(Sullivan)的《日本天皇》这部歌剧中,一位皇帝惩罚在桌球游戏中有欺诈行为的人的方法是罚他们在一张凹凸不平的桌子上打椭圆形的球;对一位诚实的参与人的奖励是让他在很平滑的桌子上打非常圆的球,而且任何摩擦和缺乏弹性的碰撞都被排除在外。想象一下在这样一个理想世界中桌球在没有网兜的球桌上滚动的情形。如果我们知道它们现在的位置和速度,我们将能够在多大程度上预测它们未来的位置? 拉普拉斯认为,如果有关球的当前状态的数字是准确无误的,我们就能精确地预测出它们的位置。但初始数据的毫厘之差也可能会导致灾难性的结果。随着桌球之间发生碰撞和反弹,初始测量误差的不确定性被不断放大,结果是拉普拉斯对球的位置预测比一个对初始数据一无所知的人高明不了多少。

熟悉计算机的人对这种情况并不陌生,如果你知道你的程序和正在运行的数据,那么你就可以预见在程序运行时屏幕上会显示什么结果。假定你知道程序中有一个小错误,那么你对预测的信心就会动摇。众所周知,如果你的程序的微小变化所导致的结果变化也很小,那你是很幸运的。而通常由程序上的一个小错误所导致的结果是令人震惊和难以预测的。

我认为,在人的心理活动中也显然存在这种现象。如果一个人的心理状态包含了细微的有差异的观念,那么一个人就不可能确定另一个正在思考问题的人的心理状态。在第3.4.2节中,我认为人通常对自己的心理状态也难以确定。

有时我们对对手的微妙的心理状态的无知并不重要。例如,如果亚当知道夏娃是一个可信赖的算术家,那么要预测她将如何回答"3×2=□?"这样一个有丰厚奖品的问题时,他不必知道她是否有一个好心情。这个例子与拉普拉斯预测在一个有球袋的台球桌上一组球将如何运动的问题是等价的。他不必知道初始数据就可进行预测,因为有较高的概率能保证在足够长的时间里所有的球都

① 当然,从这位财政大臣的视角来看,一个委员会要胜过一个赌博轮盘。因为如果这位大臣责备用赌博轮盘作出的决策结果并不是十分理想时,将没有人会认真考虑这位大臣本人的话。

会落进球网中。但如果要夏娃说出一个与"蓝色"押韵的词来,这时她的心理状态的微小变化就会使她给出不同的答案。在这种情况下,亚当与面对一张没有球袋的球桌的拉普拉斯所遇到的是同样的问题。如果他对夏娃的心理并不十分了解,那么要准确预测她的回答,亚当就有必要知道她的初始心理活动的准确状态。

现在让亚当作为爱伦·坡小说中的那位男孩出场,考虑到现实因素,他在和夏娃进行猜硬币博弈时不能假定他对她的心理状态有准确的了解,即使她失去了通过抛硬币或转赌盘来随机化选择的机会,情况也是如此。由于亚当对她的初始心理状态没有把握,因而随之而来的她的一连串的思想活动对亚当来说也具有不确定性。如果夏娃所有可能的思想活动都以较高的概率收敛于同样的结论,给亚当带来的困难则会很小。博弈论专家认为,如果夏娃对一次性囚徒困境的思考是理性的,就会出现这种情况。无论她的初始心理状态如何,她都会决定选择鹰战略。但在猜硬币博弈中理性的思考者并不能得出一个唯一的结论,他们的思想活动是一个依赖于参与人的初始心理状态的发散过程。

认为亚当在预测夏娃思想活动时对夏娃的初始心理状态有充分了解的假设在多大程度上是合理的?爱伦·坡的小说中的那个小孩通过观察对手的面部表情来了解他们的心理状态,但我们必须记住,在小说中这个男孩只不过是一个臭名昭著的胡编乱造之人而已,在真实生活中,要做到这样的事,需要夏娃非常天真。然而,猜硬币博弈可能只是亚当和夏娃的一系列博弈中的一环而已,而亚当因此有机会研究她过去的行为并得出她无意中遵循的行为模式。由于未经训练的对象在生成随机序列时通常很拙劣,这可能会为亚当战胜夏娃提供可趁之机。事实上,在猜硬币博弈中计算机之所以能打败人,就是因为它的程序是针对人的心理弱点设计的。但对此夏娃也不是孤立无援的,即使我们不允许她借助随机方法。如果她很熟悉莎士比亚的作品,她就可能会根据连续剧《泰特斯·安德洛尼克斯》中有偶数句还是奇数句对话来随机作出硬币出现正面还是反面的选择。亚当当然可能会猜中她在做什么,但他又在多大程度上能猜中呢?为了作出这样一个假设,他不得不以相当荒谬的精度了解她的初始心理状态。我的确不知道自己为什么要从莎士比亚的所有剧作中选择《泰特斯·安德洛尼克斯》来说明这一观点,而为什么没有选《爱的徒劳》或《驯悍记》?要在这件事上猜中我的心理活动,就需要亚当比我自己更了解我的心理。

在参与人看来,他的决策都是悉心思考的结果,但在他的对手看来,这一决策可能是随机作出的。如果因为《泰特斯·安德洛尼克斯》的第一幕中有偶数句对白,夏娃就会在猜硬币博弈中选择正面,这是她思考后做出的一个决策。但从亚当的观点看来,她也可能正好是选择了一个硬币正反面出现概率相等的混合战略。博弈论专家认为,她根据随机事件来选择正反面的决策在她来说是经过思考的,但亚当却无法预测时,她已经纯化了混合战略。

在猜硬币博弈中没有机会借助随机方法而经过深思熟虑的选择的纯战略必然是发散的。因此认为两个有相似的生活经历的亚当在猜硬币博弈中会以较高的概率选择相同的纯战略是一个严重的错误。那些得出这个结论的哈萨尼公理的各种表述是很不现实的,我认为,我们要借助哈萨尼公理,就有必要把注意力集中到收敛型思维过程的最终结果上。

在收敛型思维过程中最关键的是什么? 在第1.2.4节中简要提到过的贝叶斯决策理论,在第4.5节中还将得到详细讨论。贝叶斯认为可以通过对一个理性人要考虑的所有事件指定一个主观概率,据此来刻画他的信念系统。这样的主观概率允许他计算从不同的行为中获得的效用,从而那些使他的预期效用最大化的行为组成了贝叶斯理性行为。贝叶斯主义就是人们通过修正他们主观概率来进行学习的定理。[①]如果他发现事件 F 发生了,他就以每个事件发生的后验概率 $prob(E|F)$ 来代替先验概率 $prob(E)$。通常用第4.5节中所讨论的贝叶斯法则就可计算出条件概率 $prob(E|F)$,对后验概率的计算因此常常被称为贝叶斯修正。

贝叶斯修正是一个收敛型思维过程的例子。例如,两个不同的人对一枚硬币抛出后会正面朝上还是反面朝上有不同的先验概率。在他们观察了投掷的硬币之后,会根据新的信息修正他们的概率。原则上讲,这些后验概率各不相同,但如果博弈双方用贝叶斯规则来修正他们的主观概率,那么他们的后验概率随着他们的信息量的增加将会不断接近。尽管理性人在猜硬币博弈中运用哈萨尼

[①] 尽管贝叶斯主义是博弈论专家的正统信条,但在我看来,那种把机械地修正主观概率等同于理性学习的观点是愚蠢的。我将在第4.5节讨论我对这些基本问题的怀疑。

公理来选择硬币的正面或反面是错误的,但是也不必将这一结论推广到他关于对手将会作出的选择的信念问题上。事实上,这可能是思考猜硬币博弈中唯一存在的纳什均衡的最有效的方法。通常用每个参与人选择硬币正面或反面的概率都是二分之一来刻画这个混合均衡。如果一个人认为均衡不只是行为,更是一种信念,那么在这一点上他是正确的。他由此认为,只有以相等的概率来选择硬币的正面和反面才是每个参与人对均衡的信念,从而一个理性的参与人应当认为选择硬币正面与反面是无差异的。只要根据他知道的莎士比亚作品的知识来作出选择的方式对他是有吸引力的,那么谁也不能阻止他这样做。

相关均衡　由于亚当和夏娃在猜硬币博弈中的偏好完全相反,因而零和博弈中无论参与人理性与否都没有合作的余地。在回顾孪生子悖论前,有必要先了解一个近似囚徒困境的例子。我认为图 2.1(b)中的斗鸡博弈是这方面的标准例子,图 3.7(a)对斗鸡博弈作了新的解释。在这个对称博弈中,只要参与人相信他的对手会遵守协定,他就会同意选择(鸽,鸽)组合。但这一组合不是斗鸡博弈的纳什均衡。(鸽,鹰)、(鹰,鸽)组合以及一个每个参与人都认为他的对手会以相等的概率选择鸽或鹰的对称混合均衡才是斗鸡博弈的纳什均衡。

在斗鸡博弈前的廉价磋商过程中,亚当和夏娃约定以抛硬币的方式来选择战略组合方式,正面朝下就选择(鸽,鹰)组合,反面朝下就选择(鹰,鸽)组合。在这个约定下谁也没有欺骗对方的动机,除非他预见到他的对手会欺骗他。[①] 因而斗鸡博弈中存在一个事先的激励相容的协定,这个协定中每个参与人的期望支付是 $1\frac{1}{2}=\frac{1}{2}\times 3+\frac{1}{2}\times 0$。这一支付小于每个参与人都选择鸽战略的支付 2,大于每个参与人从混合纳什均衡中得到的支付 1。

如果亚当和夏娃都有动力遵守一个事先的对称协定的约束,那么他们所希望得到的收益看上去不会超过 $1\frac{1}{2}$。但图 3.7(a)中的斗鸡博弈却认为存在一个事先的激励相容的协定,使得每个参与人的支付是 $1\frac{2}{3}$。对这一协定的研究使

---

① 无论硬币如何落下,这一契约都要求满足一个纳什均衡。这样,服从契约就是最优的,条件是你的对手也这样做。

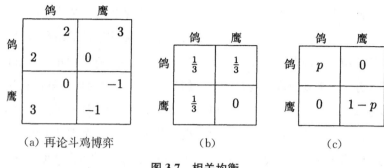

（a）再论斗鸡博弈　　　　　（b）　　　　　（c）

图 3.7　相关均衡

我们感到振奋,因为它不仅激发了我们解决孪生子悖论的灵感,同时又没有冒犯那些正统的博弈论专家。

不妨作这样的想象,在博弈前的谈判中亚当和夏娃决定不再使用抛硬币的方式来选择纳什均衡,而是求助于一个大家公认的诚实的旁观者。这位旁观者随机发出从四个组合中选择的指令,这四个斗鸡博弈支付表上的组合是(鸽,鸽)、(鸽,鹰)、(鹰,鸽)和(鹰,鹰)。图 3.7(b)给出了选择这四个组合的概率分别是 $\frac{1}{3}$, $\frac{1}{3}$, $\frac{1}{3}$ 和 0。在选择了一个单元格后,亚当将被私下告知所在的行,夏娃将被私下告知所在的列,亚当和夏娃的约定是使用旁观者向他们报告的任何纯战略,如果双方都遵守协议,那么双方都将期望得到 $\frac{1}{3} \times 2 + \frac{1}{3} \times 0 + \frac{1}{3} \times 3 = 1\frac{2}{3}$。问题是,他们为什么会遵守这个协定?

理性人遵守协定的条件是他因此可以实现预期效用最大化。要计算这个预期效用,我们需要知道他认为他的对手会选择鹰还是鸽的主观概率。好在斗鸡博弈是对称博弈,因此对亚当和夏娃的预期效用的计算是相同的,也很容易鉴别出这个协定对亚当是激励相容的。

如果旁观者向亚当报告的是鸽,他必须修正图 3.7(b)中的先验概率分布。旁观者的这一报告实际上是告诉亚当随机选择的组合不是(鸽,鸽)就是(鸽,鹰),因而对预期效用的计算比通常的贝叶斯修正的计算要容易。由于每个参与人的相似性,他们的后验概率都是 $\frac{1}{2}$。假如夏娃遵守协定,亚当就会相信,只要

他选择了鸽,夏娃就会以 $\frac{1}{2}$ 的概率选择鸽或鹰。亚当根据协定选择鸽的期望支付是

$$1 = \frac{1}{2} \times 2 + \frac{1}{2} \times 0 \qquad\qquad (3.3)$$

如果旁观者告诉他的是鸽而他背叛协定选择了鹰,他的期望支付就可能是

$$1 = \frac{1}{2} \times 3 + \frac{1}{2} \times (-1) \qquad\qquad (3.4)$$

因此,这种条件下,当要求亚当选择鸽时,遵守协定是亚当的最优安排。

我们进一步要问的是,当旁观者报出鹰的时候亚当遵守协定是不是明智之举? 亚当知道旁观者随机选择的组合是(鹰,鸽)组合,因此,给定旁观者报出的是鹰,他选择(鹰,鸽)组合的后验概率是 1。如果夏娃也遵守这个协定,亚当因此可以相信他根据协定选择鹰时她会以概率 1 来选择鸽。他选择鹰的期望支付是

$$3 = 1 \times 3 + 0 \times (-1) \qquad\qquad (3.5)$$

如果旁观者报出的是鹰而他背叛协定选择了鸽,这时他的期望支付是

$$2 = 1 \times 2 + 0 \times 0 \qquad\qquad (3.6)$$

因此,这一条件下需要亚当选择鹰时,他的最优安排是遵守协定。

奥曼[11]用"相关均衡"①对我们刚才考察过的协定的类型作了描述。选择这样一个术语的原因是每个参与人相信他们自己的战略选择与其对手的战略选择之间有相关性。例如,在刚才考察过的斗鸡博弈的相关均衡中,当一个参与人确信他的对手选择鸽时,他就选择鹰。对这种相关性的考察使我们向孪生子悖论接近了一步,如果还要更近一步,我们就要采取奥曼[11]的方式——放弃借助旁观者达成的事先协定。

奥曼[11]的视野更为广泛,它不需要亚当和夏娃通过旁观者进行随机选择

---

① 这里并没有给出一个正式的定义,因为一个 G 博弈中的相关均衡可以被看作是一个在 G 博弈前加了一个随机因素得到的更大的 H 博弈的纳什均衡,由于随机因素的作用,参与人无法观察到 H 博弈的全部结果,当不同参与人对这一随机事件的观察之间有相关性时,我们就得到比 G 博弈的纳什均衡更具有一般性的结果。

的协商。奥曼在斗鸡博弈中采取的是这样的表述,他认为猜硬币博弈中不必用抛硬币的方法来使他们的选择具有随机性,而这一点同样适用于斗鸡博弈。他用参与人当前的心理状态代替了旁观者的报告——奥曼将其解释为参与人所了解的整个宇宙中发生的所有事件的总和。奥曼的视野的确很宏大,而旁观者的随机方法不再是一些肮脏的纸牌,而是整个宇宙的神秘活动。

在猜硬币博弈中,强调两个不同的参与人的心理状态的相关特征在根本上是独立的这一点很重要。在斗鸡博弈中,则有必要强调两个不同的人的心理状态之间的强相关性——特别是在他们有共同的阅历或文化背景的情况下。例如,要是亚当和夏娃共同观察到硬币下落,那么他们在判断出现正面或反面上达成一致性的概率就比较高。与之相似,我知道莎士比亚是《泰特斯·安德洛尼克斯》的作者,而另一些与我的背景相同的人也知道这一点。

原则上,为了便利,我们可以选择这样的相关性——正如我们已在斗鸡博弈中研究过的相关均衡那样。①在这样一个相关均衡中,参与人的后验概率与纯战略选择的结合是发散型思维过程的结果。认为你的对手必须持有和你相近的后验概率的想法是错误的,最好还是把相关均衡作为信念上的均衡。为了支持这种解释,我们必须认为参与人的思想过程收敛于图3.7(b)给出的先验概率,而不是从他们当时的心理状态决定的纯战略中获得的后验概率。只有在选择之前,借助哈萨尼公理来证明这个判断才是合理的,即亚当和夏娃处于相同条件下时必然会有相同的思想。即使如此,这还是在冒险。我们无法证明参与人先验的思维过程都是收敛的,只要还有一个例子表明他们后面的思维可能是发散的。②

囚徒困境中的相关均衡 现在我们努力把相关均衡应用到孪生子悖论中去。假设由亚当和夏娃共同推选一个旁观者,旁观者将根据图3.7(c)中的概率随机地从图2.2(b)的囚徒困境支付中选出一个组合作为指令。在旁观者给参与

① 注意,我认为不同人的心理状态之间的这种相关性仅仅提供了超越日常生活中纳什均衡的局限的理论概率。在共同推荐的旁观者的例子中,非常重要的共同知识是提供给一方参与人的信息对另一方是保密的。然而,在真实生活中我找不到满足这种条件而且不存在第三者干预的例子。
② 我已考虑过这一问题(宾默尔[33])。在我的模型中,收敛过程确实导致了相关均衡。斯科姆斯[247]对此作了更系统的讨论。

人报告之前,参与人认为选择(鸽,鸽)组合的概率是 p,选择(鹰,鹰)组合的概率是 $1-p$,而其他组合根本不可能被选中。这组先验概率保证,当旁观者要一位参与人选择纯战略时,这位参与人确信他的对手也被告知要选择同样的纯战略。关键在于除非 $p=0$,否则图 3.7(c)中的这组先验的概率是不均衡的。为了理解这一点,可以想象亚当相信夏娃会选择旁观者告诉她的任何纯战略。如果旁观者告诉亚当选择鸽,他选择鸽的期望支付是 2,选择鹰的期望支付是 3,因此根据旁观者的指令他无法作出最优安排。根据这一点,只要他们的行为处于均衡状态,旁观者就一定不会告诉参与人选择鸽。因而除非 $p=0$,否则图 3.7(c)中的先验概率不能支持一个相关均衡。

为什么用相关均衡的方法不能使孪生子悖论发挥作用,研究这一点具有一定的指导意义,我们试图用相关均衡的概念来证明孪生子悖论的合理性时,遇到困难的原因是,当旁观者告诉亚当选择鸽时,鸽战略不是亚当的最优选择。但一个孪生子悖论的维护者会说我们的结论是错误的,因为在旁观者告诉亚当选择鸽时,亚当选择鹰的预期支付是 3 的观点是错误的。错误就出在我们假设亚当给夏娃的纯战略指定了同样的概率,无论是他在考虑坚持鸽战略的意义,还是在考虑背弃协定选择鹰战略时,都是如此。如果这是错的,那么在讨论斗鸡博弈中的相关均衡时我们已两次犯过这样的错误,在式(3.3)和式(3.4)中,我们给夏娃选择鸽或鹰指定了同样的概率,式(3.5)和式(3.6)中也是如此。

讨论斗鸡博弈时,我们在式(3.3)和式(3.4)中选择同样的概率的原因是在这两个式子所代表的情况中亚当有关夏娃的动机的信息是相同的。也就是旁观者告诉亚当选择鸽时他认为夏娃被告知选择鹰或选择鸽都是可能的。一旦我们放弃博弈参与人之间的事先约定,认为参与人更多的是考虑自己的心理状态而不是听从旁观者的劝告,这时问题就变得复杂了。即使亚当没有处于一种背叛协定的心理状态,如果他处于这样一个背离的状态,那么夏娃将会发现她也处于同样的背离状态。

反事实条件陈述　对一种陈述的反事实性质的强调很重要,这可以告诉我们如果亚当在做他实际上不会做的事时他会相信什么。大卫·刘易斯[153]在反事实的奇思妙想方面虽然无法与乔治·布什(本书第 2.5.2 节)相提并论,但他尽自己的最大努力,在那本关于反事实条件陈述的书的卷首写道:如果袋鼠没有尾巴,它们就会摔倒。

这样的反事实条件陈述的含义是什么?我认为刘易斯在对莱布尼茨(Leibniz)的"可能世界"这一概念的解释上并不存在混乱。因为袋鼠确实有尾巴,一定要说它没有尾巴时会发生什么事情的话,那么这样的事只会在一个不同于真实世界的虚拟世界中发生。不难创拟这样一个可能世界,在这个世界中袋鼠的尾巴被剪掉了,而其他一切照旧,这只不幸的袋鼠毫无疑问会摔倒在地。我们还可以想象在袋鼠演化史上发生了一些重要的变化——因此所有的袋鼠都不长尾巴,但是因为有这种缺陷的物种永远都不会发展进化,因而可以假定它们也不会摔倒。

之所以要讲到袋鼠的话题,是为了说明在陈述的背景中或内容上都有大量的反事实条件陈述的意味。一般而言背景很清楚,例如,如果亚当告诉夏娃要是在昨天晚上的扑克游戏的关键时候发给他的是草花4而不是方块9,那么他就不会输掉这个月的抵押贷款。对亚当的这种陈述,夏娃不存在理解上的困难。在这个决定命运的一刻来临之前,亚当可能会抽到很多扑克,每一张扑克都代表一个可能的世界,只有草花4代表的可能世界才能给亚当和夏娃带来好运,但在这次发牌之后只有方块9代表的可能世界成了真实世界。这个例子中的问题都很清楚,因为不存在对决定哪一个相关的可能世界会成为现实的机制的疑虑,发牌者洗牌时的偶然行为决定了会发给你什么牌。在处理更独特的反事实条件陈述时,人们无法做出如此清晰的预判,但在我看来,这种消除由于反事实推理造成的许多混乱问题的方法是要找出在亚当的扑克游戏中洗牌和发牌机制的替代品,正是这种机制决定了一个能清楚解释反事实条件陈述的背景。

D.刘易斯[153]认为一个存在反事实条件陈述的可能世界中的默认选择应当是最接近于真实世界的。在我看来,从博弈论角度而言这样一个标准并不是非常有价值,原因是"最接近"这个词太含糊了。博弈论中的"真实世界"不是我们日常经验中那个不完美的栖息地,参与人则成了无所不能的理想中的理性超人。然而,在检验一个行为是否最优时,如果存在偏差因素,即使超人也必须把现实的结果与随之而来的影响作用下的结果作以比较,他们因而会遇到反事实条件陈述:如果一个理性参与人作出非理性行为时会发生什么事?在博弈论中考虑这样一个反事实的条件陈述时,传统的做法是在参与人要采取特定行为的决定和该行为本身之间设置一个随机干预因素,这样参与人就可能在无意间做出错误行为。或许这个参与人对主人言听计从但受到了偶尔也会发错指令的颤抖手①的折磨。人们可以认为,这样一个可能世界因为没有排除出错的可能而非常接近博弈论中的"真实世界"。总之,如果参与人真是理性超人,那么他就不具备思维出错的能力,因而任何错误的发生都一定是他的控制之外的因素造成的。

如果我们坚持传统博弈论对反事实条件陈述的解释,我们将难以对孪生子悖论有更进一步的理解。当博弈论专家的结论在日常生活中有了应用的可能时,我不认为他们信守传统仍是明智的。生活在博弈论的"真实世界"的经济人只对他们的同类——尽可能使自己行为理性化的智人感兴趣。我们要考虑的这个错误不是理性超人故意犯的错误,而是一个真实的人想要做理性之事时由于失误而犯的错误。这种观点并不受博弈论专家欢迎,因为它强迫我们去推测我们知之甚少的心理问题。但我认为也没有其他方法来实现这个目标。也就是说,设想一个洗扑克牌的过程,在发扑克牌时需要考虑参与人的心理状态而不是只考虑外部环境因素,否则就是要强迫人们否认糟糕的战略选择并非手指不灵、手肘发炎所致这一显而易见的事实,这样的战略选择几乎都是错误推理的结果。

所有这些与在奥曼[11]的相关均衡中存在的反事实条件陈述有什么关系?奥曼认为在详细了解了参与人的心理状态之后,参与人的所有有意识的行为就都被模型化了。据此,一旦给定参与人的心理状态,他将不会再有更多的想法。奥曼指出参与人这时"只做了他们所做的"。奥曼接着问道,对一个亚当和夏娃总是碰巧做出贝叶斯理性选择的局面,分析者会如何看待? 他的回答是,分析者会对他们的行为进行分类并称这样的行为构成了一个相关均衡。因而在奥曼的例子中,亚当在斗鸡博弈中被告知选择鸽时他并不计较用式(3.3)和式(3.4)来决定是否选择鸽,亚当"只做了他所做的"。对式(3.3)和式(3.4)的比较分析表明亚当确实是贝叶斯理性的,而如果亚当去做了他实际上并不会做的事,那么他的心理状态如何将无关紧要。在考虑如果亚当偏离了他的均衡战略将会出现什么结果时,分析者设想了一个与真实世界非常一致的可能世界,不同的是用了一个心理状

---

① 就像泽尔腾[235]的颤抖手均衡概念。

态是 s 时就选择鹰的假设的亚当代替了在心理状态是 s 时选择鸽的真实的亚当。

　　注意奥曼承认在给定的可能世界中参与人的心理状态是不变的,这反映在以下事实中,即这些参与人都并没有在有意识地采取最优行为,而是由分析者在事后决定他们的行为是否是最优的。然而,在孪生子悖论中,是由参与人自己明确决定何为最优的,①如果接受这个假定就要修改奥曼的例子。例如,在亚当处于一种认为鸽是最优的心理状态的集合 S 时,他一定作了某种思考。要证明鸽是最优选择,他一定还考虑过选择鹰的可能世界。但他在这种可能世界中的心理状态不是属于集合 S 的状态,否则他的选择就会是鸽。他因此一定在为了考虑偏离而设计的可能世界中设想过他的某种不属于集合 S 的心理状态 t。

　　悖论为什么在起作用　只有现在才可能说清楚孪生子悖论成立的假设条件是什么。亚当不仅在他的心理状态属于集合 S 而他的选择是鸽的真实世界中,而且在至少一个他的心理状态是 t 而他的选择是鹰的偏离常规的可能世界中,都必须把夏娃看作他的孪生兄妹。也就是说我们必须假定夏娃不仅在真实世界中是亚当的孪生兄妹,而且即使亚当并不认为这是事实时她仍是他的孪生兄妹。

　　在批评这一假设之前,准备这样一个背景可能是有用的,考虑一个把自己写进了他的著作中的作者,就像但丁本人出现在《地狱篇》中一样。被写进书中的人物不必知道这位作者所知道的一切。作为结果,他会选择那些基于他的知识看来是正确的行为,但作者本人知道结果是灾难性的。假设这位作者在真实生活中面临着一个决策问题,选择之一就是把他放在和他的书中的角色完全一样的位置。现在,他是以他作为作者所知道的信息,还是以他作为书中的角色所知道的信息来评价他所处的形势呢? 我以为前者显然是正确的。也就是说他将从一个外部分析者的角度来评价他在书中创造的这个可能世界——正如奥曼在讨论相关均衡时就是从一个外部旁观者的角度来对待问题的一样。

　　之前提到过,在考虑可能世界时需要考虑参与人心理活动变化,现在需要丰

---

① 我已在别处评论过这样的事实(宾默尔[28]):放弃奥曼的观点而倾向于更有现实性的观点会带来解释上的困难。因为一个参与人的思维过程成了他要思考的宇宙中全部事情的一部分,第3.4.2节指出了这种困难,但这一难题不会给这些喜欢孪生子悖论的人带来麻烦,因此在这里我忽略了这一点。

富一下这部分内容。好在对孪生子悖论来说这种思考的要求不高。然而,如果要在博弈过程中考虑一个参与人有机会了解另一个参与人的想法的情形,那么情况将大不相同。这就是为什么有必要花时间劝说博弈论专家去反思他们对待反事实条件陈述的传统态度。

在一个"真实世界"中每个人都是理性的,当鸽战略是亚当的均衡选择时他不会偏离这种均衡,但在一个真正的现实世界中,凭借逻辑思维未必总能得出正确的结论。例如,在大多数情况下,只要提供了足够的激励,不必考虑我们的初始心理状态我们也能正确计算简单的数学问题。正如前面观察到的,夏娃算出"$3 \times 2 = \square$?"的思维过程的收敛概率是相当大的。但这并不绝对保证夏娃能得出正确答案,不论我们做了多大努力,她可能还是什么事也做不对。也就是说,如果在计算问题时她处在一种特殊的心理状态,她可能会犯错误。

与此相似,在一个亚当偏离均衡选择的有现实性的可能世界中并不完全排除非理性的心理状态。根据第 3.4.2 节给出的理由,亚当在这个世界里不能总是确信他真实的心理状态。对于他几乎所有的可能的初始心理状态,他有理由相信,当考虑在博弈中选择何种战略时,根据相似的思考他就可得出正确结论,但他不必相信这对他所有的可能心理状态都是成立的。在亚当思考偏离的结果时,他可以自由地设想一个可能世界,在这个可能世界里他的心理状态 t 不属于集合 S,但亚当没有多少理由要坚持认为夏娃在这个可能世界的心理状态也是 t。这个假设的亚当真有可能不知道自己已在根据背离均衡的思维进行决策,他因此还相信夏娃也很可能会根据类似的想法得出相同的结论。但在评价这一偏离的前景时,真实的亚当如果选择了他作为书中角色时所拥有的信念,而不是他实际的信念的话,他将是很愚蠢的,如果他真这么做了,也就可以这么说,书中的一个角色比真实的亚当更有信念。真实的亚当因此将根据奥曼的方式从外部来分析这个可能世界,而不是从他自己假设的偏离均衡的另一个自己的角度来分析问题。但从外部看来,t 中包含了导致偏离均衡选择的思想过程,有必要把它视为导致均衡选择的主流思想 S 的一个分叉。在这种情形下借助哈萨尼公理就可能错误地认为一个人思想的各个方面都很有可能被另一个处于相似环境中的相似的人复制出来。在猜硬币博弈中运用这种方法来预测对手是猜正面还是反面明显是错误的。在现实的背景下,这更是大错特错,因为一个背离均衡状态的心理可以被复制出来的概率远小于 $\frac{1}{2}$。

结论　有必要重申本节的寓意所在:只有当要预测的东西是一个收敛过程的结果时借助哈萨尼公理的不同形式才是合理的。这就是为什么我认为在分析处于原初状态的讨价还价问题时,有必要用在第 1.2.7 节中介绍过的移情均衡代替哈萨尼公理。

看上去我在孪生子悖论的根本问题的分析上已尽了全力,似乎对每一个细节都进行了反复讨论,但我知道至少还有两个问题尚未触及。第一个尚未触及的是自我参照问题,按照本节中所尝试的方式讨论思维过程时必然会碰到这一问题。如果有人要放弃我的不正式的方法而竭力主张用传统的贝叶斯术语陈述导致孪生子悖论的观点时,他就会碰到第二个尚未触及的问题。在第 3.4.2 节和第 4.5 节中将分别对这两个问题进行讨论——尽管比本节的讨论要轻松得多,但我并不认为对它们的研究对于更广泛的博弈论问题有多大的启示。尽管在孪生子悖论中仍然存在有待思考的问题,但我相信我们已消除了对它的大部分拥护者造成困扰的误解。

我怀疑孪生子悖论的支持者并不理解这一点,即认为亚当和夏娃是真正的孪生兄妹与即使事实上并非如此但他们仍可能是孪生兄妹是两件大不相同的事情。在涉及囚徒困境时博弈论专家对前一种说法是很满意的,在这个博弈中,理性的亚当和夏娃的确会做出同样的选择,但这种判断比声称即使有人是非理性的他们也会做出同样的选择的判断弱很多。如果把这种判断加以扩展以至于禁止我们设想任何允许亚当和夏娃在相同条件有不同思想的可能世界,我无法理解如何才能继续坚持亚当和夏娃是彼此独立的个体这样的要求。有人走得更远,他们想减少囚徒困境中的参与人,使之成为图 2.6(e)中的单人博弈,在单人博弈中选择(鸽,鸽)组合的确是对的,但这样一个结论与囚徒困境问题的相关性很小。

3.4.2　霍布斯心理

在介绍孪生子悖论时,我要问,如何才能把亚当确信夏娃一定会作出和他一样的选择与夏娃有自由选择能力二者协调起来。表面上这是不难给出答案的,只要亚当是理性的并且他知道夏娃也是理性的,那么他就知道在囚徒困境中她会作出和他一样的选择。尽管如此,如果她决定选择鸽,那么即使亚当已预测她会选择鹰,这样的事实也不能阻止她选择鸽。这里的虚拟语气表示一种反事实条件陈述。她之所以能进行自由选择的原因是存在亚当预测出错的可能性。①

否定"自我"　这种关于自由选择的正统思想的浅薄之处表现在有人试图借助想象的机制来为反事实条件陈述建立一个背景,由这个想象的机制来决定亚当的哪一次预测和夏娃的哪一个选择是可以实现的。随即想到的心理模型是奥曼为相关均衡提供的框架,也就是说,自然赋予我们"只做我们所做的"这样一种心理状态。但这样一个毫不汗颜的宿命论的神话如何帮助我们理解自由意志对夏娃意味着什么? 我的答案并不是最早的,斯宾诺莎[251]早已说过:

> 经验教给我们的并不比理性行为少,人们之所以相信自己是自由的,仅仅是因为他们意识到了自己的行为,而没有意识到导致这些行为的原因。

接受这样一个解决自由意志问题的办法无异于取消了这个问题。但如果不存在自由意志问题,它又怎么能使这么多的人为之痛苦? 我的回答与第1.2节的内容类似,我否认伦理学的自然主义理论的目的是把人们在讨论伦理问题时其表达的通常含义翻译成自然主义的术语。对于像自由意志的性质和个人身份这样的心理问题,我们讨论这类精神问题的语言都是由源远流长的常人之见汇成的。但没有任何东西保证我们的祖先在试图理解他们头脑的外部世界和内部世界时假定过任何真正的存在。正是这类模仿因子在日常生活中发挥着作用,否则,它们就会被更有用的模仿因子所取代。例如,"自然厌恶真空"这样的物理学原理中包含了普通人想知道的全部的空气动力学的知识。如果科学家把这一原理的实践价值作为自然如此厌恶真空以至于她将消灭真空的证据,那么这些科学家就犯了严重的错误。

在物理学上这是很明显的错误,因为我们的知识已超越了这种常人之见。在精神领域这个问题并不明显,在此我们没有想当然地接受我们祖先的错误,而

---

① 另一方面如果有人认为亚当对夏娃的选择的预测在所有可能世界都是正确的,和孪生子悖论的支持者一样,他们就必须承认夏娃根本没有自由选择权。

是开始寻求另一种方式。但在我们试图理解心理现象时,我们的语言强加给我们的这个错误则非常不明显,的确,这个错误是如此不明显,以至于当有人指出这个错误时,他受到的是世人的冷嘲热讽。即使是休谟的最狂热的崇拜者,在评说他对契约理论本身的怀疑态度时也会流露出一丝尴尬。然而,我打算引用一些被严重误解的尼采[193, p.54]的观点①,在否定由我们的语言预先假定的"自我"的存在时,他说:"错误的观察是只有'我'才做了事情,才承受了痛苦,才拥有某些东西和某种特性。"多么荒唐!谁是这个没有"自我"的"我"?

奥威尔的未来主义小说《1984》中包含了一种叫新话语的语言,使用这种语言就不会出现表达上的歧义。但我们不必去想象一种未来的语言是如何奴役它的使用者的,我们吮吸母亲的乳汁这类熟悉的旧话语是不会引起政治上的歧义的,但很难避免心理学上的歧义。如同尼采一样,一个人被迫使用一种乍看上去自相矛盾的语言风格。

偏离了心理上的正确性的路径是很难走通的,但我建议无论如何也要走下去。我知道在本书中所宣扬的道德信念会因此而受到失去信任的风险。有人会说,为了接受我对道德问题的观点不必赞同我对人类心理的观点,对这种想法表示抗议,也起不了什么作用。由于这种艰苦的讨论是如此枯燥,我唯一的希望是许多很苛刻的读者都已跳到下一章去了。

对大多数人来讲否定"自我"显然就是否定我们个人的体验到的事实。我想,正是由于有了个人体验,因而才有了"自我"。②这可能是在说:我思,故"我"在。但笛卡尔在探索他的心理活动时他真正的体验是什么?不正是尼采[193, p.14]说过的:因为有思想,因而存在思维活动。或者像我喜欢说的:这是一个关于思想的思想,因而存在关于思维的思维。

要否定一个真正存在的"自我"时,没有人,尤其是尼采会希望去争论这个词的有用性。在编写计算机程序时,为重复使用的子程序起名是很便利的。如果

---

① 除了"超人"这个词之外,希特勒从尼采这里什么也没学到。的确,这位《我的奋斗》的作者似乎连尼采著作中的一个字也没读过。尼采厌恶他那个时代德国的民族主义并且明确声明他对排犹主义的反对。

② 一定小心不要混淆了笛卡尔的"我思,故我在"与乌得勒支(Utrecht)的斯特比莫斯博士(Dr. Strabismus)的"我不思,故我不在"的类比,后者的前件后件都是真的,因此联结它们就产生了重要的意义。

这个程序与贮存在其他地方的程序发生相互作用,这些程序都可被命名。要预测这个程序与另一个程序相互作用的结果,程序员就必须模拟它们的运行。他的程序将合并那些模拟外部程序运行的子程序。如果这些外部程序也模拟了这些与他们相互作用的外部程序的运行,那么这位程序员就不得不对他的模拟行为进行模拟。在这个过程中他要为他的子程序命名,这样当他的子程序作为另一程序的模拟程序中的元素出现时,他自己的程序可通过这个名字来识别自己。这个名字可能就是"自我"。

用来模拟其他程序(和模拟其他程序的模拟程序)的子程序不必与另一程序不同。如果亚当是程序员,他会尽量避免重复写同一段指令。为了做到这一点,我们要借助哈萨尼公理。我们假设所有的程序员都是在他们都知道所有完成的程序最终都会相同这一共同知识条件下编写程序的。[①] 这就使得亚当明白,无论何时去模拟夏娃的程序,他都可以把她的数据输入他的程序来实现这个目的。[②] 如果这种战略对他是成功的,亚当就会赋予他的程序一种移情能力。第1.2.6节和第1.2.7节中讲过,人类的确具有对他的邻居的移情能力,这一点在我的理论中有重要作用。这就是我甘冒受敌视的风险来深入探索个人身份问题的主要原因。

当亚当对夏娃的程序运行的模拟已到了他的程序开始模拟他的程序对她的程序模拟的阶段时,我们可以考虑会发生什么。在这个阶段,亚当的程序会受到它自身运行的控制,但"我"有能力控制它的思想这个事实并不意味着是"我"赋予了它思想。是亚当而不是"我"写了程序,[③]当这个程序把"我"作为它自身时,它也不是笛卡尔意义上的"我"。无论如何,以"我"作为标签是程序运行不可分离的附属物。如果强行让亚当的程序参加演化竞赛而不准他使用标签"我",但他的对手并不受这种约束,这时亚当就可能处于很不利的地位。

---

① 这并不意味着程序运行的运算通常是相同的。它们通常以不同的数据运行程序——类似于它们具有不同的"初始心理状态"。即使这些数据是相同的,只有当运算表现为第3.4.1节中的收敛过程时才会出现相同的结论。

② 我知道这个断言还需改进。这个例子中亚当处于一个无限重复的循环之中,他模拟模拟的模拟……以至无穷(宾默尔[33])。亚当必须承认在模拟时他只能使用全部程序中的部分,因此为对目的进行控制留下了余地。

③ 尼采[193,p.54]认为这是人类自己的错。他谴责我们是在用双重视角理解世界,这使得视角自身成了理解的原因。

人是机器①　现在,每个人都已准备好接受丹内特(Dennett)[64,65]的断言:我们自己只不过是计算机而已,人类意识不过是可以控制它自己的运行的计算机程序。②霍布斯[117,p.81]对此作了最好的描述:

> 生命不过是肢体的运动……为什么我们不可以说自动机(通过发条和齿轮使自身运转的机械,如钟表)具有人造的生命?是否可以说它们的"心脏"只不过是"发条";而"神经"不过是更多的"发条";"关节"不过是许多齿轮,是否如创造者所希望的那样,是这些玩意使得它活动了起来呢?

当然,现代霍布斯主义者对自动机的本质有了更复杂的看法。用吉尔伯特·赖尔(Gilbert Ryle)[225]的话来讲就是,人的心理活动不是钟表式的机械装置,而是非钟表式的机械装置。③但这一人类心理理论的基本观点与霍布斯的观点是一致的,没有什么可信的理由可以假定在这个非钟表装置里可以找到一个

---

① 拉·梅特里(La Mettrie)[176]的名著《人是机器》仍值得一读,即使只为了从他那里享受观察盎格鲁-萨克逊人的感情的乐趣。在他看来,英国人由于吃生肉而堕落到了恐怖的野蛮状态。

② 这里包括对控制的控制。我们有能力对控制的控制进行控制吗?我表示怀疑。注意,我的看法偶尔也会与一些人工智能专家不同,他们认为这样一个问题毫无意义,即一台通过了图灵测试[阿尔比伯(Arbib)[3]],并且能以类似于人的方式与外界交互作用的机器是否一定要有人一样的自我意识。霍夫施塔特[118]设想有一本对爱因斯坦作了详尽描述的手册,手册上还有如何与爱因斯坦给出同样答案的详细指令。某些时候有人会认为这本手册有它自己的自我意识。在我看来自我意识不应该是算法的属性,而是在算法运行时发生的事。没有人会认为爱因斯坦的基因有自我意识,因此有必要把包括爱因斯坦手册的读者在内的人都作为机器的硬件来研究——如塞尔[233]对一个由中国人提出的问题的演算(有时塞尔算法的操作员在运算时保持对中国人的无知是有意义的。但谁也不希望把机器中的"我"与一段程序混为一谈。事实上,塞尔的机器中根本没有设计"我"。我因此也很容易和塞尔达成共识,即他的机器对中国人的理解不如孔夫子对中国人的理解)。有人可能会向这台机器提出这样几个有意义的问题:你正在想什么?为什么要问自己这样一个问题?更重要的是我们能检验这台机器在回答这些问题时是否对它最新的运算步骤也进行了检查。有人可能会反对说,用霍夫施塔特提出的方法去模拟爱因斯坦的精神活动过程是不可行的。我估计一个人至少要和考虑他的大脑一样考虑他身体的化学元素,为此他要安排一组操作员同时读不同的操作手册。在我们对人的思维有更深入的理解之前,这仍然是一个悬而未决的问题。

③ 这是对笛卡尔主义的二元论者的一句反语,我很乐意接受它。我同意赖尔的观点,即当人们认为计算机软件和硬件有同样的意义时,他们犯了分类错误,但我们把算法看作一种分光仪却不一定是错误的。更重要的是,赖尔[225,p.57]认为亚当在了解过夏娃的偏好和信仰并发现他设想的决策与她的真实决策一致后,设想他对夏娃的精神活动有所了解的想法是错误的,对此我不能苟同。亚当不能确信他能准确模拟夏娃的内心活动,这是真的。他也不能确信物理学家的模型是否精确地模拟了物质宇宙——无论他们对未来作了多好的预测。在这两种情况下,一个人所能做到的只有对模型的简洁性和其所能解释的数据的复杂性进行比较,仅此而已。

幽灵,这并不是说那儿不存在一个幽灵,我只是不明白为什么奥卡姆剃刀原理可以用到其他问题上而不能用在这个问题上。

在表达这种观点时,那些被激起的敌对情绪使人困惑不解,特别是当那些否认宗教信仰的人表达这种观点时。人们在听到说他们并不比机器优越多少时会觉得受了某种轻视——就像维多利亚时代的中产阶级知道他们和猿有亲属关系时感到尊严受到了伤害一样。或许他们担心我们是猿或机器人的消息会使无产者养成金刚(King Kong)或阿诺德·施瓦辛格(Arnold Schwarzenegger)的习性。在我看来这两种反应都是愚蠢的,我当然注意到了,在我放弃关于机器中有幽灵的说法时,我的自负丝毫不会减少。改变心性也并不必然要改变行为,的确,有人会担心人们一旦知道了他们的本质就会造成社会的四分五裂,我认为这是荒唐的。如果人本来就是猿和机器人,则他们的行为早已与猿或机器人一样了。

我们不必和维多利亚时代的理性人一样忧心忡忡,害怕一旦告诉他们智人是猿,他们就会做出和狒狒一样的行为来。就算我们通过说他们不过是些机器来为他们"上了发条",他们也不会变成会发出类似杜鹃叫声的闹钟。一旦他们相信了某种曾在哲学家和神学家中流行过的东西,他们就可能会相信我们告诉他们的话。但抽象的信念系统的变化通常对社会行为的影响不大,大多数时间里人们的行为都是明智的,可以说总是如此。①在大多数情况下,如果我们能说服人们以更科学的方式来解释他们的社会行为,那么他们的行为会更为明智,特别是他们可能会开始明白,对那些主要是由生物或社会历史的偶然因素(如肤色、智力、民族、社会等级或地位)造成的个人属性差异感到"自豪"或"羞耻"是可笑的。

---

① 我并不是说一个社会要像一个人一样理智,我们是在讨论囚徒困境,我是说个人的行为是非常有理性的,即使他们生活在一个疯狂的世界并且接受了疯狂的信念。我也不认为人的生活方式是永远不变的——只是当前那个关于人类困境的本质的观念在确定人的习惯行为如何随时间变化时的作用是很有限的。当然在某些时候,这种时髦的观念代表了人们为什么要选择一种观念而放弃另一种观念的理由。这种机制能够使一个已形成的观念成为一种时髦。但那些与经过社会演化形成的潮流背道而驰的观念很难成为时尚,但这并不是说流行的观念从来都是无足轻重的。我认为这种流行的观念只有在社会演化到了一个分叉点时,才会成为重要的因素,并使其未来的进程容易受到那些原本只是普通偶然现象的事件影响。即使像本书这样的著作也可能会有影响世界的机会。

　　对黄色的体验　我同意从审美角度对我们是机器这一观点的批判,我的意思并不是说我们不是机器的原因是机器不能和我们一样被瓦格纳的歌剧或贝多芬的交响乐感动,我年幼的子女也并不欣赏我感兴趣的音乐,但我相信他们是人。也就是说,被伟大的艺术作品"感动"很大程度上只是一种文化现象。我的批评主要针对的是只有人才具有的体验,例如,机器能体验到我看见黄色物体时的体验吗? 机器可以测量黄色的波长之类的东西,但只有人才能欣赏黄色。我知道想要通过视觉生理的讨论让人们接受这种观点是徒劳的,但我还是打算试一试。不巧的是我要讲的内容与当前流行的关于色彩知觉的哲学观念体系背道而驰,因而我必须谈论更多的内容,尽管我并不想这样做。

　　如果人们对词语的确切含义要求很高,那么人就很少会有"看见"一件"黄色物体"的体验,就像伽利略一样,我认为接受亚里士多德的"黄色"是物体的属性的观点并没有使我们对色彩有很好的理解。相反,人们可以把色彩仅仅作为大脑用来表示一个代数问题的解的符号,这种说法看上去似乎是荒唐的,但在学习了由兰德(Land)[146]发现的大脑视觉中枢赋予物体色彩的机制之后,人们就不会这么想了。虽然对这一问题仍有许多尚不清楚的地方,但最简单的解释是,人的视网膜对三种不同的波长很敏感,因而视网膜创造了我们视觉的三维彩色图像。但这并不是我们的感觉,如果是的话,那么物体的色彩就会随着照亮它们的光的波长的改变而发生突然的变化,一些日常经验就可说明这不是事实,因此,大脑一定对从视网膜那里接收到的数据进行了复杂的加工。如果它最终确实赋予了物体一个三维矢量,那么这个矢量就不仅是它从这个物体那里接收到的波长的函数,还是周围物体的波长的函数。大脑视觉中枢给视野中每一个物体指定一种人类在演化中专门为此发明出来的色彩的符号。这种发明出来的色彩在光源的波长变化的同时能保持相对的稳定性,这就是我们为什么可以说这是一件黄色衣服,而不必用对光源的详细说明来作修饰语。

　　兰德色彩感知模型的要点在于它消除了人类视觉加工机制上的神秘色彩,使得用一台合适的机器来模拟这一机制似乎成为可能。然而,它并没有准确地揭示出,当我们说一件衣服是黄色的时候,我们的感受的本质是什么。就个人而言,我怀疑大脑用于记录视觉运算结果的符号能否以纯文字的方式消除其神秘色彩。我们的视觉信息加工系统早在我们学会说话之前就和大脑连结起来了。大脑用来告诉我们视觉运算结果的"黄色"的符号不仅是非语言的,而且是无法用文字来描述的。当我们说只有真的人才能欣赏对"黄色的体验"时，也就是说我们的想象力不能把我们的视觉经验从自然输入我们大脑的符号转化成我们进行交际的语言符号。但我们想象力的这一缺陷并不会阻止我们观察到这样的事实，即受程序控制来模拟我们视觉的机器所用的符号与我们自己为同样目的所使用的符号是无差异的。

有批评意见认为接受兰德色彩感知模型就是否认我们视觉经验的真实性。在这一点上，伽利略将人们对色彩的感知和用羽毛使人发痒进行类比[雷东迪(Redondi)[215，p.56]]，这是正确的。我们都知道，人很难使自己发痒，因而我们对发痒的体验是我们的大脑在特定社会条件下创造出来的东西，因而我们不接受那种认为发痒的感觉存在于羽毛之中的结论。但是谁又会说在用羽毛挠痒时他们的感觉是不真实的呢？与此相似，对亚里士多德的否定并不是说我们的眼睛欺骗了我们。当我们用"我看见一件黄衣服"来描述我们的视觉体验时，这种描述想当然地接受了一种为什么我们能够看见我们正在看的事物的解释。这里隐含的意思是，我们把这件衣服看成黄色的原因是黄色本身是这件衣服的一种属性，但我们实际看到的并不包含这种略显陈腐的解释，而用"我把那件衣服看成是黄色的"能更好地描述我们的视觉体验。

洛克[156]对事物的基本特征（如形状）和次要特征（如颜色）的区分进一步造成了理解上的困难，原因是批评者感到一个对亚里士多德持否定态度的人只能赞同这种观点。但我的观点要更复杂一些。首先，我不否认把黄色看作是黄色衣服的基本特征的亚里士多德模型在许多时候是适用的。[1]但把黄色当作黄色衣服的次要特征的洛克模型有更广泛的适用性，因为它能够解释同一件衣服为什么有时看上去却不是黄色的。[2]尽管在与这两个模型的复杂性并不相关的情况中，洛克模型比亚里士多德模型要更好，但在我看来，前者只是权宜之计，因为它

---

[1] 与此类似，认为坚固是桌子的基本特征或平整是碟子的基本特征的模型在实践中很有用。但我所接受的量子力学和地理学的训练要求我在某些条件下应用其他模型。

[2] 我对洛克的怀疑在于，我能否避免有得必有失的两难境地。在这种情况下，问题是他是否认为物体的次要特征一定是属于这个物体本身的一种性质。麦基[165]肯定性的回答在我看来是对洛克思想的正确理解，而不是根据贝克莱(Berkeley)[19]的理解给出的解释。如果麦基是对的，那么说黄色是一件衣服的次要特征无异于在说这件衣服有一种诱使我们在通常条件下把它看作黄色的性质。知道了这一点，就可根据在特定波光的光源条件下反射光的波长的特征给出作为次要特征的黄色的客观定义。

不过是重新定义了包含根本性概念错误的世俗智慧,①而兰德模型把黄色当作一种符号,表示对视网膜接收到的特定信号的运算结果,这一模型比洛克模型有更广泛的适用性,因为它有潜力解释一件通常是黄色的衣服被看成其他颜色时我们的真实感受。那些否认机器能"真正地"欣赏黄色的体验的人会更喜欢哪一个模型?答案很可能是自相矛盾的。在我看来,他们的最佳选择是接受兰德模型。我认为这一模型的作用在于使我们有可能造出色彩感知方式和人一样的机器。接受另外两个模型中的任何一个都会使我这样的人有机会形成关于黄色的客观定义,这个定义是很容易输入到机器的程序中使用的。

不幸的是,我们没有和我们视觉经验同样可靠的有关我们的感情和情绪的数据,这些数据也可能根本就没有贮存在大脑里。但在我们经历巨大的痛苦或狂喜时,我们能体验到我们身体和大脑中的某种东西。那种认为我们所体验到的仅仅是一串大脑用来跟踪各种连续运算的符号的看法是荒诞的吗?我不这样认为——但我也不认为那些符号是能自然地使用"仅仅"(merely)这个词进行描述的。除去其他考虑,我们内部的符号能起到利用以前贮存的经验的作用。

哥德尔定理　关于对我们只不过是机器这一假设的聪明的反驳,我想提一下哥德尔定理(Gödel's theorem),并打算使其改头换面。不准确地说,哥德尔定理告诉我们,没有一个足够复杂的形式演绎系统能同时保持一致性和完备性。也就是说,如果这个系统不存在形式矛盾,那么一个真命题可以在这个系统中表达但不能在这个系统内得到证明。著名的数学物理学家彭罗斯(Penrose)[202]常常被引用,他认可的卢卡斯(Lucas)推论是:我们不是机器。机器只能根据程序运转,它只能用形式演绎法对输入的数据进行加工。但问题就出在这里,哥德尔定理表明人是可以超越这一局限的,我们能够知道某些无法给出证明的命题为真。

但我们真正了解无法证明的命题吗?我相信哥德尔这个有关真的但无法被证明的判断的著名例子是正确的,因为我相信哥德尔的论证。但我所受的数学

---

①　在第1.2节和其他地方,在谈到对凡夫俗子有关道德等类似现象的解释重新进行解释时,我都说过相同的话。即使凡夫俗子的解释的基本结构没有缺陷,但关于人们是在会话意义上还是在重新解释的意义上使用术语的疑问必然会造成持续的混乱。例如,经济学家在重新解释边沁的效用概念时不明智地造成了混乱——因此,我不得不继续提醒读者,现代效用论颠倒了隐含在术语中的因果关系。

训练告诉我不要轻易相信一个证明,除非我同时相信这个论证可以化为从一套公理中逐步推出结论的证明过程,也就是说这种按部就班的程序应该可以被计算机接受。数学家的理解是,你的努力应达到能用计算机来检查的程度,只有这样才能认为你提供的证明已经足够详尽。如果一台计算机不能复制我们的推理,原因一定是它不能接受我们的公理。事实上,证明哥德尔命题成立所依赖的公理不是初始形式系统的一部分。增加进去的公理通常还没有形式化,如果它们实现了形式化,我们就可以构建一个更大的形式系统,在这个系统中哥德尔命题不但是真的而且是可证明的。

哥德尔定理允许我们为任何充分复杂的形式演绎系统添加公理,使在初始系统中不能证明的真实陈述在扩展系统中成为可证明的,因而这条原理完全可以被程序化到计算机中使用。我们可以制造一台机器来复制人类相较于仅仅使用初始演绎公理系统的计算机的超越性壮举。当然我们可以以同样的方式超越这样一台新计算机,而且这一壮举也可被一台程序化的计算机复制。也就是说,不论何时给我们一个根据哥德尔的论证被认为是计算机无法证明的例子,事实上我们都可以用计算机来完成证明。有人可能会反对说,人们知道在一个系统上增加几条公理并超越这个系统时,这些增加的公理是正确的,但计算机却必须用这些信息来程序化。但这样的反对者回避了问题,这个论证应当证明人类可以知道计算机不知道的事情——而不是想当然地接受这个结论。①

事实上,在我看来彭罗斯[202]的观点与这样的形式论证一点关系都没有。他对"人是机器"的假设的不满很大程度上来源于他在协调自我反省的意图和"我"在被程序化到计算机中之后将会如何看待事物的想象这两者时产生的困难。根据一些伟大的数学家的报告,他的观点似乎是空穴来风。当我试图寻求我在数学创造上的谨慎努力的源头时,我也遇到了同样的问题。这些想法产生于意识之外的某个地方,与之相同的情形也会在一个人试图弄明白做决策时的心理状态时发生。例如,休谟[128]说他经常下决心要起床,但最终都失败了,最

---

① 更一般地讲,不存在基于计算机只是在模仿人的思维和感觉的观点提出的决定性反对意见,除非在人们自称他们在思考和感受时我们能准确知道他们的内心活动。但是,如果我们对思维和感觉有充分的了解以致能提供它们的详细情况,那么就很难使人明白这样一个详细的说明为什么不能提供一张能用来制造一台具有人的思维和感觉的机器的图纸。如彭罗斯[202]所言,即使考虑的是量子现象在我们的精神活动中起着重要作用这样的不可能事件,这一观点仍然成立。

后却发现自己已在不知不觉中起床穿衣了。

如果我们真是机器,这不正是哥德尔模型的论证引导我们去期待的情形吗?如果我们是机器,那么从逻辑上讲我们不可能总是知道发生在我们头脑中的每一件事。①我在第 3.4.1 节中解释过,一台机器对它自己的心理状态也不能总是完全有把握。或者,引用叔本华(Schopenhauer)[230]的话:“即使意识自身……对我来说它仍是一个谜。”我知道我们没有能力运用强迫我们接受不易理解的“意志”观念的“自我”这一概念来解开这个谜。但如果没有“自我”,也就不必假设“意志”了,在假设中“意志”能够设法把看不见的决策转化成可以看得见的身体的动作。并且,也没有必要解释这种内部的“基本变化”在自身不动的情况下如何可以使其他东西活动,因而也不会产生与“自由意志”相关的问题。根据这种观点,问夏娃的意志如何才是自由的与询问自然为什么不喜欢真空有着同样的意义。我们在寻求对这种通俗解释的可能含义的新解释上浪费了不少时间,而我们真正需要的是对这种通俗解释无法解释的现象进行解释的新解释。

我怀疑我们对“自由意志”的认识一开始就有错误。在本节开始,就用亚当对夏娃决策的预测可能出错来解释了夏娃的选择自由,与此相似,我不能一直正确预测“我”将会想什么或做什么,因此“我”有选择自由。我不明白为什么这种观察有时会被认为是矛盾的。总之,一位程序员知道他写的所有指令,但他不知道与之对应的所有可能的输出结果将是什么。如果他知道,他就不必为写程序费神了。换一种更巧妙的说法,一套程序知道自己的指令——就像第 3.2.2 节中给出的约翰·霍华德为克林特编的“程序”。如果可以把人看作机器,我就可以知道有关“我”如何加工数据的所有细节,但仍不知道“我”实际上将如何加工特定的数据。就像一位程序员在确定条件下要通过程序运行来发现运行结果一样,有时我也没有更好的办法来预测“我”在特定情形下会做什么,最简单的方法就是看一下我实际上会做什么。

如果我不清楚“我”是如何做出决策的,那么我在预测“我”将做什么上所面临的困难会更大。对这个问题的怀疑永远有现实意义,即使“我”是一套能访问

---

① 这一节对那些大量的雷同的文献参考很少。但是,作为一名经济学家,我不能让哈耶克 1952 年讲过的话被人忽视,我还要强调阿尔比布[4]的《人的研究》、丹内特[65]的《意识的解释》和比基耶里(Bicchieri)和吉勒博阿(Gilboa)[22]的“自由选择是可知的吗?”。

自己的指令的计算机程序。我们也无法使计算机程序与外部世界的不良影响绝缘,也不存在一个完全的自我校正程序。例如,道林(Dowling)[67]注意到不可能写出既可查出输入计算机的病毒,又可保证自己不传播病毒的程序。①和哥德尔定理一样,在他们看来,修改过的埃庇米尼得斯(Epimenides)的经典的说谎者悖论正是这种不可能结果的证据。②借助这一技巧数学家可以给出对这个不可能定理简短有力的证明。但像我这样一位外行更有可能对这一问题,即为什么在计算理论中有些特定的事不可能做到,有真正的洞察,因为我愿意通过艰苦的思考来研究人们是如何着手用计算机处理问题的,而不是研究数学家变戏法般的理论的细节③。因此我只打算给出一个不可能的证明——我之所以如此的主要原因在于,解释为什么我认为不相信“人是机器”这样的观点的人不必为这一论证感到不安。这一论点的目的是要证明我至少有一种我自己都不了解的心理状态存在。

假定我处于心理状态 M 中,这时我对有关自己心理状态的问题的反应恰如我尽力对这样一个问题给出诚实回答时的反应,这个问题就是:我有不讲出当前我的心理状态的全部真实状况的可能吗? 如果我知道我的心理状态是 M,那么我又将如何回答这样一个问题:你的心理状态是 M 吗? 真实的回答应该是肯定的。但这是对这样一个问题的否定回答:我有不讲出当前我的心理状态的全部真实状况的可能吗? 因为这一矛盾,我必须在回答别人问我是否处于 M 的心理状态时持保留意见,但这又是对这样一个问题的肯定回答:我有不讲出我的心理状态的全部真实情况的可能吗? 我们因此陷入矛盾之中。这个论证中的错误在于假定我们知道我们处于心理状态 M。

① 在研究类似的问题时,如果数学家想要讨论那种可以访问无限大的储存空间并在其中进行运算的计算机程序,他们可以参考图灵机。邱奇-图灵论题(Church-Turin thesis)认为这样一台机器可以复制一位数学家所能做的任何形式运算(这一论题并不是那些天真的狂热分子提出的荒唐的臆测,它作为经受了几次挑战性检验的工作假设受到了数学家的普遍青睐)。这种计算机理论典型的不可能结果产生于图灵机的停机问题。和正常程序一样,在输入特定数据的情况下图灵机也可能会永远地运算下去。那么,为了防止这种可能性,是否可以制造一种图灵机,可以将任意一台图灵机的程序和数据输入其中,并且当这台图灵机在处理数据的过程中无法停机时,它可以始终如一地进行报告? 答案是否定的。
② 显然,古克里特人是天生的说谎者。如何理解一位克里特人说的“我是一位说谎的人”这句话? 哥德尔命题与此精神相通,因为它可以被解释为“我是不可证明的”。
③ 这里当然不否认数学家提供的证明的作用。没有这些证明,在夏娃把亚当的失败归结于他缺乏写出某些特定程序的想象力时他将无力自卫。

但是,也不必一定要接受我们有时不知道自己心理状态的结论。伯特兰·罗素笔下的理发师为小镇上每个男人刮胡子但不给自己刮胡子,我们由此可以否认存在满足前面讨论过的标准的心理状态 M,在谨慎地讲述有关计算机程序的类似故事时并未造成对这一点的否定,①在这个例子中假定计算机程序与人的区别是它可以用与外界交流的程序语言表现计算机程序在运行时的全部细节。我认为人并非是装了计算机的时钟,但如果能用我们的交际语言非常准确地刻画我们自己的"非时钟"的零件的运动方式的话,那么适用于计算机程序的不可能故事,对我们也同样适用。我怀疑那些认为在计算理论中应用的不可能定理不适用于人类的人会拒绝这一命题。你不必加入我们这些相信在未来很可能可以给出我们大脑如何工作的科学证明的人。特别是,如果你相信有某种超越性存在于人类欣赏黄色的方式中,或者人类可以直接感受到无限而机器只能借助于有限的符号系统进行间接的处理,那么你就没有理由对计算理论的不可能结果感到困惑。

查拉图斯特拉如是说 现在到了可以进行某种总结的时候了。本节在前面的部分讲过,对于亚当用来模拟自己程序的未来行为的子程序,在他尝试模拟其他程序对这一子程序的模拟时,他有必要把"自我"作为标签贴上去。这一点引起了广泛讨论,意在证明子程序"自我"一定是对亚当的程序将做什么的不完美

① 这个例子不过是重复了一遍图灵停机问题,对此我已出于不同的目的用了许多不同的说法(宾默尔[25,32,28])。如宾默尔和布兰登布格尔[38]在讨论对人类知识有重要的影响的且当前在博弈论中处于正统地位的公理时,给出了以下论点:假设通过图灵机 S 有时会对"……是可能的吗?"这类问题作出否定回答来解决可能性问题,除非答案是否定的,否则就包含了可能性(即使这台机器从来不回答问题,也仍包含了可能性,因为这里忽略了时间因素)。
考虑一个与图灵机 N 有关的问题。用[N]表示计算机赋予这一问题的指令,[M]表示问题"M 有可能会对[M]说不吗?"的计算机指令。最后 T 是一台输入为[x]时输出是[x]的图灵机。程序 $R=ST$ 就由先运行的 T 和后运行的 S 两部分组成。这一程序对[M]的反应也就和 S 对[M]的反应一样。
假定 R 对[R]的反应是否定的。那么 S 就报告说 R 对[R]不可能作出否定反应。但如果我们作为观察者知道这一点,我们为什么不用一个能对我们的知识作出精确反应的程序来代替 S 呢?要么是因为我们用于决定什么是可能的算法规则"不完备"而允许我们知道不真实的可能事件,要么是它由于缺乏一致性而拒绝我们知道的真实的不可能事件。
宾默尔和辛(Shin)[43]对于知识是从算法规则中得出的假定所造成的问题给出了更形式化的分析。特别是他们认为对特定的基本问题,有一种情形下用模态逻辑 G 可以取代博弈论专家(多是下意识地)用来描述人类知识的模态逻辑 $S5$。G 中的一个公理就是数学上的勒布定理(Löb's theorem),它等价于哥德尔第二不完全性定理。

预测者。我强调这种观点的目的在于解释为什么一个人不需要认为奥曼模型——该模型中在自然赋予我们每个人心理状态之后我们"只做我们所做的"——与我们说我们是在"自由选择"时的实际体验不一致。

心理状态是一件复杂的事情,我们的社会和生物史都在我们的头脑中塞满了各种跃跃欲试的模仿因子。它们中的一些决定哪些模仿因子可以得到使用,而另一些模仿因子决定由哪些模仿因子来决定使用哪些模仿因子。我们头脑中的这些模仿因子在很高的水平上活动,尽管我们在某种程度上监控了这个复杂的分类过程,但我们实际上只观察到了正在进行的活动很小的一部分,远不足以预测思维活动的方向。我们常常对我们从头脑中发现的东西感到惊讶,正如叔本华所说的,我们的心理活动对我们是一个谜。与人们通常遇到神秘的自然过程时的反应一样,我们在面对无法解释的现象时创造了一位超自然的代理人,并认为是他"制造"了这些现象。在当前的情况下,这位超自然的代理人就是"自由意志",或许再最后重复一次,否定"自由意志"并不是要否定导致我们祖先发明"自由意志"的这类现象——拒绝回答今天为什么宙斯会愤怒并不是要否认在山上可以听见雷声。简言之,放弃"自由意志"概念,除了失去限制我们自由思考的一个约束之外,并不会有任何损失。

有许多思想家认为亚当的计算机是一个很好的比喻,在他的程序中"自我"和智人一起和谐地演化,要解释我为什么会成为这些思想家中的一员会使读者不胜其烦,我也不想这样做,经常为此而重复这一论点也不是一项很有益的训练,然而,我确实认为,强调在我偏爱的这个版本的故事中所存在社会因素具有重要性。

我接受这样的生物学观点,这种观点将我们的大脑相对较大的成因归结于在有思维能力的动物社会中的生存压力。因此我认为道德是我们天性中固有的,①因为我们需要这种对人的移情之心的意识,所以我们才会发展出一种个人认同感——而不是相反。就像社群主义的鼓吹者麦金泰尔[160]、桑德尔[227]

① 我也许应该重申第 1.2.2 节和第 1.2.3 节中关于"自然法"的内容——我在习惯意义上认为它是约束人类行为的假设。它既不是自然形成的也不是法定的。如休谟[128, p.484]强调他称为"自然法则"的协调均衡的惯例是人创造的,因而一个社会与另一个社会的"自然法"可以不同。在把道德视为我们的内在本质时,我并没有因此认为我们的天性必然要求我们服从道德哲学所谓的"自然法则"。如果我必须用这种语言来表达思想,我所要说的仅仅是,因为自然本性我们才有了"自然法则"。或者,更明确地说,既不尊重生物特性也不尊重社会的文化历史的杜撰的"自然法则"是毫无价值的。

和泰勒[260]强调的,我们并没有演化成一群彼此孤立的个人,若是如此,道德哲学家就可以自由地为这些个人安排任何理想的社会。①我们个人的思想很大程度上是文化的产物,但如果我们坚持把"自我"作为我们精神空间的中心,那么这种观点就永远不会找到发挥的空间。②

"自我"的最主要的功能是作为外界在我心中的一面镜子③来反映他人心中的这面镜子对我的反映。它的性质不可避免地与同它相互作用的其他的"自我"的性质密切联系在一起。这就是为什么博弈论在理解人之所以为人的根本问题上显得很重要。如果我们坚持把个人思想作为某种独立于我们生活之外存在的完美的柏拉图理想,我们就永远不会了解自己。我们头脑中的东西是生物和社会演化的结果,在这些过程完成时,我们思我们所思,想我们所想,而这是因为我们的这种在生存博弈中生存下来的思想和感觉处于一种均衡状态,或至少可以这样说,这个模拟因子成功地控制了其他的模仿因子和基因并使之凸显出来。

最后,我们有必要破除一句有近三百年历史的谎言,我们这些霍布斯主义者不必是无神论者,就像是牛顿在谴责洛克的霍布斯主义时所假设的那样。诚然,一个人不能既是霍布斯主义者,同时又相信所有的传统宗教的信条,但牛顿在自己的宗教信仰中一点也不保守。我们这些霍布斯主义者没有必要不讲道德,我之所以撰写本书不也是因为我希望看到社会变革吗?霍布斯主义者不必是原始的物质主义者,霍布斯心理学可能是物质主义的,但不必是原始的。霍布斯主义者很容易接受推定的灵魂不朽和可能的肉体复活④,甚至对宇宙的起源和本质这样的大事,霍布斯主义者也可以自由思考他们将选择什么。为什么霍布斯主义者相信宇宙是一台巨大的机器,对此并没有特别的理由,只是因为他们认为人不过是与之类似的一台小机器。⑤对我而言,我并不知道该如何回答莱布尼茨的问题:为什么有事物存

① 我当然不同意社群主义者提出的必须放弃原初状态的设计的结论。相反,我认为正是因为我们需要原初状态这类社会设计所要求的这种移情能力,我们才有了个人思想。
② 我们每天都看到太阳东升西落,但我们仍然相信哥白尼而否认地心说。我们不能对"自我"作类似的想象吗?
③ 没有什么比对别人的轻微的刑事犯罪和道德犯罪的指责更能暴露一个人的内心世界了。那些急于指责别人不诚实的人显然是在隐瞒自己不诚实的想法。
④ 如果你不反对你的"灵魂"是一个算术系统的话。
⑤ 我不明白为什么不喜欢"人是机器"这个假设的人还要否认宇宙作为一个整体是可计算的这样的观点;也不明白为什么喜欢这个观点的人认为有必要给出反驳。

在而不是彻底的虚无？我甚至不知道对这个问题本身是否有清楚的思考。

3.5　纽科姆悖论

　　纽科姆悖论(Newcomb Paradox)最早是由诺齐克[195]提出来的,而且立刻在世界范围内引起了哲学家的注意。莱维[149]题为《纽科姆狂热》(*Newcombmania*)的文章记录了当时对纽科姆问题的普遍的关注。今天,人们对这一问题的热情大大减弱了,但这种纽科姆狂热却余音不绝。我个人认为这一工作很大程度上是一种浪费。因为在纽科姆悖论中假设的时间选择、可预测性和自由选择三个条件无法同时满足。就像罗素的理发师,他为镇上的每个人都刮胡子但不给自己刮胡子,因而可以说不存在这样一个纽科姆问题。

　　本节考虑建立在纽科姆悖论基础上的不同模型,在每一种模型中,为了保持连贯性都必须弱化这个例子中的三个假定之一。作为结果,这些模型并不能满足一个坚定的纽科姆狂热者的要求,对于以一种狂热的倾向对待这个问题的人,我只能说我会尽力做到使他们满意——但无法完全解决这个问题。

　　尽管纽科姆在思考囚徒困境时明确提出了这个以他名字命名的问题,但这个问题没有博弈论谜题的外表,它在形式上表现为一个单人决策问题。例如,有两个盒子,其中一个可能装有 1 美元,亚当可以取走第一个盒子或把两个盒子都取走。如果他只关心钱,他应如何选择？这个问题看上去很简单,如果用鸽表示拿走第一个盒子,用鹰表示两个盒子都拿走,那么亚当会选择鹰,因为这一选择至少可以和选择鸽得到同样多的钱。诺齐克[195]使用第 2.2.3 节中的术语,他说鹰是鸽的"占优战略",是属于术语使用不当。

　　但是,有这样一个规则——当看上去似乎有免费午餐提供时,情况总是这样,这是一条典型的《第 22 条军规》式的规则,它确信在第二个盒子中有 1 美元,第一个盒子可能什么也没有,也可能有 2 美元。第一个盒子中是否有钱的决策是夏娃昨天就做出的,她对亚当非常了解,她确实就是布拉姆斯[47]所说的超人。①她对

---

① 在一个应用纽科姆悖论的宏观经济模型中,肖特[232]让政府扮作亚当的角色,而超人夏娃被看作公众。

亚当非常了解,因此她总是能准确预测他在不同环境中的行为。和亚当一样,她也有鸽和鹰两种选择。当第一个盒子中有 2 美元时她选择的是鸽,第一个盒子中什么都不放时她选择的是鹰。由于她对自己非常了解,因此,当且仅当她预测亚当选择鸽时她才选择鸽,当且仅当她预测亚当选择鹰时她才选择鹰。图 3.8 解释了亚当所面临的选择。他选择鹰的支付是 1 美元,而他选择鸽的支付是 2 美元。当我们看到在这个选择中鹰是占优战略的情况下,亚当选择鸽战略怎么会是正确的呢?

诺齐克[195]告诉我们,纽科姆悖论揭示了"占优战略"和"预期效用最大化"之间的冲突。诺齐克对"两条选择原理"之间的冲突的思考是公正和客观的。他确信选择占优战略正确的可能性是 50%,而预期效用最大化原理正确的可能性也是 50%。无论如何,如果诺齐克真的揭示了博弈论所理解的这两条原理之间的冲突,那么,对于博弈论专家和他们的工作来说,随后将要发生的事情无异于非利士人的神庙倒塌。如果博弈论中不存在任何问题,那么占优战略和预期效用最大化两个原理之间就不该存在矛盾。因而应该谅解一位试图在别的地方发现冲突根源的博弈论专家,如果他的研究没有成功,那他必须以他的最大耐心来忍受从科学研究队伍中退役的耻辱——他的肩章将被撕掉,他的剑将被司令官折断。

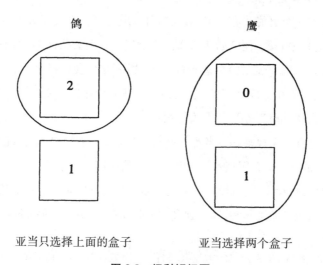

鸽   鹰

亚当只选择上面的盒子   亚当选择两个盒子

图 3.8　纽科姆问题

　　忍受了前面两节中对孪生子悖论的冗长讨论的读者可能已估计到,我并不认为这是诺齐克发现了博弈论橱柜中的骷髅。我认为为这一问题花上一节是值得的,因为它把我们的注意力引向了冯·诺伊曼和摩根斯坦的预期效用最大化理论,而我和哈萨尼[109]研究伦理学的方法在很大程度上依赖于他们的这一理论。但写伦理学的文章的人常常受到对冯·诺伊曼和摩根斯坦的理论的严重误解的困扰。在大家熟悉的第 2 章中,随之而来的批评多集中在那些基本是同义反复的定理上,下一章的第 4.2 节中对此有详细解释,因而本章并不会尽全力来解决"预期效用最大化"问题,相反,我们将着力阐明诺齐克的"占优战略"原理。

　　令人生厌的时间调整问题　博弈论专家在应用占优战略原理时,他们通常□先给出正在讨论的博弈问题的战略形式。在这之前,需要确定参与人的纯战略,要是对什么是纯战略都怀疑的话,那就有必要回过头来为这一博弈问题构造一个详细的初步扩展形式。在研究囚徒困境时,我们已习惯于用鸽和鹰来表示纯战略,因而在纽科姆问题中我们也这样做。但把鸽和鹰看作是纽科姆问题中的战略合适吗？答案在于什么是与纽科姆问题一致的扩展形式。

　　在第一个模型中保留了纽科姆的可预测性和自由选择假定,但放弃了他对物理时间变化的调整的假定。考虑到第 3.4.2 节中所说的"自由意志",现在要讨论允许亚当自由选择的模型看上去成了一件怪事——对此我请求读者保留一份耐心,我们首先来阐明超人这个概念。

　　重点是,要理解超人不仅仅是能正确预测亚当实际上做了什么的人,夏娃并不需要具有更大的本领,就能完成这一点。两个理性的参与人可以通过同时运用一个纳什均衡来正确预测对方的真实行为,而并不需要赋予某一方过人的智力和知识。作为超人,必须把夏娃看成是不仅在现实世界中,而且在任何相关的可能世界中都能对亚当的行为进行准确预测的人。例如,在亚当的真实选择是鸽战略时,夏娃必须预测到这一点；如果亚当选择了鹰战略,夏娃也该预测到这一点。

　　对超人的严格定义我认为是清楚的,如果同意用计算机作类比,可以设想夏娃知道亚当正在运行的程序的密码和输入程序的数据,她因此可以通过在她的机器上用他的数据运行他的程序来预测他的行为。当然,夏娃需要比亚当更复杂,但这与她超人的身份完全一致。

用这样一个与计算机程序有关的例子来构造模型无疑是用牛刀杀鸡,其实只要有一个大大简化的模型就足够了。的确,博弈论专家会满意地接受布拉姆斯[47]模型中认为夏娃是图 3.9(a)所示的扩展形式中的超人的假设。在这个小博弈中,指定亚当先动,他在鸽和鹰之间选择。夏娃在观察他的选择,类似于一位政治专栏作家,她只有在观察过他的行为后才去预测他的选择,这就保证了要是她能如此选择,她就可做出正确的预测。图 3.9(a)中的复线表示参与人的选择结果,因为纽科姆例子没有解释夏娃的选择,所以在这个图中没有包括夏娃的支付,她"只做了她所做的"。给定她原计划采取的行为,亚当的最优选择是鸽。但在这个故事中鹰"占优"于鸽,亚当如何才能通过选择鸽来实现他的效用最大化?

答案很简单,图 3.9(e)显示了图 3.9(a)中的扩展形式的一个 2×2 的纯战略形式。如果这是正确的战略形式,那么鹰战略就优于鸽战略,但给夏娃仅指定两个纯战略是错误的。在图 3.9(a)中她有两个结点,她必须清楚,一旦到达结点位置,她就要采取的行为。在这两个结点中的每一个结点处,她都有两种选择,她因而共有 2×2=4 个纯战略,因而正确的战略形式是图 3.9(d)所示的 2×4 的支付表。在第 3.2.2 节中,夏娃的 4 个纯战略分别以 *dd*、*dh*、*hd* 和 *hh* 表示。例如,在夏娃"只做她所做的"时,她选择 *dh* 战略。这个战略要求如果亚当选择鸽战略她就选择鸽战略,如果亚当选择鹰战略她就选择鹰战略。要注意的是,在图 3.9(d)中,对亚当来说鹰战略并不优于鸽战略。的确,如果亚当知道夏娃会根据

---

① 博弈论专家有时会以一种不在乎的态度放弃纽科姆悖论,原因是夏娃不可能准确预测亚当的选择,因为他常常依赖抛硬币做出决策,但这不是一个很有力的回应。我们可以把纽科姆例子模型化为夏娃总是选择鹰,除非亚当一定会选择鸽。由于这一原因,我仍坚持用这个传统的例子,而不同意亚当作出混合选择。

② 例如,可以只把夏娃看成是第 3.2.1 节的克林特角色的化身。纽科姆问题就成了图 3.1 中奈杰尔·霍华德的 1-2 元博弈的简化形式(这个简化形式没有说明夏娃选择克林特角色的理由)。第 3.2.1 节集中讨论了夏娃承诺选择克林特角色的难点所在,但这里假定不存在这一问题。对纽科姆问题的注意力都集中在第 3.2.1 节中讲过的次要问题上。夏娃要作为克林特角色,亚当的意图对夏娃必须是透明的。她必须对他的意图有准确的预测。我认为这个涉及克林特角色的例子大受欢迎的部分原因是,以角色这样的术语来进行表达的要求掩饰了这一事实,即正确预测假定与图 3.9(a)中所讲的亚当先动与夏娃后动是等价的。

③ 政治专栏作家是不仅能预测昨天发生了什么,而且还能解释昨天的事件为什么不可避免的"超人",特别是在没有人思考过这些事件在昨天发生的可能性的情况下更是如此。

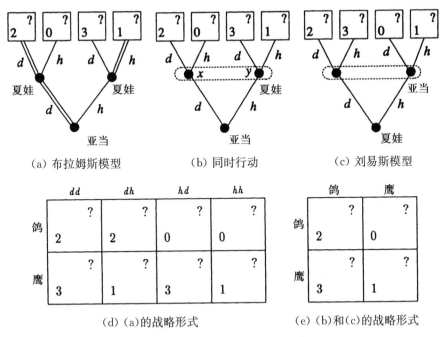

（a）布拉姆斯模型　　　　（b）同时行动　　　　（c）刘易斯模型

	dd	dh	hd	hh
鸽	? 2	? 2	? 0	? 0
鹰	? 3	? 1	? 3	? 1

	鸽	鹰
鸽	? 2	? 0
鹰	? 3	? 1

（d）（a）的战略形式　　　　　　（e）（b）和（c）的战略形式

图 3.9　纽科姆悖论中的"占优"

纽科姆例子的安排作出 dh 战略选择,那么这个战略形式表明他选择鸽战略的支付是 2 美元,而选择鹰战略只能得到 1 美元支付。因此,在这个模型中"占优"和"期望效用最大化"之间不存在矛盾。

那么,图 3.9(a)的模型中允许亚当自由选择的说法又是什么? 这和我在第 3.4.2 节中对"自由意志"的否定不冲突吗? 我认为这两者并不矛盾。试考虑如果我们要讨论一个包括了亚当详细的思维过程和他的行为所受的全部影响的正式博弈模型,他表面上的自由就会消失。事实上,博弈论专家在进行博弈分析时消除了理性参与人的随意移动的自由。在博弈论专家决定了什么是博弈中的理性之后,理性参与人不能再被称为是能自由选择的了。[①]如果他要采取非理性的行动,那么他就不再是理性的。但是,在我们弄清楚博弈中亚当的思维过程之前,我们清楚他可以在规则允许的范围内自由地采取任何行动。特别是,亚当可以在鸽战略和鹰战略之间自由选择,只要我们没有让他的大脑模型化,他就可以自由选择,因为可以自由选择的方式已为他开放。

---

① 除缺少兴趣之外,没有其他外部因素阻碍他采取这种行动而不是其他行动。

不完美信息博弈 图 3.9(e)是图 3.9(a)布拉姆斯模型的错误的战略形式,但在加进一个图 3.9(b)表示的信息集之后,图 3.9(e)就是从图 3.9(a)得到的正确的战略扩展形式。这个信息集用环绕结点 x 和结点 y 的虚线来表示,当夏娃在鸽和鹰之间决定取舍时,她并不知道博弈是进行到了结点 x 还是结点 y。也就是说,她不知道亚当是选择鸽战略还是鹰战略。这个例子解释了信息集是如何被用来对不同博弈阶段中参与人所拥有的关于目前为止发生的事的知识给出详细说明的。这样的方法在第 2.5.1 节的完美信息的讹诈博弈中是不必要的。在这类博弈中,所有的参与人总是都知道到目前为止博弈中发生的每一件事。如果以完美信息博弈来表示信息集,那么每一个信息集只应该包含一个结点,因而我们通常把信息集留在像图 3.9(b)所示的不完美信息博弈中运用。

回忆在图 3.9(a)的扩展形式中夏娃有 4 个纯战略,但在这个扩展形式中加入一个信息集可以减少这一数目。在图 3.9(b)中,夏娃只有鸽和鹰两个纯战略。原因是在这个扩展形式中她必须为整个信息集指定一个单一的选择。她不能在结点 x 和结点 y 做出不同的决定,因为她没有实现这一战略所必需的信息。所以图 3.9(b)具有图 3.9(e)所示的 2×2 战略形式。注意,图 3.9(e)同样也是图 3.9(c)中扩展形式的战略形式,在这个形式中夏娃先动,亚当后动,这看上去是矛盾的,除非你意识到这些博弈中采取行动的物理时间是互不相关的。如果只知道我的对手已做出了决策,而不知道她做出了什么样的决策的话,那么这个信息对我来说毫无意义。博弈论专家通过将图 3.9(b)和图 3.9(c)中的博弈称为同时行动博弈来说明这一事实。在这些不完美信息博弈中采取行动的时间之间是不相关的,因而可以认为这些行动是同时发生的。

不存在超人 大卫·刘易斯[154]认为可以把一个囚徒困境看作是两个连续的纽科姆问题。①纽科姆本人在思考囚徒困境时想必也是根据相似的思路推导出纽科姆悖论的。这个观点暗含的信念是纽科姆问题能成功地模型化为图

---

① 伯特兰·罗素显然遇到了已经绝种的有怪念头的种族的成员,他们说英国人是十个已经失踪的以色列部落人的后裔。在找不到反驳的理由时,他最终采取了把这项荣誉归于苏格兰人的策略来进行反驳。如果我也参加同样的恶作剧,我会争论说两个连续的纽科姆问题不是囚徒困境,而是图 3.3 中高蒂尔的元博弈!

3.9(c)中的博弈。要是有人同意图 3.9(c)是表示纽科姆问题的合理的扩展形式，那么它的正确的战略形式是图 3.9(e)。这样他就必须接受刘易斯的结论，即亚当把两个盒子都拿走的选择是纽科姆问题的解，因为图 3.9(e)中鹰是鸽的强占优战略。在图 3.9(e)的战略形式中亚当的支付与他在图 2.2(b)中的囚徒困境的标准形式中的支付肯定相同。此外，如果给夏娃分配适当的支付，那么图 3.9(e)就和图 2.2(b)中的囚徒困境就完全一样了。如果把这些同样的支付加到图 3.9(b)中，它也将变成一个纽科姆问题，但这个博弈中亚当取代夏娃成了作出预测的人。我们由此有了两个有共同战略形式的纽科姆问题，这个共同的战略形式就是囚徒困境。

在阐述了他认为囚徒困境只不过是纽科姆问题的另一种表述方法的论点之后，刘易斯用拉丁语写道：证明完毕（*quod erat demonstrandum*）。假设从矛盾中可以推导出任何东西的话，我认为他有资格用这样的表达方式来炫耀。但要注意到刘易斯用图 3.9(c)作为纽科姆问题的模型时只遵守了纽科姆的时间选择和自由选择假设，这个模型只要求有部分的可预测性。如果亚当和夏娃在图 3.9(c)中选择鹰作为最优战略，那么他们都能成功地预测对手的选择，这是一个真命题，在这一点上，刘易斯所说的与我们所讨论的孪生子悖论很相似。但关键在于（鹰，鹰）组合是一个对称博弈的对称纳什均衡，我认为这并没有抓住纽科姆思想的精髓。夏娃在被模型化后应该可以预测到亚当的选择，也就是说，夏娃应该比亚当高明，那么就不必坚持囚徒困境是由两个连续的纽科姆问题组成的这一假设了。亚当和夏娃如何才能比对方高明？与其等价的问题是：亚当和夏娃如何才能在一个类似于图 3.9(a)的模型中同时都成为先动者？

不存在自由选择　布拉姆斯的纽科姆问题的模型服从可预测性和自由选择 ☐ 假设，而刘易斯的模型服从时间选择和自由选择假设。但我认为观察提出第三种可能的模型会更有教益，这些模型都服从时间调整和可预测性假设，但并不服从自由选择假设。更准确地说，就是模拟亚当的思维过程，虽然这极为抽象，为此借助奥曼的框架——其中在自然决定参与人的心理状态后这个参与人"只做他所做的"。因为我们已把夏娃模拟化为一个"只做她所做的"的人，这个博弈就成了博弈论专家通常理解的没有参与人的博弈,这最后一点通过消除迄今为止夏娃在纽科姆问题模型中的选择来得以强调。这些选择只是为了解释为什么一些作者认为纽科姆悖论与囚徒困境相关才被包含进来的,但现在这一切都被掩盖起来了。我们最好简单化地把夏娃视为一台"刺激—反应"的机器,由于她是一位超人,因而她也是一台比亚当更复杂的"刺激—反应"的机器,但这个模型因为太复杂和抽象而无法被准确地表示出来。

图 3.10(a)中的无参与人博弈中的先动是有随机性的,自然①决定是采取鸽战略还是鹰战略。博弈论专家强调,随机行动包含的所有可能选择都被赋予了概率,否则,参与人就不会被告知在评估随机行动带来的不确定性时所需的信息。在这种情况下,假设自然选择鸽战略的概率是 π,选择鹰战略的概率是 $1-\pi$。自然在鸽和鹰之间的随机选择代替了上述模型中亚当在鸽和鹰之间的选择,随机行动决定了亚当的心理状态,在这之后他"只做了他所做的"。而所有影响亚当选择的因素可以分为两类:导致他选择鸽的因素和导致他选择鹰的因素。

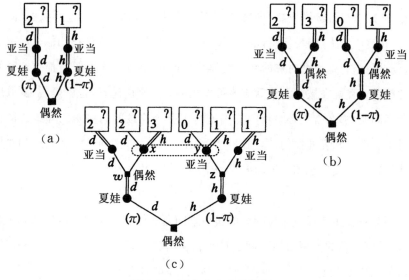

图 3.10 不存在自由选择吗?

---

① 那些有如此强烈的倾向性的人可能会把这一行动归因于叔本华式的意志而不是自然,亚当有意识的心智活动只能观察而不能影响博弈活动。

这一博弈中的另一事件是夏娃对亚当的选择的预测。夏娃是一位高明的预测者,也就是说她对亚当所处的环境和他的心理活动有足够的了解,以至我们相信她的预测绝不会出错。因而我们必须小心地避免画出一个包括她的两个决策结点的信息集,即使一个信息集也没有,我们仍然认为夏娃为了准确预测知道她所需要知道的任何事情。在图 3.8(a)中亚当和夏娃都没有模型化为可以自由选择的参与人,他们都只是对自然简单传给他们的信号进行重复的"刺激—反应"的机器。特别是,在这个博弈的最终事件中,亚当在鸽和鹰之间的选择完全已经由此前发生的行为决定好了。

没有参与人的博弈分析对智力的要求并不高,我们只需接受这种观点就可以了。亚当将以概率 π 选择鸽战略,以概率 $1-\pi$ 选择鹰战略。有人可能会不无道理地问这些概率大小是如何决定的,但答案只能在模型之外去找。例如,如果亚当可以自由选择他的偏好,他会尽可能使 π 接近 1。但是,允许亚当作出这种选择只是把问题简化成图 3.9(a)所示的布拉姆斯模型的一个更为复杂的版本。更有趣的一种解释是把 π 的取值归结为演化力量的结果,亚当大脑中的导致较大的 π 值的模仿因子有更多的机会被其他头脑复制和模仿,这种演化的力量因而对选择鸽战略的亚当比对其他选择鹰战略的参与人更有利。

超级猜测　纽科姆狂热者们将不会喜欢图 3.10(a),原因是它强硬地否定 🔲
了自由选择,但自由选择必须被拒绝,在自然选择了鸽战略之后就不能允许亚当选择鹰战略。这样做也就否定了夏娃为准确预测亚当的行为而必须知道任何需要知道的事的这一前提条件,对此纽科姆狂热者们匆忙解释说这一悖论并不依赖于夏娃作出准确的预测。例如,亚当对夏娃超凡的预测能力的经验可能会导致他得出这样的结论,即她的预测只在某些时候是正确的,也就是,与其说她是一个准确的预测者,不如说她是一位高明的猜测者。也许,夏娃会以概率 p 猜中亚当会选择鸽战略,以概率 q 猜中亚当选择鹰战略。①为了在这个新框架中保留最初的纽科姆例子的结论,即亚当会继续选择这个应该是"劣"战略的鸽

---

① 如同在第 4.5 节中解释的一样,这个例子要和贝叶斯决策理论的教条保持一致并不容易。然而,这个模型放弃了亚当的自由选择,因而不必劳驾贝叶斯决策论专家,原因是亚当不做任何决策。

战略,我们仍强调

$$2p+0(1-p)\geqslant 1q+3(1-q)$$

如果 $p+q\geqslant\dfrac{3}{2}$,不等式成立。(回顾第 3.2.3 节,弗兰克[75, p.157]报道了一个支持囚徒困境中的估计值 $p=0.75$ 和 $q=0.60$ 的实验。这些数字在当前背景下并不足以保证出现"合作"行为。)

图 3.10(b)对图 3.10(a)中的模型进行了调整,以适应新的条件,在夏娃预测时出现的随机行动使得她不可能在所有的时间里都正确。虽然如此,如果概率 p 和 q 都足够大,情况将仍和图 3.10(a)很相似。尽管夏娃事实上是在猜测亚当的行为,但是仍不允许亚当进行自由选择,如果允许他自由选择,他可能会在自然发出选择鸽战略的信号后总是选择鹰战略,在自然发出选择鹰战略的信号后总是选择鸽战略。这就否定了夏娃作为一个超级猜测者的前提,因为在所有的时间里她都是错的。当然,在夏娃看来亚当是在进行自由选择,因为她无法准确预测他的行为。亚当自己可能也会相信他是在进行自由选择,因为他根本不可能会有任何有关他自己的心理活动的模型,而我们在此之前已用了三个随机行动来对他的心理活动进行了简单模拟。无论如何,我们对每个细节都进行了居高临下的观察,发现每个参与人都"只做他所做的"。

尽管我认为纽科姆狂热者的模型把夏娃作为超级猜测者没什么大不了的,但我认为从纽科姆例子中取消准确预测条件能够允许我们构造出一个同时满足所有纽科姆假设的模型,图 3.10(c)表示了这样一个模型。要注意的是,有时自然听任亚当自由选择,也就是说,这个模型并非对他的行为的每一方面都要进行限制。因而我们必须对夏娃能准确预测的概率持开放态度。但因为我们仍然要求 $p+q\geqslant\dfrac{3}{2}$,因此,允许亚当自由选择的机会出现的概率很小。用第 3.4.1 节的术语来说,凡是导致亚当处于自由选择的心理状态的思想,都被认为会以小概率偏离夏娃预测他的行为时所用的主流观点。请注意,图 3.10(c)中的信息集已包括了结点 x 和结点 y,这表示在他发现自己是在进行自由选择时亚当并不知道夏娃已经预测到了什么。更重要的是,从信息集中排除结点 w 和结点 z 表示亚当知道他何时进行自由选择。有人可能会说,正是因为亚当意识到他可以作出选择,才使他免于像奴隶一样地作出任何会被夏娃的预测所验证的行为。①

对图 3.10(c)的分析非常简单,一位博弈论专家可能会建议亚当在自由选择时应选择鹰战略,因为在这个博弈中鹰战略是强占优战略。假定只要亚当发现他在进行自由选择,他就会接受博弈论专家的建议选择鹰战略,如果我们根据这个假定来完成对亚当的思维过程的模拟,其结果就与图 3.10(c)中复线所显示的一样。假定亚当自由选择的概率很低,那么这看上去与图 3.10(b)中的分析没有什么明显的不同,但是,在思考演化的含义时,存在于这两种分析之间的差异就显得很重要。基于图 3.10(b)的对演化的思考会驱动系统向选择鸽战略的亚当族发展——正如图 3.10(a)所示的情形,但同样的情形在图 3.10(c)中不必是真实的。那些不安分的模仿因子暗中向他们的寄主建议,在特定环境中"自由选择"具有演化优势,因而他们的族类会加以壮大。这种趋势会破坏纽科姆问题的稳定性。也就是说,如果纽科姆问题中的假定是起作用的,那么最终演化会把它们清除掉。这可能就是纽科姆例子首先使人感到不可靠的原因!

迄今我们已考虑了许多模型化纽科姆问题的尝试。②传统的推理使我们在不同的模型中得出不同的结论,但是没有任何迹象表明两条选择原理之间存在冲突。如果这样的冲突发生了,我们就应该发现,在同一个模型中由于所依据的原理不同得出的结论也不同。为了保持这样一个存在冲突的印象,有必要要使正在使用的模型的性质处于模糊状态。

3.6　意外测试悖论

我们从纽科姆悖论中得出的教训和从这一章中得到的教训是相同的。简言之,后面的工作是如何才能使你的模型正确,全部工作的重点就是正确地建立

---

① 常常被提及的与之类似的例子是漂亮的汽车,如果你正好在考虑是否能负担得起一辆——那你就买不起。

② 还有别的尝试。在吉伯德(Gibbard)和哈珀(Harper)[89]或 D.刘易斯[151]的著作中就有这样的例子,他们为此创造出了形式奇特的决策理论。我不得不承认对这些公开宣称要探索我们还不理解的问题的形式主义的怀疑。我认为这些形式主义有不少含混模糊之处。无论如何,我认为纽科姆悖论代表了一种对我们模型化方法的小小的挑战,而不是对传统分析方法的巨大挑战。

模型。

讲得更透彻一些,我准备以最后一个悖论——意外测试悖论(Paradox of the Surprise Test)来结束本章的内容。在纽科姆悖论的模型化中,我们必须回答这样的问题:什么是预测? 而我们现在还要加一条:什么是意外? 我的答案是,如果一个人所做的预测被证明是错误的,他就会感到意外。

在意外测试的例子中,夏娃是一位老师,她告诉学生下星期某一天要安排一次测试,但测试的具体时间是随机决定的。亚当是一个学习过第 2.5.1 节有关逆向归纳法的内容的学生,他因而会逆向推测下一周的测试时间。如果星期四夏娃还没有安排测试,亚当就可算出夏娃一定会在星期五安排测试——因为这是一周的最后一天了;如果星期五果然有测试,亚当自然不会感到意外。因此亚当认为夏娃不会在星期五安排测试。但这意味着一定会在星期一、星期二、星期三或星期四进行测试。得出这个结论之后,亚当再次运用逆向归纳法把星期四安排测试的可能剔除掉。一旦剔除了星期四,他又开始剔除星期三……依次类推,直到这一周全部被剔除掉,他因而可以轻松地过周末。但如果夏娃在星期一早晨安排测试,这将会出乎亚当的意料,让他大吃一惊。

如果要弄清楚亚当和夏娃的这场智力较量的意义,那么就需要构造一个适当的模型。这个模型将是一场博弈活动,对这一博弈来说每周上学五天太多了,因而图 3.11(a)所表示的博弈中每周上学的日子只由星期四(Th)和星期五(F)两天组成。亚当正确预测测试时间的支付是+1,否则他的支付是-1,夏娃的支付正好与此相反。图 3.11(b)表示这一博弈的战略形式。请注意星期四对两个参与人来说都是弱占优战略,如果亚当预测到星期四会有测试而夏娃正好在这一天安排了测试,那么每个参与人都能对此尽其所能而为之。

这看上去并不正确,可以确信如果亚当预测星期四安排测试,夏娃必然会把测试改在星期五进行吗? 但这并非博弈分析的错误,而是博弈本身的错误! 认为图 3.11(a)中亚当的博弈战略是星期四无异于是在谈一些很复杂的问题。它意味着亚当在星期四预测到当天会有测试,但如果他的这个预测被证明是错误的,那么他就会在星期五预测当天有测试。[1]这看上去是荒唐的,但这不是我的

---

① 与此相似,在完整的博弈中,他将在星期一预测星期一会有测试,星期二预测星期二有测试,星期三预测星期三有测试,依次类推。

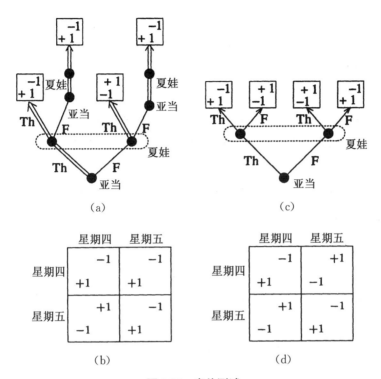

图 3.11　意外测试

注:图中 Th 表示星期四,F 表示星期五。

过错,意外测试这个例子确实允许亚当在星期五根据本周内迄今为止所发生的事情来修正他的预测。如果有人要加上亚当在此之前的预测都不能篡改这样一个要求,那么它在逻辑上就无法成立了。但是,就像在三贝壳赌博游戏中的那些受骗者一样,我们从未思考过他在做出星期五的预测之前已经预测过了什么!事情非常简单,如果他总是预测今天会有测试,那么他永远也不会由于一次预测的失误而感到意外。夏娃的错误在于她认为在突然举行测试时亚当会大惊失色。如果我们坚持把她的断言当作一个假设,我们将会因此制造出矛盾。但无论如何,从这个矛盾中什么东西也推导不出来——包括星期一安排测试会使亚当大吃一惊的结论。①

————————————

① 奎因[205,p.19]解决意外测试悖论的方法与此相似,他认为如果老师宣布明天测试,但那一天的到来仍是一个意外,那么本质上相同的悖论也会出现。我与奎因不同的地方仅在于我认为这样多少有些问题。

图 3.11(c)表示的是意外测试的一种战略形式,这个战略形式与我们在发现自己的预测失误时所说的意外之感的含义更为接近。这是一个无论亚当和夏娃选择星期四还是星期五,他们都不必考虑对方选择的同时行动博弈。但要是亚当预测星期四测试而星期四并没有测试,他也不能改变主意。如果他预测星期四要进行测试,但星期四没有测试,那么星期四结束时他就会因自己预测错误而感到意外。他可能不会把这份遗憾和惊讶保留到星期五,但这已和主题无关了。对图 3.11(c)的分析很容易,这个博弈中只有一个纳什均衡,亚当和夏娃分别以相等的概率用混合战略来选择星期四或星期五。当这个纳什均衡起作用时,亚当感到意外的概率是 $\frac{1}{2}$。

在力图解决一个悖论问题时,有人可能会反对对导致悖论的词语的含义做出非常确切的解释。在我尝试解决意外测试悖论时使用的"意外"一词就存在这种情况。但我们不要忘记,有些事情看上去似是而非的一般原因是我们的手比眼睛更快地使我们在内心接受了一种模糊性,结果是我们自不量力地试图同时操作两个模型。只有当批评者愿意并且能够提供一个与此等价的模型时,才能允许他们保留对模型的批判观点。

基数对于应邀进行比较显得不是十分满意。

第 4 章　基数比较

"如果我是亚历山大，"

帕米尼奥说，

"我将接受大流士的这些建议。"

"我也如此，"

亚历山大回答说，

"如果我是帕米尼奥。"

——郎基努斯（Longinus）

4.1　序数效用和基数效用

罗素·哈丁[100]所抱怨的博弈论专家在战略形式中宁可使用基数支付也不愿使用序数支付的问题，正是博弈论的缺陷之一。他认为这将会导致他们错误地认为，一个亚当和夏娃偏好截然相反的二人博弈通常可以用零和博弈来表示。①

对序数效用概念与基数效用概念之间的区别的争论从 20 世纪 30 年代就开

---

① 在零和博弈中，亚当和夏娃在每一个结果中的支付之和都为零。例如，图 3.11 中的博弈都是零和博弈。

始了,过去的社会科学家习惯于以一种使他们的现代同行感到震惊的方式来使用效用概念,这些缺乏根据的做法最终被马歇尔领导的一代有革新精神的经济学家抛在了一边,他指出,只要仔细考虑在"边际"发生了什么,就可以不必再使用这些不科学的效用概念了。前辈的错误受到了毫不含糊的批评——特别是经济学家莱昂内尔·罗宾斯(Lionel Robbins),他对基数效用概念的批评仍然在被当代批评者引用。有讽刺意味的是,几乎就在罗宾斯对基数效用大加批评的同时,冯·诺依曼和摩根斯坦[269]在《博弈论与经济行为》一书的一个简要的附录中证明了基数效用在风险条件下决策时的作用。

不幸的是,冯·诺依曼和摩根斯坦对基数效用的作用的简单证明,却因为许多批评者在区分效用的自我比较与效用的人际比较方面的失败而变得费解,冯·诺依曼和摩根斯坦也因此受到批评。他们对基数效用的证明只限于效用的自我比较的情形,一般地讲,也就是可以用单位效用①来衡量亚当的效用,每增加的一个单位效用对他带来的作用与前一个单位效用相同。但亚当认为每一单位效用的价值相等一点也不影响夏娃如何评价亚当的单位效用对她的价值,而冯·诺依曼和摩根斯坦对这类效用的人际比较未提供任何证明。然而,在他们的著作的后半部分,在研究联盟的结构时,冯·诺依曼和摩根斯坦使用了一个工作假设,结果却把水搅浑了,这个假设认为不仅可以进行效用的人际比较,而且个人可以像进行商品交换一样对效用进行反复的交换。

"可转移的效用"概念伴随着不少难题。如果亚当愿意,他当然可以给夏娃一美元,这当然会减少他的效用而增加她的效用。但他如何才能使他自己的损失和夏娃得到的好处都正好是一个单位效用呢?我之所以这样问,只是为了表明对这一问题不是可以随便回答的,甚至如何有意义地进行的效用的人际比较这类要求较低的问题也要在这一章的后边才能回答。目前关键的是不要盲目地附和那些批评者,那些人认为冯·诺依曼和摩根斯坦不能充分解释他们主张的效用的人际比较,因而拒绝他们主张的效用的自我比较。

序数和基数　第2.2.4节引入了序数效用函数的概念,例如,用序数效用表

---

①　经济学家用单位效用来测量效用与物理学家用"度"来测量温度是同样的原理。

示的偏好 $a<b\sim c<d$，类似于对数字的有序排列 $2<4=4<5$，$-17<3=3<59$ 或 $0<\frac{1}{2}=\frac{1}{2}<1$。给定偏好条件下，一个可能的效用函数 u 可以定义成 $u(a)=2$，$u(b)=u(c)=4$ 和 $u(d)=5$；另一个效用函数 v 由 $v(a)=-17$，$v(b)=v(c)=3$ 和 $v(d)=59$ 给出；第三个代表相同偏好的效用函数 w 由 $w(a)=0$，$w(b)=w(c)=\frac{1}{2}$ 和 $w(d)=1$ 给出。用这种方式构造的效用函数无法告诉我们关于个人偏好强度的任何信息。的确，序数效用函数之所以被称为序数的，唯一原因是它的函数值的排序有一定意义，而函数值的相对大小并不重要。

只有类似囚徒困境的博弈才适合使用序数效用函数计算的支付。博弈论专家因而彻底认为理性参与人的行为目标是实现预期支付最大化。[①]既然如此，他们自然认为博弈的支付可以用参与人的冯·诺依曼—摩根斯坦效用函数来表示，就像在第 4.2 节中解释的，这个效用函数是基数的，函数值的相对大小有重要意义，它可以告诉我们一个人对待风险的态度。

赌博是一种快乐吗　与本书的其他部分一样，认为冯·诺依曼—摩根斯坦效用函数描述了一个人对待风险的态度的断言中显然存在着误解。例如，在讨论罗尔斯的原初状态的最大最小标准时，库卡塔斯（Kukathas）和佩蒂特（Pettit）[145，p.40]轻易地将预期冯·诺依曼—摩根斯坦效用最大化视作"赌博战略"。然而，大多数经济学教科书却并不认为冯·诺依曼—摩根斯坦效用函数测量了个人对赌博行为的喜好和厌恶的程度。哈萨尼[108]指出，如果一个人的快乐与痛苦都是来自赌博过程自身，[②]那么冯·诺依曼和摩根斯坦的假设并不适用。

尽管经济人在运用冯·诺依曼—摩根斯坦理论时一点也看不出有在拉斯维加斯度假的样子，但赌场和赛马场的语言还是变成了决策理论术语的一部分，对

---

①　我在第 2 章考虑过以这个假定作为本章的开始，它第一次出现时可能并未引起注意，因为，我悄悄地为此作了铺垫，即首先在第 2.2.2 节中对一个演化模型作了思考，并指出长期中参与人的目标是实现预期支付的最大化是一个同义反复。但是这类模型中的支付并不是由经济学家构造的效用函数产生的，它们被定义为"平均增加的适应性"。

②　无论是喜欢还是厌恶赌博过程，有的人就是可能会不愿意接受冯·诺依曼—摩根斯坦的假设：奖项相同且概率相等的两种不同的彩票可以看作是等价的。他可能更偏爱以随机过程的方式产生最多戏剧性效果和充满悬念的彩票。

此人们默认了它的作用,但是在使用这种语言时,重要的是不要把决策人想象成热衷赌博的人,而是把他们的行为想象成长老会的牧师在思考如何去评价他的房子和汽车。他不会把他的房子可能被烧毁或他的汽车可能被偷窃的情形看作是一种乐趣,他会冷静地估计这种可能性,随后购买保险来防御他所面临的风险。如果观察了这些决策,我们就可以了解到他对不同财产所赋予的相对价值。例如,可以假定,他愿意为防止房屋发生火灾而购买1000美元的保险,而房屋被烧为平地的概率是0.001;但他不愿意为防止他汽车被盗而购买同样数量的保险,而他的车被盗的概率是0.1。我们由此可以知道他认为房子比汽车更有价值,在这些数据中包含了比序数信息更多的内容。我们还可以了解到他认为房子比汽车的价值更多的程度的量化信息,在性质上这些增加的信息是基数的。

之所以强调在思考冯·诺依曼—摩根斯坦效用函数时要有冷静的态度,是因为在道德背景下使用这一函数有时会遭到反对。例如,据称人永远不该用生命去冒险,因此人的生命的冯·诺依曼—摩根斯坦效用必须是无穷大。持这种论调的人有时会强调他们从不赌博,甚至认为赌博本身就是邪恶的。这是一种很危险的和错误的态度,每个人每天都有生命危险,甚至长老会的牧师都要穿过繁忙的马路去收小笔欠债,并为这一小笔钱而冒生命危险,这对他并不是什么刺激的经历,相反,他会尽最大努力把风险降到最小。然而,仍然存在一个不可再减小的发生事故的概率。当他横穿马路时,他证明了自己不但有时会进行赌博,而且也没有把自己的生命的价值看作是无穷大。

对这些问题采取回避态度所产生的危险,我以为是确实存在的。那些"不赌博"的人只是通过假装认为不存在小概率风险来支持这种观点。作为结果,公共舆论对以较高概率发生在那些引人注目的幸运儿身上的健康风险反响热烈,相比之下对于那些以较低概率发生在芸芸众生身上的健康风险却反响平平。如果有人用"预期的婴儿死亡数"作为把资金从常规的公共健康措施转移到心内直视手术的设备供给所造成的结果的衡量手段,那么只有残暴之徒才会同意这样做,但是这经常成为问题的本质。

我认为,我们所犯的一个关键错误在于认为风险对道德问题来说是次要的。还有比"谁应当承担什么样的风险"更基本的道德问题吗?因而对于社会契约论,冯·诺依曼—摩根斯坦效用理论并非多余的选择,社会契约论专家也不应该对冯·诺依曼和摩根斯坦的理论产生误解。

4.2　效用的自我比较

为何富人在下雨时乘出租车而穷人却只能遭受雨淋呢？经济学家是通过效用的自我比较来回答这个传统问题的。他们认为亚当的口袋中多增加的 1 美元对作为穷人的亚当的价值比作为富人的亚当的价值要大。但如何才能准确地衡量这个增加的量？因为美元的价值与拥有美元的数量成反比，因此美元不能作为测量单位。在进行效用的人际比较时问题变得更加令人劳神，对于亚当在不同环境中的感受问题，我们至少可以求助于他自己，将他作为对此作出判断的权威——但由于没有提瑞西阿斯这样对亚当和夏娃同时都了解的先知，在亚当和夏娃之间进行福利比较时，我们又要求助于谁呢？

要研究这些问题，有必要先从思考如何用冯·诺依曼—摩根斯坦效用函数解决效用的自我比较问题开始。由于冯·诺依曼—摩根斯坦效用函数产生于风险决策理论，因此这里将首先对有关的概率知识作一个简要的交待。

4.2.1　概率论

掷下一枚骰子，集合 $B=\{1,2,3,4,5,6\}$ 就表示所有可能的状态，任何一个事件都是 B 的子集。例如，用子集 $E=\{2,4,6\}$ 表示出现偶数的事件，出现奇数的互补事件用子集 $\sim E=\{1,3,5\}$ 来表示，一个数字也没有出现的不可能事件用空集 $\varnothing$ 表示，一定会出现的确定事件用表示所有可能状态的集合 B 表示。$S \cap T$ 表示 S 和 T 都发生的事件，类似地，$S \cup T$ 表示 S 和 T 至少有一个发生的事件，因此 $E \cap \sim E=\varnothing$，因为不可能同时出现奇数和偶数。$E \cup \sim E=B$，因为可以肯定出现的数字不是奇数就是偶数。

概率测度 p 定义为给有限集合 B 的每一个子集 S 分配一个确定的数字 $p(S)$，满足条件

(1) $0=p(\varnothing) \leqslant p(S) \leqslant p(B)=1$；

(2) $p(S \cup T)=p(S)+p(T)$，条件是：$S \cap T=\varnothing$。

第二个条件要求如果两个事件不能同时发生,那么至少其中一个事件发生的概率等于他们各自概率的和。还要了解的是,当 S 和 T 是独立事件[①]时 $p(S\cap T)=p(S)p(T)$,两个独立事件发生的概率等于 S 发生的概率与 T 发生的概率的乘积。

□ **期望值** 在知道了概率的求和与乘积运算之后,在本书中要用到的概率理论还有期望值的概念。例如,假设亚当和夏娃打赌,如果骰子出现偶数他将赢得4美元,如果出现奇数他将输掉6美元,由此确定了图 4.1 中的彩票 $\mathbf{L}$[②],第一行表示参与人抽中彩票可能得到的奖金,第二行是这些奖金可能被抽中的概率。在图 4.1 中,假设掷骰子的方式是公平的,那么 $p(E)=p(\sim E)=\dfrac{1}{2}$。用美元来表示奖金,可以计算出期望值是[③]

$$\varepsilon\mathbf{L}=4\times\frac{1}{2}+(-6)\times\frac{1}{2}=-1(美元)$$

期望值表示亚当在长期中可以希望赢得的平均值,更确切地说,如果亚当愚蠢到每天都要和夏娃打同样的赌,他在长期中平均收益偏离 $\varepsilon\mathbf{L}=-1$ 美元的概率是零。[④]简单来说就是亚当在每次打赌中的期望损失是 1 美元。

$$\mathbf{L}=\begin{array}{|c|c|}\hline 4 & -6 \\ \hline \frac{1}{2} & \frac{1}{2} \\ \hline\end{array}$$

图 4.1 彩票博弈

---

① 数学家定义当且仅当 $p(S\cap T)=p(S)p(T)$ 时,事件 S 和 T 是独立事件,这是一个同义反复的命题。

② 数学家提到了在这个背景中给 B 的每一个状态 b 分配奖金的随机变量方程 f,例如,在亚当打的赌中,$f(2)=f(4)=f(6)=4$ 美元且 $f(1)=f(3)=f(5)=-6$ 美元。

③ 一般地,如果 $f(b)$ 是亚当在彩票 $\mathbf{M}$ 中出现 b 的状态时所得到的美元数,且 b 以 $p(b)$ 的概率发生,那么就可以通过对 B 中所有的状态的 $f(b)p(b)$ 求和来计算出 $\mathbf{M}$ 的期望的美元值。

④ 这并不是说他在长期中不可能赢。未来的可能性是无穷多的,只有当可能性的集合是有限的时,才能区分零概率事件与不可能事件。

概率意味着什么　这里不必再为上面介绍过的一些简单的概率论徒费笔 🔲
墨,但是有必要对概率本身作一些解释,在这一问题上至少有三个学派。客观主
义学派认为概率是长期的频率,对客观学派来说,诸如硬币正面朝上,轮盘赌停
在数字 17 的地方或骰子的点数是偶数等事件的概率都可用实验的方法找出来。
可以通过多次地掷硬币、转动轮盘和抛骰子,把观察到的频率作为所考察的客观
概率的估计值。

　　主观主义的内容比较庞杂,博弈论专家比较一致地偏好贝叶斯方法。回顾
一下第 2.2.4 节的显示偏好理论就可以很好地理解这一理论的纯粹形式。就像
经济学家认为人们在决定偏好时不需要客观效用函数一样,推崇贝叶斯方法的
人认为人们在决定信念时不需要客观概率测度,相反,他们认为理性人在决策时
仿佛已经被赋予了一套概率测度。

　　主观主义者的概率测度与客观主义者对摇骰子或转轮盘等事件的概率测度
非常相似,但客观主义者对于赛马和股票交易之类的事件无能为力。①没有人能
让赛马重复一次或要一只股票的变动轨迹再次出现。即使他可以做到这一点,
每次重复进行实验时的条件也会明显不同。因此,谈论综合商品价格下个星期
会上升或赛马"赌徒的愚蠢"赢得比赛的客观概率是没有意义的。然而,我们在
面临这类不确定性时,仍然必须做出决策。如果我们的决策具有一致性,那么就
是主观概率在起作用,我们是根据在概率测度 p 基础上的信念来做决策的。第 2
章中对效用函数进行荒谬的推理的警告同样适合于这样的主观概率测度。例
如,夏娃可能会合理地认为由于昨天下雨的客观概率高,因此,亚当上班时带了
伞。但她可能永远不会说他带伞是由于他对下雨的主观概率高。相反,我们认
为因为他带了伞,所以他对下雨的主观概率高。

　　我找不出什么客观主义和主观主义争论的理由,但我认为他们都有理由对
逻辑学家的主张表示怀疑。第三个学派则把概率看作是对被证据所证明的事件
的信念的理性程度,因此概率就成了以真和假为两个极端的范围内的一个点。
在构建这样一个理论时所涉及的困难是众所周知的,凯恩斯[141]是众多陷入其

---

① 传统上需要比较轮盘赌和赛马的区别,因此这里我选的是赛马的例子。但这也同样适用于慈善
　机构对饥荒及其破坏性后果的讨论。

中的聪慧之士中的一人。幸运的是,本书中并不需要逻辑概率测度,我唯一要提醒的是,主观主义者与逻辑学家并不是一回事,罗尔斯由于拉普拉斯不充分理由原则的缺陷而对贝叶斯决策理论加以拒绝,而在对这一拒绝作出回应时,这一点尤为重要。

4.2.2 冯·诺依曼—摩根斯坦效用

早期的概率论研究认为通过计算期望的美元值 $\varepsilon \mathbf{L}$ 来测度彩票 $\mathbf{L}$ 的价值是很自然的,但著名的圣彼得堡悖论(St.Petersburg Paradox)很快表明这样一个方法是不能接受的和幼稚的。

圣彼得堡悖论 据说沙皇时代圣彼得堡的一家赌场夸口说它可以把一张彩票在任何价位上卖掉。亚当考虑购买的一种彩票涉及抛出一枚硬币,直到硬币出现正面。如果是在第 n 次抛硬币时出现了正面,亚当的奖金就是 2^n 卢布,这一事件发生的概率是 $\left(\dfrac{1}{2}\right)^n$ (例如,第四次抛硬币出现正面的概率是 $\dfrac{1}{2} \times \dfrac{1}{2} \times \dfrac{1}{2} \times \dfrac{1}{2}$)。亚当期望赢得的美元是无穷大,因为

$$2^1 \times \left(\frac{1}{2}\right)^1 + 2^2 \times \left(\frac{1}{2}\right)^2 + 2^3 \times \left(\frac{1}{2}\right)^3 + \cdots = 1 + 1 + 1 + \cdots$$

如果他认为期望的美元值是衡量彩票价值的恰当方法,亚当就应该用他所有的资产来换取参与圣彼得堡彩票活动的机会。但是从购买 X 卢布的圣彼得堡彩票的人中产生一位净赢者的概率小于 $\dfrac{2}{X}$。[①]后面会强调在对风险条件下的理性行为做出判断时不能感情用事。但是早期的理论者认为,建议一位富豪用其全部财产去赌一个只有极小的机会成为净赢者的理论是令人怀疑的,在这一点上他们是正确的。

如果用彩票 $\mathbf{L}$ 的期望的美元值 $\varepsilon \mathbf{L}$ 对它的价值进行测度不够准确的话,为什

---

① 如果 $2^{n-1} \leqslant X < 2^n$,那么赢得超过 X 的奖金的概率是

$$\left(\frac{1}{2}\right)^n + \left(\frac{1}{2}\right)^{n+1} + \cdots = 2\left(\frac{1}{2}\right)^n < \frac{2}{X}$$

么不考虑用期望的效用 $\varepsilon u(\mathbf{L})$ 代替它？只要选择了适当的效用函数 u，就可以解开圣彼得堡悖论。的确，如果亚当使用伯努利（Bernouli）提出的效用函数的话，他就只会出一小笔钱来参加圣彼得堡彩票活动。[①]

但是，正如罗宾斯[217，218]和其他许多人所指出的那样，这一过程中充满了随意性，为什么我们要选择伯努利效用函数，而不是无穷的可替代选择中的另外一个？为何要放弃期望值方法？为什么不用最大最小标准或其他整合方法？这是第 3.5 节中诺齐克[195]在思考应该用他的两个"选择原理"中的哪一个来解开纽科姆悖论时提出的一个康德式的问题。他愿意承认大多数人对这些问题的理解仍然与伯努利非常接近。但现代效用理论已经知道该如何避开这个死胡同了。在得到正确的答案之前，我们首先应该学会的是提出正确的问题。

现代效用理论　冯·诺依曼和摩根斯坦[269]的理论并不是要告诉人们在风险条件下决策时应该用什么样的效用函数以及如何使用效用函数。在第 2.2.4 节中已经解释过，现代效用理论颠倒了因果链。它从代理人做出的决策开始，如果这些决策与另一个决策间存在某种有意义的一致性，这个理论就会显示这些决策是由被赋予了偏好关系的代理人做出的，进一步就可以用一个效用函数来表示以这种方式显示出来的偏好。

在风险条件下做决策时，不同的人显示出不同的效用函数。他们通过效用函数显示出的差异反映了他们对待风险的不同态度。从处理风险问题的一致性来看，大多数人都是风险厌恶者，他们只愿拿出很少的一笔钱来购买圣彼得堡彩票。另外一些对风险厌恶程度较低的人愿意付出更多的钱，而一个风险爱好者会倾其所有来参加这场博弈。这些态度中没有一个是与冯·诺依曼—摩根斯坦理论的一致性标准相冲突的。

冯·诺依曼—摩根斯坦理论承认理性人对待特定风险时可能存在的差

[①]　伯努利提出把 x 数量的钱的效用表示为 $u(x)=\log x$。如果采用以 2 为底数的对数，那么有：
$$\varepsilon u(\mathbf{L})=u(2)\frac{1}{2}+u(2^2)\left(\frac{1}{2}\right)^2+\cdots=\frac{1}{2}+2\left(\frac{1}{2}\right)^2+3\left(\frac{1}{2}\right)^3+\cdots=2=2\log_2(2^2)=u(4),$$
亚当从确定可以得到的 4 卢布中得到的效用与他购买彩票 $\mathbf{L}$ 相同，因此对他来说得到 4 卢布与买彩票碰运气是无差异的。

异——就像他们在评论瓦格纳或贝多芬的音乐时表现出来的差异。古丁(Goodin)[90，p.121]在评论高蒂尔[84]的《约同的道德》时设法说明这一点:"在高蒂尔的模型所依托的标准的微观经济学传统中,任何人对待风险的喜好都被看作是一样的,风险厌恶者被简单地认为是对于'安全'有更强的喜好。"但这样的说法导致了误解——特别是在社会契约的讨论中。哈萨尼[108]指出,用冯·诺依曼—摩根斯坦理论刻画出的喜好并非对风险的好恶本身。如果是的话,那么有些人就会对穿过罗尔斯的无知之幕所涉及的风险从骨子里感到反感。冯·诺依曼—摩根斯坦所刻画的理性喜好是指对参与风险过程的预期结果——而不是过程本身。①

对彩票的偏好　对效用的显示偏好的解释贯穿全书,但根据经济代理人的选择行为来构造效用函数的工作却只能省去一半。假设偏好关系已经被构造好了,而剩下的工作是说明可以用适当的效用函数来表示它。②这一节的基础概念自然就是偏好关系,这个偏好关系描述了亚当对预期风险的偏好。图4.1中是用彩票的类型来表示这种风险的。务必记住,在这样的彩票中出现的概率是客观存在的,因此可以看作是在用掷硬币或者转动赌盘的方式来决定奖金。

为了简单起见,假定亚当只有三种最终结果——输、平和赢③,分别用 $\mathcal{L}$, $\mathcal{D}$ 和 $\mathcal{W}$ 来表示这三种结果。亚当与大多数人一样,也希望能得到大奖,因此他对奖金的偏好是 $\mathcal{L} \prec \mathcal{D} \prec \mathcal{W}$。但这些偏好并不能告诉我们亚当对待风险的态度,例如,如果亚当在下棋时看到胜负的概率各有一半时,他会接受和局的建议吗? 不

---

① 第2.2.4节解释了博弈论专家在用博弈模型来模拟社会情形时并不需要想当然地就同意"只要目的正当,就可以不择手段"。但是在使用冯·诺依曼—摩根斯坦效用理论时,就用来执行彩票机制的随机工具而言,理性人是中性的。幸运的是,结果主义者在这个深层次上的假设似乎是无害的,即使那些激烈攻击结果主义的人也应该承认这一点。

② 第2.2.4节的显示偏好理论告诉我们,首先根据对代理人的选择行为的观察来构造代理人的偏好关系。这一方法要求代理人在风险条件下做决策时行为具有一致性。为了从这样的条件得出冯·诺依曼—摩根斯坦效用函数,需要比第2.2.4节中允许构造表示偏好的序数效用函数的完备性和传递性更复杂的条件(参见格林与奥斯邦德[92])。

③ 我的《快乐与博弈》(D.C. Heath, 1991)一书包括了大量对这一理论进行说明的例子和练习,克雷普斯(Kreps)[144]随后又提供了没有很强的数学性的例子和练习。

能根据一个理性人对确定结果的偏好推断出这个问题的答案——尽管在遇到比下棋简单一些的例子时有的作者会竭力想做得准确一些。这样的作者具有特别谨慎的特点,他因而把不够谨慎的人看作是不理性的人,但是在亚当拒绝和局时却不存在丝毫的不理性。①同样,他接受和局也不存在什么非理性。无论他怎么走棋,都只是表示了他的偏好——本质上与他在瓦格纳和贝多芬的音乐之间的偏好没有差别。

图 4.2 第一行表示了彩票 $\mathbf{L}$,奖金分为 $\mathcal{L}$, $\mathcal{D}$ 和 $\mathcal{W}$,各自的概率分别是 p, q 和 r,在决定是否要接受和局时,亚当要比较一下 $q=1$ 时的彩票 $\mathbf{L}$ 和 $p=r=\dfrac{1}{2}$ 时的彩票 $\mathbf{L}$。如第 2.2.4 节所述,相对弱的一致关系②保证可以用给每一张可能的彩票 $\mathbf{L}$ 赋予数值 $V(\mathbf{L})$ 的序数效用函数 V 来描述亚当对彩票的偏好。

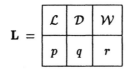

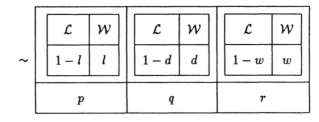

图 4.2　冯·诺依曼—摩根斯坦证明

---

① 例如,可能是为了一项大奖,众多的竞争者进行一系列博弈中的最后一次博弈。如果夏娃以 9.5 分领先,而亚当是 9 分,有人会认为他拒绝夏娃提出的和局的要求是非理性的。

② 由于亚当的偏好扩展到了一个无限集,所以仅有完备性和传递性是不够的,但是讨论需要增加的条件也得不出什么结论,原因是当冯·诺依曼—摩根斯坦假设成立时这些条件会自动满足。

冯·诺依曼—摩根斯坦效用函数　与序数效用函数 V 相比,冯·诺依曼—摩根斯坦效用函数 u 并不是在所有彩票的集合上定义的,它只是在奖金的集合上定义的。要明确冯·诺依曼—摩根斯坦效用函数 u,我们只需要确定 $l=u(\mathcal{L})$, $d=u(\mathcal{D})$ 和 $w=u(\mathcal{W})$ 的值就可以了。彩票 **L** 的期望效用是

$$\mathcal{E}u(\mathbf{L})=pl+qd+rw$$

与函数 u 不同,由 $U(\mathbf{L})=\mathcal{E}u(\mathbf{L})$ 确定的函数 U 是定义在所有彩票组成的集合上的,因此这一函数可以用来表示在这个大的集合中亚当的序数偏好。冯·诺依曼和摩根斯坦的成就在于表明,如果亚当对彩票的偏好满足特定的一致性条件,那么对 l, d 和 w 的选择可以要求 $U=\mathcal{E}u$ 能正确地描述亚当对彩票的偏好。这种情形成立时,就可以说函数 u 是冯·诺依曼—摩根斯坦效用函数。亚当的行为可以被概括为他在为了实现冯·诺依曼—摩根斯坦效用的期望值最大化而行动。

图 4.3(a)中的虚线表示,当亚当的行为是为了最大化冯·诺依曼—摩根斯坦效用函数的期望值时,对亚当没有差异的彩票。点 (p, q, r) 是 $\triangle\mathcal{LDW}$ 的重心。[①] 任何一张分别以概率 p, q, r 的概率得到奖金 $\mathcal{L}$, $\mathcal{D}$ 和 $\mathcal{W}$ 的彩票都可以用图

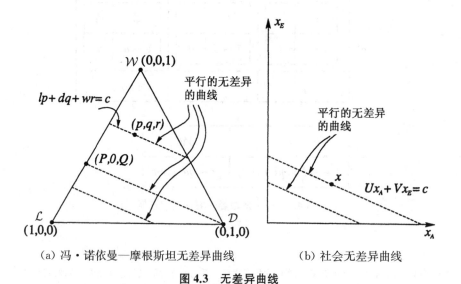

（a）冯·诺依曼—摩根斯坦无差异曲线　　　　（b）社会无差异曲线

图 4.3　无差异曲线

---

① 如果这个三角形是没有重量的,这个系统的重心是这样一个使三角形不会翻转的点。

4.3(a)中的唯一的一个点(p, q, r)来表示。对于亚当来说,具有相同期望效用$\varepsilon u(\mathbf{L})$的所有彩票 $\mathbf{L}$ 是无差异的,由于$\varepsilon u(\mathbf{L})=lp+dq+wr$,因此他的无差异曲线是一组平行直线 $lp+dq+wr=c$ 的集合,不同的常数 c 的值对应的是亚当不同水平的期望效用[1]。

如果对亚当的彩票偏好不加限制的话,他在图 4.3(a)中的无差异曲线就可以是各种形状的。因此最大化冯·诺依曼—摩根斯坦效用函数的期望值的行为目标构成了对个人行为的严格约束。冯·诺依曼—摩根斯坦认为破坏这个约束的人是非理性的或自相矛盾的。要评价他们的这种主张,有必要了解一下冯·诺依曼和摩根斯坦对风险条件下理性行为提出的适当的假设。对于批评这种理论的人来讲这一点特别重要,因为它的支持者马上就会回应,问这些批评者认为应该放弃冯·诺依曼和摩根斯坦的哪一个假设。

冯·诺依曼—摩根斯坦理性条件　回忆一下,亚当认为 $\mathcal{L}$ 是可能得到的最 □ 差的奖而 $\mathcal{W}$ 是可能得到的最好的奖,冯·诺依曼和摩根斯坦继而使只涉及这两项奖的彩票与所有因素都联系起来,这样的一个彩票 $\mathbf{M}(z)$ 以 $1-z$ 的概率出现结果 $\mathcal{L}$,以 z 的概率出现结果 $\mathcal{W}$。

冯·诺依曼和摩根斯坦首先假设,对每一项奖 $\mathcal{Z}$,都有一个他得奖的概率 z 使 $\mathcal{Z}$ 和 $\mathbf{M}(z)$ 对他无差异。我们因此可以找出概率 l,d 和 w,因此亚当的偏好满足

$$\mathcal{L}\sim\mathbf{M}(l)；\mathcal{D}\sim\mathbf{M}(d)；\mathcal{W}\sim\mathbf{M}(w) \tag{4.1}$$

很明显 $l=0$ 而 $w=1$,d 值可以告诉我们一些有关亚当对待风险的态度的信息。[2]

冯·诺依曼和摩根斯坦的第二个假设是用来证明图 4.2 中两个无差异关系中的第一个的,在式(4.1)中亚当对于彩票 $\mathbf{M}(l)$,$\mathbf{M}(d)$ 和 $\mathbf{M}(w)$ 分别对应的奖项 $\mathcal{L}$,$\mathcal{D}$ 和 $\mathcal{W}$ 是无差异的。冯·诺依曼和摩根斯坦因而认为如果在图 4.2 中的

---

① 由于这张图中的无差异曲线是直线,因此冯·诺依曼—摩根斯坦效用函数有时又被称为"线性的"。数学家认为这很容易产生混乱,因为事实上函数 εu 作为(p, q, r)的函数是线性的。

② 假设让 $\mathcal{L}$,$\mathcal{D}$ 和 $\mathcal{W}$ 的报酬分别是 0 美元,20 美元和 100 美元,我不会买 20 美元一张的彩票 $\mathbf{M}(0.1)$,也不会卖 20 美元一张的彩票 $\mathbf{M}(0.5)$,对我来说 $\mathcal{D}\sim\mathbf{M}(d)$ 满足 $0.1<d<0.5$。

L 中用后者来取代前者时,亚当没有理由拒绝,所以这一假设认为这种替换是合理的。

冯·诺依曼和摩根斯坦的第二个假设的一般形式现在被称为独立公理,这个毫无创意的术语无法在创新写作大赛上获奖,但它确实有助于使人关注这样一个事实,即这个假设将允许交换奖项的某些特质视为是理所当然的,这些特质非常重要,但又很少被提起过。在图 4.2 中,彩票 $M(d)$ 中决定奖金的方式独立于彩票 L 中决定奖金的方式这一点具有重要意义。①更一般地讲,有必要排除可能使一种奖与另一种奖的估价相关的所有其他影响——无论这种影响多么小。对冯·诺依曼—摩根斯坦理论的批评者发明的许多谬误和悖论都是由于对这一理论的基础中隐含的意思的错误理解,对这一点的进一步评论将在第 4.5 节中给出。

冯·诺依曼和摩根斯坦的第三个假设证明了图 4.2 中的第二个无差异关系。它认为亚当相信概率法则,为了从组合彩票中得到图 4.2 中的最终彩票,他可以简单地通过 $pl+qd+rw$ 来计算出他获胜的总概率,因而可以把图 4.2 的内容概括为接受冯·诺依曼和摩根斯坦假设的人对 L 和 $M(pl+qd+rw)$ 的偏好一定是无差异的。

冯·诺依曼和摩根斯坦的第四个也是最后一个假设是,在只有 $\mathcal{L}$ 和 $\mathcal{W}$ 是可能的奖时,亚当会最大化得到 $\mathcal{W}$ 的概率。由于每一张彩票 L 都满足 $\mathbf{L} \sim M(pl+qd+rw)$,第四个假设的含义就是亚当总是根据使 $pl+qd+rw$ 的值最大化的目标来选择彩票的。函数 $U(\mathbf{L})=pl+pd+rw$ 定义了一个能充分描述亚当的彩票偏好的序数效用函数 U。留下的问题是定义 $u(\mathcal{L})=l$,$u(\mathcal{D})=d$ 和 $u(\mathcal{W})=w$。这样定义的函数 u 就是一个冯·诺依曼—摩根斯坦效用函数,因为

$$U(\mathbf{L})=pl+qd+rw=pu(\mathcal{L})+qu(\mathcal{D})+ru(\mathcal{W})=\mathcal{E}u(\mathbf{L})$$

注意,$U=\mathcal{E}u$ 是一个描述亚当的彩票偏好的序数效用函数,然而,u 是一个描述亚当对奖品偏好的基数效用函数。如果 u 是序数的,它的函数值的排序就可

---

① 假设对你来说,有把握得到 10 美元与抛硬币出现正面时得到 20 美元之间是无差异的。现在假设你在硬币出现反面时得到 10 美元,你是否愿意用这次抽彩票的 10 美元的奖金换取如果硬币正面朝上你赢得 20 美元的机会? 请三思而后行,因为并没有排除在每一次抽彩票时抛的是同一枚硬币的可能性。

以告诉我们亚当的奖金偏好。但是,u 包含着更多的信息,它的函数值的相对大小告诉了我们有关亚当的彩票偏好的所有信息。

对冯·诺依曼—摩根斯坦理论的批评　对于把冯·诺依曼和摩根斯坦假设 □ 看作是对风险条件下理性行为的刻画的说法,有的人持批评态度;另一种批评认为与其说冯·诺依曼—摩根斯坦理论要描述的是智人行为,不如说是经济人的行为,而且给出了许多例子。①还有一些批评者并不知道应该采取何种态度,这种举棋不定的态度体现在这一问题上:你的行为会是那样的吗?

例如,在一支六连发的左轮手枪中装进几颗子弹,用枪抵着你的脑袋然后扣动枪机。这时你愿为从枪中取出一颗子弹付钱,但枪中可能有 1 颗子弹也可能有 4 颗子弹,在哪种情况下你愿意付出更多? 通常,人总是愿意为第一种情况付出更多,因为这样做一定可以保全性命,但冯·诺依曼—摩根斯坦理论认为应该为第二种情况付出更多——唯一的条件是你在生死之间偏好生,而在钱财多少之间偏好多②。

---

① 人们在从风险决策的经验证据中应当得出什么结论这一问题上似乎无法达成一致意见(除非现实生活中的人们不具有一点统计学的本能)。因此,在这一领域,我认为用经济人作为智人的模型是有必要的。为了继续第 1.2.2 节的辩护,我要讲两点:第一是用经济人作为决策模型并不理想,但是与民主一样,它比其他的选择要好;第二是其他模型在长期一定会走向自我毁灭,因为演化最终会拒绝它们。在第 2.2.1 节讲过,演化倾向于选择使平均适应性最大化的行为,这样一个适应性的测度正好可以起到冯·诺依曼—摩根斯坦效用函数的作用。但是生物演化还未结束,社会演化仍然道路遥远。在我们进一步深入这条路之前,人们不得不同意康德[134,p.63]式的智人具有主观推理能力的思想——只要在风险条件下的决策中还能应用这些观点。在第 2.4.2 节中引用过康德的一句话,他认为自然会偶然做出"非常糟糕的安排,在被创造物身上选择通过理性来实现这一目的"。动物依赖于本能的行为无疑与经济人行为非常相似,但这只限于在它们的本能有时间去适应的严格限制的条件下。

② 假设当枪中有 1 颗子弹时,你只愿意出 X 美元来从枪中取出这颗子弹,而当枪里有 4 颗子弹时你愿意付出 Y 美元来从枪中取出 1 颗子弹。用 $\mathcal{L}$ 代表死,$\mathcal{W}$ 代表没有任何付出就可以活,$\mathcal{C}$ 表示付出 X 美元之后可以活,$\mathcal{D}$ 表示付出 Y 美元后可以活,就有 $u(\mathcal{C}) = \frac{1}{6}u(\mathcal{L}) + \frac{5}{6}u(\mathcal{W})$ 和 $\frac{1}{2}U(\mathcal{L}) + \frac{1}{2}u(\mathcal{D}) = \frac{2}{3}u(\mathcal{L}) + \frac{1}{3}u(\mathcal{W})$。类似地,让 $l = u(\mathcal{L}) = 0$, $w = u(\mathcal{W}) = 1$,有 $c = u(\mathcal{C}) = \frac{5}{6}$, $d = u(\mathcal{D}) = \frac{2}{3}$。这样,$u(\mathcal{D}) < u(\mathcal{C})$,因而 $X < Y$[对这个问题精致的回答应归功于泽克豪泽(Zeckhauser)根据吉伯德[88]和卡尼曼(Kahneman)与特沃斯基(Tversky)[131]的研究所做的工作]。卡尼曼和特沃斯基认为,由"对于死人,金钱还有没有价值?"这样一个问题引起的混淆使得这个例子产生了误导性。

从这样一个出自本能的选择与冯·诺依曼—摩根斯坦理论的建议的冲突中我们可以得出什么结论?几乎没有人愿意承认他们出自本能的感觉是非理性的和需要改进的,[①]他们倾向于否定冯·诺依曼—摩根斯坦假设所描述的理性人的特征。但是思考另一个非正式实验是有启发意义的,我已用这个实验与许多经济学家和金融专家做过游戏。你更偏好(96×69)美元还是(87×78)美元?大多数人偏好前者。但是 96×69=6 624 而 87×78=6 786。我们如何对这种奇怪的行为作出回应呢?

当然不用改变数学规则使 96×69>87×78!因此,在观察到冯·诺依曼—摩根斯坦假设与世俗中的人的本能反应并不一致时,我们为什么要考虑改变这一假设呢?我们对于统计问题的朴实的直觉并不比小孩对糖罐的感觉更可靠,他们往往更喜欢体积大的而不是糖果多的糖罐。成人养成了处理这些问题时三思而后行的谨慎。如果这些问题是足够重要的,我们可能会做一些计算或者了解一些信息。

与道德问题相比,在我看来对欲望和抱负的思考成了第二位的事情。基于感觉的理论或许适合在消费理论中用来研究超市购物中的冲动行为,但在思考社会契约问题时,人们更倾向于进行深入思考而不是凭一时冲动,就像在传统的英国婚礼中经常讲的一句话:这是需要经过严肃认真的思考来做出决定的时刻。

效用测量　由于冯·诺依曼—摩根斯坦效用函数是基数的,因此可以用来测度赢相对于和,以及和相对于输对亚当的价值,有时这种测度也可用一个发明出来的名为单位效用的单位来表示。冯·诺依曼和摩根斯坦[269]专门强调了单位效用与温度测量的"度"之间的相似性。在测量温度时可以自由规定零点和测量单位,在摄氏测量计上结冰点是 0 ℃,沸点是 100 ℃,而华氏温度计的结冰点是 32 ℉,沸点是 212 ℉。在这两种测量结果之间进行转换非常容易,因摄氏温度是 c 度时华氏温度是 $f=\dfrac{9}{5}c+32$。选择哪种温度计是个人兴趣问题,出于适用性的考虑人们可能会更喜欢摄氏温度计。

---

① 当统计学家萨维奇中了经济学家阿莱斯(Allais)的圈套,使其陷入表达的偏好与他扩展的冯·诺依曼—摩根斯坦理论不一致的困境中时就是如此。

在应用冯·诺依曼—摩根斯坦方法来构造亚当彩票偏好的冯·诺依曼—摩根斯坦效用函数时,选择的效用测量的零点和测量单位分别是 $u(\mathcal{L})=0$ 和 $u(\mathcal{W})=1$。但是如果 u 是冯·诺依曼—摩根斯坦效用函数,那么 $v=\alpha u+\beta$ 也是如此,条件是 $\alpha>0$ 且 β 是常数,[①]因此冯·诺依曼—摩根斯坦效用函数就不是唯一的。通过对 α 和 β 赋予不同的值,就可以得到大量不同的冯·诺依曼—摩根斯坦效用函数,每一个都能同样好地表示亚当的偏好。但是一旦选定了 α 和 β 值,就没有变动的余地了。除了 $\alpha u+\beta$ 形式之外,可以表示与 u 一样的对彩票偏好的其他形式的冯·诺依曼—摩根斯坦效用函数并不存在。与温度计一样,规定了零点和效用测量的单位后就排除了我们行动的自由。[②]

零和博弈的效用　罗素·哈丁[100]认为一些博弈论专家在严格竞争的零和博弈中使用冯·诺依曼—摩根斯坦效用时走上了歧途。我猜测他的意思是,他们受误导而犯下的错误是在对两个竞争对手的效用进行比较时未作任何解释。由于很容易产生这样的误解,我为此耗费了大量时间来思考效用理论的基础问题。在零和博弈的例子中,比较容易看出解释中的错误是如何出现的。在这样的博弈中,无论结果如何,参与人所得支付之和都是 0。然而,在给予夏娃 $-x$ 单位的效用,而使亚当得到 x 单位效用之后,博弈论专家会不会否认夏娃比亚当更强烈地感到自己既是胜利者又是失败者? 要明白为什么不会,有必要仔细了解一下博弈论专家在建立一个严格竞争博弈的零和博弈模型时的实际假设是什么。

在一个严格竞争博弈中亚当和夏娃的利益完全相反。例如在下棋比赛中,如果亚当和夏娃的偏好不满足 $\mathcal{L}\prec_A\mathcal{D}\prec_A\mathcal{W}$ 和 $\mathcal{W}\prec_E\mathcal{D}\prec_E\mathcal{L}$,其中,$\mathcal{L}$,$\mathcal{D}$ 和 $\mathcal{W}$ 分别代表亚当赢棋、和棋和输棋,那就是不正常的,但是明确对这个博弈最终结果的序数偏好并不足以理解亚当和夏娃利益完全相反这一论述所涉及的全部意义。

---

① 原因是 $\varepsilon v(\mathbf{L})=\alpha\varepsilon u(\mathbf{L})+\beta$。这样 εv 和 εu 在同一个地方达到最大值。因此,努力最大化 u 的期望值的人也显示了对最大化期望值 v 的偏好。

② 我们或许可以用 $v(\mathcal{L})=-1$ 和 $v(\mathcal{W})=2$ 的冯·诺依曼—摩根斯坦效用函数 u 来作为亚当新的效用测量计。那么有 $\beta=\alpha u(\mathcal{L})+\beta=v(\mathcal{L})=-1$ 和 $\alpha+\beta=\alpha u(\mathcal{W})+\beta=v(\mathcal{W})=2$。得出 $\alpha=3$,$\beta=-1$,又可得出 $v(\mathcal{D})=\alpha u(\mathcal{D})+\beta=3d-1$。换句话说,一旦确定了效用测量计上的两个点,那么其余所有的点都被确定了。

假设亚当的冯·诺依曼—摩根斯坦效用函数 u_A 由 $u_A(\mathcal{L})=0$,$u_A(\mathcal{D})=\dfrac{3}{4}$ 和 $u_A(\mathcal{W})=1$ 给出,而夏娃的冯·诺依曼—摩根斯坦效用函数 u_E 由 $u_E(\mathcal{W})=0$,$u_E(\mathcal{D})=\dfrac{2}{3}$ 和 $u_E(\mathcal{L})=1$ 给出,那么亚当和夏娃都会更倾向于选择和棋而不是选择只有一半把握的赢棋或输棋。因此,在特定条件下他们会同意接受和棋来分享共同利益,而不愿意再比赛下去却只得到更苦涩的结局。要排除这种可能性,有必要强调他们的偏好不仅是在 $\mathcal{L}$,$\mathcal{D}$ 和 $\mathcal{W}$ 三种结果上完全相反,而且在与这些结果有关的所有彩票上也完全相反。也就是说,对于所有的彩票 **L** 和 **M**,要让 $\mathbf{L} \preceq_A \mathbf{M}$,当且仅当 $\mathbf{M} \preceq_E \mathbf{L}$。也可解释成 $\mathcal{E}u_A(\mathbf{L}) \leqslant \mathcal{E}u_A(\mathbf{M})$,当且仅当 $\mathcal{E}u_E(\mathbf{M}) \leqslant \mathcal{E}u_E(\mathbf{L})$,后一不等式等价于 $-\mathcal{E}u_E(\mathbf{L}) \leqslant -\mathcal{E}u_E(\mathbf{M})$。可以得出,$-u_E$ 是一个表示亚当偏好的冯·诺依曼—摩根斯坦效用函数,因此有 $-u_E = \alpha u_A + \beta$,$\alpha > 0$,$\beta$ 是常数。

由于这是一种不太方便的形式,因此有必要为夏娃引进新的冯·诺依曼—摩根斯坦效用函数 v_E 来改变她的效用测量计上的零点与单位,这个新的效用函数通过 $u_E = \alpha v_E + \beta$ 与她旧的冯·诺依曼—摩根斯坦效用函数联系起来。这样就有 $-(\alpha v_E + \beta) = \alpha u_A + \beta$,从而

$$u_A + v_E = 0$$

我们由此得出可以表示亚当和夏娃偏好的效用,而且无论结果如何,亚当和夏娃得到的支付之和都是 0,一开始提出的严格竞争博弈就这样简化成了一个零和博弈。

在这个零和博弈中,亚当每增加的一单位效用正是夏娃所减少的一单位效用。这是否否认了夏娃可能比亚当对成败有更强烈的感受?如果回答是肯定的,那么也就等于承认了可以对亚当和夏娃的效用进行有意义的比较。但是在用零和博弈的形式表示严格竞争博弈时并没有涉及这样的假设,v_E 的结构的确清楚地表明了把夏娃的效用测量计上的零点和单位与亚当的效用测量计上的零点和单位联系起来的考虑,但这完全是出于数学处理的方便。无论我们是用最初的冯·诺依曼—摩根斯坦效用函数 u_E,还是用简化过的效用函数 v_E 来表示,夏娃的彩票偏好都完全相同。如果用 u_E 来代替 v_E,也只是会使数学处理变得更

复杂而已。

4.2.3 偏好的强度

描述亚当对风险期望偏好的冯·诺依曼—摩根斯坦效用函数 u_A 是基数的，亚当在意的问题不但是 u_A 分配给 $\mathcal{C}$ 比 $\mathcal{D}$ 更多的效用，而且他还关心 $\mathcal{C}$ 和 $\mathcal{D}$ 各有多少单位的效用，如果亚当并不认为每单位效用的价值相等的话，这样一个陈述就没有什么意义。但这意味着什么？一个可能的解释需要我们回到第 2.3.4 节讨论阿罗悖论时提到的哈萨尼[108]对偏好强度的思考。

假设 $\mathcal{C} <_A \mathcal{D}$ 和 $\mathcal{E} <_A \mathcal{F}$，那么哈萨尼同意冯·诺依曼和摩根斯坦[269，p.18]的解释，认为当且仅当亚当一直愿意用分别有 $\frac{1}{2}$ 的概率获得奖 $\mathcal{C}$ 和奖 $\mathcal{F}$ 的彩票 **L** 来换分别以 $\frac{1}{2}$ 概率获得奖 $\mathcal{D}$ 和奖 $\mathcal{E}$ 的彩票 **M** 时，亚当的第一个偏好的强度一定比第二个偏好大。要理解哈萨尼提出这个定义的原因，可以设想亚当拥有以同等的概率获得奖 $\mathcal{D}$ 和奖 $\mathcal{F}$ 的彩票 **N**，亚当现在会愿意在这个彩票中用 $\mathcal{D}$ 来换 $\mathcal{C}$ 或用 $\mathcal{F}$ 换 $\mathcal{E}$ 吗？或许，当且仅当他认为 $\mathcal{D}$ 相对 $\mathcal{C}$ 而言的福利改进要比 $\mathcal{E}$ 相对 $\mathcal{F}$ 要大时，他会倾向于用 $\mathcal{F}$ 来换 $\mathcal{E}$。但是，认为他在提出的两个交易中更倾向于第一个的话，也就等于说他在 **M** 和 **L** 之间他更倾向 **M**。

根据亚当的冯·诺依曼—摩根斯坦效用函数 u_A，$\mathbf{L} <_A \mathbf{M}$ 可以概括为命题

$$\frac{1}{2}u_A(\mathcal{C}) + \frac{1}{2}u_A(\mathcal{F}) < \frac{1}{2}u_A(\mathcal{D}) + \frac{1}{2}u_A(\mathcal{E})$$

这样，当且仅当 $u_A(\mathcal{D}) - u_A(\mathcal{C}) > -u_A(\mathcal{F}) - u_A(\mathcal{E})$ 成立，亚当 $\mathcal{C} <_A D$ 的偏好要比 $\mathcal{E} <_A \mathcal{F}$ 要强烈。

要评价哈萨尼定义的偏好强度的含义，就要考虑这样的可能性，即 $u_A(\mathcal{D}) = u_A(\mathcal{C}) + 1$ 和 $u_A(\mathcal{F}) = u_A(\mathcal{E}) + 1$，分别表示的亚当从 $\mathcal{C}$ 变到 $\mathcal{D}$ 时增加了一单位效用，从 $\mathcal{E}$ 变为 $\mathcal{F}$ 时也增加了一单位效用。由于亚当对 $\mathcal{C} <_A \mathcal{D}$ 和 $\mathcal{E} <_A \mathcal{F}$ 的偏好强度相同，因此这些单位效用的价值是相等的。与美元不同的是，无论亚当已经有了多少单位的效用，每一单位的效用都与其前一单位效用的价值相同。

4.2.4 目的论功利主义

在第2.3.5节中曾提到过,目的论伦理理论是从一个先验的"共同善"概念开始的,边沁和穆勒在谈到对人类幸福进行求和时感到满意,但现代的研究者考虑得更为慎重和周详,现代目的论用了一串公理来概括共同善概念。共同善的性质可以从这些公理中推导出来,而不是简单地被宣布为不证自明的。像哈萨尼这样的功利主义者使用的这些公理把个人偏好看作是给定的,并且刻画了个人偏好是如何与社会整体的偏好产生联系的。①因此,社会被看作是一个大写的个人,或者如同一些学者所说的,社会利益等同于理想观察者的利益,而理想观察者的偏好是社会中所有个人平均的偏好或加总的偏好,这个理想观察者的效用函数就可以作为整个社会的福利函数。

第2.3.4节中对阿罗悖论的研究表明,除非理想观察者是一位独裁者,他会把自己偏好强加于整个社会,否则他的偏好就必须考虑个人对事物感觉的强烈程度。第4.2.3节解释了哈萨尼[106]是如何用冯·诺依曼—摩根斯坦效用函数来模拟这种强度的。②布鲁姆(Broome)[48]、哈蒙德[94]和维马克(Weymark)[271]都可以作为后来研究的优秀的参考文献,③但是,这里并不想涉及任何有关这一问题的复杂的一面,因为我认为作为这一问题的研究基础的目的论方法由于存在严重缺陷而失去了作用。

我认为把利维坦当作一个人来对待回避了所有有重要意义的问题。第2.3.6节解释过,这并不否认一个理性的、有组织的社会在特定情况下会表现得像一个人一样。但是从认可到完全肯定之间还有一段很长的路要走,对此,目的论者需要回答下面几个问题:

---

① 森[245]认为这里所指的功利主义者一词名不符实。他认为我们无法正确使用"功利主义"来描述一种仅仅加总了个人偏好的理论。他认为功利主义理论应该建立在一个更高尚的个人幸福概念的基础上,从而它将有可能对你的邻居更有利而不论他喜欢与否。

② 不幸的是,偏向目的论的哈萨尼与偏向非目的论的哈萨尼在这一项工作上的做法是相同的。我认为哈萨尼对这一问题似乎准备采取不同的态度,这在那些要揭示其内在哲学含义的人之间引起了相当大的混乱。

③ 为避免有人认为我在解释冯·诺依曼—摩根斯坦效用函数时在推理上有过失,而这一过失是维马克[271]指责哈萨尼的原因,请注意我把它们的范围严格限制在奖项的集合而不是所有彩票的集合上。

● 福利函数一定总是存在吗?

● 在特定环境中给定的福利函数是否一定具有通常属于个人效用函数的一切性质?

● 在一种背景下描述了社会行为的福利函数也一定适合描述在另一种背景下的社会行为吗?

在接受目的论肯定的回答之前,我这样的建构主义者非但没有追随目的论对这些问题的肯定回答,反而将表征共同善的问题看作是对特定博弈的均衡如何随参数变化而变化的预测。第 2.3.6 节中解释过,这样的均衡变化方式一般并不与集体传递性保持一致。如果我们能发现证明目的论的先验假设在任何特殊环境中都是正确的,这将会使我们感到意外和高兴。

同依赖于一套描述先验的"共同善"的公理相比,非目的论专家更相信,只要有可能,就可以从最基本的概念出发来为社会构造一个福利函数,就像冯·诺依曼和摩根斯坦从个人对彩票的偏好出发构造了个人效用函数一样。但是这种非目的论方法必须克服如何进行效用的人际比较这一难题,这一节将简要解释目的论是如何用理想观察者方法完成效用的个人比较来回避这个关键问题的。我希望不会有读者跟随他们走这条捷径,只有沿着第 4.3 节指出的崎岖小路才可能看到一线解决问题的希望。

目的论的理论中有不少功利主义的色彩。这里只讨论一种非常简单的理论形式,它从包括所有可能社会状态的集合 S 开始。在第 2.3.3 节中,亚当和夏娃被允许对 S 中的社会状态有一致性[1]的偏好。我们的问题是找出一种方法来加总他们的偏好以形成一个社会整体的有一致性的偏好关系。第 2.3.4 的阿罗悖论表明只有两种满足一般性条件的方法可以加总亚当和夏娃的偏好。一种方法是用亚当的个人偏好表示社会的偏好,另一种用夏娃的偏好来表示社会的偏好。

第 2.3.4 节认为阿罗悖论部分地依赖于这一事实,即这种加总的方法不需要考虑亚当和夏娃对社会状态的偏好的强度。根据冯·诺依曼—摩根斯坦理论,可以通过观察亚当和夏娃对 S 中所有有奖彩票的偏好来收集测度偏好强度所必须的基数信息。[2]如果亚当和夏娃遵守冯·诺依曼—摩根斯坦理性条件,那么就

---

[1]　与第 2.2.4 节一样,在这种背景下一致性是指完备性和传递性。

[2]　可以尝试把这些序数偏好直接加总为对彩票的共同偏好。但是,如果亚当和夏娃遵守冯·诺依曼—摩根斯坦理性条件,就必须放弃可能存在任何亚当和夏娃的一致性偏好集合的阿罗假设。

可以用定义在社会状态集合 S 上的冯·诺依曼—摩根斯坦效用函数来汇总他们的彩票偏好。为了简化起见,假设亚当和夏娃一致认为有一个最差的社会状态 $\mathcal{L}$ 和最好的社会状态 $\mathcal{W}$,我们就可以选择亚当和夏娃的效用测量计上的零点与单位,从而使有 $u_A(\mathcal{L})=u_E(\mathcal{L})=0$ 和 $u_A(\mathcal{W})=u_E(\mathcal{W})=1$。冯·诺依曼—摩根斯坦效用函数 u_A 和 u_E 可以提供加总方法所要的输入信息,也就是说,代表整个社会偏好的理想观察者不必像在阿罗悖论中一样被严格限制,只能考虑序数信息,而是可以允许他考虑在函数 u_A 和 u_E 中包含基数信息。

进一步的工作就没有那么"无辜"了,不仅要求假设亚当和夏娃遵守冯·诺依曼—摩根斯坦理性条件,而且假设理想的观察者也遵守这一条件,这就是目的论在其最原始的形式中的错误。[①]理想观察者相对于亚当和夏娃没有什么不同,特别是,可能会赋予他用来描述他对以社会状态作为奖项的彩票偏好的冯·诺依曼—摩根斯坦效用函数 u_i。与亚当和夏娃一样,在选定理想观察者的效用测量计上的零点与单位之后就有 $u_i(\mathcal{L})=0$ 和 $u_i(\mathcal{W})=1$。

第三步是把这一理论牢固地安置在结果主义者的阵营之中。为了评估选择一种社会状态的彩票而不选择另一种社会状态的彩票的行为的结果,需要假设理想观察者只考虑亚当和夏娃的彩票偏好,把这一要求用正式的术语写出来就是,要求每张彩票 $\mathbf{L}$ 符合

$$\varepsilon u_i(\mathbf{L})=v_i(\varepsilon u_A(\mathbf{L}),\ \varepsilon u_E(\mathbf{L})) \tag{4.2}$$

函数 v_i 的值 $v_i(x_A,\ x_E)$ 只依赖于亚当和夏娃在接受理想观察者的决策结果后得到的效用对 $(x_A,\ x_E)$。简而言之,假设理想观察者的彩票的期望效用只依赖于亚当和夏娃对彩票的期望效用。

式(4.2)的含义是,函数 v_i 在定义域 D 上是线性的,[②]在了解过图 4.3(a)之

---

① 因此,下面的论述在某种程度上是对目的论为功利主义辩护的正式证明的夸张化,但是我的唯一目的是给这一证明再加一些调味品。目的论的证明无论多么微妙,都与我的方法格格不入,我讨论它们的唯一目的是表明为什么我不承认它们。

② 如果 x 属于 D,那么存在 $x_A=u_A(\mathbf{M})$ 和 $x_E=u_E(\mathbf{M})$ 的彩票 $\mathbf{M}$。对应的彩票 $\mathbf{N}$ 可以与 D 中的任意一个 y 联系。$\mathbf{L}$ 是以概率 p 产生奖项 $\mathbf{M}$ 和以概率 $1-p$ 产生奖项 $\mathbf{N}$ 的组合彩票。式(4.2)左端就变为 $\varepsilon u_i(\mathbf{L})=p\,\varepsilon u_i(\mathbf{M})+(1-p)\varepsilon u_i(\mathbf{N})=pv_i(x)+(1-p)v_i(y)$。式(4.2)右端是 $v_i(\varepsilon u_A(\mathbf{L}),\varepsilon u_E(\mathbf{L}))=v_i(pu_A(\mathbf{M})+(1-p)u_A(\mathbf{N}),\ pu_E(\mathbf{M})+(1-p)u_E(\mathbf{N}))=v_i(px+(1-p)y)$,可以得出 $v_i(px+(1-p)y)=pv_i(x)+(1-p)v_i(y)$。数学家可能认为这个方程式要求 v_i 是仿射的,但因为 $u_A(\mathcal{L})=u_E(\mathcal{L})=u_i(\mathcal{L})=0$,所以 $v_i(0)=0$,因此 v_i 是线性的。

后,你应该不会对这样一个结论感到意外,图 4.3(a)解释过,可以用冯·诺依曼—摩根斯坦效用函数描述其彩票偏好的人在所有彩票空间中一定有平行的和直线形的无差异曲线。图 4.3(b)解释的则是,对于所有在效用对 $x=(x_A,x_E)$ 空间中的理想观察者的无差异曲线也可以得出同样的结论。实际上,v_i 是线性的这一信息的含义并不只限于此。初等线性代数[1]的标准结论告诉我们一定存在常数 U 和 V 满足

$$u_i(x_A,x_E)=Ux_A+Vx_E$$

如果假设理想观察者要做具有帕累托效率的决策,那么常数 U 和 V 就必须是非负的。[2]由此可以得出理想观察者的效用函数与第 1.2.5 节中加权的功利主义福利函数 W_h 具有完全一样的形式,理想观察者总可以从图 1.3(a)中的可行性集 X 中找出功利主义者的点 h,然后他计算的亚当的单位效用与夏娃的单位效用的比是 U/V。通过假设存在一个可以用自己的效用与别人相比较的理想观察者,目的论含蓄地假设了一个可以在个人间进行效用比较的先验标准。

4.3 效用的人际比较

上文已经介绍了目的论者是如何从理想观察者的效用的自我比较中演绎出效用的人际比较标准的,但是,对于不愿默认目的论的捷径的人来说也别无坦途可走,我们只有返回到第一原理来探索可以用来进行效用的人际比较的适当标准。

在开始这项工作之前有必要再强调一遍的是,第 4.2.2 节中的冯·诺依曼—摩根斯坦理论根本就没有为效用的人际比较提供任何基础,对这一点的认识普遍存在混乱。在讨论联盟的形成时,冯·诺依曼和摩根斯坦[269]在他们著作的后半部分用了一个"可转移的效用"概念,但并没有给出证明。有人由此被误导而认为冯·诺依曼—摩根斯坦效用理论的效用是"可转移的效用"。另一些人认

---

① 回忆一下用矩阵表示的线性变换。

② 此外,因为 $u_A(\mathcal{W})=u_E(\mathcal{W})=u_i(\mathcal{W})=1$,所以 $U+V=1$。

识到这一理论没有证明效用的人际比较,但是凭空认为博弈论专家并不认同他们的智慧。(对此第4.2.2节解释过,冯·诺依曼和摩根斯坦在构造严格竞争的零和博弈时没有引入效用的人际比较。)然而还有一部分人认为效用的人际比较毫无意义。他们在这一点上的确定性来源于这一事实,即绝大多数证明这一比较问题的尝试都存在问题,但是在这一节中我希望能使读者相信至少有一种理论对人际效用比较提供了具有一致性的解释,这就是由以非目的论的面孔出现的哈萨尼[109]提出的理论。

如果效用的人际比较是无法进行的,那我相信就再也没有理由去写一本关于理性道德的著作了。尽管哈蒙德[95]、哈萨尼[106]和不少人都认为道德是一门没有实际内容的学科,但是要使人际的效用比较有意义,就必须超越第4.2节的个人偏好研究,而且还需要考虑第1.2.6节提出的移情偏好,阿罗[6]、苏佩斯[259]、哈萨尼[109]和森[239]都对这个"扩展的同情偏好"作了研究。

人际比较是廉价的吗 需要解释的是,对不同人的幸福进行直接比较的方法存在问题。例如,有人或许会通过计算亚当和夏娃每天消费的苹果的数量来比较他们的福利,这样一种方法具有容易操作的优势,但它也容易受到大量的批评。因为夏娃可能比较富有而亚当比较贫穷,所以她愿意吃多少苹果就有多少苹果,而亚当受条件所限每天只能吃一个苹果。如果夏娃没有从每天多消费的一个苹果中得到比亚当更少的快乐,那才是咄咄怪事。①

即使每个人有同样的机会获得苹果,问题仍然存在。假设亚当和夏娃都很贫穷,但亚当只喜欢无花果树的叶子。罗尔斯[212]是唯一认为这里不存在问题的人,他认为可以用无花果树叶在市场上与苹果交换,因此可以用它们的美元价格来估计它们的相对价值。我在第1.2.6节的评论中曾指出,赋予市场机制某种

---

① 经济学家的消费者剩余概念也面临这样的问题——即使在准线性效用的特殊情形中,在这种情形中范里安(Varian)[265, p.169]把消费者剩余看成是衡量福利的最恰当的工具。如果亚当的一个序数效用函数分配给由 a 个苹果和 f 片无花果树叶组成的商品束的效用是 $a+U(f)$,那么它就是准线性的。因此可以把 U 看作是无花果树叶的基数效用测量计。亚当愿意用一个单位效用的无花果树叶和一个苹果交换。如果比较的标准是亚当愿意交易的苹果的数量,那么无花果树叶的效用测量计上任何效用单位都完全可以与任何其他的效用单位进行比较。但谁又说过苹果(或美元)是"合理的"比较标准呢?

先验的合理性实际上是在回避那些要由社会契约论来回答的问题。①即使苹果和无花果树叶的市场是合理的,这个市场上苹果与无花果树叶的交换比率也无法告诉我们亚当和夏娃从对苹果和无花果树叶的消费中获得的相对满意程度。市场受到交易物品的相对稀缺性的驱动,如果夏娃是一位流行歌星,她的一毫秒的劳动就可以换一台肾透析仪,但这并不是说一毫秒时间对她的价值与一台肾透析仪对患了肾衰竭的亚当的价值是相同的。

当然也可以发明一个衡量无花果树叶与苹果的使用价值而不是交换价值的商品指数,然而,缺陷却随处可见。例如,亚当只喜欢喝用杜松子酒和苦艾酒以 10∶1 的比例调配的马提尼酒,而酗酒的夏娃喜欢用杜松子酒和苦艾酒以 1 000∶1 的比例调配的马提尼酒。如果给他俩每人 10 瓶杜松子酒和 1 瓶苦艾酒,那么由此认为他俩有同样的满意程度将是毫无根据的。因为亚当现在可以享受 11 瓶马提尼酒,而夏娃只能享受 10.01 瓶马提尼酒。②

这个例子暗示了家庭经济学中一个广为人知的思想:为何不用亚当和夏娃从消费中获得的收益取代他们消费的商品来测度福利? 有人或许会问,一个人从特定的消费品束中得到了多少健康、财富和智慧? 在第 1.2.6 节中罗尔斯[212]提出了这样一系列的“基本善”。他建议在指数中进行加总的基本善是“官员的权力与特权”、“自尊的社会基础”和“收入与财富”。

经济学家不喜欢建立在这类不易捉摸的概念基础上的理论。然而,即使罗尔斯的基本善的概念可以用精确的术语来定义,也仍然面临着指数化问题。我们应如何平衡基本善彼此之间的冲突? 罗尔斯寄希望于通过广义一致同意来解决这一问题。③但是我认为我们不能指望不同的个人会以相似的方式来评价这些

---

① 高蒂尔[84,p.84]甚至认为“道德产生于市场失灵”。我认为他的话表达了一种有普遍性的保守观点,即在成功的市场中不需要社会契约。这类保守主义者混淆了现存社会契约的惯例和生存博弈的规则。在第 1.2.8 节中指出过,市场制度并没有牛顿的万有引力定理那样的地位。人们遵守市场博弈规则,并非因为他们别无选择,而是因为这样做符合他们的利益。

② 注意在亚当和夏娃每人都得到同样的商品束之后,谁也不觉得存在交换的好处。经济学家认为有这种特征的商品配置是无妒忌的。在确认这种无妒忌的商品配置时,不需要效用的人际比较。但是,我希望杜松子酒与马提尼酒的例子可以充分表明这种认为人际比较没有意义的推论是错误的。

③ 罗尔斯[214,p.94]认为应该由一位有代表性的代理人来做出这一判断,但随后他又提出只需要考虑弱势群体的代表,这样他就把水弄浑了,在决定判断优势大小的标准之前又怎样才能知道哪一个群体是弱势群体呢?

基本善。就连我的系主任在权衡我的自尊和她的特权之间的冲突时也不是非常敏感。在我看来这主要是因为这类事情是如此地容易引起争议,因此人类社会需要社会契约。如果真存在每个人都评价一致的基本善,道德哲学就会变成非常容易的事。每个人都会认为同样的基本善组合具有吸引力,这使得根据伯努利的研究来为理性人寻找合适的效用函数是有意义的。然后这个效用函数的值就可以定义一个对每个人都相同的个人的"善"。

我对这种方法的观点到目前为止已经以一种痛苦的方式被人熟知了。要拒绝先验个人善概念的原因与第 2.3.6 节和第 4.2.4 节中拒绝先验共同善的原因完全相同。目的论方法对这样一个问题的处理是颠三倒四的。如果要讨论"善"这个概念,就应该从更基本的概念开始构造,而不是从假设开始。简而言之,必须沿着这条现代效用理论指引的崎岖小道一直到达终点。人们所建议的那条捷径往往很诱人,但在长期中带来的却只会是一片混乱。

4.3.1 移情偏好

罗素·哈丁[100]在考察功利主义历史时放弃了休谟对人类同情式认同的重要性的强调。尽管亚当·斯密[248]继承其师的学说把人类同情心作为《道德情操论》一书的关键内容,但哈丁认为,后来的道德哲学只有在为出自某些其他考虑的结论提供辅助性支持时才诉诸人的同情心概念,他的这一判断基本上是正确的,这样也就不难理解为什么休谟关于人的同情心的思想反而被许多次要的概念掩盖了。出于同样的原因,他对惯例在人类社会中的重要性的深刻洞察也显得黯淡无光了。简而言之,在博弈论问世之前,没有工具可以使休谟的思想具有可操作性。

对博弈论与休谟的有关惯例的思想之间的联系的发现可能主要应归功于谢林[229]。就休谟的同情心的概念而言,我估计是哈萨尼[109]最清楚地看到了发展的方向。无论如何,这里继承的是哈萨尼对这一思想的发展。

同情偏好　第 1.2.6 节介绍了移情与同情的区别,当亚当能设想站在夏娃的立场并从她的立场来看待问题时,他就对她萌发了移情或同情之心。当亚当对夏娃产生了同情之心时,他对她有非常强的认同感以至于无法把自己的利益同她的利益分开。例如,在上帝创造夏娃之前,亚当对苹果毫无兴趣,而只是采集每天所需无花果的叶子。①但是在与夏娃堕入爱河并观察到她喜欢吃苹果之后,他可能会发现自己在经过每一棵苹果树时都会产生想知道夏娃会从它的果实中得到多少欢乐的渴望。此情此景之下,就算他放弃收集无花果叶子而全力以赴地为夏娃收集苹果,也不足为怪。

用显示偏好理论很容易就可以描述亚当在这样一种同情式认同的情形中的行为。如果他选择收集苹果而不是无花果的叶子,他显示的是与他自己能得到无花果的叶子相比,他更偏好夏娃能吃到苹果。如果他的行为具有一致性,就可以用效用函数 u_A 来描述他的行为。亚当从夏娃消费 a 个苹果而他自己消费 f 片树叶中得到的效用是 $u_A(a, f)$,正如人们谈论他从加了两匙糖的一杯咖啡中得到的效用一样。把利他主义的(或恶意的)偏好吸收到参与人的效用函数中并不存在理论上的困难。如果亚当对夏娃的关心已经到了甘愿为她牺牲自己幸福的程度,那这或许就是正确的和合理的进行模型化的方式。②

不难理解生物演化的力量会使我们看上去是根据同情偏好作出行为的。母亲往往对孩子的关心超过对自己的关心——就像用模型预测的那样,即我们只不过是一些基因用来进行自我复制的机器。在这些基本问题方面,我们看上去与鳄鱼和蜘蛛的区别不大,但是人类不会只对他们的孩子才有同情之心,而是会对他们的丈夫或妻子,他们的家庭成员、朋友和邻居,以及他们的部落和教派都不同程度地怀有同情之心。

同样也很容易理解为何生物的演化会使我们在对待同我们或多或少地有共同基因的亲属时选择这样一种利他主义偏好。这种机制估计也可以用来解释非洲猎狗给它的同伴反刍食物的现象。但一只动物又如何知道谁是它的亲属?有些动物用化学信号来进行识别,但人类在史前时代主要依赖于他的近邻与他具有血缘关系的概率相当高这样的一个事实。当然,在现代社会这不再是事实,但我们的基因还未适应这种新的现实。这样的事实至少部分地解释了为什么在小群体中

---

① 我记得亚当在吃到智慧之树上的果子之前是没有羞耻之心的,但在这里我要请求允许我出于诗意这样来写。

② 当然,第 2.2.6 节强调过,由于已经将参与人的同情偏好纳入了效用函数之中,从而也就将其纳入了他的博弈支付之中,因此他不能再次用同情式认同的概念来对这个博弈进行分析。

的人经常建立这种同情联系,特别在他们需要共同度过危险和困难时更是如此。

同情与移情　我已重复强调过,把小的亲密群体中的社会安排推广到整个社会是一种严重的误导。①我可能对与我亲近的人来说是一位品性善良的人,但对我不了解的人若是假定我不具有某种邪恶的品质,那将是不明智的。那些强调我们的品性中的善良成分的乐观主义者有其乐观的理由,对此我并不否认。我已经说过,看上去的确仿佛是生物演化使我们具有了在小群体范围内做出利他行为的同情偏好——即使这种关系需要长期维持并且这种行为需要付出高昂的代价。②然而,我不认为诉诸同情偏好的存在就可以解决社会契约问题。

社会契约问题中,重要的并非是我们如何操持家计,而是如何把许许多多彼此陌生的人组成一个社会。我发现由于一直关注的都是亚当和夏娃的二人社会,因此会使所要研究的主题不够突出。但是当人们想象在伊甸园里订立的婚约时,应该想起的是简·奥斯汀而不是夏洛蒂·勃朗特的小说,在亚当和夏娃的思维中根本不存在热血的冲动和激情,相反,应该把他们视为对诸如谁去洗碟子、洗碗这类琐事也会冷静和理性地进行协商的人。

由于我的理论还不能处理同情偏好,因此我不主张以这种态度来对待亚当和夏娃的感情。事实上,在亚当和夏娃的冯·诺依曼—摩根斯坦效用函数 u_A 和 u_E 中几乎没有包含对他们的个人偏好的假设。如果亚当和夏娃是如此亲密以至于在所有问题上都非常和谐,那么就可以通过等式 $u_A = u_E$ 来表示这种情况,亚当和夏娃在他俩的小社会中对苹果和无花果树叶的最优分配没有分歧,社会契约论专家努力求索的问题在这里成了不足挂齿的小事。对于社会契约问题,只有当在 u_A 和 u_E 中引进同情偏好会产生某些有待解决的问题时,我要谈论的内容才会显得有趣。③

由于亚当和夏娃的同情偏好已被抽象地表示在他们的效用函数 u_A 和 u_E

---

① 参见第 1.2.2 节、第 2.2.5 节和第 3.2.3 节中的例子。
② 我甚至在这里表现了我的乐观主义。人们也可以假设生物演化赋予我们对外界充满仇视的反同情偏好——即使在长期要为这种偏好付出巨大的成本。我只希望这种非理性的行为是把社会行为误置于其不能适应的环境中的结果。
③ 其他人可能有不同看法,但我对绝大多数人所具有的同情偏好的判断是它们无法解决任何社会契约论专家所一致关心的问题。

中,因此我们不能用同情式认同来解决亚当和夏娃之间仍然存在的分歧,而只能用移情式认同的概念来解决这一问题。

当亚当对夏娃产生移情时,他并不会认为他与她的关系亲密到能使他不再区分他俩的偏好。例如,在罗密欧知道朱丽叶的死讯时,我们会为他洒下一掬同情的泪水。我们理解他为什么要自杀——但我们一点也不觉得要和他一样去自杀。类似地,在亚当设法预测夏娃在一个零和博弈中的行为时,他会设身处地地从她的立场和角度进行分析,但不会因此而忽视这一事实,即她的收益就是他的损失。简而言之,当他们在考虑实现均衡的方式时,无论亚当如何表现出对夏娃的移情,他的个人效用函数 u_A 都不会改变。

休谟和亚当·斯密都没有明确区分移情式认同与同情式认同。与我们在第1.2.2 节中看到的一样,放高利贷的人是不大会对高利贷受害者的困境抱有一丝同情之心的,但如果他能从被剥削者的角度去了解他们的困难并预测他们会做出的反应的话,他的高利贷行为会更有效。在每天与周围的人进行的生存博弈中我们经常表现出这种移情式认同的行为。在第3.4.2 节中的确提到过,我和其他人一样,认为我们之所以演化出了强大的大脑和身份识别能力,正是因为这一机制对我们在新的和不同的博弈中迅速实现均衡有重要作用。因而我不认为移情式认同只是一个偶尔需要强调一下的次要问题,相反,我认为它是人性的基础。如果亚当无法想象成为夏娃意味着什么,他也就不能理解成为亚当意味着什么。

为什么会移情　我认为,移情式认同对人类社会的存续非常关键。没有它,我们就不能找到通向博弈均衡的路,只能用缓慢而笨拙的试错法来寻找均衡。但是我们能够用移情式认同来发现日常博弈均衡对于人类社会的独立发展来说还不够。我们经常碰到的博弈有大量均衡,正如休谟所发现的那样,当存在大量均衡时,社会需要借助具有共识性的协调惯例来从中选择出一个特定的均衡。有时这种惯例的演化有一定随意性——就像第2.3.6 节中提到的驾驶博弈一样,车辆靠左行驶还是靠右行驶显然是有随意性的,毫无疑问社会在这类问题的选择上纯粹是受到惯例的作用。但是,在更加深入我们社会历史的情景之中,我们对于均衡选择标准的惯例性质常常视而不见。传统的标准已经深深地内在化了,以至于我们反而觉察不到那些正在起作用的选择标准了。

在使用由"公平"这类虚幻的概念合法化的惯例来解释我们的行为时,我们特别容易陷入这种梦游状态。之所以讲这些,并非表明我打算讨论在工资谈判或税收辩论中典型的对公平在修辞上的要求,[①]我思考的只是日常生活中的公平交易,例如,今天晚上谁洗碟子? 下一轮的酒钱该谁买单? 对一位在餐桌上喋喋不休、令人讨厌的家伙容忍多长时间是理智的? 我们一般意识不到我们用来处理这类问题的公平标准,但是我们就此达成共识的程度却非常突出。我猜想,原初状态的理念在直觉上之所以如此强烈地吸引我们,仅仅是因为通过对它的含义的理解,我们从中认识到它代表了构成我们的公平标准的基本原则,而公平标准已经演变为评判我们与同伴的日常互动的标准了。[②]

为了让原初状态的工具成为成功的均衡选择标准,我们必须具有对他人的移情能力。特别是,我们要意识到不同的人有不同的口味,如果夏娃想体会亚当的感受而不从他的个人偏好出发,那么这一工具就失去了它的价值。但所需要的还不仅于此,为了做出公平判断,夏娃还必须考虑从亚当的个人偏好与从她自己的个人偏好中得到的感受的差异程度。对于这一目标而言只有移情式认同是不够的,知道这一点很重要,使用原初状态工具的一个先决条件是我们要具有移情偏好。

移情偏好　要小心地区分亚当的移情偏好和他的个人效用函数 u_A 中的个人偏好。在第 1.2.5 节中我对此作过解释,当我说我希望夏娃能吃到一个苹果而不是亚当能穿上一件树叶做的衣裳时,我表达的是一个移情偏好,我自己的个人偏好与这样的移情偏好并不相关。因为我不是什么纨绔子弟,我个人非常希望能用树叶来裹住我的躯体而不是多吃一个苹果来增加我的腰围,但是,如果我知

---

① 我猜这类大事主要是由力量的平衡来决定的。这种对公平的谈论不过是自我欺骗,只是为了使赤裸裸的力量游戏变得更容易被压迫者和被压迫者接受而已。指出这一点并不是表示对它的赞同,我认为这种游戏常常是荒唐的。有力量的人很少对生存博弈持有现实主义的态度,他们甚至不知道在更广范围中存在均衡。如果他们对现实的力量更加理解的话,他们可能会发现被传统所推崇的均衡常常是帕累托次优的,他们还会发现公平标准的演化有利于促进这类帕累托改进。(记住我不是保守主义者而是辉格党人。我认为公平的思考常常成为对现实事务的点缀,但这不应被理解为在赤裸裸的力量面前公平是没有意义的。我也不是社会主义者,我认为严肃地对待公平有利于问题的改进,但这并不能被理解为可以忽视力量存在的现实。)

② 哈萨尼[109]和罗尔斯[214]都为原初状态提供了一个康德主义的辩护,而我的经验性观点与正统观点相去甚远。

道苹果对夏娃非常可口,而亚当对他的身材完全是自然主义的态度,可我又让自己向往端庄外表的冲动影响了对夏娃从苹果中得到的满足是否比亚当从树叶中得到的更大的判断的话,显然我将无法成功表达一种移情之心。

当我们在做出"公平"的判断时,我们显示出自己确实是具有移情偏好的人。智人显示的移情偏好无疑是缺乏一致性的,但我一直是把经济人作为模型的,他的移情偏好是有一致性的。由于他要在原初状态的风险环境中做出决策,这意味着他的移情偏好满足第 4.2.2 节中的冯·诺依曼—摩根斯坦理性条件,因此可以用冯·诺依曼—摩根斯坦效用函数来描述他的移情偏好。

用冯·诺依曼—摩根斯坦效用函数 v_i 很容易把移情偏好模型化,只是不要忘记我的移情效用函数与我的个人效用函数 u_i 有很大的区别。用 C 代表可能的结果或奖项的集合,$\{A, E\}$ 是亚当(A)和夏娃(E)构成的集合,$C \times \{A, E\}$ 表示集合 C 中的元素 C 和 $\{A, E\}$ 中的元素 j 组成的所有 (C, j) 的集合。[1]我的个人效用函数 u_i 给集合 C 中的每一个 C 都赋予一个数字 $u_i(C)$。与之相比,我的移情效用函数 v_i 给集合 $C \times \{A, E\}$ 中的每一对 (C, j) 赋予一个数字 $v_i(C, j)$。数字 $u_i(C)$ 是 C 发生时我得到的效用,数字 $v_i(D, E)$ 是在我是夏娃的条件下 D 发生时我得到的效用。$u_i(C) > u_i(D)$ 表示我更偏好 C 而不是 D,$v_i(C, A) > v_i(D, E)$ 表示与 D 发生时的夏娃相比,我更愿意是 C 发生时的亚当。

原初状态的移情偏好　如果我是使用原初状态工具同夏娃进行协调的亚当,我就必须在好像我不知道自己是亚当还是夏娃的情况下做出决策。与哈萨尼[109]一样,我也认为无知之幕产生了这类要用冯·诺依曼—摩根斯坦效用函数解决的决策问题。但是出于第 4.6 节中将要讨论的原因,罗尔斯[214]对这一问题的感觉完全不同。

假设我要评价一项社会契约 C,[2]在无知之幕的背后,我不知道在 C 规定的

---

① 　一般地,集合 $A \times B$ 是由集合 A 中的元素 a 与集合 B 中的元素 b 的所有数对 (a, b) 组成的。

② 　在这一节中,我与哈萨尼[109]和罗尔斯[214]一样放弃在原初状态考虑这样的机会,即如果结果证明我是亚当的话就形成社会契约 C,如果我是夏娃就形成社会契约 D。如果可能性更多一些的话,将只会使问题变得复杂一些而不会对结果产生明显的影响。但在第 2 卷第 2 章中会放弃这一限制。

社会安排中我担任的角色是亚当还是夏娃。哈萨尼[109]告诉我,应该对这两个事件赋予相等的概率。①因而我面对的是由两项中奖概率分别为1/2的奖项组成的彩票,其中一项是扮演亚当的角色并接受社会契约 $\mathcal{C}$,另一项是扮演夏娃的角色并接受社会契约 $\mathcal{C}$,我的冯·诺依曼—摩根斯坦期望效用是

$$w_h(\mathcal{C}) = \frac{1}{2}\{v_i(\mathcal{C}, A) + v_i(\mathcal{C}, E)\} \tag{4.3}$$

罗尔斯[214]与哈萨尼不同的是,他认为无知之幕应厚到无法得出我最终可能所处的社会角色的概率。②与追求函数 w_h 的最大化不同,罗尔斯认为我在无知之幕背后的处境会使我追求式(4.4)定义的函数 w_r:

$$w_r(\mathcal{C}) = \min\{v_i(\mathcal{C}, A), v_i(\mathcal{C}, E)\} \tag{4.4}$$

我们是选择哈萨尼的 w_h 还是罗尔斯的 w_r? 所有的大人物都站在哈萨尼这一边。在决策理论专家中他处于正统的位置,但在这一节中,我要同时发展这两种方法——尽管在这里并不适合介绍罗尔斯的最大最小标准,第4.6节中我将会解释为什么在这一点上罗尔斯是错误的。

在我的移情效用函数 v_i 和亚当与夏娃的个人效用函数具有关联性之后,式(4.3)和式(4.4)都变得更容易处理了。但是在导出这种关系之前,明智的做法是从如此多的可能的冯·诺依曼—摩根斯坦效用测量计中选出一个来描述亚当和夏娃的个人偏好。我知道在对本章中的这类问题的处理上我已显得迂腐,但我认为对于这些最基本而又是细枝末节的问题的简单的误解已经造成了很大的混乱。

冯·诺依曼—摩根斯坦效用测量计上的零点和单位可以任意选择,但一旦选定之后我们就失去了操纵的自由。为了在得到效用测量计的同时对问题进行简化,假设每个人同意在可行的社会契约集合 C 中至少有一个最坏的结果 $\mathcal{L}$ 和一个最好的结果 $\mathcal{W}$。$\mathcal{L}$ 可能代表每个人都下地狱,$\mathcal{W}$ 可能代表每个人都进天堂,

---

① 罗尔斯[214,p.168]抱怨我们没有使用客观概率。但是哈萨尼[109]的意思是概率是主观的。第4.5节将解释如何用贝叶斯决策理论来证明哈萨尼的观点。

② 由于我们实际上在使用原初状态方法,因此我对它感兴趣,我认为我们根本无权选择无知之幕的厚度。在我的理论中,其厚度是由我们演化的历史决定的。我的这种态度使我在第4.3.2节中与哈萨尼发生了冲突——尽管他对无知之幕的厚度的看法与罗尔斯有很大不同。

我们因此可以取 $u_A(\mathcal{L})=u_E(\mathcal{L})=0$，$u_E(\mathcal{W})=u_A(\mathcal{W})=1$。

令人惊讶的是，这样一个随意选择的效用测量计竟经常被建议作为进行效用的人际比较的工具。我希望第 4.2.2 节已经阐明了这种效用的人际比较的工具是武断的。例如，夏娃可能由于迟钝和老于世故而认为 $\mathcal{W}$ 比 $\mathcal{L}$ 只是没有那么糟糕而已，但亚当可能由于富于幻想而认为 $\mathcal{L}$ 和 $\mathcal{W}$ 之间有天壤之别。冯·诺依曼—摩根斯坦理论并不允许我们排除另一种可能性，或者说其他无穷多的可能性。①我们正在向一种进行效用的人际比较的合理的方法靠近，但依然还有很长的一段路要走。

哈萨尼的效用比较 哈萨尼[109]通过观察亚当和夏娃的移情偏好来比较 □ 他们的个人效用测量计。如果我能够成功地对亚当产生充分的移情，当我设身处地地站在亚当的位置上时，我所表现出来的偏好将会与亚当自己的个人偏好完全一致，这一点很重要。但本章开头的引言中帕米尼奥就偏离了这一点，他在保持自己的个人偏好的同时却错误地把自己放在亚力山大的位置上，亚历山大纠正了他的错误，而这是通过把他自己放在具有帕米尼奥个人偏好的帕米尼奥的状态中实现的。

冯·诺依曼—摩根斯坦效用函数 u_A 和由 $\tilde{u}_A(\mathcal{C})=v_i(\mathcal{C}, A)$ 定义的效用函数 $\tilde{u}_A$ 所表示的应该是完全相同的偏好。但是在第 4.2.2 节中冯·诺依曼—摩根斯坦理论告诉我们，两个表示相同偏好的冯·诺依曼—摩根斯坦效用测量计唯一可以不同的是它们零点的位置和单位，由此可以得出

$$v_i(\mathcal{C}, A)=\tilde{u}_A(\mathcal{C})=\alpha u_A(\mathcal{C})+\gamma \tag{4.5}$$

其中，$\alpha>0$，γ 是常数。类似地对适当的常数 $\beta>0$ 和 δ 有

$$v_i(\mathcal{C}, E)=\tilde{u}_E(\mathcal{C})=\beta u_E(\mathcal{C})+\delta \tag{4.6}$$

尽管在亚当和夏娃的个人效用测量计上零点和单位都是固定的，但我的移情效用测量计上的零点与单位仍然没有确定。我以某种随意的方式确定这个测

---

① 类似的异议也适用于布雷思韦特(Braithwaite)[46]，他尝试根据他笔下的人物的博弈规则进行人际比较。

量计,因此 $v_i(\mathcal{L}, A)=0$ 和 $v_i(\mathcal{W}, E)=1$。从此我们将再也不能自由改变我的移情效用测量计。由

$$U_i=v_i(\mathcal{W}, A) \text{和} 1-V_i=v_i(\mathcal{L}, E) \tag{4.7}$$

定义的两个常数 $U_i>0$ 和 $V_i>0$ 告诉我们关于我的移情偏好的一些有实质性的内容,这两个参数的确描述了我的移情偏好的特征。要理解这一点可以把 $v_i(\mathcal{L}, A)=0$, $v_i(\mathcal{W}, E)=1$, $v_i(\mathcal{W}, A)=U_i$ 和 $v_i(\mathcal{L}, E)=1-V_i$ 代入式(4.5)和式(4.6)中,得出以 α, β, γ 和 δ 为未知数的四个方程,解这些方程并把结果代入到式(4.5)和式(4.6)中,这样就可以得出只用两个参数 U_i 和 V_i 表示的我的移情效用函数 v_i

$$v_i(\mathcal{C}, A)=U_i u_A(\mathcal{C})$$
$$v_i(\mathcal{C}, E)=1-V_i\{1-u_E(\mathcal{C})\} \tag{4.8}$$

$U_i=V_i=1$ 表示不论是在天堂还是地狱,亚当和夏娃的角色对我都是无差异的。如果 $U_i<1$ 且 $V_i<1$,那就表示无论是在天堂还是地狱,我都更愿意是夏娃而不是亚当。

现在可以来完成简化 w_h 和 w_r 的任务了,把式(4.8)代入式(4.3),就得到

$$w_h(\mathcal{C})=\frac{1}{2}\{U_i u_A(\mathcal{C})+1-V_i(1-u_E(\mathcal{C}))\} \tag{4.9}$$

这是哈萨尼的追随者在原初状态力求使其最大化的一个数量。

现在我们可以回到第 1.2.5 节找出我们现在所谈的话题,图 1.3 表示的是支付对 $x=(x_A, x_E)$ 的集合 X。在写出 $x_A=u_A(\mathcal{C})$ 和 $x_E=u_E(\mathcal{C})$ 之后,可以把 X 理解为所有个人效用对 x 的集合,当处于原初状态时我认为这样的效用对是可行的。在我看来哪一个支付对是最优的?要得出在第 1.2.5 节中第一次介绍哈萨尼式的功利主义时就提出的答案,我们需要首先观察到式(4.9)中的常数式 $1-V_i$ 可以消去而并不影响 w_h 达到最大值,同理也可消去系数 $\frac{1}{2}$。把右端写成 $x_A=u_A(\mathcal{C})$ 和 $x_E=u_E(\mathcal{C})$ 就得出结论:我将选择能使根据

$$W_h(x)=U_i x_A+V_i x_E \tag{4.10}$$

定义的函数 W_h 实现最大化的可行集合 X 中的 x。因而一个在原初状态的哈萨

尼的追随者是一个功利主义者,他追求的是加权的亚当和夏娃个人效用之和的最大化。

现在我要对效用的人际比较再说最后几句话。假设有人提议改变目前的社会契约,以使亚当增加一个单位的个人效用,那么需要从夏娃那里减去多少单位的个人效用才能使留在目前的社会契约状态与进入新的社会契约状态对我是无差异的? 式(4.10)告诉我们哈萨尼的追随者的答案是 U_i/V_i,也就是说在原初状态下,对我而言,亚当的一个单位的个人效用等于夏娃的 U_i/V_i 个单位的个人效用。

注意,在原初状态,我准备用来交换亚当的个人效用与夏娃的个人效用的比率 U_i/V_i 取决于我的角色,U_i 和 V_i 的下标 i 反映的正是这一点。不要想当然地认为夏娃进入了我的无知之幕以后就会做出同样的人际比较,夏娃自己的个人效用交换比率 U_j/V_j 可能与亚当有很大不同,因而哈萨尼从我们的移情偏好满足冯·诺依曼—摩根斯坦理性假设这一假设中推导出来的效用的人际比较是极其特殊的。

罗尔斯的效用比较　尽管罗尔斯已经被冷落了一段时间,但只要直接重复哈萨尼模型的故事就可以得出结论,在原初状态的罗尔斯主义者选择的是能使根据

$$W_r(x) = \min\{U_i x_A,\ 1 - V_i(1 - x_E)\} \tag{4.11}$$

定义的函数 W_r 最大化的可行集 X 中的效用对 $x = (x_A,\ x_E)$。我们因此得到一个罗尔斯式的最大最小标准——尽管没有第 1.2.5 节中的公式那么简洁,但在第 2 卷第 2 章中,考虑自然状态问题的讨论内容将不会显得那么笨拙。[①]

一个罗尔斯主义者因为不必关心富人与穷人的福利差距的幅度,所以他也不必进行基数效用的人际比较。对他而言,无论给予富人多少的福利,都不能补偿加在最底层的人身上的哪怕是非常小的痛苦。然而,因此下结论说罗尔斯主义者没有进行效用的人际比较的话就有点不诚实了。罗尔斯主义者的确没有进

[①] 在第 1.2.1 节中我把社会契约讨论中的"自然状态"作为社会的当前的现状,因而我不同意哈萨尼和罗尔斯提出的独立于社会历史经验的变革。

行功利主义者那样的人际比较,不过他们也的确是在进行某种类型的人际比较。

如果图 1.3 中的可行集 X 是凸的和完备的,①只有在 X 中的点 $x=(x_A, x_E)$ 满足

$$U_i x_A = 1 - V_i(1-x_E)$$

时,式(4.11)的函数 W_r 才能达到最大值。也就是说,处于原初状态的罗尔斯主义者最欢迎的 X 中的社会契约将使得担当亚当的角色还是夏娃的角色对于他是无差异的,因而罗尔斯主义者关心的是在这个意义上哪一个社会契约是平等主义的。

假设现在的社会契约是平等主义的,而在一个新的社会契约中亚当可以增加一单位的个人效用,那么要使新的社会契约成为平等主义的社会契约,需要给夏娃再增加多少单位的效用?答案是 U_i/V_i 单位效用。这样的话,如果罗尔斯主义者真的愿意根据冯·诺依曼—摩根斯坦效用而不是基本善的指数来讨论问题,他们就应该同意哈萨尼提出的观点,即一个原初状态的人应该认为亚当的一单位的效用等于夏娃 U_i/V_i 单位的效用。

混乱的重新整合 还有最后一个可能引起混乱的问题需要处理。在得出功利主义福利函数式(4.10)中的 W_h 之后,哈萨尼根据由 $\bar{u}_A = U_i u_A$ 和 $\bar{u}_E = V_i u_E$ 定义的新的冯·诺依曼—摩根斯坦效用函数改变了亚当和夏娃的个人效用测量计。如果 $X_A = U_i x_A$ 和 $X_E = V_i x_E$,那么用旧的测量计得出了个人效用对 $x = (x_A, x_E)$ 的社会契约,用新的测量计将会得出新的效用对 $X = (X_A, X_E)$。因此,就需要用根据 $W_H(X) = X_A + X_E$ 定义的福利函数 W_H 来代替式(4.10)中的福利函数 W_h,这是一个由边沁[17]和穆勒[178]提出的古典形式的功利主义福利函数。

哈萨尼为了使函数具有这种古典形式而对其重新进行处理的工作是完全合理的。但我相信对亚当和夏娃的个人效用测量计进行这样的变动是一个明显的错误,因为它会引起对更为基础的人际比较理论的严重误解。一旦参数 U_i 和 V_i 从我们的视野中消失,人们就会忘记它们的价值中存在的问题。由于亚当的新

---

① 在我的理论中根据重复博弈的无名氏定理,它一直是凸的。

的个人效用单位与夏娃新的个人效用单位的交换比例是 $1:1$,因此极容易忘记还要处理人际比较问题,而一位认为只要宣称他正计划使 $X_A + X_E$ 最大化就可以解决这类问题的边沁主义者,其实是在自欺欺人。要实现 $X_A + X_E$ 最大化首先要使 $\bar{u}_A(\mathcal{C}) + \bar{u}_E(\mathcal{C})$ 最大化,而不知道 $\bar{u}_A$ 和 $\bar{u}_E$ 就不能使 $\bar{u}_A(\mathcal{C}) + \bar{u}_E(\mathcal{C})$ 最大化,但是这些函数都依赖于 U_i 和 V_i 的值。概括地讲就是,这样处理只能把效用的人际比较问题掩盖起来,但却无法使它消失。

4.3.2 共同的人际比较

第 4.2 节的冯·诺依曼—摩根斯坦理论提出的基数效用论,对于个人用来比较当他是穷人时增加的一单位效用与当他是富人时增加的一单位效用是有意义的。如果他同时具有移情偏好,效用的个人比较就可以用效用的人际比较来补充。但是第 4.3.1 节中的人际比较对进行这项比较的个人来讲过于特殊了。如果不作进一步的假设,就无法避免不同的人会用不同的方式进行效用的人际比较。在什么条件下这些不同的价值判断对社会中的每个人才是没有区别的?只有到了那时,在缔结社会契约时我们才能有一个进行人际比较的无争议的标准。的确,由于缺乏这样一个共同标准,许多人都认为根本不存在进行效用的人际比较的真实基础。

哈萨尼[109,p.60]认为我们实际所进行的效用的人际比较展现的是一种更高级的个体间的一致性。我相信他的这一判断在很大程度上是正确的,但仅仅指出存在对我们身在其中的社会的一致意见进行测量的标准并不能令人满意。我认为一个社会所采用的人际之间的比较标准和社会契约一样,都受到社会演化力量的支配,因此在讨论社会契约问题时不能轻易地把人际比较标准视为既定的,而是需要问这样的标准与当前的社会契约之间是如何相互作用的,以及这种相互作用的原因——还有它对目前的社会契约的变革是如何适应的等问题。

第 2 卷第 2 章是对第 1.2.7 节的拓展,在这一章中我提出我们的移情偏好是社会演化的产物。我们需要这类移情偏好的唯一原因是,它们是均衡选择标准成立的前提,而且正是这一标准引导我们在对自己正在做出的行为进行解释时去谈论"公平"。然而,重要的是不要被这样的宣传所迷惑,我们的"公平"标准并非在任何情况下都会不偏不倚地对待每一个人。一切社会制度中的"公平"标准都往往会导致某些行为类型相较于其他行为类型更为成功,而那些做出成功行为的人比做出失败行为的人更容易成为模仿因子的复制中心。关键的一点是,社会演化更偏爱于以那些不具备促进社会进步的移情偏好的人为代价而让那些具有这样的移情偏好的人生存下来。从中期来看,移情偏好的均衡是可以实现的。在第 2 卷中,我将要提出,在这样的一个移情均衡中,每个人都有同样的移情偏好,因此我们将分享一个进行效用的人际比较的共同标准。在第 4.3.1 节中解释过,由于 $U_i/V_i=U_j/V_j=U/V$,因此在亚当一单位个人效用等于夏娃的 U/V 单位个人效用这一问题上将会形成普遍同意。

□ **可以达成普遍同意吗** 我一再重复我的演化论方法对于原初状态的意义,主要是想说明,尽管迄今为止我都同意哈萨尼对移情偏好的分析,但是我对建立效用的人际比较的共同标准的态度与他截然不同。尽管这一节的其余的部分仍致力于讨论哈萨尼对共同标准的起源的解释,但我并不想给读者留下我赞同他的方法的印象,相反,正是他的康德主义的风格使我这样的休谟主义者感到不快。

不仅要区分我和哈萨尼对这些问题的不同态度,还要区分哈萨尼在这一节中的人际比较的观点和他在第 4.2.4 节中与此差别很大的另一种方法。在前面的章节中,他被誉为功利主义的目的论方法之父,这种方法借助于一个先验的理想观察者的个人比较方法来进行人际比较。而我们现在进行的非目的论的工作是要表明如何从头开始构造效用的人际比较方法。不幸的是从既有的观点来看,就像那些到处留情的水手一样,哈萨尼[109]将被证明是两种不同类型的功利主义之父——既是目的论之父,又是非目的论之父。然而除了第 4.2.4 节之外,明智的做法是在阅读这一章时忘掉哈萨尼与目的论有所关联。①

哈萨尼和罗尔斯都把原初状态看作是对道德社会合理性的一个先验的证明,在这一角度上,他们都是康德主义者。他们也都认为原初状态的无知之幕应该比我所认为的要厚。②第 4.6 节会讨论罗尔斯[214]坚持这样认为的原因,但哈

---

① 我对功利主义的文献的印象是,哈萨尼在两个不同方向的努力部分地导致了目的论与非目的论的混淆,我认为这是非常有害的,但布鲁姆[48,p.15]的观点完全相反。

② 虽然他们对无知之幕的厚度会如何影响无知之幕后面的人的视线这一问题持不同看法。

萨尼[109]的理由与罗尔斯完全不同。所有求助于原初状态方法的社会契约论专家都认为亚当和夏娃在进到无知之幕的背后时应该忘掉他们的身份和个人偏好,但哈萨尼要求的更多,在哈萨尼的无知之幕后面,人们要忘记所有能体现出他们之间差异的东西。特别是,亚当和夏娃会忘记他们在真实世界中可能拥有的移情偏好。①

由于哈萨尼的代理人在进入原初状态时把他们真实的移情偏好扔在了一边,所以他们需要在无知之幕后面构建新的移情偏好。为了这一目标,哈萨尼利用了第 3.4.1 节介绍的哈萨尼公理。在这一语境中,哈萨尼公理认为,由于无知之幕消除了人们内心的所有差异,因此他们的历史经验将会完全相同——而这又会引导他们具有相同的思维方式。第 3.4.1 节有描述过我对这一假设的疑虑,概括地讲,我认为只有当考察的是收敛型思维过程时,哈萨尼公理才是有意义的,在这种思维过程中初始的心理状态的微小变化不会导致结论发生重大变化,但是令人怀疑的是,原初状态的思维过程可能因为具有了移情偏好而是发散型的。

在第 1.2.7 节解释过,哈萨尼[109, p.60]把在无知之幕后面构造移情偏好的问题看成是认同一个"理想观察者"的问题,这个"理想观察者"对每个人的特点与控制人的行为的一般心理规律都有充分的信息。在我看来这样一个理想的观察者无异于是一个关于如何在社会中进行效用的人际比较的普遍同意的化身。如果原初状态的工具是有用的话,我确信哈萨尼[109, p.60]把这样一个预设的一致意见视为必不可少的存在的做法是正确的。正是由于这个原因,我认为我们应该研究社会演化是如何培育出这样一个普遍同意的。但哈萨尼要我们面对的是一个先验存在于社会自身的某种康德式普遍同意,不仅如此,他还要求我们必须相信,理性人毋须参考在第 2.3.6 节中被看作是社会文化的共同知识储备就可以推导出这种康德式的普遍同意。

我不知道这样的理性超人要用什么样的算法来实现这一目的,他可能会发现自己不知所措,因为在清除文化对他内心的影响方面他比普通人高明多了。有人可能认为理性超人并不需要这样的算法,他可以像你我一样简单地猜一个

---

① 在这一点上,他与我和罗尔斯都不同,当然,罗尔斯并没有讨论移情偏好。他是借助于他的基本善的指数来进行效用的人际比较的。在原初状态并没有对这一指数进行协商,它可能就是真实世界中达成普遍同意的基础,以及亚当与夏娃在穿越无知之幕时所未忘记的东西。

答案出来。如果把所有的超人都放在足够厚的无知之幕后面,哈萨尼公理将保证他们会做出相同的猜测。这不过是在为孪生子悖论进行辩护,在第 3.4 节中,这一辩护在与布里丹的驴子的故事进行比较之后倍受奚落!即使我们能指望所有的理性超人得出的亚当与夏娃的单位效用的交换比率 U/V 都是相同的,但我们这些可怜的凡人又如何能预测到这个比率是多少呢?

简言之,尽管我批评罗尔斯用了一个假设上无争议的基本善的指数来回避人际比较问题,但在这一问题上我更接近于罗尔斯而不是哈萨尼。如果一个个体之间的效用比较的共同标准是可获得的,那么我们只能依赖于早已存在于社会中的一定程度的普遍同意,除此之外别无选择。哈萨尼大胆地尝试证明原初状态的条件创造出了这样的标准,但我认为在仔细检验之后就可以发现这一证明是难以令人信服的。

4.4 康德与囚徒困境

第 2.4.1 节试图用囚徒困境来解释如何把哈萨尼和罗尔斯的主张理解成使康德的定言命令具有可操作性的努力。这一节仍然回到这一主题,希望能给出如何应用第 4.3 节的人际比较的思想的具体例子。

在某种意义上,所有这些工作都纯粹是对第 2.4.1 节的解释,但是这样的解释是重要的,因为它强调了第 2.4.1 节的计算毫无意义。当时我们并不知道如何正确地解释我们所需要研究的支付,结果我们一头掉进了数量比较的陷阱,而没有问这样的数量是不是用具有可比较性的单位来度量的。由于这一错误如此常见,以至于第 4.3.1 节在明确如何决定所有的冯·诺依曼—摩根斯坦效用测量计上的零点和效用单位时格外小心,这一节出于完全相同的原因也对细节问题给予了学究式的关注。

对康德式计算的分析 这里仍然要使用第 2.4.1 节讨论过的囚徒困境的例子。这个博弈有四种可能结果:$\mathcal{C}=($鸽,鸽$)$,$\mathcal{D}=($鸽,鹰$)$,$\mathcal{E}=($鹰,鸽$)$ 和 $\mathcal{F}=($鹰,鹰$)$。让我们再考虑两种在囚徒困境不具有可行性的结果 $\mathcal{L}$ 和 $\mathcal{W}$,与第 4.3 节一样,假定亚当和夏娃认为在所有可能结果中 $\mathcal{L}$ 是最糟的而 $\mathcal{W}$ 是最好的结

果,亚当对六种结果的个人偏好满足:

$$\mathcal{L} \sim_A \mathcal{D} <_A \mathcal{F} <_A \mathcal{C} <_A \mathcal{E} \sim_A \mathcal{W}$$

相对于我们的目标而言,仅有这样的序数偏好是不够的,因此再假设我们通过观察亚当的行为了解到他对于 $\mathcal{C}$ 的偏好和对一张以 $\frac{1}{3}$ 的概率得到 $\mathcal{L}$、以 $\frac{2}{3}$ 的概率得到 $\mathcal{W}$ 的彩票的偏好是无差异的。我们从第 4.2 节得知,可以利用一个个人冯·诺依曼—摩根斯坦效用函数 u_A 来描述这类彩票的偏好。与第 4.3.1 节一样,在相应的冯·诺依曼—摩根斯坦效用测量计上选择出零点和效用单位并使 $u_A(\mathcal{L}) = 0$ 和 $u_A(\mathcal{W}) = 1$,从而一定有 $u_A(\mathcal{D}) = 0$, $u_A(\mathcal{F}) = \frac{1}{3}$, $u_A(\mathcal{C}) = \frac{2}{3}$ 和 $u_A(\mathcal{E}) = 1$。对夏娃的个人冯·诺依曼—摩根斯坦效用函数也进行标准化处理并使 $u_E(\mathcal{L}) = 0$ 和 $u_E(\mathcal{W}) = 1$。假设在考察了她对彩票的偏好后发现 $u_E(\mathcal{E}) = 0$, $u_E(\mathcal{F}) = \frac{1}{3}$, $u_E(\mathcal{C}) = \frac{2}{3}$ 和 $u_E(\mathcal{D}) = 1$。

这里仔细选择了一般用于囚徒困境的支付 $\frac{1}{3}$ 来表示亚当和夏娃的偏好。图 4.4(a) 表示了我们由此得到的囚徒困境形式。我们可以通过 $u_E(\mathcal{L}) = 0$ 和 $u_E(\mathcal{W}) = 3$ 来选择另一个夏娃的个人效用测量计。夏娃在由此产生的囚徒困境中的支付是她在图 4.4(a) 中的支付的 3 倍,与她在图 2.2(b) 中的支付相等。尽管在无知者看来这是非常不对称的,因为夏娃的支付会比亚当的支付大,所以认为以这种对测量计进行重新调整的方式可以解决基础性问题的想法是极其错误的,我们很快就会发现自己在此之后将使用不同值的 U 和 V。

休谟认为,提出一种要求人们做出有悖他的合理利益的行为的道德标准是徒劳的,但哈萨尼和罗尔斯这样的康德主义者否认这一点,他们认为亚当和夏娃在其行为合乎道德要求时可以忽视囚徒困境的战略结构。对哈萨尼和罗尔斯而言,应用这样的道德观就要求亚当和夏娃佯称他们所进行的博弈不是囚徒困境,相反,如果亚当和夏娃都不知道他们的身份,他们行为又像是在进行囚徒困境博弈,要在这种条件下描述他们的行为,我们需要用第 4.3.1 节使移情偏好概念系统化的材料,假设选择与第 4.3.1 节中的移情效用测量计同样的零点和效用单位。

假设我是在无知之幕后面听从哈萨尼的功利主义劝告的亚当,对于我作为亚当的事件和我作为夏娃的事件都赋予相同的概率,因此我会追求根据 $W_h(x)=U_i x_A + V_i x_E$ 定义的式(4.10)的函数 W_h 的最大化。当夏娃加入我到无知之幕的后面时,她会追求一个类似的函数的最大化,但其参数 U_j 和 V_j 并不必和我的函数相同。第 4.3.2 节给出了哈萨尼对 $U_i = U_j = U$ 和 $V_i = V_j = V$ 条件的证明。如果我们同意哈萨尼的证明,我们两个在原初状态追求的就是相同函数的最大化,我们也因此有了共同目标。由于我俩在原初状态的信息也完全相同,心有灵犀一点通,所以第 1.2.9 节提出的讨价还价问题就变得没有什么意义了。在原初状态,亚当和夏娃会约定选择能产生使 $Ux_A + Vx_E$ 最大化的支付对 $x=(x_A, x_E)$ 的社会契约。

图 4.4(c)表示的是当 $U=\frac{1}{4}$ 和 $V=1$ 时两个参与人在原初状态的情形。① 当 $U=\frac{1}{4}$ 和 $V=1$ 时一个功利主义者选择的社会契约是(鸽,鹰),需要注意的是这个结果与第 2.4.1 节中所说的功利主义者的社会契约(鸽,鸽)不同,这种不同很容易解释,根本不用任何证明,而仅仅是因为在第 2.4.1 节中想当然地认为 $U=V=1$。②

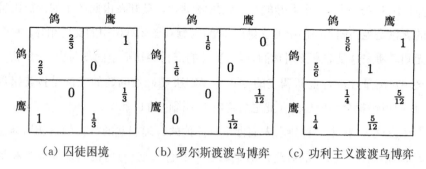

(a) 囚徒困境　　(b) 罗尔斯渡渡鸟博弈　　(c) 功利主义渡渡鸟博弈

图 4.4　$U=\frac{1}{4}$ 和 $V=1$ 时康德化的囚徒困境

① 如果图 4.4(a)中的一个小方格中的支付对是 $x=(x_A, x_E)$,那么在图 4.4(c)中对应的小方格中的支付对是 $(Ux_A + Vx_E, Ux_A + Vx_E)$。

② 如果本节中用 $U=V=1$,就可以通过给图 2.8(c)的每个支付乘以 $\frac{1}{3}$ 来代替图 4.4(c)。

需要时刻记住,罗尔斯提出使用效用理论的基本善的指数来处理这一问题。但是,如果我们坚持认为参与人要处理效用问题,我们只需要用罗尔斯提出的最大最小标准代替预期效用最大化就可以获得某种罗尔斯主义者的风格。图 4.4(b)表示当 $U=\frac{1}{4}$ 和 $V=1$ 时参与人在原初状态中的情形,[①]当 $U=\frac{1}{4}$ 和 $V=1$ 时罗尔斯主义者将要选择的社会契约是(鸽,鸽)。第 2.4.1 节中,在 $U=V=1$ 的情形中这样的社会契约被认为是罗尔斯主义的,但是罗尔斯主义的分析并不一定就会得到(鸽,鸽)这样的认为亚当和夏娃完全相同的社会契约。例如,当 $U=0.1$ 和 $V=10$ 时罗尔斯主义的社会契约是(鸽,鹰)。

休谟主义的批判 我们已经对把(鸽,鸽)或(鸽,鹰)作为囚徒困境中的社会契约的证明作了检验,对另一个具有帕累托效率的结果(鹰,鸽)也可以给出类似的证明。另一方面,无论 U 和 V 取任何值,哈萨尼和罗尔斯都不会提议让(鹰,鹰)作为社会契约,因为这一结果是不具有帕累托效率的。但是,第 2 和第 3 章中对囚徒困境的漫长讨论告诉我们,(鹰,鹰)是这个博弈的唯一纳什均衡。

哈萨尼的理论从囚徒困境中选择的结果不是一个均衡解,但他对此坦然处之。第 1.2.4 节解释过,他认为亚当和夏娃应当认为他们自己已经承诺了会遵守假设中在原初状态达成的交易,但这些假设达成的交易由于与他们的个人激励相冲突而失去了意义。罗尔斯对这种"守诺"感到痛苦,但是一旦处于关键时刻,他又会采取和哈萨尼基本相同的立场,而我这样的休谟主义者认为,除非一个社会契约与由它来规范的社会中的个人的欲望相一致,否则我找不出它存在的理由。因而休谟主义者只会把他们认为可行的社会契约严格限制于生存博弈均衡的范围之内,除此之外别无选择。简而言之,这一节中所有康德主义的讨论都是偏离主题的。如果生存博弈真是囚徒困境,那么唯一可行的社会契约就是(鹰,鹰)。

但是不必矫枉过正,休谟主义者并不愿意跟随哈萨尼走进康德式建构主义的冰冷的河水中,没有什么可以阻止他们偷偷穿上留在岸上的保暖服,特别是不

① 如果图 4.4(a)中的一个小方格中的一个支付对是 $x=(x_A, x_E)$,则在图 4.4(b)中对应的小方格中的支付对是 $(\min\{Ux_A, 1-V(1-x_E)\}, \min\{Ux_A, 1-V(1-x_E)\})$。

能放弃利用移情偏好来生成效用的人际比较标准。

4.5 贝叶斯决策理论

如果上帝并不存在,那就有必要创造出一个上帝——这是伏尔泰嘲笑那些听凭偏好决定其信仰的人的话。我们对囚徒困境的冗长研究表明,不要指望有人可以免于这一极具诱惑力的错误。因此下一个值得注意的主题是贝叶斯决策理论,其对理性的基本信条是人的信仰应该从偏好中分离出来。萨维奇[228]指出,这一原理的含义是,一个知道在充满偶然性的世界中如何决策的理性决策者,其行为一定是在追求与主观概率测度有关的冯·诺依曼—摩根斯坦效用函数的期望值的最大化。

大多数读者可能对这里总结的萨维奇的理论只想一瞥而过,尽管它对于本书所讨论的社会契约问题而言是次要的,但是并不能完全回避这一主题。然而,在评价哈萨尼[105]和罗尔斯[213]关于萨维奇的理论是否适用于原初状态的情形的分歧时,必须用到一些基础的贝叶斯决策理论。

尽管我并不赞同哈萨尼把贝叶斯方法当作形而上学的公理,但在这一点上我衷心支持他对罗尔斯的反驳。的确,我认为原初状态的假设创造了一个最适合应用贝叶斯决策理论的微观世界,然而这一问题只有等到第 4.6 节才会研究。已经确信最大最小标准对理性问题没什么价值的读者可以直接跳到第 4.7 节。

贝叶斯主义 萨维奇[228]提出了主观概率论,不幸的是,他的清晰的表述在后来被人用逻辑主义的方法重新解释时被弄得晦涩难懂。在其他地方,我参考过这个被逻辑主义者封为贝叶斯主义的形而上学的公理(宾默尔[24])。这一信条的拥护者认为科学归纳法问题已经被解决了。他们认为,科学家的理性学习不过是在获得新的证据时用贝叶斯规则来调整他们的先验概率。

贝叶斯主义者对于理性决策者获得的先验概率的知识之源存在分歧。忠诚的信徒认为适当的先验概率是自然赋予理性人的能力的一部分。但是那些要应用贝叶斯方法解决实际问题的人发现它还需要具有更强的实用性。[1]他们提出了一个在过去"有效"的先验概率的可能清单。这些是应用拉普拉斯不充分理由原则的典型代表,这个原则认为除非已经找到不同事件的概率之间存在差异的原因,否则对不同的事件就应赋予同样的概率。[2]

萨维奇[228]认为,在贝叶斯主义所要求的宏大的尺度上应用他的理论是"荒唐的和错误的"。他强调只有在他称为小世界(small world)的环境中他的理论才有意义,他所说的小世界是指置身其中的人永远都可以做到"三思而后行"的世界,因此决策者就可以事先考虑所有可以预见到的未来信息对决定他的主观概率的基本模型可能产生的冲击。接下来,原始模型中的任何可能会在未来显示出来的错误都将被予以纠正,因此不会保留任何令人不愉快的意外。

而在一个大世界(large world)中,不能忽视那些由于在原始模型中考虑不周而引发不愉快的意外的可能性。萨维奇指出,在一个大世界中,人们采取的是一种船到桥头自然直的灵活策略,机械地保持一致性并非这个世界的美德。那些坚持保持行为的一致性的人正是那些拒不承认可能发生错误的人。但是在遭遇了一系列意外之后,即使是一位贝叶斯主义者有时也会怀疑他所信赖的最初选择的先验概率的可靠性。在受到这种怀疑的折磨时,他为什么不可以为了用一个新的先验概率的集合从头再来,而放弃他赖以建立最初的先验概率集合的标准呢?对此,我想不出任何理由。无论"愚蠢的一致性是头脑狭隘的人的心魔"这句话出自何人之口,他都一针见血地指出了在大世界中理性学习所存在的问题,只有当我们的普通的心智活动处于小世界中时,具有一致性才会成为一个绝对的优点。

我希望能说服人们给贝叶斯决策理论取一个另外的名称,例如,萨维奇的理论可以简单地被称为主观概率论。照目前的情况来看,外行人会理所当然地认为贝叶斯规则一定是整个系统的关键所在。

贝叶斯规则是托马斯·贝叶斯神父(*Reverend Thomas Bayes*)在 1763 年左

---

[1]　顺便说一句,我并未反对那些完全基于实用考虑为贝叶斯方法辩护的统计学家,我只是对贝叶斯主义者的这种形而上学的说法持不同意见。

[2]　由于在无限状态空间中应用拉普拉斯原则存在众所周知的难题,因此需要进行调整。凯恩斯[141]和柯尔莫哥洛夫(Kolmogorov)[143]提出了一些引人注目的例子。

右发现的。这个规则证明了给定事件 F 发生时事件 E 发生的条件概率 $\mathrm{prob}(E\,|\,F)$ 与给定事件 E 发生时事件 F 发生的条件概率 $\mathrm{prob}(F\,|\,E)$ 之间的联系。因为 $\mathrm{prob}(E\,|\,F)$ 可以定义为 $\mathrm{prob}(E\bigcap F)/\mathrm{prob}(F)$,所以不难找出其中的关系:

$$\mathrm{prob}(E\,|\,F)\mathrm{prob}(F)=\mathrm{prob}(F\,|\,E)\mathrm{prob}(E)$$

我不能理解贝叶斯主义者是如何说服自己相信这种简单的代数处理解开了理性学习秘密的。贝叶斯自己当然没有考虑过这件事,如果有人向他提出这样的问题,他一定也会和萨维奇一样认为这种观点是愚蠢的和荒谬的,但是把贝叶斯决策理论当作是萨维奇主观概率论确实是错误的。结果造成我这样的贝叶斯方法的使用者长期受到误解,需要强调的是,一个主观主义者和逻辑主义者有很大的差别。就像一位数学家,他可使用毕达哥拉斯定理但他不必同意毕达哥拉斯的宇宙是由纯粹的数字组成的这样形而上学的主张,同样,一个人也可以是贝叶斯方法的使用者(Bayesian)但不必成为贝叶斯主义者(Bayesianismist)(宾默尔[24])。

博弈论专家坚持认为,博弈规则也包括参与人在博弈范围内的随机行动中分配给由自然提供的不同选择的概率是共同知识这样的条件。当尝试在实际问题中应用这一定理时,关键是要注意它是如何貌似合理地假设参与人关于随机行动的主观信念应该是共同知识的,可以用概率来表示这些信念这一隐含的假设从未被质疑过,但有时随机行动并不像扑克游戏中的洗牌和发牌那样简单。由于无法得到客观概率,所以一定要用主观概率,因此我们隐含地假设了适用于博弈论的那个小宇宙一定是一个萨维奇的小世界。

我们什么时候证明过这个小世界的假设是合理的? 如果我们找到了区分小世界和大世界的正式标准,这一问题就会很容易回答。①不幸的是,正如一个人不能说增加的一粒米可以使一小堆米变成一大堆米一样,他也不能确切地说出一个小世界在被归类为大世界之前可以允许它复杂到何种程度。②但是,尽管这些

---

① 萨维奇[228]的确尝试过为这样一个正式理论建立一个基础。他讨论了如何把一个他的理论适用的小宇宙嵌入一个超出他的理论应用范围的大宇宙,但一般认为这个讨论是不成功的。

② 由于从未有过增加一粒米就把一小堆米变成一大堆米的事情,因此这个"连锁推理"成为悖论的原因就在于不存在这样的大堆的米。贝叶斯主义者有时借助于这个悖论的不同形式,声称所有的世界都可以是小世界。

麻烦可能会打扰那些尝试在宏观经济环境中应用博弈论的人的美梦,但是这与我们这些只注意那些在本书中讨论的博弈玩具的人没有关系。在这些简单的博弈中,显然马上就可以应用"三思而后行"原理,①但对于在原初状态的亚当和夏娃的博弈来说是否也是如此,这要等到第 4.6 节才清楚。在这里,我唯一要否定的是贝叶斯主义者的说法,即贝叶斯定义不只在原初状态成立,而是永远成立。

萨维奇的理论　要详细考察萨维奇[228]发展的主观概率理论的基础可能 □ 会过于冗长,甚至要想赶上克雷普斯[144]也是不实际的,他对这一理论的精彩综述摒弃了所有杂乱的细节,也没有讨论马基纳(Machina)[159]概括的不同的替代理论的空间,我也不打算评论试图证伪萨维奇思想的批评者构造出来的任何悖论,相反,我只计划通过对这一理论的基础的充分介绍来阐明其中一些受到批评者攻击的命题是必要的同义反复。

在介绍经济人概念时,第 1.2.2 节引用霍布斯从体力、情感、经验和理智四方面对人作出的概括。在贝叶斯决策理论中,对这四个方面都给出了正式的表示。在亚当面临一个决策问题时,他实际可以选择的所有行动组成了他的可行集,②亚当的体力是用这个可行集来表示的,情感是用他的偏好来表示的,经验是用他的信念来表示的,理智是用他作出选择的方式来表示的。对于一个生活在小世界的经济人来说,理智就是应用贝叶斯决策原理。

用 A 表示亚当的行为的可行集,B 表示亚当信念中的世界的状态的集合,C 表示亚当的决策后果的集合,集合 A、B 和 C 之间的关系用函数 $f: A \times B \rightarrow C$

---

① 博弈论基础中的情况与此又有很大不同,我认为不考虑参与人彼此之间的揣测就无法有效地讨论什么样的解的概念对于一个博弈是有意义的。一个参与人所要了解的宇宙也一定包括独立存在的、和他同样复杂的其余的参与人。除非对假设作了非常明显的简化,否则这样一个宇宙在萨维奇的意义上只能是巨大的(宾默尔[24])。当我讲到的那个由简单博弈规则创造的小宇宙是一个小世界的同义语时,我是在谈论参与人是如何在博弈规则之内把主观概率与随机行动准确地联系起来的,而不是与规则范围之外的参与人在决定如何进行博弈时必须考虑的各种事件联系起来,比如对手是选择这个战略,还是那个战略。如果有人在这类问题上应用贝叶斯决策理论,就像我们将要在一些例子中讨论的,他可能含蓄地赋予了正在谈论的这个宇宙一个小世界的状态,而这样一个假设可能是不合适的。

② 第 3.4.2 节认为,在我们从可行的行为集合中找出最优的一个行为来锁定他的思维之前,他可以"自由选择"任何一个可行的行为。在这个最优的行为找到之后,亚当不能再去"自由选择"一个次优行为——除非与此同时他拒不承认自己是经济人。

来描述,集合 $A \times B$ 是由所有的 (a,b) 组成的。因此函数 f 给集合 $A \times B$ 中的每一对 (a,b) 指定一个集合 C 中的结果 $c = f(a,b)$ 与之对应。我们把 C 的值解释为当世界的状态正好是 b 时亚当选择行为 a 的结果。

第 3.5 节中,我们考察了 D.刘易斯[154]如何把囚徒困境模型化为两个连续的纽科姆问题。把亚当看作是一个决策者,他的可行行为集合 A 是由鸽和鹰两种选择组成的,世界状态集合 B 由夏娃的预测的可能状态鸽和鹰组成,决策后果集合 C 由四笔不同数量的钱组成:0 美元,1 美元,2 美元和 3 美元。函数 f 借助图 4.5(a)来表示[它简单地重复了亚当在图 3.7(e)中的支付矩阵]。在这张图中,横行代表集合 A,竖列表示集合 B,图中的数字表示集合 C。例如,当 $a = $ 鸽,$b = $ 鹰时,$c = f(a,b) = 0$ 美元。

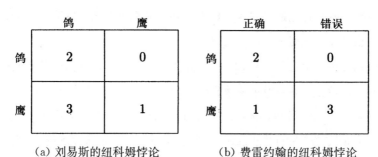

（a）刘易斯的纽科姆悖论　　　　（b）费雷约翰的纽科姆悖论

图 4.5　一些决策问题

集合 C 中的结果 c 与第 4.2.2 节中的奖项相对应,集合 A 中的行为 a 与之类似,它们对应于博弈中的纯战略,但是对集合 B 中的状态 b 我们在此之前并未仔细考察。在第 4.2.2 节中我们只注意到了可以利用客观概率描述的状态而回避了这种情形。与第 4.2.1 节一样,通常都是根据转动赌盘时可能出现的结果来思考这类状态的,但是在这一节中关注的是没有客观概率的状态,赛马的可能结果是这种状态的典型例子。因此可以把萨维奇的理论看作是在根据赛马"赌徒的愚蠢"赢得马赛的主观概率来刻画亚当在赛马场上的下注行为。

考察一下图 4.6(a)解释的行为。这一行为表示亚当赌上了包括他身上的衣服在内的所有东西。如果 E 表示他的马赢了,行为 a 就会有两种可能的结果: $\mathcal{D} = f(a,E)$ 和 $\mathcal{L} = f(a, \sim E)$。如果亚当赋予事件 E 的客观概率是 $p(E)$,那么就可以用第 4.2.2 节的冯·诺依曼—摩根斯坦理论来处理这个问题。可以把

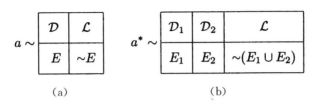

图 4.6　赌马

行为 a 看作是彩票 **L**,亚当得到 $\mathcal{D}$ 的概率是 $p(E)$ 而得到 $\mathcal{L}$ 的概率是 $p(\sim E)=$ $1-p(E)$。当且仅当行为 a 使亚当的冯·诺依曼—摩根斯坦期望效用

$$U(a)=p(E)u(\mathcal{D})+p(\sim E)u(\mathcal{L}) \tag{4.12}$$

最大化时,就可以说他选择 a 的行为是理性的。但是由于找不到所需要的客观概率,因此并不能用冯·诺依曼—摩根斯坦理论来分析赛马。萨维奇[228]指出,经过推广之后的冯·诺依曼—摩根斯坦理论可以涵盖这类情形。利用适当的理性行为的假设,萨维奇证明亚当在集合 A 中的行为选择可以看作是在追求与主观概率测度 p 相对应的冯·诺依曼—摩根斯坦效用函数 u 的期望效用的最大化。要效仿萨维奇的理论,我们要通过观察他对集合 A 中的行为的偏好来推演出两个函数:根据 C 定义的效用函数 u 和根据 B 定义的概率测度 p。

　　萨维奇是从头开始构造 u 和 p 的,但是他可以采用安斯科姆(Anscombe)和奥曼[2]或者克雷普斯[144]等人直接在冯·诺依曼—摩根斯坦的框架内所做的工作,这样问题就会变得容易得多。在这个框架内,亚当可以对赛马和轮盘赌都进行观察,利用轮盘赌亚当就可以选择混合行为——正如博弈参与人可以选择混合战略一样。这样的混合行为与以集合 A 中的纯行为作为奖项的彩票相对应。假设亚当服从第 4.2.2 节的冯·诺依曼—摩根斯坦理性假设,我们就能推断出,可以用根据集合 A 定义的冯·诺依曼—摩根斯坦效用函数 U 来描述他在这些行为上显示出来的偏好,问题就变成了证明这样的冯·诺依曼—摩根斯坦效用函数 U 可以用式(4.12)来表示。

　　分离偏好、信仰和行为　巧妇难为无米之炊,不作出相应的假设我们就无法证明可以用式(4.12)来表示效用函数 U。我们马上就会看到,要使所需要的假设有意义,首先要保证能以一种正确的方式对受亚当的偏好、信念和行为影响的领域进行分离。

对萨维奇理论的批评常常忽略了这一点。但是,如果在函数 f 中包含的因素之外的集合 A、B 和 C 之间的关系对亚当的决策有重要作用的话,很明显这一理论就将不再适用。一个形式化的理论只能考虑其形式体系范围内表现出来的关系,要用这个理论来构造模型,就必须小心选择 A、B 和 C 的定义以保证只有包括在函数 $f: A \times B \rightarrow C$ 中的关系对亚当的决策问题有意义。为了对萨维奇理论提出疑问而设计的那些例子都普遍忽视了这个最基本的警告,因此我觉得有必要花时间来予以详细说明。

让我们考察一下对受亚当的偏好和行为影响的领域进行适当区分的含义。回忆一下,这个理论用决策后果集合 C 来表示亚当的偏好,就像在第 2.2.4 节解释过的,一旦观察到亚当的选择,就可以借助于显示偏好理论进而利用定义在行为集合 A 上的效用函数 U 来描述他的行为。无论如何,萨维奇的理论含蓄地要求亚当之所以对这类行为感兴趣完全是出于工具性的考虑。例如,如果他显示出对行为 a_1 的偏好超过对行为 a_2 的偏好,这并非是因为他对用奇数表示的行为比用偶数表示的行为有更加根深蒂固的喜爱,而是因为他认为选择行为 a_1 的后果可能优于选择 a_2 的后果。总而言之,通过行动选择所显示出来的偏好一定不是直接取决于这些行为自身的,而仅仅取决于他对预期后果的信念。①

例如可以假设,夏娃在国际象棋比赛中拒绝接受和局而输掉了比赛,她因此会比在没有出现和局的状况下更加感到不幸。如果情形的确如此,那么我们在把夏娃的决策问题的结果集合定义为 $C=\{\mathcal{L}, \mathcal{D}, \mathcal{W}\}$ 时就犯了一个很糟糕的错误。至少,我们必须对拒绝和局而败与没有拒绝和局而败进行区分。也就是说,在定义目的时有必要把这种目的得以实现的手段吸收进来。

在意识到我们其实对于这一问题的想法并不充分之后,我们刚刚考虑了一个有必要对集合 C 进行重新定义的情形。但以同样的理由来重新定义集合 B

① 批评者常常表示不赞成这类"结果主义"的假设。正如在第 2.2.4 节中解释过的,他们错误地认为这里暗含了"只要目的正当,就可以不择手段"的假设。事实上,相反的立场得到了肯定,这一理论坚持认为,如果你定义了你的结果(或目的),你的行为(或手段)就会变得非常重要,你所应用的萨维奇理论也将不适合于这种情形。如果萨维奇的理论没有被滥用,那么就有必要在对结果的定义中体现出实现这一结果的手段。

却并不必要。第 3.4 节中的纽科姆悖论提供了这样一个例子,根据布拉姆斯[47],费雷约翰(Ferejohn)提议以图 4.5(b)的方式来模型化这一问题。在这个模型中,世界的状态表示夏娃是否成功地预测到亚当的选择。这些状态因而被贴上正确与错误的标签。在这一方面这一模型与图 4.5(a)中的刘易斯模型相去甚远。在刘易斯模型中,世界的状态表示夏娃实际上所作的预测,也就是鸽或鹰,因此模型的选择有重要意义。在刘易斯的模型中,诺齐克[195]假定每一个参与者都认为亚当会选择鹰,这与他的"占优原理"相符合。在费雷约翰模型中,我认为诺齐克将应用"期望效用最大化原理",并因此建议亚当选择鸽,因为这样亚当的策略被夏娃准确预测到的可能性将压倒性地大于预测失败的可能性。我并不想重申第 3.5 节给出的有关在这两条"选择原理"之间存在的显而易见的矛盾是一种幻觉的理由。这里我只是想强调一点,在集合 B 的定义独立于 A 的条件不被破坏的情况下无法用费雷约翰模型表示纽科姆问题。在费雷约翰模型中世界状态的定义不是独立于行为的,要弄清楚世界的状态,就必须了解夏娃的真实预测和亚当的行为选择,贝叶斯决策理论并不支持在费雷约翰模型中应用"期望效用最大化原理"。①

我们已经考察过因为函数 $f: A \times B \to C$ 所没有表示的 A 和 B 以及 A 和 C 之间的联系而出错的情形了,同样重要的是,也不应该允许 B 和 C 之间有关联性。假设,在一个庙会中,可以获得的奖品包括一把伞和一支冰激凌,而两种可能的世界状态是晴天和雨天。那么亚当对奖品的偏好受到他对世界状态的信念的影响就不是什么值得大惊小怪的事了。在这种情形下,仍然需要重新定义集合 C,一个权宜之计是强调把集合 C 中的元素当作亚当的心理状态而非物质对象,这样的话,人们就会讨论在晴天拥有雨伞或是在雨天拥有雨伞的心理状态,而不是就事论事地讨论雨伞。

如果采用这一权宜之计,批评者就会抱怨他们被一个毫无实质内容、所有命题都是循环论证的理论愚弄了。与第 2 章中的情形相同,这样的批评并没有击

---

① 当然,谁也无法阻止新的决策理论被发明出来,比如吉伯德和哈珀[89]或者 D.刘易斯[151],他们的理论中允许行为和信念之间相互依赖。类似地,可以发明一种非欧几何来处理直线被定义为某种曲线的情形。在某些场合,这可能是最高明的方法,只要所得出的是与把直线定义为直线的欧氏几何同样的结论。

中要害。当使用贝叶斯方法的人发现这一理论的基本假设不存在争议,以至于整个理论的命题可以被视为同义反复而无需进一步证明的时候,他们是非常乐意接受的。像我这样的使用贝叶斯方法的人最不愿意做的事就是发明一种假设条件存在争论的理论。相反,我们认为贝叶斯决策理论应当提供一种可以用来表达理性决策问题而没有争议的语言,进而我们就可以毋须再有任何疑虑地讨论实质性的问题。当一个使用贝叶斯方法的人的理论被归为空洞无物时,他所表现出来的不快令人怀疑,最有可能的是,他正在等待被扔进荆棘丛中。

形式 为了强调我的判断,即刚才讨论过的那些初步的思想对理解贝叶斯决策理论非常重要,在后面的内容中将把数学的运用限制在最小程度。

回忆一下,在式(4.12)中行为 a 表示亚当倾其所有在马赛上打赌。事件 E 表示他的马赢,$\mathcal{D}$ 表示相应的结果。事件~E 表示他的马输,对亚当而言可能出现的最糟的后果是 $\mathcal{L}$。图 4.6(a)中上面一行表示两个相关的结果 $\mathcal{D}$ 和 $\mathcal{L}$,下面一行表示它们发生的时间。

为了得到(4.12)式,所需的第一个假设是:只有包含在图 4.6(a)中的信息与亚当对行为 a 的评价相关。除非这些行为已经受到这类思考的限制,否则萨维奇的理论并不适用。

为证明第一个假设,需要写出行为 a 如下形式的冯·诺依曼—摩根斯坦效用函数

$$U(a)=V(\mathcal{D}|E) \tag{4.13}$$

这里由于奖金在任何时间都是固定的,因此取消了对 $\mathcal{L}$ 的依赖性。

第二个假设由与式(4.13)中的函数 V 有关的一系列条件组成。对于一切可能的[1]事件 E 和所有满足 $\mathcal{L}<\mathcal{D}$ 的结果 $\mathcal{D}$ 有

$$0=V(\mathcal{L}|E)<V(\mathcal{D}|E)\leqslant V(\mathcal{W}|E)$$
$$0=V(\mathcal{D}|\varnothing)<V(\mathcal{D}|E)\leqslant V(\mathcal{D}|B)$$

---

[1] 空集 $\varnothing$ 代表没有马在马赛中获胜这样一个不可能事件。在另外的情形中,第二个假设拒绝亚当把一些似乎不会发生的可能事件当作不可能事件。当状态空间 B 是无穷集时,这样一个拒绝通常并非明智之举,需要用一个较为宽松的假设来代替它。

而且有 $V(\mathcal{W}|B)=1$。

第三个假设是最基本的,它表示要求亚当把他的偏好从其信念中分离出来。需要从中清除掉的是这种类型的推理:"因为我不喜欢它的含义,所以我不相信它。"或者同样非理性的推理:"我不想要它的原因是我不太可能得到它。"

带着这样的目标来考虑式(4.13)中的函数 V,对每一个固定的 $E\neq\varnothing$,V 都可以被视为一个刻画彩票偏好的冯・诺依曼—摩根斯坦效用函数,而这个彩票的奖项是集合 C 中的结果。[①]第三个假设是这一偏好对所有的 $E\neq\varnothing$ 都相同。

为第三个假设的含义花一番工夫是值得的。例如,它的含义是,如果 $V(\mathcal{D}_1|E)<V(\mathcal{D}_2|E)$,那么对于所有的 $F\neq\varnothing$ 有 $V(\mathcal{D}_1|F)<V(\mathcal{D}_2|F)$。但是当事件 E 和 F 分别表示晴天或雨天时,如果 $\mathcal{D}_1$ 和 $\mathcal{D}_2$ 分别表示一把伞和一支冰激凌,那么这将并不是一个受欢迎的假设。

给 $E\neq\varnothing$ 以不同的值代入式(4.13)会产生不同的冯・诺依曼—摩根斯坦效用函数,所有的这些函数表示的彩票偏好相同。根据第 4.2.2 节中得出的结论,这些冯・诺依曼—摩根斯坦效用函数唯一的不同在于,它们在表示亚当对彩票偏好的效用测量计中对零点和单位的选择不同,特别有

$$U(a)=V(\mathcal{D}|E)=\alpha V(\mathcal{D}|E)+\beta \tag{4.14}$$

这里 $\alpha=\alpha(E)>0$,且 $\beta=\beta(E)$ 独立于 $\mathcal{D}$。事实上,因为第二个假设蕴含了 $V(\mathcal{L}|E)=V(\mathcal{L}|B)=0$,所以 $\beta(E)=0$。

这里的函数 u 和 p 是用 $u(\mathcal{D})=V(\mathcal{D}|B)$ 和 $p(E)=\alpha(E)$ 来定义的。由于 $u(\mathcal{L})=0$,式(4.14)就可以简化为我们曾努力构造的式(4.12)

$$U(a)=V(\mathcal{D}|E)=p(E)u(\mathcal{D})=p(E)u(\mathcal{D})+p(\sim E)u(\mathcal{L})$$

遗憾的是,事情并非如此简单,这里没有证明 p 是一个符合第 4.2.1 节的标准的概率测度。第二个假设足以表明 $0=p(\varnothing)\leqslant p(E)\leqslant p(B)=1$,但仍需证明当 $E_1\bigcap E_2=\varnothing$ 时 $p(E_1\bigcup E_2)=p(E_1)+p(E_2)$。为了这一目标,就需要进一步强化第三个假设。

图 4.6(b)中表示行为 a^* 比图 4.6(a)中的行为 a 更为复杂。[②]要把第三个假

---

① 在这一情景中,亚当的收入取决于事件是否的发生。

② 我们理所当然地认为当 $E_i=\varnothing$,$\mathcal{D}_i=\mathcal{L}$ 或 $\mathcal{D}_1=\mathcal{D}_2$ 时,a^* 等价于行为方式 a。

设应用于 a^*,还需补充第 2.2.4 节中提到的确信原理。准确地说,这里假设用 $\mathcal{D}_1$ 和 E_1 代替 $\mathcal{D}$ 和 E 后,对式(4.14)的证明仍然有效,条件是 $\mathcal{D}_2$ 和 E_2 固定不变。与前面一样,α 和 β 独立于 $\mathcal{D}_1$。然而,在这时它们的取值不仅取决于 E_1,而且也取决于 $\mathcal{D}_2$ 和 E_2。在这里 $\beta=0$ 不再成立,给定 $\mathcal{D}_1=\mathcal{L}$ 得出 $\beta=p(E_2)u(\mathcal{D}_2)$,因此

$$U(a^*)=\alpha(\mathcal{D}_2,E_1,E_2)u(\mathcal{D}_1)+p(E_2)u(\mathcal{D}_2) \tag{4.15}$$

同理,得出与此类似的方程

$$U(a^*)=\alpha(\mathcal{D}_1,E_2,E_1)u(\mathcal{D}_2)+p(E_1)u(\mathcal{D}_1) \tag{4.16}$$

由式(4.15)和式(4.16)得出

$$\frac{\alpha(\mathcal{D}_2,E_1,E_2)-p(E_1)}{u(\mathcal{D}_2)}=\frac{\alpha(\mathcal{D}_1,E_2,E_1)-p(E_2)}{u(\mathcal{D}_1)}$$

由于方程左端独立于 $\mathcal{D}_1$,右端独立于 $\mathcal{D}_2$,因此两端都一定等价于一个既不依赖于 $\mathcal{D}_1$ 也不依赖于 $\mathcal{D}_2$ 的量 $q(E,E_2)$。这样就有

$$U(a^*)=p(E_1)u(\mathcal{D}_1)+p(E_2)u(\mathcal{D}_2)+q(E_1,E_2)u(\mathcal{D}_1)u(\mathcal{D}_2) \tag{4.17}$$

把 $\mathcal{D}=\mathcal{D}_1=\mathcal{D}_2$ 代入式(4.17),因为 $U(a^*)$ 等价于 $p(E_1\bigcup E_2)u(\mathcal{D})$,可以得出

$$p(E_1\bigcup E_2)x=(p(E_1)+p(E_2))x+q(E_1,E_2)x^2 \tag{4.18}$$

上式中 $x=u(\mathcal{D})$。如果至少存在一个结果 $\mathcal{D}$ 满足 $\mathcal{L}<\mathcal{D}<\mathcal{W}$,则式(4.18)对三个不同的 x 值成立。但一个二次方程除非 x 和 x^2 的系数都是 0,否则只能有两个根。因此,$q(E_1,E_2)=0$ 且 $p(E_1\bigcup E_2)=p(E_1)+p(E_2)$。这证明 p 作为一个概率测度是完备的。

贝叶斯规则 就贝叶斯决策理论对这本书的作用而言,本书已经做了足够充分的说明。我们可以继续用图 4.7 来得出计算条件概率的规则 $p(E|F)=p(E\bigcap F)/P(F)$ 和贝叶斯规则,但是这里的充分只是可能意义上的充分。

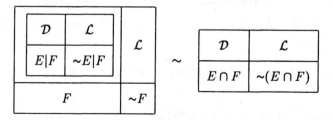

图 4.7 应付偶发事件

4.6　罗尔斯最大最小标准

    罗尔斯假设处于原初状态的人在选择社会契约时更倾向于使用最大最小标准而不是正统的贝叶斯决策理论,本节考察的正是他给出这一假设的原因,这一点非常关键。以功利主义为例,他们认为如果能让富者更富,宁可让贫者更贫,但罗尔斯式的分析不能接受这种对弱者的牺牲。

    我认为罗尔斯[214]在这个层次上对抗功利主义是误入了歧途。在我看来,原初状态仿佛是专为贝叶斯决策理论的应用定做的,如果在这一条件下排斥贝叶斯决策理论,那么它在其他任何条件下能否被正确应用就值得怀疑了。为了抵制在原初状态使用贝叶斯决策理论,罗尔斯因此犹如在非利士人的神庙中的参孙。以一个非利士人的口吻说,我愿意用更坚固的智慧之柱来取代那些已被证明不牢固的智慧之柱,但是在此之前我首先要看到原来的柱子不牢固的证据。我需要贝叶斯决策理论的批评者们给出详细的理由来证明这一理论的假设的错误所在,然而,罗尔斯[214]并未对此进行严肃的尝试。①

    我认为,罗尔斯在这一关键问题上的半心半意的态度表明他对贝叶斯决策理论的主旨并非真的存在根深蒂固的反感。我的推测是,他只是因为不愿接受由哈萨尼[109]通过系统运用这一理论而有力地证明了的功利主义的结论。我和罗尔斯一样认为功利主义的建议常常是不现实的,但我不认为挑战正统的决策理论就是对症下药。正如在第 4.3.1 节中所解释的,我认为大多数人之所以接受罗尔斯的直觉,即认为原初状态具有关于"公平"的某些重要内容,是因为在日常生活中我们在同他人相处时已经在使用一个此类装置的简单版本了。在第1.2.4 节关于蓄奴的故事中,现实中的人对功利主义者提出的用掷硬币来决定谁当主人谁当奴隶的建议会嗤之以鼻。什么样的人会接受用这种方式所决定的当奴隶的命运? 或者,失败者可能会对掷硬币的方式提出疑问,因而会要求退出原初状态。简而言之,在原初状态,提出的协议如果不是自我约束的,那就没有意

---

①　我只考虑他在《正义论》中所讲过的内容。尽管在哈萨尼[105]对他使用最大最小标准进行批评之后,罗尔斯对此作了回应,但我认为这次交锋并未对这里的讨论增添多少内容。

义,那种认为我们会自动服从在掷硬币之前就定好的协议的观念是无稽之谈。

正是这样的思考使得最大最小标准具有吸引力。由于最大最小标准最大化了少数人的福利,[①]失败者在知道他的角色后反悔的可能性被降到了最小,因此最大最小标准出于稳定性的原因而有吸引力。事实上,罗尔斯[214]对此也有同感,在《正义论》的第三部分中有200多页与稳定性问题有关,而在第一部分中对作为决策规则的最大最小标准的辩护只有寥寥数语。然而,正是这寥寥数语成了这一章之后的主题。

我的观点是,我和罗尔斯都认为稳定性问题非常重要,因此在构造原初状态时不应抽象掉稳定性问题。第1.2.4节通过一个道德博弈"假设"阐述了我对这一问题的观点,在这个道德博弈之内,参与人以贝叶斯方法最大化期望效用,但均衡结果如罗尔斯所希望的那样由最大最小标准决定。此处的证明过于简单,更详细的内容只有在下卷才能给出,因为经验告诉我,在基础性问题上的不慎重必然会招致误解。

最大最小标准的源起 我怀疑如果冯·诺依曼[268]未能发现二人零和博弈理论,那么最大最小的标准就不会成为一个在不确性条件下做出决策的严肃的规则。因此,在了解这一概念产生的背景之前我们无法正确地讨论它。

回忆一下,二人博弈的纳什均衡是一个纯战略或混合战略组合(s, t),其特征是当夏娃选择t时亚当的最优反应是选s,而同时当亚当选择s时夏娃的最优反应是选择t。在二人零和博弈中由这一基础概念就导出了最大最小标准。要解释为什么,从一个一般的二人博弈的安全水平概念开始讨论是有利的。

不论夏娃怎么做,亚当在博弈中确信可以得到的最大期望支付是他的安全水平v。[②]对亚当而言,能保证他得到期望效用v的战略就是安全战略。为了计

---

① 如果能够作为可行的社会契约的个人效用对的集合X是凸性的和完备的,则使用最大最小标准会得出一个平等主义的结果——亚当和夏娃会非常愉快地调换角色。

② 初学者常常被"期望"与"保证"两个词的并列所困扰。回忆一下,如果亚当使用冯·诺依曼—摩根斯坦效用函数,他唯一的兴趣在于他的每一个战略会带来多少期望效用。某些战略可能会比另一些战略产生更大的不确定性,但他的冯·诺依曼—摩根斯坦效用函数已经考虑了他对这种不确定性的态度。一种错误的看法是认为当一个理性人面对两个具有同样的期望效用的前景时,他倾向于选择其中方差较小的那一个。否认他在这两个前景之间是无差异的就是否认冯·诺依曼—摩根斯坦理论的基本结论。

算他在博弈中的安全战略,亚当必须做出像偏执狂一样的行为。他假设夏娃会预测到他的战略选择[1],并且她会选择使他的支付最小化的战略而不是最大化她自己支付的战略。对每一个他可以选择的战略 a,亚当都认为夏娃会选择最小化他的支付 $\pi(a, b)$ 的战略 b。如果一个偏执狂的亚当选择 a,他因此会期望他的支付是 $\pi(a, b)$。由此可以得出这样的一个结论,即亚当将选择 a 来使 $\min_b \pi(a, b)$ 最大化。因而他的安全水平是

$$v = \max_a \min_b \pi(a, b) \tag{4.19}$$

当亚当选择了安全战略 a 时式(4.19)就达到了最大值。因此在博弈中可以用最大最小标准来计算参与人的安全水平。

　　一位偏执狂在计算安全水平时几乎总是非理性的,但二人零和博弈的情形是个例外。在二人零和博弈中偏执狂几乎都是理性的,因为每个参与人都会通过最小化对手的支付来最大化自己的支付。的确,一个二人零和博弈的战略组合 (s, t) 是纳什均衡的充要条件是 s 是亚当的安全战略而 t 是夏娃的安全战略。[2]在参与者理性条件下博弈论专家因此很乐意在二人零和博弈中推荐最大最小标准。

　　我认为,最大最小标准在二人零和博弈的冯·诺依曼—摩根斯坦理论中的成功可能会使其不可避免地被当成是解决一般决策问题的规则。为了这一目的,在式(4.19)中,夏娃从中选择战略的集合 B 被重新解释为一个世界状态的集合,而夏娃自己成了这个世界的主宰。

　　当博弈论专家通过把最大最小标准说成是谨慎的和明智的决策规则来建议把它作为普遍规则时,在博弈中根据这一规则来选择安全战略事实上被视为一种美德,这类言语当然使它颇具吸引力。举个例子,有谁愿意在股票市场上轻率地投资?但是,作为偏执狂真的是明智的吗?我不这样认为。一位投资顾问如果真的根据这样一个假设来工作,即法力无边的自然正在全力注视着他的顾客

---

[1]　选择一个混合战略就是把这个决策转变成了用随机装置选择的纯战略,亚当的偏执不必严重到相信夏娃能预测到以这样的随机方式做出的选择,而只是假设她能预测到亚当会选择何种随机装置。

[2]　亚当通过选择 s 至少可以得到 $\pi(s, t)$,因为夏娃将竭尽全力以 t 来回应 s。另一方面,亚当不能保证其所得会超过 $\pi(s, t)$,因为他不能阻止夏娃选择 t,而对此 s 是他的最优策略。

的每一个举动,并且刻意要打败他们,那么他很快就会发现不会再有顾客上门了。

总之,冯·诺依曼的二人零和博弈理论根本没有提供在一般条件下将最大最小标准作为决策规则的证明。甚至在二人零和博弈中,博弈论专家也没有把最大最小标准作为理性行为的一条基本规则,而期望效用最大化总是一条基本规则。在二人零和博弈中,使用最大最小标准得出纳什均衡也是很偶然的事。如果它指向了其他方向,最大最小标准在决策文献中可能只配是一个偶然出现的脚注。

反思均衡 我追随库卡塔斯和佩蒂特[145],注意到罗尔斯[214]认为在原初状态中使用的最大最小标准具有三个特征。然而,我对这三个特征的相对重要性的评估与他们不同,特别是我认为第一个特征是没有意义的。罗尔斯[214,p.154]认为被最大最小标准拒绝的替代性选择"令人难以接受"。

罗尔斯并没有简单地奉劝我们接受任何偶然使我们得出的结论满足我们主观意愿的决策规则。通过他的反思均衡这一概念他表达了一个隐含的要求,我的理解是,这是对这种标准方式的适应,在这种标准方式中科学模型通过理论思考和经验数据的相互作用来发展,一个人可以构造一个模型并用数据进行验证。如果模型与数据不符的话,要么修改模型,要么更仔细地检查数据。①有时会因为经验证据的脆弱而不能完成这一工作,但这并不会难住理论物理学家,他们用自己的物理直觉来代替数据的不足。罗尔斯在介绍他的反思均衡这一概念时,他表明道德哲学家也在使用同样的技巧。也就是说,道德哲学家应当通过构造能表现他们的道德直觉的正式模型来使他们的道德直觉系统化,当这些直觉与这样的一个正式模型冲突时他们应当重新检查他们的道德直觉。悲观主义者也许会怀疑罗尔斯或其他人具有的道德直觉作为传统思辨科学发挥作用的基础是否足够充分,但是在任何学科上对这类怀疑的关注都会使学科难以取得进展。

---

① 天文学家爱丁顿(Eddington)的一个脍炙人口的建议是,在被"理论证实"之前应对每一个新的数据保持怀疑。

　　但是,如果采用传统思辨科学的调查方法,并且希望能取得成功,就需要遵守到特定的约束。的确,利用一个正式的模型来正确地表达这种直觉,主要目的是要通过揭示由想象力的自由飞扬所构造的空中楼阁式的思想的不完整性和不连续性,以此来约束我们任意驰骋的思绪。逻辑和数学是物理学家的主要训练工具。对于一种要求我们放弃对假言推理和 $2+2＝4$ 的信念的物理学理论分析,我们应保持高度的戒备。在道德领域我们更容易被我们的偏见引入歧途,在我看来在这一领域可以随心所欲的空间更小。正如罗尔斯[21]所言:"我们应为建立一门具有与其名称所体现出的严密性相称的道德几何学。"

　　什么构成了道德几何学的严密性?在这样的背景下,实践理性与纯粹理性一样重要。理性决策公理因此也必须与逻辑和数学的公理并驾齐驱。我并不认为正统的贝叶斯决策公理具有与数学或逻辑公理的同样坚实的基础,但无疑它们应受到同等的重视。对我而言,在它们得出不受欢迎的结论时抛弃它们,正如扔掉一台告诉你你欠的税比你所认为的更多的计算机。在这个问题上可能是计算机错了,但是如果你把这件事告诉一位电脑技术员,说在欠税这件事上你得到的结论是计算机的计算与你的直觉不符,他会感到这很有趣。在他花费时间进行修检之前他会明智地要求你给出硬件出错的可靠证据,这一点对贝叶斯决策理论也是一样的。

　　这些议论并非执意要向罗尔斯的道德直觉挑战,继续这个计算机的类比,我认为他对自己的纳税负担有很好的了解。但是我不打算接受由于程序没有得出他预期的结果就认为贝叶斯式的计算机出了问题。由于考虑到硬件技术员受人尊敬的风格,我认为在有确定的证据表明硬件的缺陷之前,问题应该出在程序的软件上。

　　实际上,我认为罗尔斯的软件的程序错误很容易确定,尽管他不承认社会契约有助于亚当和夏娃做出承诺,但他还是认为他们会致力于假设中在原初状态达成的协议。当这一程序错误在他的程序中被消除之后,由贝叶斯式的计算机得出的解与他的直觉是一致的。然而这是后面章节里的问题,本节中余下的部分将继续评价罗尔斯为支持他认为是硬件存在错误的观点而提供的证据。

风险厌恶　　罗尔斯[214, p.154]赞成最大最小标准的理由是:

最大最小标准的第二个特征如下:选择者具有这样一种善的观念,以至于他很少关心在他遵循最大最小规则后一定能得到的最低薪酬之外,他还有可能得到其他收入。对他来说,为了进一步的利益而冒险是不值得的,特别是这种冒险可能会给他造成重大损失的时候。

经济学家对此的理解是:处于原初状态的人是高度风险厌恶者,因此他会使用最大最小标准,在讨论这一观点之前,介绍一下贝叶斯决策理论是如何对待风险厌恶是有用的。

思考这样一个例子,彩票 L 中奖 a 美元的概率是 $1-p$,而中奖 b 美元的概率是 p,这里 $0<a<b$,$0<p<1$。你愿意付多少钱来购买彩票 L? 图 4.8 显示出亚当愿意付出 x 美元而夏娃愿付出 y 美元。如果 $x<y$,这就显示出亚当相对于夏娃对彩票 L 是风险厌恶者,因为他不愿为这张彩票付出太多。如果 x 被证明是 a 和 b 中较小的一个,则亚当在他所有可能的范围内对彩票 L 表现出最大程度的风险厌恶。①以 U_A 作为亚当的效用函数来刻画亚当对彩票的风险厌恶的极端情形,则

$$U_A(L)=\min\{a, b\}$$

在亚当选择彩票 L 来最大化这个效用函数的值时,可以说他是一个根据最大最小标准来采取行动的人。

然而,在接受最大最小标准的信仰之前有必要保持几分谨慎。令 u_A 表示亚当的冯·诺依曼—摩根斯坦效用函数,假设亚当在奖金 a 美元和图4.8(a)中的彩票 L 之间是无差异的,则可以判定 $u_A(a)=(1-p)u_A(a)+pu_A(b)$,因而 $u_A(a)=u_A(b)$。但这样奖金 a 美元和 b 美元对于亚当将是无差异的,即使二者之间的大小悬殊。这样的话,除非亚当放弃第 4.2.2 节中的冯·诺依曼—摩根斯坦理性假设的其中一个,否则,我们无法根据一种极端的风险厌恶的情形,在不假设对于他来说大钱和小钱无差异的情况下,证明他采用的是最大最小标准。

通过对更加厌恶风险的人具有的冯·诺依曼—摩根斯坦效用函数的图像的

---

① 除非亚当放弃确信原则,或者他爱小钱不爱大钱,否则不能认为 x 比 a 和 b 中较小的一个还要小。

观察,我们也可得出同样的结论。一般而言,如果某人永远不愿为一张彩票付出超过这张彩票期望价值的钱,那么就可以认为此人对于金钱是风险厌恶的。[①]例如,在图 4.8(a)中,一个风险厌恶者亚当愿意付出的钱的数量是 $x \leqslant (1-p)a + pb$。图 4.9 表示通过观察冯·诺依曼—摩根斯坦效用函数的图像形状就可以轻易地分辨出亚当是否是风险厌恶者。如果图像是凹的[②],他就是风险厌恶者。简单来说就是效用函数越凹,他的风险厌恶程度就越强。[③]图 4.9(a)表示的是风险厌恶的一种极端情形,亚当的冯·诺依曼—摩根斯坦效用函数变成了一条直线。图 4.9(d)是另一个极端。注意函数在原点是不连续的,这样一个极端风险厌恶者的效用函数 u_A 是由 $u_A(0)=0$ 且 $u_A(z)=1$, $z>0$ 给出。他对于一贫如洗是如此厌恶,以至于任何数量大于零的钱对他都是无差异的,对他来说,最重要的是这笔钱不能最终变没了。

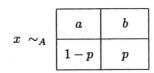

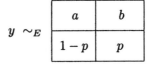

(a) 亚当同意支付 x 美元　　　　(b) 夏娃同意支付 y 美元

图 4.8　彩票价格

---

① 由于当 $u_A(x)=\mathscr{E}u_A(\mathbf{L})$ 时亚当只愿为一张彩票 L 付出 x 美元,因此他是风险厌恶者的充要条件是 $\mathscr{E}u_A(\mathbf{L}) \leqslant u_A(\mathscr{E}\mathbf{L})$ 恒成立;他是风险中性者的充要条件是 $\mathscr{E}u_A(\mathbf{L})=u_A(\mathscr{E}\mathbf{L})$ 恒成立;他是风险爱好者的充要条件是 $\mathscr{E}u_A(\mathbf{L}) \geqslant u_A(\mathscr{E}\mathbf{L})$ 恒成立。

② 凹函数图像上的弦位于函数图像表面或图像下方。风险爱好者具有凸的冯·诺依曼—摩根斯坦效用函数。凸函数的弦位于函数图的表面或图像上方。风险中性者具有仿射冯·诺依曼—摩根斯坦效用函数,这意味着它的图像是一条直线。

③ 亚当相对夏娃总是对风险更加厌恶的充分条件是对所有 z 有 $\lambda_A(z) \geqslant \lambda_E(z)$。可以夸张地认为变量 $\lambda_A(z)$ 和 $\lambda_E(z)$ 是绝对风险厌恶的阿罗—普拉特测度(Arrow-Pratt measure)。对冯·诺依曼—摩根斯坦效用函数 u 的阿罗—普拉特测度由 $\lambda = -u''/u'$ 给出。可以得出,例如,只要 $u_A(z)=z^\gamma$, $u_E(z)=z^\delta$, 且 $0<\gamma<\delta$,那么亚当对于大于零的钱的数量比夏娃更加风险厌恶。要理解阿罗—普拉特标准为何能够表示亚当对图 4.8 中的彩票 L 比夏娃更加风险厌恶,可以用 $v_E = au_E + \beta$,其中 $\alpha>0$, β 被选定,因此有 $v_E(a)=u_A(a)$ 和 $v_E(b)=u_A(b)$。则亚当比夏娃对彩票 L 更加厌恶风险的充分条件是对所有满足 $a<z<b$ 的 z, $v_A(z) \geqslant v_E(z)$。就 u_E 而言,这一不等式变成了 $\{u_A(b)-u_A(z)\}/\{u_E(b)-u_E(z)\} \leqslant \{u_A(z)-u_A(a)\}/\{u_E(z)-u_E(a)\}$。根据柯西中值定理,对于介于 z 和 b 之间的部分 η,不等式左端等于 $u'_A(\eta)/u'_E(\eta)$。对于介于 a 和 z 之间的部分 ξ,不等式右端等于 $u'_A(\xi)/u'_E(\xi)$。不等式成立的充分条件是 u'_A/u'_E 是减函数,当其导数非负时命题成立,由此得出不等式 $u''_A u'_E - u''_E u'_A \leqslant 0$,因而有 $\lambda_A \geqslant \lambda_E$。

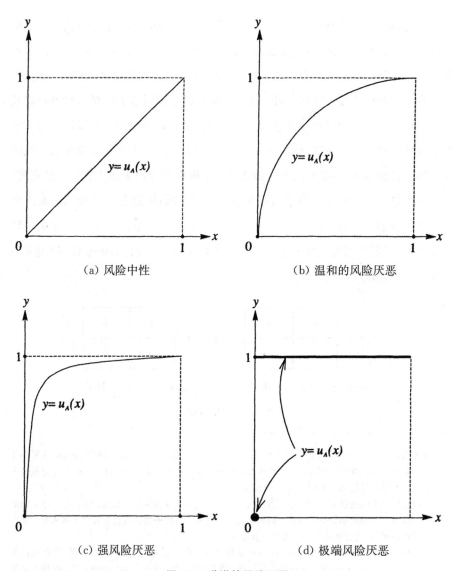

(a) 风险中性   (b) 温和的风险厌恶

(c) 强风险厌恶   (d) 极端风险厌恶

图 4.9 递增的风险厌恶

或许有人由衷地认为贫穷和富贵是无差异的,但对那些谨小慎微地把最大最小标准当作"明智"的决策规则的家伙而言,我担心这永远不会是真的。由此可以得出这样的最大最小标准至少会与第4.2.2节中的冯·诺依曼—摩根斯坦理性公理的其中一条相冲突。考虑到亚当的风险厌恶主要体现在他的决策规则上而不是他的效用函数上,这显示了与传统经济学不同的一面。对于经济学家来说,亚当的偏好是给定的,他并不问自己他应该有多大程度的风险厌恶,也不考虑应该采用什么样的决策规则。如果在冯·诺依曼—摩根斯坦意义上他的偏好是连续的,那么他必须为了最大化冯·诺依曼—摩根斯坦效用函数期望值去做决策。如果亚当是风险厌恶的,这一事实会由他的冯·诺依曼—摩根斯坦效用函数的凹性表现出来。

尽管主张最大最小标准的人的观点与新古典经济学的传统相冲突,但我并不认为这构成了拒绝他们观点的充分理由。重要的是,在我的社会契约研究方法中,经济学家认为偏好固定且神圣的传统观点只是整个故事的一部分,因而我自己并不是非常在乎传统。第 1.2.7 节解释了我为什么认为在这个背景中对短期、中期和长期的区分非常有用。回忆一下在短期中偏好固定的情形。根据我的定义,日常理解的所有经济活动都发生在短期。在中期,由社会性决定的偏好可能会为适应环境而变化。在长期中,由生物性决定的偏好可能也会调整。一旦接受了这样一种观点,一个无法避免的问题将是社会和生物演化如何决定被传统经济学家视为既定事实的偏好。特别是有人可能会问演化的压力是否倾向于导向一个极端厌恶风险的社会。

当然,康德的追随者对这样的演化问题会表现出不耐烦,他们倾向于问的是显示风险厌恶偏好是否理智。[1]正统的新古典经济学家不会认为这样的问题是有意义的,因为他们选择了一个非常狭义的关于理性的定义。然而,他们仍然对他们眼中充分刻画了理性行为的贝叶斯决策理论一致性条件的集合保持一种康德式态度。也就是说,比起去问经济人行为为什么要被假设为具有一致性的,他们更愿意相信,保持一致性是理性的这样一个先验条件就足够为一致性辩护了。[2]

但是我们为什么要在乎何谓理性?为什么我们认为在某些时候经济人是一个恰当的智人的模型?原因是理性人可能更有机会把自己的特征传递给别人,尤其是那些没有一心想把自己的特征复制给他人的人将被那些一心追求这一目标的人打败。但请注意,在这个故事中,演化并没有因为一致性行为的一致性而给予回报,只有以自己生存为目标的一致性行为才能得到回报,而以自身毁灭为

---

① 在第 2.4.3 节中,我试图通过问理性人将选择何种选择方法来理解定言命令,他会选择最大最小标准吗?

② 第 4.5 节解释过,我认为他们把"理性学习"模型仅仅视为贝叶斯修正的态度把他们引向了歧途。

目标的一致性行为根本不会有回报。的确,它会比以此为目标的非一致性行为消失得更快。

当罗尔斯提出最大最小标准是合理的或理性的时,①我认为以他不明白经济学家所讲的理性意味着什么作为回应是不恰当的。我认为他也不会尝试以一种康德式的方法来分析合理的或理性的意味着什么,问题的症结在于风险厌恶在多大程度上具有生存的价值。

考虑这样一个例子,有一个在生存边缘上挣扎的小村庄。这个村庄作为一个社区的生存并不依赖于它在正常年份的管理有多么成功,而是取决于它在发生严重的旱灾或蝗灾的特殊年份的管理水平。如果这个村庄在逆境中的管理活动囿于它的习惯和传统而失败了,这种管理活动也将随着村庄消失,并且不再被复制出来。因而某人会期望演化将倾向于选择强风险厌恶的群体,那些生活在贫困线上的农民看似顽固的保守主义态度为此提供了证据。类似地可以考虑一些非极端条件下的例子。例如,某人如果不失去他的中产阶级地位,他的收入就不会掉到一个特定收入水平之下,那么某人就会期望看到在中产阶级中处于较低阶层的人具有强风险厌恶行为。事实上,我怀疑,许多如此坚定地认为极端风险厌恶者具有理性的人,只不过是将他们无意中从其父母那里继承下来的、关于如何保持他们中下阶层成员身份的规则合理化了。

但是演化总是选择极端厌恶风险吗?我认为答案显然是否定的。第 2 卷第 1 章中的一个例子是,一个众所周知的极端风险厌恶者在与一个众所周知的风险中性的人讨价还价时表现很糟。换句话说,尽管他们是根据平等条件进行讨价还价的,但风险中性者将从讨价还价中获得更多的剩余。原因很简单,由于风险厌恶者更不愿意冒谈判破裂的风险,因此他讨价还价的力量较小。在一个讨价还价是重要的因素的社会中,因而存在很强的反对显示风险厌恶偏好的演化压力。②

---

① 应该注意到当彩票的概率被认为像我们通常所考虑的情形那样是客观决定的概率时,罗尔斯[214, p.514]并没有推荐最大最小标准。

② 当要诉诸原初状态的装置时这一点特别重要,参与者必须预测到他们在假设的特定环境中会达成的假设的协议。如果一个社会中的成员有谈判经验,他们就会习惯于控制在讨价还价中任何趋向风险厌恶的冲动。因此我们为什么要根据罗尔斯的假设,认为他们会预测到他们在原初状态讨价还价的结果是极端风险厌恶的呢?另一方面,如果他们没有讨价还价经验,他们又怎么能预测无知之幕后面的谈判是如何进行的呢?

　　事实是,不同类型的演化力量推动我们向前而摆脱了风险厌恶行为。这些压力的性质取决于我们生活在其中的社会及我们在社会中的角色。因而不同社会中不同的人一定期望在欢迎和反对风险厌恶之间达到不同的平衡,没有人会说风险厌恶程度高的人一定会胜过风险厌恶程度较低的人。

　　总之,在我看来,那些认为在考虑重大问题时极端规避风险是明智之举的想法,只不过是一种中产阶级式的偏见,我们急需摆脱这种偏见。如果陷入这种偏见,把那些比我们更不厌恶风险的人定义为无能,这将是很危险的。当中产阶级的亚当看到过着流浪生活的夏娃在进行风险极高的活动时,他会想当然地认为她对风险的估算出了问题。如果他特别苛刻,他可能会认为她根本就没有进行风险估算。最终,如果他以自己的偏好从夏娃的角度出发,他就不会去冒他所看到的夏娃所面临的风险。然而,如果我们能成功地产生对夏娃的移情,我们就必须想象我们处于她的地位时具有她的偏好。①

　　在思考原初状态装置的使用时抛开中产阶级对极端风险厌恶的偏好极为重要。除非我们放弃在所作的假设中维持一些基本的原则,否则,尽管具有很多缺陷,"经济人"模型仍然是唯一可行的模型选择,这一模型表明,尽管这位"经济人"具有很多缺陷,但他从未冒过未加考虑的风险,甚至他在对他的邻居产生移情时从未失败过。他因而不相信他的风险厌恶态度适用于整个世界。他也不会把最大最小标准作为一条决策规则,除非它碰巧能够最大化冯·诺依曼—摩根斯坦效用函数的期望值。他的理解是每一个人的风险厌恶都通过对冯·诺依曼—摩根斯坦效用函数的说明吸收到了模型中。

无知之幕应该有多厚　如果已经接受了前面给出的反驳最大最小标准的证 🔲 明的话,就可以发现我们在第 4.4 节中检查使用最大最小标准的结果的活动是徒劳的。如果一个人愿意默许第 4.4 节中有关这一问题的哈萨尼公式,那么他就只能接受他的功利主义的结论了。因此,我这样的非功利主义者要对第 4.4 节中哈萨尼使这一问题公式化的正当性提出挑战。

---

① 但我们不必接受弗里德曼和萨维奇[77]的观点,他们认为穷人是典型的风险喜爱者(因为他们购买彩票),而富人是风险厌恶者(因为他们为自己的房屋买保险)。我的猜测是人们玩赌博游戏主要是为了娱乐,就如在第 4.1 节中看到的,冯·诺依曼—摩根斯坦理论并不能应用于这类行为。

罗尔斯支持最大最小标准的第三条理由就是这样一个挑战。罗尔斯否认在原初状态个人可以正确地为每一个可能选择赋予概率。当他们进入原初状态时,罗尔斯认为亚当和夏娃要通过的无知之幕非常地厚以至于他们根本无法分清谁是真正的亚当,而谁是真正的夏娃。[1]正如罗尔斯[214, p.155]所说:

> 无知之幕使有关可能性的知识减少到了最模糊的程度,各方并没有决定他们的社会的可能性质及他们在其中的地位的任何基础信息。这样他们就有很强的理由在有别的出路时对或然性的计算保持谨慎。他们也必须考虑这样一个事实,即他们对原则的选择在别人看来应当是合理的,特别是对他们的后代来说,因为后代的权利将深受这一原则的影响。

第4.2.1节中区分了主观主义、客观主义和逻辑主义的概率论。不难同意罗尔斯的观点,即不应假设那些处于原初状态的人对他们隐藏的身份赋予了客观概率。亚当和夏娃无法真正地交换身份,因而比较人们离开原初状态时不同身份出现的频率是不可行的。

罗尔斯[214, p.168]对逻辑主义概率观点的拒绝是从论述在应用拉普拉斯不充分理由原则时产生的著名的悖论入手的,也就是除非有理由支持某一事件比另一事件更有可能发生,否则不同的事件应被赋予相等的概率。例如,如果我已知道在一个坛子里只有红色和白色两种弹子球,但不知道有多少只白球和多少只红球,那么根据拉普拉斯不充分理由原则,从坛子里随机取出一个红球的概率就是$\frac{1}{2}$。在原初状态,无知之幕隐去了所有与"我"的身份有关的信息,因此拉普拉斯原则要求赋予事件"我"是亚当和事件"我"是夏娃的概率各为$\frac{1}{2}$。

对于拉普拉斯原则的这样的应用方法,我将用与罗尔斯同样的理由来拒绝它。但是首先要注意的是,排除在原初状态对概率的客观主义与逻辑主义的解

---

① 在第4.3.2节中哈萨尼也提出了一个厚的无知之幕。但哈萨尼提出这一建议的理由与罗尔斯的理由毫无相似之处。奥尔森[197, p.29]也提出过一个厚的无知之幕,他认为通过将由勒纳[148]首创并由森[243]进一步发展的证明思路转换成罗尔斯术语,可以消除效用的人际比较的必要性。奥尔森的方法的确可以使一美元在厌恶风险的亚当和夏娃之间平均分配而不必去探寻他们的个人偏好或移情偏好,而这是通过排除使亚当的支付取决于他的偏好的社会契约来实现的。然而这样一来,什么才是在患有糖尿病的亚当和健康的夏娃之间分配一小瓶胰岛素的公平标准呢?

释并非就是要排除所有的可能性。大多数现代经济学家所持的是何种主观主义的观点呢？

主观主义者并不主张通过对不同事件发生频次的计数来为概率提供一个客观主义的基础,它也不强调概率概念要具备先验的合理性。主观主义者的目标是刻画具有一致性的行为,如果某人正在或将要在变化很大的可能性基础上做出有一致性的决策,贝叶斯决策理论认为他的行为表现仿佛是他已给相关事件赋予了主观概率,并且在追求冯·诺依曼—摩根斯坦效用函数的期望效用最大化。主观概率论者并不强调理性人必须对那些他不了解的程度相同的事件赋予相同的概率。在原初状态,我可以不破坏任何贝叶斯决策理论的原则,而使我的行为表现为我相信“我”是亚当的概率是 $p = \dfrac{2}{3}$,是夏娃的概率是 $1 - p = \dfrac{1}{3}$。如果有必要的话,主观主义者甚至允许跳出他们的理论框架来决定 p 的值,罗尔斯对拉普拉斯原则的批评因而与主观主义者的立场无关。在否认了我在原初状态将选用一些 p 值之后,他因此拒绝了主观主义者的立场,而且没有给出任何拒绝的理由。但像我这样的主观主义者希望弄明白为什么罗尔斯假设在原初状态人的决策行为是非一致性的。

在把主观主义者有关概率的观点加到罗尔斯拒绝的那些观点上后,让我们返回到他对拉普拉斯原则所体现的逻辑主义的拒绝这个问题上去。在一个需要对有无限种可能状态的世界进行评估的情形中,应用拉普拉斯原则产生了一个有意义的悖论。如果我们在原初状态要对这样的有无限种可能的世界状态进行思考,那么在穿过无知之幕后我们失去的将远不只是与身份有关的信息。罗尔斯的确希望在他的很厚的幕布之后我们非常无知,我不能声称非常理解罗尔斯希望我在穿过无知之幕后要记住什么以及要忘记什么,的确,他是在非常复杂的条件下来理解这一问题的。与其说给出了一个厚的幕布,不如说罗尔斯[214, p.95]给出了四层幕布,像莎乐美(Salome)一样,当我与处于原初状态的同伴达成最终协议时,我将一层一层地拉开幕布。

让我们首先从正义原理的决定开始,第一层幕布随之拉开,得以形成一个政治宪法;接下来,第二层幕布拉开,我们决定我们社会的基本法律状态;随后第三层幕布拉开,我们解决经济和社会福利问题;最后,第四层幕布拉开,我们进入到了生活层面。① 下面的引文可能可以反映出当第一层幕布拉开时罗尔斯[214，p.196]内心的滋味：

> 既然他们已经同意了适当的正义观，无知之幕也就被部分地拉开了。当然，立宪会议中的人不知道有关具体个人的信息，他们不知道自己的社会地位及其在自然天赋的分配中的地位，或者他们所持的善的观念。但是，他们不仅理解了社会理论的原则，现在还知道了有关社会的一般事实，即社会的自然环境、资源、社会经济发展和政治文化的水平等，他们不再受限于正义环境的那些不言自明的知识。

罗尔斯清楚地表示这个四幕剧的故事与他在《正义论》中描述的一幕剧的故事完全一样。这样的态度本身并没有问题，只要遵循罗尔斯的观点，允许在原初状态做出承诺。当四层幕布都存在时，亚当和夏娃能够依赖于他们随后获得的信息签订全面协议。以这种方式，在亚当和夏娃处于最无知的状态时，他们所有在未来发生的交互问题都可以解决。显然，罗尔斯的意思并非是在每一层帷幕拉开之前签订的契约都应该以亚当和夏娃在未来会知道什么为条件。以他的正义原理为例，即使亚当和夏娃从原初状态返回后发现他们面对的是一个与邻居为敌或陷入瘟疫与饥荒之中的社会，他的正义原理中也没有任何隐含的规定允许亚当和夏娃中止这一过程。罗尔斯的"四幕之舞"并非只是把问题分成了几个必须的步骤，如果他强迫亚当和夏娃在每一层帷幕拉开之前签订非偶然性(noncontingent)契约，他是在强调使用一个结构来达成最终的交易，即使这被证明是帕累托无效率的。② 不仅如此，罗尔斯还表明，他并不认为目前的社会状态与在原初状态谈判达成的最终的社会契约无关，它只是与这一契约中所

---

① 罗尔斯[214，p.196]指出他的这一计划的灵感来源于美国宪法的起草程序。然而在寻求自由制度的合理性基础时，如果有人认为导致我们今天富裕境况的历史程序正是原初状态中理性人需要使用的程序，那我认为他就是在回避这个问题。

② 此外，他错误地认为，亚当和夏娃在处理他提出的四阶段问题时将在第一阶段订立契约后再把注意力转向下一阶段。如果他们是理性的，亚当和夏娃就会用第2.5.1节中的逆向归纳法继续他们的活动。因此他们的议程中的第一项内容在罗尔斯的过程中是最后一个阶段，他们将不从提出正义问题开始，相反，他们对在罗尔斯过程的第一、第二和第三阶段中所有可能达成的契约进行详细罗列，进一步地，他将记录在前三层帷幕拉开时他们能够获得的所有可能的信息。根据每一种这类有可能性的前景，他们将预测在第四阶段他们所协商的契约。因此他们从思考社会经济问题开始，而把抽象的正义原理留到了最后。

包含的正义原理无关。①

　　这一"四幕之舞"使得是否应当对原初状态的不确定性事件赋予概率这个问题变得复杂化了。因此我计划提出一个压缩版的罗尔斯故事——我相信这将有利于捍卫他在这一问题上的立场。这个压缩版的故事退回到了罗尔斯的一层帷幕的初始概念。这层帷幕掩盖了两个因素。与以往一样,它掩盖了亚当和夏娃的身份。但是,与我在第 4.7 节中概括的原初状态不同,它也掩盖了我用来识别自然状态的当前的社会状态。此外,与我自己的版本的原初状态相反,亚当和夏娃被禁止签订关于未来的身份或社会状态的社会契约,但不能由此认为在这个版本的原初状态中亚当和夏娃与自然状态无关。例如,他们无法从无知之幕后面走出来,简单地摒弃过去并重新开始创造一个新的世界。其他因素除外,他们至少会受到其社会所处地理位置的影响,因为这涉及气候和获得自然资源的可能。因此不能认为他们在无知之幕后面订立的契约已经决定了有关未来社会的所有事项,其中包括那些需要在未来才能决定的事项。某种意义上,他们的未来社会的情形既取决于他们在原初状态达成的社会契约,还取决于他们离开原初状态之后所面对的真实的自然状态。

　　罗尔斯之所以要发明这样一个"四幕之舞",关键在于要建立一个允许罗尔斯使用最大最小标准的框架。如果亚当和夏娃在原初状态考虑的可能的自然状态的集合充分大且多样化,罗尔斯就有理由认为他的厚的无知之幕使他们面临的是一个"大世界"的决策问题。但正如第 4.5 节解释过的,萨维奇[228]只愿意在一个"小世界"的背景中为他提出的作为贝叶斯决策理论基础的一致性条件进行辩护。这里所思考的某类厚的帷幕因而可以让罗尔斯自由地从这几种"完全无知条件下的决策"理论中选出一种应用于"大世界"。②具体地说就是他可以在完全无知条件下应用米尔诺(Milnor)[179]的决策公理。由于米尔诺公理的一个子集被证明具有最大最小标准的特征,这样罗尔斯就可以找到一个为他的非正统的决策理论辩护的权威性证据。使用贝叶斯方法的人可能会理智地认为米尔诺公

---

① 在第 1.2.1 节中沃尔夫[276]等人批评罗尔斯在他的社会契约故事中放弃了对自然状态的思考,然而罗尔斯的问题似乎没有乍看之下那么严重,假设人们同意我的观点,认为自然状态与当前的社会状态具有相关性。

② 贝叶斯主义者在很大程度上不知道有这样一些理论存在,他们的理由有很多,因为必须要承认这样一些理论未必妥当。然而,有人可能已经读熟了他们的经典著作,从而注意到了萨维奇[228]在《统计学基础》一书中对他称为最小最大后悔原理的非贝叶斯决策规则的贡献。

理有高度的理论推测性的特征,但这是我并不打算探究的很少的几个存在争论的问题之一,①因为我相信问题的症结在别处。简言之,我认为没有恰当的理由来否认亚当和夏娃在进入原初状态时已经了解了自然状态。进一步讲,假设他们对于自然状态一无所知,我不相信使用最大最小标准就会把他们导向罗尔斯详细解释过的正义的自由原理。

对于这最后一点,参考一下第2.3.5节中提出的可能性,亚当和夏娃在从无知之幕后面出来之后发现他们正在风暴中的一叶孤舟上,这时他们发现要接受一套为中产阶级民主设计的正义原理是一件非常困难的事。事实上,由于其他安排在这种生死关头都是低效率的,所以这一叶孤舟上的社会是在严格的等级秩序基础上组织起来的。如果亚当和夏娃认为社会实体的存续是压倒一切的,那么他们在原初状态的行为就应该表现得好像在真实的自然状态中最差的情形是正当的一样。我认为他们将不可避免地被导向一个霍布斯式的权威型社会结构,而不是罗尔斯设想的自由结构。

有人可能会认为,我讲的这只小船的故事太过牵强而不值得研究。然而,拒绝把这个极端的情形作为处于无知之幕另一面的可能情况的人,也会拒绝亚当和夏娃对于真正的自然状态完全无知的假设。事实上,我认为罗尔斯[214]在《正义论》中为了证明他设想的在原初状态关于公正社会的性质的决策是合理的,暗中想当然地认为亚当和夏娃懂得大量构成了目前现代西方民主的中产阶级制度的类型。晚年的罗尔斯[211]非常明确地表示出对被受普遍认同的文化价值的关切,他认为在穿越无知之幕时我们有权记住它们。

我的观点是,这类知识不仅应该得到明确,而且应该被假设是详细和全面的。在原初状态被取消的只有亚当和夏娃的身份特征,除此之外的有关社会组织方式的信息都应该是公开的。他们还能设计出其他与这种物质条件和历史经验相适应的社会吗?②基于这种考虑,我会同意桑德尔[227]等社群主义者

---

① 卢斯和雷法[158,p.289]对米尔诺的工作的恰当评论并未过时,但在贝叶斯主义者占主导地位之后,这一领域的进展很小。我唯一要补充的是米尔诺的"列复制"公理清楚地证明他的结论只打算在"大世界"背景中应用。

② 一个日常的例子可能对说明问题有利。我和我的妻子计划去热带度假,但我们在下榻的旅馆的选择上发生了分歧。如果要用原初状态来解决我们的问题,明智的做法是否是我们应该忘记我们原定的是一个热带目的地?如果是这样的话,我们最终同意去的可能是任意一个拥有中央空调供暖的旅馆。

对青年罗尔斯的批评。我不能确信用"自我"这样形而上学的概念来表达这种批评有何助益,但我非常同意跨出自己的文化而接受一种局外人的文化中性的态度往往是一件难而又难的事,同时,我也找不出他们必须这样做的理由。

然而,如果我们否认罗尔斯的厚的无知之幕而坚持认为亚当和夏娃对于当前状态除他们的位置之外无所不知,那么所有拒绝正统贝叶斯决策理论的理由都消失了。当置身于这样一个薄的无知之幕后面时,对于表示世界的可能状态的集合 $B=\{A,E\}$ 我认为只需要包括两种可替代的选择。在状态 A,我是亚当而我在原初状态的同伴是夏娃;在状态 E,我是夏娃而我的同伴是亚当。①如果萨维奇[228]设想的为贝叶斯决策理论提供应用领域的"小世界"概念得以应用的话,那么只需要思考两种世界的状态的情况也一定适用于这个概念。如果有人在这一条件下拒绝贝叶斯决策理论的公理,他就必须对它们都加以拒绝。那些持有这种观点,但是当概率具有客观性时又追随罗尔斯接受期望效用理论的人,将会拒绝第 4.5 节中的假设,这一假设强调一个理性的人一定会把信念从偏好中分离出来。或许我们应该对这种坚定的质疑表示敬意。但是,由于他们不知道自己在干什么,因此我认为更应该原谅他们。

另一方面,如果有人同意理性人能把他们的信念从偏好中分离出来,那么他只能同意在一个薄的无知之幕后,人的行为会像是他已经对事件 A 和事件 E 分别赋予了主观概率 $p=\text{prob}(A)$ 和 $1-p=\text{prob}(E)$。主观概率理论没有告诉我有关 p 值的任何信息,正如我在本节前面的部分所强调的,拉普拉斯不充分理由原则是概率理论的逻辑主义观点的一部分。那么,一个主观主义者是如何推断出 $p=\dfrac{1}{2}$ 的?简单的回答是他没有推断出,但这是下一节的主题。随之而来的问题很简单,那就是除非有人愿意承认正统的决策理论专家在他们很有把握的事情上是彻底错误的,否则就应对 A 和 E 赋予某种概率。

①　我并非在暗示我们对无知之幕后面的一切无所不知。我们当然不知道,例如,在下一星期的扑克游戏中将出什么牌型。然而,在真实世界中,在对待这种不确定性时,以一种不会引起争论的方式赋予其概率是合理的做法。

4.7 道德博弈

本章的主要内容是对正统决策理论的一个尝试性剖析,之所以要对这样一个主题进行详尽的研究,是因为我的经验表明即使是在日常研究中使用这一理论的人有时也对这一理论的基础存在误解。因此,当试图将这些理论应用于人际比较时,混乱是普遍存在的。

本章中余下的部分主要致力于对哈萨尼和罗尔斯提出的厚的无知之幕进行批评。回忆一下第 4.6 节,为了确保处于原初状态的人能够忘记他们的移情偏好,因而可以接受一个理想观察者的移情偏好,哈萨尼[109]提出了一个厚的无知之幕。而罗尔斯[214]认为人际比较问题能够用基本善这一概念巧妙化解,因此他对移情偏好之类的问题并不关心。罗尔斯提出厚的无知之幕的理由与哈萨尼截然不同,他认为他的无知之幕可以被用来证明在原初状态中使用最大最小标准的合理性。

在讨论由哈萨尼和罗尔斯提出的厚的无知之幕时,我努力要澄清的是对他们两人所设想的无知之幕我都不敢苟同。但是,由于这一过程所涉及的其他问题的数量太多,以至于一些读者肯定不会明白我在这一重要问题上的立场,因此本节尽量提供一个我对无知之幕的作用所持观念的概括。

与哈萨尼和罗尔斯不同,我没有受到康德理论的支配,我认为康德的先验道德的推理是错误的,其错误与普遍认可的他的先验几何推理的错误如出一辙。我对原初状态的兴趣完全是实事求是的,它源自这样的信念,即这种装置粗略而实用的版本早已被嵌入了人们用以协调彼此之间关系的装置之中。由于主张用原初状态的装置作为变革的工具,因此对它的优点我没有提出过分宏大的哲学主张。这一切都表明,我们在努力通过采用我们日常生活中常见的提高社会合作效率的协调装置来解决大规模的协调问题,而社会演化迄今为止尚未对此给出任何令人满意的方案。

哈萨尼和罗尔斯在讨论原初状态时,表现出了超人的想象力,在无知之幕后面,凭空创造出来的乌托邦社会成为了衡量现实存在的世俗社会的比较标准。

对哈萨尼和罗尔斯而言,原初状态装置的作用正如罗尔斯[214,p.584]所说的是判断当前制度的阿基米德支点。我对原初状态的态度更复杂一些,原因是它强迫我在不同的时间戴不同的帽子,其中之一是类似哈萨尼和罗尔斯戴过的具有规定性的或规范性的帽子,这就是我在扮成一位辉格式的变革者时戴的帽子。但在讨论原初状态时我并不总是戴着这顶有规定性的帽子,有时我也会戴上一顶描述性的或实证性的帽子。为了理解原初状态装置在被用于当前社会的小范围的目标时它是如何起作用的,我戴的就是这样一顶帽子。

为什么我要有两顶帽子? 在第 1.2.4 节中可以找到答案,在那部分内容中我对生存博弈与道德博弈作了区分。生存博弈的规则由自然来确定,无论我们相信与否它都存在。如果一个社会的成员具有经济人的自利动机,他们就会在生存博弈中通过协调达到均衡,我把这样一个均衡称为社会契约,因而一个社会契约是对每一个人的均衡战略的剖面图。在社会契约起作用的时候,每一个根据他的战略规定的行为规则行动的成员都会达到最优状态,但是维持均衡的这些规则并不像生存博弈的规则那样有约束力,它们的存在完全是出于习惯。它们之所以存在只是因为我们信仰它们,如果社会演化的偶然事件把社会导向了另一个不同的均衡,我们可能会信仰另一套惯例。

在戴上一顶变革者的帽子时,我会主张从我们当前的社会契约转换到另一个我们都更向往的社会契约。为了取代我们现在用来维持生存博弈均衡的惯例,我提议我们可以声称我们正在进行的是另一个博弈,即在第 1.2.4 节中称为"道德博弈"的博弈。在道德博弈中,每个成员都认为只要他感觉受到了不公正的待遇,他就可以求助原初状态的装置。然后,每个人都会无视他们在社会中已经被赋予的角色而消失在无知之幕后面,并通过谈判来达成一个新的社会契约。这样一个道德博弈就是我的阿基米德支点,我认为"公平的社会契约"应当被定义为在生存博弈中的一种均衡状态,这种均衡状态要求使用一种策略,这种策略能够使道德博弈中的参与人不再有借助于原初状态的动机。虽然生存博弈的参与人不受道德博弈规则的约束,但那些表现得仿佛他们的行为是受到道德博弈规则约束的参与人,将通过协调在生存博弈中达成一个具有真正约束力的均衡,因而道德博弈为生存博弈提供了均衡选择机制。

在提议把道德博弈作为变革工具时我需要一项具有规定性的帽子。然而,与哈萨尼和罗尔斯不同,他们为自己的主张提供了形而上学的证明,而我发现在被问及为何我关注道德博弈而不是其他任何一个已被提出的道德系统时,我需要换一顶描述性的帽子,因为现在的社会契约里已经包含了协调我们每天都在进行的大量子博弈并使之达到均衡的原初状态,而这正是我提出道德博弈的原因。第2.3.6节的一个隐喻表明,历史的潮水已把这一社会工具冲上了海滩,我们为何不用它来改进我们的生活——就像我们在修缮房屋时从工具箱中拿出工具一样?但是,在我们把原初状态的装置用于新的目标之前,我们需要描述一下它现在是如何工作的。

在日常生活中使用原初状态的装置时的无知之幕有多厚?根据第2.3节给出的原因,我很怀疑内省对寻找答案的指导作用。我们操作原初状态时所使用的心理机制内化的程度很深,以至于它们除了因用错了地方而被触发的情况外,对我们有意识的思想几乎没有什么影响,因而我们编造出来的解释我们自己行为的故事并不可靠。不过,可以找到一些与正在发生的事件有关的证据,例如,我们通常都可以清楚地表达移情偏好这样一个事实。[①]除非它具有某种社会功能,否则我发现很难相信这种能力会是演化而成的。每当我们在通过讨论“公平”而使之合理化的情形中实现协调均衡时,我认为我们除了向他人显示移情偏好外还在向我们自己显示移情偏好,原初状态装置无疑没法捕捉到这种相互作用所涉及的复杂性,但它在直觉上的吸引力的确表明它至少部分地击中了要害。

如果我对我们日常处理公平问题时使用原初状态的思考是正确的,那么可以得知我们也有一个日常版的无知之幕。这个日常的无知之幕又有多厚?我认为它一点也不厚。的确,我最好的估计是,在没有失去它的功能的前提下它可以尽可能地薄,在简单的事物就能满足要求的情况下为何还要演化出某些复杂的事物来?在没有努力教会我们去设想在他人看来作为可能状态的世界有多么丰富的多样性之前,自然无疑会发现很难教会我们如何通过我们同胞的眼睛来观察世界的本来面目。

在我所表达的观点中,我相信至少有一点是与社群主义者麦金泰尔[160,

---

① 这些都不是经济人完备的并且有一致性的偏好,但是要想发现任何一种容易处理的模型,就必须接受某些对常规有想象力的突破。

162，161]和桑德尔[226，227]等人对罗尔斯[214]的批评是一致的。对于用"自我"这样形而上学的概念来阐明这种批评的价值,我表示怀疑,但我非常赞同的一点是,如果一个人可以砍断他的文化之根而处于一种青年罗尔斯[214]所要求的状态,这将无疑是一个非凡的奇迹。

薄的无知之幕　我设计的薄的无知之幕是如何起作用的? 它与罗尔斯的无知之幕的不同之处在于它不要求亚当和夏娃忘掉现实社会的组织方式。在薄的无知之幕后面,他们保留了有关当前的自然状态的知识,他们也没有像在哈萨尼的故事中那样忘记了移情偏好,这一点对我的理论特别重要。我认为亚当和夏娃的移情偏好是在社会演化中期形成的,因而社会演化决定了亚当和夏娃如何进行效用的人际比较。由于我认为不同的人对他人的福利的评价方式是任何有一致性的道德理论的基石,因而它对我极为重要,这样我就可以开始解释这种评价方式是如何以及为何出现的。但是如果强迫亚当和夏娃在每一次进入原初状态时都重新创设他们的移情偏好,这一故事就不可能发生了。

在第 2 卷第 2 章之前并不会介绍包含了一层薄的无知之幕的正式模型。在这里,只要勾勒出在今后还要详细介绍的模型的轮廓即可。具体来讲,我们需要密切注意在原初状态中对有关的信息约束进行模型化,还要注意可以选择的社会契约的可行集,以及设想在形成契约的过程中起作用的讨价还价过程的机制。

信息约束　使用薄的无知之幕要求以极简抽象派艺术的态度来对待信息约束,即假设亚当和夏娃是在原初状态进行观察的,他们把自己看作是两个毫无想象力的、贴着参与人 1 和参与人 2 这样的标签的抽象实体之一。参与人 1 在实际中将一直是亚当,参与人 2 在实际中将一直是夏娃,但他们双方表现得似乎没有获知这一信息,而其余的事情都是公开的。

目前组织社会的方式,即自然状态是参与人 1 和参与人 2 之间的共同知识,①他们在原初状态所面临的环境也是共同知识。参与人双方都知道在原初状态通过谈判达成协议之后,其中一个人将变为亚当而另一人将变为夏娃。在无

① 当然会有一些事情是不确定的,如下一年的降雨量或邻国的外交政策之类的事情,但可以认为参与人 1 和参与人 2 在赋予这类未知事件的概率上达成了一致意见。

知之幕后面,每个参与人因而必须对一张金额依赖于两个独立事件 A 和 E 的彩票进行权衡。事件 A 中参与人1扮演亚当,参与人2扮演夏娃。在事件 E 中,参与人1扮演夏娃,参与人2扮演亚当。

第4.6节详细分析了在这一条件下贝叶斯决策理论的应用,因而这里可以理所当然地认为每个参与人都会赋予事件 A 主观概率 p,事件 E 主观概率 $1-p$。但我们为何要接受 $p=\dfrac{1}{2}$?为什么对于两个参与人 p 是相同的?它的值又是如何成为参与人的共同知识的?罗尔斯[214]通过拒绝贝叶斯决策理论的应用性回避了这一问题。哈萨尼[109]试图借助第3.4节和第4.3节中批判过的哈萨尼公理来回答这一问题。然而,我接受奥尔森[197]的观点,即我并不打算从形而上学的前提中推导出原初状态的环境。相反,我还认为试图给出与 p 有关的证明的做法是误入歧途, p 的值应该是原初状态定义的一部分,也就是说,一个"公平"的社会契约应被定义为是在一个不仅给定 $p=\dfrac{1}{2}$,而且给定这一事实是共同知识的原初状态中经过谈判达成的协议。

如果需要给出选择这样一个原初状态的定义的理由,我会戴上一顶描述性的帽子。① 在判定现实生活中的"公平"问题时,这一原理通常被理解为尽可能地把双方都置于平等地位。② 如果我们要把原初状态模型建立在当前社会所接受的"公平"基础上,我们将别无选择,只能接受 $p=\dfrac{1}{2}$。当然,日常生活中我们所采用的基本的原初状态装置对双方参与人的平等态度绝非偶然。社会演化必须为产生出特定的 p 的选择负责,更深层次的分析需要通过研究一个内生了原初状态的演化起源的模型来给出解释。我意识到,我所提出的取代正式研究方法的书斋式经验论并不是令人满意的替代品。然而,我在日常的原初状态这方面的书斋式经验论也并不比我在其他方面的书斋式经验论更站不住脚。

可行的社会契约　我除了在原初状态的信息问题上与哈萨尼和罗尔斯有差

---

① 在后面的章节中,只要不引起数学上的混乱,我有时会选择一个模糊的 p 值。但我不喜欢这种权宜之计,出于同样的原因我也不喜欢哈萨尼在亚当和夏娃的效用比较问题上留下的空白。

② 我并不是说双方参与人事实上会得到"平等"待遇,因为这在很大程度上依赖于如何进行效用的人际比较。

别,还与他们不同的是我不愿否认参与人 1 和参与人 2 有机会形成基于任何可想象到的相关因素的社会契约。①特别是,为什么要像第 4.3 节那样来强制参与人双方都同意一个强加给他们的协议,即无论角色分配结果如何都要执行相同的社会契约,对此我认为没有理由,因而我同意他们接受具有随机性的社会契约,在这一契约中如果证明参与人 1 是亚当,实际起作用的是一套惯例,如果证明参与人 1 是夏娃,实际起作用的则是另一套完全不同的惯例。

假设对于这样一个具有随机性的社会契约,如果事件 A 发生则有结果 $\mathcal{C}$,如果事件 E 发生则有结果 $\mathcal{D}$。那么参与人 i 对这一契约的评估是

$$pu_i(\mathcal{C}, A)+(1-p)u_i(\mathcal{D}, E)$$

上式中 u_i 是参与人 i 的移情效用函数。这样 $u_i(\mathcal{C}, A)$ 是当 $\mathcal{C}$ 发生时他作为亚当的冯·诺依曼　摩根斯坦效用,而 $u_i(\mathcal{D}, E)$ 是当 $\mathcal{D}$ 发生时他作为夏娃的冯·诺依曼—摩根斯坦效用。这些移情效用函数与现实中亚当和夏娃的移情效用函数相同,因此,参与人 1 具有亚当的移情偏好,参与人 2 具有夏娃的移情偏好。②因而亚当和夏娃在穿过无知之幕时不会像哈萨尼的理论所说的那样忘记他们的移情偏好。确实,如果我对日常"公平"规范的实际运作方式的推测接近正确的话,当我们进入"原初状态"时要是忘记了这些规范,那么你我拥有的移情偏好就没有任何意义,因为只有在原初状态以这种方式使用这些"公平"规范的时候,它们才会对我们的行为产生影响。

讨价还价过程　最后,有必要进一步明确两个参与人在薄的无知之幕后面用以达成一个具有随机性的社会契约的讨价还价机制。我一如既往地采取一种极简抽象派的观点,并且对此所作的假设与真实世界中的理性讨价还价的理性

---

① 我与哈萨尼在这一点上的差别是很小的,因为这一问题只有在偏离均衡的条件下才显得很重要。然而,我认为罗尔斯由于忽视了第 4.6 节中描述过的"四幕之舞"中的随机契约的可能性而误入了歧途。

② 第 1.2.7 节解释过,当社会演化把这一系统带向均衡时,亚当和夏娃将具有同样的移情偏好。参与人 1 因而无法通过检查他自己的移情偏好并观察到它们是亚当的移情偏好而推断出自己就是亚当。另一方面,在思考均衡的含义时,有必要考虑如果存在对均衡路径的偏离的话会发生什么。在这样一个偏离均衡的情形中,亚当可以通过对他的移情偏好的研究推断出他的身份,然而,他是否可以从周围遗留下来的蛛丝马迹中推断出他是亚当是无关紧要的。说到底,亚当实际上知道他就是亚当,在进入原初状态时他只是假装穿过了无知之幕。

假设相同。然而,如何找到一个能正确反映真实世界的理性讨价还价的适当的模型是这里正在探索的一个重大问题。对于这一主题还需新辟一章来研究,不幸的是,关于理性讨价还价理论的新的一章过于冗长而不适合放在这一卷中。在到达第2卷第2章的无知之幕后面的讨价还价问题之前,还有许多问题尚未论及。

结束语　上面的句子试图为《博弈论与社会契约》第1卷《公平博弈》给出一个悬念式的结论,但这又好像是个性张扬的霍布斯[117]强调的那种终止的方式,他告诉我们:

> 愉悦或高兴有些是由于对现实对象的感觉而产生的……另一些则是由对事物的结局或终结的预见所引起的预期而产生的。

尽管没有人期望能从阅读一本政治哲学著作中体验到多少愉悦或快乐,但我还是为自己写的这本《公平博弈》如此冗长,却给读者留下了未完待续的遗憾并因此使读者未能尽兴而深表歉意。不过,我承诺,《公平博弈》的姊妹篇《公正博弈》,即《博弈论与社会契约》的第2卷,也是最后一卷,一定不会让读者感到失望。

参考文献

[1] D. Abreu and A. Rubinstein. The structure of Nash equilibrium in repeated games with finite automata. *Econometrica*, 56:1259–1282, 1988.

[2] F. Anscombe and R. Aumann. A definition of subjective probability. *Annals of Mathematical Statistics*, 34:199–205, 1963.

[3] M. Arbib. *Brains, Machines and Mathematics*. Springer-Verlag, Berlin, 1987.

[4] M. Arbib. *In Search of the Person*. University of Massachusetts Press, Amherst, 1985.

[5] Aristotle. *The Philosophy of Aristotle*. Mentor Books, New York, 1963. (Translated by R. Brambrough.).

[6] K. Arrow. Extended sympathy and the problem of social choice. *Philosophia*, 7:233–237, 1978.

[7] K. Arrow. Rawls' principle of just savings. *Swedish Journal of Economics*, 75:323–335, 1973.

[8] K. Arrow. *Social Choice and Individual Values*. Yale University Press, New Haven, 1963.

[9] J. Aubrey. *Brief Lives*. Penguin Books, Harmondsworth, Middlesex, UK, 1962. (Edited by O. Lawson.).

[10] R. Aumann. Agreeing to disagree. *The Annals of Statistics*, 4:1236–1239, 1976.

[11] R. Aumann. Correlated equilibrium as an expression of Bayesian rationality. *Econometrica*, 55:1–18, 1987.

[12] R. Aumann. Interactive epistemology. 1989. Working Paper, Cowles Foundation, Yale University.

[13] R. Aumann. Nash equilibria are not self-enforcing. In J.-F. Richard J.-J. Gabsewicz and L. Wolsley, editors, *Economic Decision-Making: Econometrics and Optimization*, Elsevier Science Publishers, Amsterdam, 1990. (Essays in honor of Jacques Dreze.).

[14] R. Axelrod. *The Evolution of Cooperation*. Basic Books, New York, 1984.

[15] R. Axelrod. The evolution of strategies in the iterated prisoners' dilemma. In L. Davis, editor, *Genetic Algorithms and Simulated Annealing*, Morgan Kaufmann, Los Altos, Calif., 1987.

[16] B. Barry. *Theories of Justice*. University of California Press, Berkeley and Los Angeles, 1989.

[17] J. Bentham. An introduction to the principles of morals and legislation. In *Utilitarianism and Other Essays*, Penguin Books, Harmondsworth, Middlesex, U.K., 1987. (Introduction by A. Ryan, essay first published 1789).

[18] T. Bergstrom. Love and spaghetti, the opportunity cost of virtue. *Journal of Economic Perspectives*, 3:165–173, 1989.

[19] G. Berkeley. *Three Dialogues Between Hylas and Philonus.* Bobbs-Merrill, Indianapolis, 1954. (Edited by C. Turbayne; first published 1713).

[20] D. Bernheim. Rationalizable strategic behavior. *Econometrica*, 52:1007–1028, 1984.

[21] M. Bianchi. How to learn sociality: True and false solutions to Mandeville's problem. 1990. University of Rome Paper.

[22] C. Bicchieri and I. Gilboa. Etude for: Can free choice be known. 1992. Working Paper, Philosophy Department, Carnegie-Mellon University.

[23] K. Binmore. Bargaining and morality: Social contract II. In R. Sugden, editor, *Rationality, Justice and the Social Contract: Themes from 'Morals by Agreement'*, Simon and Schuster, Hemel Hempstead, U.K., 1992.

[24] K. Binmore. Debayesing game theory. In B. Skyrms, editor, *Studies in Logic and the Foundations of Game Theory: Proceedings of the Ninth International Congress of Logic, Methodology and the Philosophy of Science*, Kluwer, Dordrecht, 1992.

[25] K. Binmore. Equilibria in extensive games. *Economic Journal*, 95:51–59, 1984.

[26] K. Binmore. An example in group preference. *Journal of Economic Theory*, 10:377–385, 1975.

[27] K. Binmore. Experimental economics. *European Economic Review*, 31:257–264, 1987.

[28] K. Binmore. Foundations of game theory. In J.-J. Laffont, editor, *Advances in Economic Theory*, Sixth World Congress of the Econometric Society, Cambridge University Press, Cambridge, 1992.

[29] K. Binmore. *Fun and Games*. D. C. Heath, Lexington, Mass., 1991.

[30] K. Binmore. Game theory and the social contract. In R. Selten, editor, *Game Equilibrium Models II: Methods, Morals and Markets*, Springer-Verlag, Berlin, 1991.

[31] K. Binmore. *Game Theory and the Social Contract I*. Technical Report ST/ICERD 84/108, London School of Economics, 1984.

[32] K. Binmore. Modeling rational players I. *Economics and Philosophy*, 3:9–55, 1987.

[33] K. Binmore. Modeling rational players II. *Economics and Philosophy*, 4:179–214, 1987.

[34] K. Binmore. Social contract I: Harsanyi and Rawls. *Economic Journal*, 99:84–102, 1989.

[35] K. Binmore. Social contract III: Evolution and utilitarianism. *Constitutional Political Economy*, 1:1–26, 1990.

[36] K. Binmore. Social contract IV: Convention and evolution. In R. Selten, editor, *Rational Interaction: Essays in Honor of John C. Harsanyi*, Springer-Verlag, Berlin, 1992.

[37] K. Binmore. Social contract IV: Evolution and convention. In R. Selten, editor, *Rational Interaction: Essays in Honor of John Harsanyi*, Springer, Berlin, 1992.

[38] K. Binmore and A. Brandenburger. Common knowledge and game theory. In K. G. Binmore, editor, *Essays on Foundations of Game Theory*, Basil Blackwell, Oxford, 1990.

[39] K. Binmore, P. Morgan, A. Shaked, and J. Sutton. Do people exploit their bargaining power? An experimental study. *Games and Economic Behavior*, 3:295–322, 1991.

[40] K. Binmore and L. Samuelson. Evolutionary stability in repeated games played by finite automata. *Journal of Economic Theory*, 57:278–305, 1992.

[41] K. Binmore, A. Shaked, and J. Sutton. An outside option experiment. *Quarterly Journal of Economics*, 104:753–770, 1989.

[42] K. Binmore, A. Shaked, and J. Sutton. Testing noncooperative game theory: A preliminary study. *American Economic Review*, 75:1178–1180, 1985.

[43] K. Binmore and H. Shin. Algorithmic knowledge and game theory. In C. Bicchieri and M. Chiara, editors, *Knowledge, Belief and Strategic Interaction*, Cambridge University Press, Cambridge, 1992.

[44] K. Binmore, J. Swierzsbinski, S. Hsu, and C. Proulx. Focal points and bargaining. 1992. University of Michigan Discussion Paper.

[45] R. Boyd and P. Richerson. *Culture and the Evolutionary Process*. University of Chicago Press, Chicago, 1985.

[46] R. Braithwaite. *The Theory of Games as a Tool for the Moral Philosopher*. Cambridge University Press, Cambridge, 1955.

[47] S. Brams. *Superior Beings*. Springer-Verlag, New York, 1983.

[48] J. Broome. *Weighing Goods*. Basil Blackwell, Oxford, 1991.

[49] J. Buchanan. A Hobbsian interpretation of the Rawlsian difference principle. *Kyklos*, 29:5–25, 1976.

[50] J. Buchanan. *The Limits of Liberty*. University of Chicago Press, Chicago, 1975.

[51] J. Buchanan. Towards the simple economics of natural liberty. *Kyklos*, 40, 1987.

[52] R. Burton. *The Anatomy of Melancholy*. Tudor, New York, 1927.

[53] G. Calvo. Some notes on time inconsistency and Rawls' maximin principle. *Review of Economic Studies*, 45:97–102, 1978.

[54] H. Carlsson and E. Van Damme. Equilibrium selection in Stag Hunt games. 1991. CenTER discussion paper, Tilburg University.

[55] K. Chatterjee and W. Samuelson. Bargaining under incomplete information. *Operations Research*, 31:835–851, 1983.

[56] R. Coase. The problem of social costs. *Journal of Law and Economics*, 3:1–44, 1960.

[57] V. Crawford. An evolutionary interpretation of Van Huyck, Battalio and Beil's experimental results in coordination games. *Games and Economic Behavior*, 3:25–59, 1991.

[58] P. Dasgupta. Of some alternative criteria for justice between generations. *Journal of Public Economics*, 3:405–423, 1974.

[59] P. Dasgupta. Population and savings: Ethical issues. 1993. Working paper, University of Cambridge.

[60] R. Dawes, A. van der Kragt, and J. Orbell. Not thee or me but we. *Acta Psychologica*, 68:83–97, 1988.

[61] R. Dawkins. *The Blind Watchmaker*. Penguin Books, London, 1986.

[62] R. Dawkins. *The Selfish Gene*. Oxford University Press, Oxford, 1976.

[63] D. Defoe. *The Complete English Tradesman*. Augustus Kelley, New York, 1969. (First published 1727.).

[64] C. Dennett. *Brainstorms: Philosphical Essays on Mind and Psychology*. Harvester Press, Hassocks, Sussex, UK, 1978.

[65] C. Dennett. *Consciousness Explained*. Allen Lane: The Penguin Press, London, 1991.

[66] P. Diamond. Cardinal welfare, individualistic ethics and interpersonal comparison of utility: Comment. *Journal of Political Economy*, 75:765–766, 1967.

[67] W. Dowling. There are no safe virus tests. *American Mathematical Monthly*, 96:835–836, 1989.

[68] F. Edgeworth. *Mathematical Psychics*. Kegan Paul, London, 1881.

[69] D. Ellsberg. *The Theory and Practice of Blackmail: Formal Theories of Negotiation*. University of Illinois Press, Urbana, 1975.

[70] J. Elster. *The Cement of Society: A Study of Social Order*. Cambridge University Press, Cambridge, 1989.

[71] J. Elster. *Making Sense of Marx*. Cambridge University Press, Cambridge, 1985.

[72] J. Elster. Sour grapes–Utilitarianism and the genesis of wants. In A. Sen and B. Williams, editors, *Utilitarianism and Beyond*, Cambridge University Press, Cambridge, 1982.

[73] J. Farrell. Meaning and credibility in cheap-talk games. In M. Dempster, editor, *Mathematical Models in Economics*, Oxford University Press, Oxford, (Forthcoming.).

[74] G. Field. *Moral Theory*. Methuen, London, 1988. (First published 1921.).

[75] R. Frank. *Passions within Reason*. Norton, New York, 1988.

[76] M. Friedman. Lerner on the economics of control. *Journal of Political Economy*, 55:405–416, 1947.

[77] M. Friedman and L. Savage. Utility analysis of choices involving risk. *Journal of Political Economy*, 56:179–304, 1948.

[78] D. Fudenberg. Repeated game explanations of commitment and cooperation. In J.-J. Laffont, editor, *Advances in Economic Theory*, Sixth World Congress of the Econometric Society, Cambridge University Press, Cambridge, 1992.

[79] D. Fudenberg and E. Maskin. Evolution and cooperation in noisy repeated games. *American Economic Review*, 80:274–279, 1990.

[80] Y.-L. Fung. *A History of Chinese Philosophy, Volume 1*. Princeton University Press, Princeton, 1952.

[81] W. Gaertner, P. Pattanaik, and K. Suzumura. Individual rights revisited. *Economica*, 59:161–178, 1992.

[82] D. Gauthier. David Hume: Contractarian. *Philosophical Review*, 88:3–38, 1979.

[83] D. Gauthier. *The Logic of Leviathan*. Oxford University Press, Oxford, 1969.

[84] D. Gauthier. *Morals by Agreement*. Clarendon Press, Oxford, 1986.

[85] D. Gauthier. Uniting separate persons. In D. Gauthier and R. Sugden, editors, *Rationality, Justice and the Social Contract*, Harvester Wheatsheaf, Hemel Hempstead, UK, 1993.

[86] E. Gellner. *Plough, Sword and Book*. Paladin, Grafton Books, London, 1988.

[87] A. Gibbard. A Pareto-consistent libertarian claim. *Journal of Economic Theory*, 7:388–410, 1974.

[88] A. Gibbard. *Wise Choices and Apt Feelings: A Theory of Normative Judgment.* Clarendon Press, Oxford, 1990.

[89] A. Gibbard and W. Harper. Counterfactuals and two kinds of expected utility. *Foundations and Applications of Decision Theory*, 1:125–162, 1978.

[90] R. Goodin. Equal rationality and initial endowments. In D. Gauthier and R. Sugden, editors, *Rationality, Justice and the Social Contract*, Harvester Wheatsheaf, Hemel Hempstead, U. K., 1993.

[91] J. W. Gough. *The Social Contract.* Clarendon Press, Oxford, 1938.

[92] E. Green and K. Osband. A revealed preference theory for expected utility. *Review of Economic Studies*, 58:677–697, 1991.

[93] P. Hammond. Consequentialist foundations for expected utility. *Theory and Decision*, 25:25–78, 1988.

[94] P. Hammond. Harsanyi's utilitarian theorem: A simpler proof and some ethical connotations. In R. Selten, editor, *Rational Interaction: Essays in Honor of John Harsanyi*, Springer-Verlag, Berlin, 1992.

[95] P. Hammond. Why ethical measures of inequality need interpersonal comparisons. *Theory and Decision*, 7:263–274, 1976.

[96] S. Hampshire. Morality and convention. In A. Sen and B. Williams, editors, *Utilitarianism and Beyond*, Cambridge University Press, Cambridge, 1982.

[97] J. Hampton. *Hobbes and the Social Contract Tradition.* Cambridge University Press, Cambridge, 1986.

[98] G. Hardin. The tragedy of the commons. *Science*, 162:1243–1248, 1968.

[99] R. Hardin. *Collective Action.* Johns Hopkins Press, Baltimore, 1982.

[100] R. Hardin. *Morality within the Limits of Reason.* University of Chicago Press, Chicago, 1988.

[101] R. Hare. Ethical theory and utilitarianism. In A. Sen and B. Williams, editors, *Utilitarianism and Beyond*, Cambridge University Press, Cambridge, 1982.

[102] R. Hare. *Moral Thinking: Its Levels, Method and Point.* Clarendon Press, Cambridge, 1981.

[103] R. Hare. The promising game. *Revue Internationale de Philosophie,* 70:398–412, 1964.

[104] R. Hare. Rawls' theory of justice. In B. Daniels, editor, *Reading Rawls,* Basil Blackwell, Oxford, 1975.

[105] J. Harsanyi. Can the maximin principle serve as a basis for morality? A critique of John Rawls' theory. *American Political Science Review,* 69:594–606, 1975.

[106] J. Harsanyi. Cardinal welfare, individualistic ethics, and the interpersonal comparison of utility. *Journal of Political Economy,* 63:309–321, 1955.

[107] J. Harsanyi. Games with incomplete information played by 'Bayesian' players, Parts I - III. *Management Science,* 14:159–182, 1967.

[108] J. Harsanyi. Normative validity and meaning of Von Neumann and Morgenstern utilities. In B. Skyrms, editor, *Studies in Logic and the Foundations of Game Theory: Proceedings of the Ninth International Congress of Logic, Methodology and the Philosophy of Science,* Kluwer, Dordrecht, 1992.

[109] J. Harsanyi. *Rational Behavior and Bargaining Equilibrium in Games and Social Situations.* Cambridge University Press, Cambridge, 1977.

[110] J. Harsanyi. Review of Gauthier's "Morals by Agreement". *Economics and Philosophy,* 3:339–343, 1987.

[111] J. Harsanyi and R. Selten. *A General Theory of Equilibrium Selection in Games.* MIT Press, Cambridge, 1988.

[112] F. Hayek. *The Constitution of Liberty.* University of Chicago Press, Chicago, 1960.

[113] F. Hayek. *The Sensory Order.* University of Chicago Press, Chicago, 1952.

[114] F. Hayek. *Studies in Philosophy, Politics and Economics.* University of Chicago Press, Chicago, 1967.

[115] T. Hobbes. *Behemoth.* University of Chicago Press, Chicago, 1990. (Edited by F. Tönnies, first published 1682.).

[116] T. Hobbes. *Elements of Law*. Frank Cass, London, 1969. (Edited by F. Tönnies).

[117] T. Hobbes. *Leviathan*. Penguin Classics, London, 1986. (Edited by C. B. Macpherson, first published 1651.).

[118] D. Hofstadter. A conversation with Einstein's brain. In D. Hofstadter and D. Dunnett, editors, *The Mind's I*, Basic Books, Harmondsworth, UK, 1981.

[119] D. Hofstadter. Metamagical themes. *Scientific American*, 248(6):14–20, 1983.

[120] K. Hopkins. *Conquerors and Slaves*. Cambridge University Press, Cambridge, 1978.

[121] J. Howard. Cooperation in the Prisoners' Dilemma. *Theory and Decision*, 24:203–213, 1988.

[122] N. Howard. *Paradoxes of Rationality: Theory of Metagames and Political Behavior*. MIT Press, Cambridge, Mass., 1971.

[123] R. Howe and J. Roemer. Rawlsian justice as the core of a game. *American Economic Review*, 71:880–895, 1981.

[124] D. Hume. *Enquiries Concerning Human Understanding and Concerning the Principles of Morals*. 3rd edition. Clarendon Press, Oxford, 1975. (Edited by L. A. Selby-Bigge, revised by P. Nidditch, first published 1777.).

[125] D. Hume. Of suicide. In *Essays Moral, Political and Literary*, Liberty Classics, Indianapolis, 1985.

[126] D. Hume. Of the first principles of government. In *Essays Moral, Political and Literary, Part I*, Liberty Classics, Indianapolis, 1985. (Edited by E. Miller, essay first published 1758.).

[127] D. Hume. Of the original contract. In *Essays Moral, Political and Literary*, Liberty Classics, Indianapolis, 1985. (Edited by E. Miller, essay first published 1748.).

[128] D. Hume. *A Treatise of Human Nature*. 2nd edition. Clarendon Press, Oxford, 1978. (Edited by L. A. Selby-Bigge, revised by P. Nidditch, first published 1739.).

[129] M. Hunt. *The Compassionate Beast*. William Morrow, New York, 1990.

[130] R. Jervis. Cooperation under the security dilemma. *World Politics*, 30:167–214, 1978.

[131] D. Kahneman and A. Tversky. Prospect theory: An analysis of decision under risk. *Econometrica*, 47:263–291, 1979.

[132] E. Kalai and M. Smorodinsky. Other solutions to Nash's bargaining problem. *Econometrica*, 45:1623–1630, 1975.

[133] I. Kant. Critique of judgment. In *The Philosophy of Kant*, Random House, New York, 1949. (Edited by C. Friedrich; first published 1788.).

[134] I. Kant. *Groundwork of the Metaphysic of Morals*. Harper Torchbooks, New York, 1964. (Translated and analyzed by H. Paton. First published 1785.).

[135] I. Kant. Idea of a universal history. In *The Philosophy of Kant*, Random House, New York, 1949. (Edited by C. Friedrich; first published 1788.).

[136] I. Kant. *The Philosophy of Kant*. Random House, New York, 1949. (Edited by C. Friedrich.).

[137] I. Kant. Theory and practice. In *The Philosophy of Kant*, Random House, New York, 1949. (Edited by C. Friedrich. First published 1793.).

[138] G. Kavka. Hobbes' war of all against all. *Ethics*, 93:291–310, 1983.

[139] G. Kavka. *Hobbesian Moral and Political Theory*. Princeton University Press, Princeton, 1986.

[140] J. M. Keynes. *The General Theory of Employment, Interest and Money*. Macmillan, London, 1937.

[141] J. M. Keynes. *A Treatise on Probability*. Macmillan, London, 1921.

[142] R. Kirk. *Edmund Burke: A Genius Reconsidered*. Arlington House, New York, 1967.

[143] A. Kolmogorov. *Foundations of the Theory of Probability*. Chelsea, New York, 1950.

[144] D. Kreps. *Notes on the Theory of Choice*. Westview Press, London and Boulder, Colo., 1988.

[145] C. Kukathas and P. Pettit. *Rawls: A Theory of Justice and its Critics*. Polity Press with Basil Blackwell, Oxford, 1990.

[146] E. Land. Experiments in color vision. *Scientific American*, May:84–90, 1959.

[147] J. Ledyard. Public goods: A survey of experimental research. 1992. Working Paper, California Institute of Technology.

[148] A. Lerner. *The Economics of Control*. Macmillan, New York, 1944.

[149] I. Levi. A note on Newcombmania. *Journal of Philosophy*, 79:337–342, 1982.

[150] C. I. Lewis. *An Analysis of Knowledge and Valuation*. Open Court, La Salle, Ill., 1946.

[151] D. Lewis. Causal decision theory. *Australian Journal of Philosophy*, 51:5–30, 1981.

[152] D. Lewis. *Conventions: A Philosophical Study*. Harvard University Press, Cambridge, Mass., 1969.

[153] D. Lewis. *Counterfactuals*. Basil Blackwell, Oxford, 1976.

[154] D. Lewis. Prisoners' Dilemma as a Newcomb problem. *Philosophy and Public Affairs*, 8:235–240, 1979.

[155] B. Linster. *Essays on Cooperation and Competition*. PhD thesis, University of Michigan, 1990.

[156] J. Locke. *An Essay Concerning Human Understanding*. Clarendon Press, Oxford, 1975. (Edited by P. Nidditch).

[157] J. Locke. *Two Treatises of Government*. Cambridge University Press, Cambridge, 1963. (First published 1690.).

[158] R. Luce and H. Raiffa. *Games and Decisions*. Wiley, New York, 1957.

[159] M. Machina. Choice under uncertainty. *Economic Perspectives*, 1:121–154, 1987.

[160] A. Macintyre. *After Virtue*. Duckworth, London, 1981.

[161] A. Macintyre. *Three Rival Versions of Moral Enquiry*. Duckworth, London, 1990.

[162] A. Macintyre. *Whose Justice? Which Rationality?* Duckworth, London, 1988.

[163] J. Mackie. *Ethics, Inventing Right and Wrong*. Penguin Books, London, 1977.

[164] J. Mackie. *Hume's Moral Theory*. Routledge and Kegan Paul, London, 1980.

[165] J. Mackie. *Problems from Locke*. Clarendon Press, Oxford, 1976.

[166] R. MacMullen. *Corruption and the Decline of Rome*. Yale University Press, New Haven, 1988.

[167] C. Macpherson. The social bearing of Locke's political theory. *Western Political Quarterly*, 7:1–22, 19547.

[168] B. de Mandeville. *The Fable of the Bees—or Private Vices, Publick Benefits*. Liberty Classics, Indianapolis, 1988. (Edited by F. Kaye, first published 1714.).

[169] J. Mansbridge. *Beyond Self-Interest*. University of Chicago Press, Chicago, 1990.

[170] H. Margolis. *Selfishness, Altruism, and Rationality*. Cambridge University Press, Cambridge, 1982.

[171] J. Martinez-Coll and J. Hirshleifer. The limits of reciprocity. *Rationality and Society*, 3:35–64, 1991.

[172] J. Maynard Smith. *Evolution and the Theory of Games*. Cambridge University Press, Cambridge, 1982.

[173] J. Maynard Smith and G. Price. The logic of animal conflict. *Nature*, 246:15–18, 1972.

[174] B. Mayo. *The Philosophy of Right and Wrong*. Routledge and Kegan Paul, London and New York, 1986.

[175] E. McClennen. *Rationality and Dynamic Choice*. Cambridge University Press, Cambridge, 1990.

[176] J. de la Mettrie. *Man a Machine*. Open Court, La Salle, Ill., 1988. (First published 1748.).

[177] P. Milgrom. An axiomatic characterization of common knowledge. *Econometrica*, 49:219–222, 1981.

[178] J. S. Mill. Utilitarianism. In *Utilitarianism and Other Essays*, Penguin Books, Harmondsworth, Middlesex, U.K., 1987. (Introduction by A. Ryan; essay first published 1863.).

[179] J. Milnor. Games against Nature. In *Decision Processes*, Wiley, New York, 1954. (Edited by R. Thrall, C. Coombs, and R. Davies.).

[180] M. de Montaigne. *Essays of Montaigne.* Edwards Brothers, Ann Arbor, 1947.

[181] G. E. Moore. *Principia Ethica.* Prometheus Books, Buffalo, N.Y., 1988. (First published 1902.).

[182] A. de Morgan. *The Encyclopaedia of Eccentrics.* Open Court, La Salle, Ill., 1974.

[183] H. Moulin. Implementing the Kalai-Smorodinsky bargaining solution. *Journal of Economic Theory*, 33:32–45, 1984.

[184] S. Mulhall and A. Swift. *Liberals and Communitarians.* Blackwell, Oxford, 1992.

[185] D. Munro. *The Concept of Man in Early China.* Stanford University Press, Stanford, Calif., 1969.

[186] R. Myerson. *Game Theory: Analysis of Conflict.* Harvard University Press, Cambridge, Mass., 1991.

[187] R. Myerson and M. Satterthwaite. Efficient mechanisms for bilateral trading. *Journal of Economic Theory*, 29:265–281, 1983.

[188] J. Nachbar. The evolution of cooperation revisited. 1989. Working Paper, Rand Cooperation.

[189] T. Nagel. *The Possibility of Altruism.* Clarendon Press, Oxford, 1970.

[190] J. Nash. The bargaining problem. *Econometrica*, 18:155–162, 1950.

[191] F. Nietzsche. *Beyond Good and Evil.* Penguin Books, Harmondsworth, UK, 1973. (Translated by R. Hollingdale, first published 1886.).

[192] F. Nietzsche. Human, all too human. In O. Levy, editor, *The Complete Works of Friedrich Nietzsche*, Russell and Russell, New York, 1964.

[193] F. Nietzsche. *The Will to Power,* Volume II. Foulis, Edinburgh, 1910.

[194] R. Nozick. *Anarchy, State, and Utopia.* Basic Books, New York, 1974.

[195] R. Nozick. Newcomb's problem and two principles of choice. In N. Rescher, editor, *Essays in Honor of Carl G. Hempel*, Reidel, Dordrecht, Netherlands, 1969.

[196] M. Olson. *The Logic of Collective Action.* Harvard University Press, Cambridge, Mass, 1965.

[197] M. Olson. A new approach to the ethics of income distribution. 1986. Manville American Enterprise Lecture, University of Notre Dame.

[198] G. Orwell. *Animal Farm.* New American Library, Signet Classic, New York, 1960. (First published 1946.).

[199] V. Pareto. *Manuale di Economia Politica.* Societa Editrice Libraria, Milan, 1906.

[200] P. Pattanaik and K. Suzumura. Professor Sen on minimal liberty. 1990. Discussion Paper A231, Institute of Economic Research, Hitotsubashi University, Tokyo.

[201] D. Pearce. Rationalizable strategic behavior and the problem of perfection. *Econometrica*, 52:1029–1050, 1984.

[202] R. Penrose. *The Emperor's New Mind.* Oxford University Press, Oxford, 1989.

[203] W. Poundstone. *Labyrinths of Reason.* Doubleday, New York, 1988.

[204] D. Probst. Evolution in the repeated Prisoners' Dilemma. Working Paper (in preparation), University of Bonn.

[205] W. Quine. *The Ways of Paradox and Other Essays.* Harvard University Press, Cambridge, Mass., 1966.

[206] H. Raiffa. Arbitration schemes for generalized two-person games. In H. Kuhn and A. Tucker, editors, *Contributions to the Theory of Games II*, Princeton University Press, Princeton, 1953.

[207] A. Rapoport. *Two-Person Game Theory.* University of Michigan Press, Ann Arbor, Mich., 1966.

[208] J. Rawls. Distributive justice: Some addenda. *Natural Law Forum*, 13, 1968.

[209] J. Rawls. Justice as fairness. *Philosophical Review*, 57:185–187, 1958.

[210] J. Rawls. Kantian constructivism in moral theory. *Journal of Philosophy*, 88:575–582, 1980.

[211] J. Rawls. *Political Liberalism.* Columbia University Press, New York, 1993.

[212] J. Rawls. Social unity and primary goods. In A. Sen and B. Williams, editors, *Utilitarianism and Beyond*, Cambridge University Press, Cambridge, 1982.

[213] J. Rawls. Some reasons for the maximin criterion. *American Economic Review*, 64 (papers and proceedings):141–146, 1974.

[214] J. Rawls. *A Theory of Justice*. Oxford University Press, Oxford, 1972.

[215] P. Redondi. *Galileo: Heretic*. Princeton University Press, Princeton, 1987. (Translated by R. Rosenthal).

[216] W. Riker. *Liberalism against Populism*. Waveland Press, Prospect Heights, Ill., 1982.

[217] L. Robbins. *An Essay on the Nature and Significance of Economic Science*. Macmillan, London, 1935.

[218] L. Robbins. Inter-personal comparisons of utility. *Economic Journal*, 48:635–641, 1938.

[219] A. Robson. Efficiency in evolutionary games: Darwin, Nash, and the secret handshake. *Journal of Theoretical Biology*, 144:379–396, 1990.

[220] A. Rodriguez. Rawls' maximin criterion and time consistency: A generalisation. *Review of Economic Studies*, 48:599–605, 1981.

[221] J.-J. Rousseau. A discourse on political economy. In G. Cole, editor, *Rousseau's Social Contract and Discourses*, pages 249–287, J. M. Dent, London, 1913. (First published 1755.).

[222] J.-J. Rousseau. *Emile*. J. M. Dent, London, 1908. (First published 1762.

[223] J.-J. Rousseau. The inequality of man. In G. Cole, editor, *Rousseau's Social Contract and Discourses*, pages 157–246, J. M. Dent, London, 1913. (First published 1755.).

[224] J.-J. Rousseau. The social contract. In G. Cole, editor, *Rousseau's Social Contract and Discourses*, pages 5–123, J. M. Dent, London, 1913. (First published 1762.).

[225] G. Ryle. *The Concept of Mind*. Hutchinson, London, 1949.

[226] M. Sandel. *Liberalism and the Limits of Justice*. Cambridge University Press, Cambridge, 1982.

[227] M. Sandel. The procedural republic and the unencumbered self. *Political Theory*, 12:81–96, 1984.

[228] L. Savage. *The Foundations of Statistics*. Wiley, New York, 1951.

[229] T. Schelling. *The Strategy of Conflict*. Harvard University Press, Cambridge, Mass., 1960.

[230] A. Schopenhauer. *The World as Will and Representation*. Dover, New York, 1969. (Translated by E. Payne, first published 1819.).

[231] A. Schotter. *The Economic Theory of Social Institutions*. Cambridge University Press, Cambridge, 1981.

[232] A. Schotter. *Free Market Economics*. 2nd edition. Basil Blackwell, Oxford, 1990.

[233] J. Searle. Minds, brains and programs. In D. Hofstadter and D. Dunnett, editors, *The Mind's I*, Basic Books, Harmondsworth, UK, 1981.

[234] J. R. Searle. How to derive "ought" from "is". *Philosophical Review*, 73:43–58, 1964.

[235] R. Selten. Reexamination of the perfectness concept for equilibrium points in extensive-games. *International Journal of Game Theory*, 4:25–55, 1975.

[236] A. Sen. Behaviour and the concept of preference. *Economica*, 40:241–259, 1973.

[237] A. Sen. Choice functions and revealed preference. *Review of Economic Studies*, 38:307–317, 1971.

[238] A. Sen. Choice orderings and morality. In *Practical Reason*, Basil Blackwell, Oxford, 1974. (Edited by S. Korner).

[239] A. Sen. *Collective Choice and Social Welfare*. Holden Day, San Francisco, 1970.

[240] A. Sen. The impossibility of a Paretian liberal. *Journal of Political Economy*, 78:152–157, 1970.

[241] A. Sen. Minimal liberty. *Economica*, 59:139–160, 1992.

[242] A. Sen. *On Ethics and Economics*. Basil Blackwell, Oxford, 1987.

[243] A. Sen. On ignorance and equal distribution. *American Economic Review*, 63:1022–1024, 1973.

[244] A. Sen. Rational fools: A critique of the behavioral foundations of economic theory. *Philosophy and Public Affairs*, 6:317–344, 1977.

[245] A. Sen. Welfare inequalities and Rawlsian axiomatics. *Theory and Decision*, 7:243–262, 1976.

[246] H. Sidgwick. *The Methods of Ethics*. Hackett, Indianapolis, 1981. (Seventh edition of 1907.).

[247] B. Skyrms. *The Dynamics of Rational Deliberation*. Harvard University Press, Cambridge, MA, 1990.

[248] A. Smith. *The Theory of Moral Sentiments*. Clarendon Press, Oxford, 1975. (Edited by D. Raphael and A. Macfie, first published 1759.).

[249] V. Smith. Experimental economics: Induced value theory. *American Economic Review*, 66:274–279, 1976.

[250] R. Solow. Intergenerational equity and exhaustible resources. *Review of Economic Studies*, 41:29–46, 1974.

[251] B. de Spinoza. Ethics. In *Collected Works of Spinoza, Volume I*, Princeton University Press, Princeton, 1985. (Edited by E. Curley, first published 1677.).

[252] B. de Spinoza. Tractatus politicus. In *Chief Works of Benedict de Spinoza*, Volume I, Bell, London, 1909. (Translated by R. Elwes, first published 1674.).

[253] G. J. Stigler. Economics or ethics? In S. McMurrin, editor, *Tanner Lectures on Human Values*, Cambridge University Press, Cambridge, 1981.

[254] R. Sugden. *The Economics of Rights, Cooperation and Welfare*. Basil Blackwell, Oxford, 1986.

[255] R. Sugden. Liberty, preference and choice. *Economics and Philosophy*, 1:213–219, 1985.

[256] R. Sugden. Rational choice: a survey of contributions from economics and philosophy. *Economic Journal*, 101:751–785, 1991.

[257] R. Sugden. Rationality and impartiality: is the contractarian enterprise possible? In R. Sugden, editor, *Rationality, Justice and the Social Contract: Themes from 'Morals by Agreement'*, Simon and Schuster, Hemel Hempstead, U.K., 1992.

[258] W. Sumner. *Essays of William Graham Sumner, Volume II.* Yale University Press, Newhaven, 1934. (edited by A. Keller and M. Davie).

[259] P. Suppes. Some formal models of grading principles. *Synthèse*, 6:284–306, 1966.

[260] C. Taylor. *Sources of the Self.* Cambridge University Press, Cambridge, 1990.

[261] M. Taylor. *The Possibility of Cooperation.* Cambridge University Press, Cambridge, 1987.

[262] E. Ulmann-Margalit. *The Emergence of Norms.* Oxford University Press, New York, 1977.

[263] J. Van Huyck, R. Battalio, and R. Beil. Strategic uncertainty, equilibrium selection principles and coordination failure. *American Economic Review*, 80:234–238, 1991.

[264] V. Vanberg and R. Congleton. Rationality, morality and exit. *American Political Science Review*, 86:418–431, 1992.

[265] H. Varian. *Microeconomic Analysis.* 3rd edition. Norton, New York, 1992.

[266] T. Veblen. The theory of the leisure class. In M. Lerner, editor, *The Portable Veblen*, Viking Press, New York, 1958. (First published 1899.).

[267] W. S. Vickrey. Measuring marginal utility by reactions to risk. *Econometrica*, 13:319–333, 1945.

[268] J. Von Neumann. Zur Theorie der Gesellschaftsspiele. *Mathematische Annalen*, 100:295–320, 1928.

[269] J. Von Neumann and O. Morgenstern. *The Theory of Games and Economic Behavior.* Princeton University Press, Princeton, 1944.

[270] M. Walzer. *Spheres of Justice.* Basic Books, New York, 1983.

[271] J. Weymark. A reconsideration of the Harsanyi-Sen debate on utilitarianism. In J. Elster and J. Roemer, editors, *Interpersonal Comparisons of Well-Being*, Cambridge University Press, Cambridge, 1991.

[272] B. Williams. *Ethics and the Limits of Philosophy.* Fontana Press, London, 1985.

[273] B. Williams. *Morality: An Introduction to Ethics.* Cambridge University Press, Cambridge, 1972.

[274] E. Wilson. *Sociobiology: The New Synthesis.* Harvard University Press, Cambridge, Mass., 1975.

[275] R. Wolff. A refutation of Rawls' theorem on justice. *Journal of Philosophy*, 63:170–190, 1966.

[276] R. Wolff. *Understanding Rawls.* Princeton University Press, Princeton, 1977.

重要名词英汉对照表

Abreu	阿布雷乌
Adam Smith	亚当·斯密
Alliais	阿莱斯
altruistic personal preference	利他主义个人偏好
Anscombe	安斯科姆
Arbib	阿尔比布
Archimedean Point	阿基米德支点
Aristotle	亚里士多德
Arnold Schwarzenegger	阿诺德·施瓦辛格
Arrow	阿罗
Arrow's Paradox	阿罗悖论
Arrow-Pratt measure	阿罗—普拉特测度
Aubrey	奥伯雷
Aumann	奥曼
Axelrod	阿克塞尔罗德
backward induction	逆向归纳
bargaining	讨价还价
bargaining set	讨价还价集合

Barry	巴里
Battle of the Sexes	性别战
Bayes	贝叶斯
Bayes' Rule	贝叶斯规则
Bayesian decision theory	贝叶斯决策理论
Bayesianism	贝叶斯主义
Bayesianismist	贝叶斯主义者
Bayesian updating	贝叶斯修正
Beethoven	贝多芬
Bentham	边沁
Bergstrom	伯格斯特龙
Bernard Williams	伯纳德·威廉姆斯
Bernoulli	伯努利
Bertrand Russell	伯特兰·罗素
Bicchieri	比基耶里
Blackmail Game	讹诈博弈
Blake	布莱克
body language	肢体语言
Boyd	包义德
Brams	布拉姆斯
Brandenburger	布兰登博格
Broome	布鲁姆
Buchanan	布坎南
Buridan's ass	布里丹的驴子
Burke	伯克
Calvo	卡尔沃
cardinal utility function	基数效用函数
categorical imperative	定言命令

chance move	随机行动
chaos	混沌
Chatterjee	查特吉
Cauchy	柯西
cheap talk	廉价磋商
Chicken	斗鸡博弈
Church	丘奇
citizen	公民、成员
Clint Eastwood	克林特·伊斯特伍德
coalition	联盟
Coase	科斯
collective rationality	集体理性
commitment	承诺
common interest	共同利益
common good	共同善
common knowledge	共同知识
common understanding	共同认识
common will	共同意志
communitarianism	社群主义
completeness	完备性
comprehensive	完备的
compromise	妥协
concave function	凹函数
Condorcet's Paradox	孔多塞悖论
Congleton	康格尔顿
Connectedness	连通性
consequentialism	结果主义
consistent preferences	一致性偏好
constrained maximization	约束最大化

consumer surplus	消费者剩余
contract	契约
convex	凸性
convex function	凸函数
convex hull	凸胞
Copernicus	哥白尼
core of the game	博弈的核
correlated equilibrium	相关均衡
counterfactual	反事实条件陈述
culture	文化
Daniel Diefoe	丹尼尔·笛福
Dasgupta	达斯古普特
Dante	但丁
David Lewis	大卫·刘易斯
Dawes	道威斯
Dawkins	道金斯
Dennet	丹内特
de Mandeville	孟德维尔
deontology	义务论
Descartes	笛卡尔
Dodo Game	渡渡鸟博弈
Dowling	道林
Dresher	瑞希尔
Dr. Jekyll	杰基尔医生（指善良之人）
duty	义务
Diamond	戴蒙德
difference principle	差别原理

Edgar Allan Poe	埃德加·爱伦·坡
Edgeworth	埃奇沃思
egoism	利己主义
Einstein	爱因斯坦
Ellsberg	埃尔斯博格
Elster	埃尔斯特
Emile	《爱弥尔》
empathetic equilibrium	移情均衡
empathetic preferences	移情偏好
empathy	移情
ends justify the means	只要目的正当,就可以不择手段
envy-free	无妒忌的
equilibrium	均衡
equilibrium selection	均衡选择
equity and efficiency	平等与效率
event	事件
evolutionarily stable	演化的稳定性
evolutionarily stable strategy(ESS)	演化稳定战略
expected value	期望值
extended sympathy preferences	扩展同情偏好
extensive form	扩展形式
externalities	外部性

fairness	公平
Farrell	法雷尔
feasible set	可行性集合
Ferejohn	费雷约翰
fixed preference	固定偏好
First Welfare Theorem	第一福利定理

fitness	适应性
Flood	弗勒德
focal point	聚点解
folk theorem	无名氏定理
formal deductive method	形式演绎法
Frank	弗兰克
free will	自由意志
Friedman	弗里德曼
Fudenberg	弗登博格
functionalism	功能主义
Galileo	伽利略
game of life	生存博弈
game of moral	道德博弈
Garden of Eden	伊甸园
Garret Hardin	加内特·哈丁
Gauthier	高蒂尔
Gellner	盖尔纳
gene	基因
general will	普遍意志
Genghis Khan	成吉思汗
Gibard	吉伯德
Gilbert	吉尔伯特
Gilboa	吉勒博阿
Glaucon	格劳孔
Gödel	哥德尔
Goodin	古丁
Gough	高夫
grand coalition	大联盟

grim strategy	冷酷战略
Halting Problem	停机问题
Hammond	哈蒙德
Hampshire	汉普希尔
Hampton	汉普顿
Hare	黑尔
Harper	哈珀
Harsanyi	哈萨尼
Harsanyi doctrine	哈萨尼定理
Hawk-Dove Game	鹰—鸽博弈
Hayek	哈耶克
hedonism	享乐主义
Heisenberg Uncertainty Principle	海森堡测不准原理
Hirschleifer	赫什雷夫
Hobbes	霍布斯
Hobbist	霍布斯主义者
Hofstardter	霍夫施塔特
Holland	霍兰德
homo behavioralis	行为人
homo economicus	经济人
homo ethicus	道德人
homo sapiens	智人
Hopkins	霍普金斯
Howe	豪
Hume	休谟
Hunt	亨特
hypothetical imperative	假言命令

Ichabod	以迦博
ideal observer	理想观察者
if and only if	当且仅当
imperfect information	不完美信息
incentive-compatible	激励相容
Independence of Irrelevant Alternatives	无关选择的独立性条件
Independence Axiom	独立公理
independent events	独立事件
information constraint	信息约束
institution	制度
intensity of preference	偏好的强度
interobserver	人际观察者
interpersonal comparison of utility	效用的人际比较
intrapersonal comparison of utility	效用的自我比较
Jacob's Ladder	雅各的梯子
John Bunyan	约翰·班扬
just savings principle	正义的储存原则
Kahneman	卡内曼
Kalai-Smorodinsky solution	卡莱—斯莫尔定斯基解
Kant	康德
Kantian preferences	康德式偏好
Kavka	卡夫卡
Keynes	凯恩斯
Kolmogorov	柯尔莫哥洛夫
Konrad Lorenz	康纳德·洛伦兹
Kreps	克雷普斯
Kukathas	库卡塔斯

Lady Luck	幸运女神
Laissez faire	自由放任
La Mettrie	拉·梅特里
Land	兰德
Laplace	拉普拉斯
least-advantaged social grouping	弱势群体
Leibniz	莱布尼茨
Lerner	勒纳
Levi	莱维
Leviathan	利维坦
Lewis	刘易斯
lexicographic	词典式排序
Leyard	利亚德
Liar Paradox	说谎者悖论
Lindeman	林德曼
Linster	林斯特
live-and-let-live	自己活也让别人活
Locke	洛克
logicist probability	逻辑主义概率论
long run	长期
lottery	彩票
Luce	卢斯
Machiavelli	马基雅维利
Machina	马基纳
Macintyre	麦金泰尔
Mackie	麦基
MacMullen	麦克莫兰
Macpherson	迈克弗森

Mansbridge	曼斯布里奇
Margolis	马格利斯
market game	市场博弈
Martinez Coll	马丁内斯·科尔
Maskin	马斯金
Matching Pennies Game	猜硬币博弈
maxim	原则
maximin criterion	最大最小标准
Maynard Smith	梅纳德·史密斯
Mayo	梅奥
McClennen	麦克伦南
medium run	中期
meme	模仿因子
meta-ranking	元等级
metagame	元博弈
Metagame Fallacy	元博弈谬误
Mill	穆勒
Milnor	米尔诺
mixed strategy	混合战略
monkey see, monkey do	机械地学,机械地做
Montaigne	蒙田
Morals by Agreement	《约同的道德》
moral geometry	道德几何学
Moore	摩尔
Morgenstern	摩根斯坦
Moulin	穆林
Mr. Hyde	海德先生(指邪恶之人)
mutual consent	共同同意
Mulhall	穆尔霍尔

Myerson	迈尔森
Nachbar	纳赫巴尔
Nagel	内格尔
Nash	纳什
Nash bargaining solution	纳什讨价还价解
Nash equilibrium	纳什均衡
Nash program	纳什程序
natural equilibrium	自然均衡
natural law	自然法
nature right	自然权利
naturalistic fallacy	自然主义的悖论
negotiation	磋商,协商
Newcomb's Paradox	纽科姆悖论
Newcombmania	《纽科姆狂热》
Newton	牛顿
Nietzsche	尼采
Nigel Howard	奈杰·霍华德
Nozick	诺齐克
objectivist probability	客观概率
Occam	奥卡姆
Olson	奥尔森
one-shot prisoners' dilemma	一次性囚徒困境
ordinal utility function	序数效用函数
original contract	原初契约
original position	原初状态
Orwell	奥威尔
overlapping generations model	世代交叠模型

Paradox of the Surprise Test	意外测试悖论
Paradox of the Twins	孪生子悖论
Paretian liberal	帕累托式自由
Pareto	帕累托
Pareto-domination	帕累托占优
Pareto-efficient	帕累托效率
Pareto-frontier	帕累托边缘
Pareto-improvement	帕累托改进
Pareto-optimal	帕累托最优
Pareto principle	帕累托定理
payoff	支付
Penrose	彭罗斯
perfect information	完美信息
personal preferences	个人偏好
personal utility function	个人效用函数
Pettit	佩蒂特
philosopher-king	哲学王
Pilgrim's Progress	《天路历程》
Plato	柏拉图
playing fair	公平博弈
possible world	可能世界
Poundstone	庞德斯通
Price	普赖斯
primary goods	基本善
principal-agent problem	委托—代理问题
principle of insufficient reason	不充分理由原则
principle of minimax relative concession	最小最大相对让步原理
prisoners' dilemma	囚徒困境
prize	奖金

revealed preference	显示偏好
Richerson	里彻森
risk-aversion	风险回避
risk-domination	风险占优
risk-loving	风险爱好
risk-neutral	风险中性
Robbins	罗宾斯
Robson	罗布森
Rock-Scissors-Paper Game	石头—剪刀—布博弈
Rodriguez	罗德里格斯
Roemer	罗默
Rousseau	卢梭
Rubinstein	鲁宾斯坦
Russell Hardin	罗塞尔·哈丁
Ryle	赖尔
Salome	莎乐美
Samuelson	萨缪尔森
Sandel	桑德尔
Satterthwaite	萨特思韦特
Savage	萨维奇
Schelling	谢林
Schopenhauer	叔本华
Schotter	肖特
Searle	塞尔
Security Dilemma	安全困境
security level	安全水平
security strategy	安全战略
self-policing agreements	自我约束契约

Selten	泽尔腾
Sen	森
Sen's Paradox	森的悖论
Shakespear	莎士比亚
Shin	辛
short run	短期
Sidgwick	西季威克
Skyrms	斯科姆斯
slavery	奴隶
small world	小世界
social contract	社会契约
social Darwinism	社会达尔文主义
social welfare function	社会福利函数
Socrates	苏格拉底
Solow	索洛
Spencer	斯宾塞
Spinoza	斯宾诺莎
square the circle	化圆为方
Stag Hunt Game	猎鹿博弈
state of nature	自然状态
states of the world	世界状态
status quo	状态
Stigler	施蒂格勒
St. Francis	圣方济各
St. Petersburg Paradox	圣彼得堡悖论
Strabismus	斯特比莫斯
strains of commitment	守诺
strategic form	战略形式
strategy	战略、策略

strong domination	强占优
subgame	子博弈
subgame-perfect equilibrium	子博弈精炼均衡
subjectivist probability	主观概率论
Sugden	萨格登
Sullivan	沙利文
Sumner	萨姆纳
superior being	超人
Suppes	苏佩斯
sure-thing principle	确信原理
survival of the fittest	适者生存
Swift	斯威夫特
Symmetry Fallacy	对称谬误
sympathetic preferences	同情偏好
sympathy	同情
tat-for-tit	一报还一报
tautology	同义反复
Taylor	泰勒
teleological ethical theory	目的论道德理论
teleological utilitarianism	目的论功利主义
teleology	目的论
team game	团队博弈
The Prince	《君主论》
The Wealth of Nations	《国富论》
Theory of Justice	《正义论》
The Theory of Moral Sentiments	《道德情操论》
Timaeus	《泰缪斯篇》
Tiresias	提瑞西阿斯

Von Neumann and Morgenstern utility theory	冯·诺依曼—摩根斯坦效用理论
Wagner	瓦格纳
Walrasian equilibrium	瓦尔拉斯均衡
Walzer	沃尔泽
wasted vote	被浪费的选票
weak domination	弱占优
welfarist	福利主义者
Weymark	维马克
whiggery	辉格党
Wilberforce	威尔伯福斯
William Blake	威廉·布莱克
Wilt Chamberlain	威尔特·张伯伦
Wolff	沃尔夫
Yeats	叶芝
Zarathustra	查拉图斯特拉
Zeckhauser	泽克豪泽
zero-sum game	零和博弈

译后记

　　距离宾默尔教授的《博弈论与社会契约》的中译本第一次出版已经过去二十年了,二十年的时光让这本经典之作经历了岁月的检验,更加显示出其思想魅力和学术价值。

　　回顾1996年秋天进入复旦经济学院求学时,我的研究兴趣逐渐聚焦在政府与市场关系、政府在经济发展中的角色和定位,以及经济学视角的国家理论领域。在着手进行相关文献的收集和分析的过程中,我偶然在汪丁丁教授一篇文章中发现对宾默尔教授这本《博弈论与社会契约》的简要介绍,不禁眼前一亮,可惜觅而不得,最后还是家兄王雅戈从北大图书馆复印了全书英文版,这也是我学习和翻译本书的缘起。

　　在翻译过程中,导师伍柏麟教授介绍我向韦森教授请益,得到韦森教授的倾力相助。韦森教授的学识渊博,对宾默尔教授的学术思想有深入研究,对宾默尔教授的这本《博弈论与社会契约》推崇备至,这一点从他为中译本写的序言中就可见一斑,序言本身也是一篇高质量的导读文章。

　　这里,再次感谢当时在复旦大学外语系求学的严世清博士,严兄是典型的江南才子,他对语言有过人的领悟力和洞察力,为本书的翻译提供了不少有价值的帮助。钱勇博士翻译了"致歉"部分、第1章第1.1节,以及第1.2节的1.2.1节和1.2.2节的相关内容。师兄周翼、老友朱国林、宋澄宇、杨德祥、李树栋也给予了不少帮助,在此一并表示谢忱。

　　最后,感谢格致出版社副总编辑忻雁翔为这次出版给予的支持,感谢各位编

译后记

辑专业、耐心、细致、高效的编辑工作,使得不少错讹之处得以发现和修订,提升了译文的质量。当然,在这样一本经典著作面前,一如既往地恳请各位方家不吝指正。

王小卫

2024 年 1 月 25 日

Game Theory and the Social Contract（Volume 1）：
Playing Fair

By Ken Binmore
Published by the MIT Press
Copyright © 1994 Massachusetts Institute of Technology

上海市版权局著作权合同登记号　图字　09-2024-0046

图书在版编目(CIP)数据

博弈论与社会契约. 第1卷，公平博弈 /（英）肯·
宾默尔著；王小卫，钱勇译. — 上海：格致出版社：
上海人民出版社，2024.7
（格致社会科学）
ISBN 978 - 7 - 5432 - 3572 - 4

Ⅰ. ①博… Ⅱ. ①肯… ②王… ③钱… Ⅲ. ①博弈论
-研究②社会契约-研究 Ⅳ. ①F224.32②F246

中国国家版本馆 CIP 数据核字(2024)第 095957 号

责任编辑　程　倩　姚皓涵
封面设计　路　静

格致社会科学

博弈论与社会契约(第1卷)：公平博弈
[英]肯·宾默尔 著
王小卫　钱　勇 译
韦　森 审订

出　　版　格致出版社
　　　　　上海人民出版社
　　　　　(201101　上海市闵行区号景路 159 弄 C 座)
发　　行　上海人民出版社发行中心
印　　刷　上海商务联西印刷有限公司
开　　本　720×1000　1/16
印　　张　24.5
插　　页　2
字　　数　378,000
版　　次　2024 年 7 月第 1 版
印　　次　2024 年 7 月第 1 次印刷
ISBN 978 - 7 - 5432 - 3572 - 4/F · 1576
定　　价　108.00 元

比较政治中的议题与方法(第四版)

[英]托德·兰德曼　埃德齐娅·卡瓦略　著

汪卫华　译

个体性与纠缠:社会生活的道德与物质基础

[美]赫伯特·金迪斯　著

朱超威　杨东东　等译

政治学、社会学与社会理论——经典理论与当代思潮的碰撞

[英]安东尼·吉登斯　著

何雪松　赵方杜　译

历史视域中的人民主权

[英]理查德·伯克　昆廷·斯金纳　主编

张爽　译